Manfred Gailus / Clemens Vollnhals (Hg.)

***Für ein artgemäßes Christentum der Tat***

Völkische Theologen im »Dritten Reich«

Berichte und Studien
Nr. 71

herausgegeben vom
Hannah-Arendt-Institut
für Totalitarismusforschung e.V.

Manfred Gailus / Clemens Vollnhals (Hg.)

# *Für ein artgemäßes Christentum der Tat*

Völkische Theologen im »Dritten Reich«

V&R unipress

Bibliografische Information der Deutschen Nationalbibliothek

Die Deutsche Nationalbibliothek verzeichnet diese Publikation in der Deutschen Nationalbibliografie; detaillierte bibliografische Daten sind im Internet über http://dnb.d-nb.de abrufbar.

Umschlagabbildung:
»Ludwig Müller und die Mitglieder der Nationalsynode ziehen in einer Prozession durch Wittenberg, unter SS-Bedeckung und ein Spalier der mit dem Hitlergruß grüßenden Bevölkerung.« Datum des Bildes ist der 27.9.1933, © Scherl/Süddeutsche Zeitung Photo.

1. Aufl. 2016

Satz: Hannah-Arendt-Institut, Dresden
Druck und Bindung: CPI buchbuecher.de GmbH, Zum Alten Berg 24, D-96158 Birkach
Printed in Germany.

ISSN 2366-0422
ISBN 978-3-8471-0587-9
ISBN 978-3-8470-0587-2 (E-Book)
ISBN 978-3-7370-0587-6 (V&R eLibrary)

## Inhaltsverzeichnis

Manfred Gailus / Clemens Vollnhals

# Völkische Theologen im »Dritten Reich«: Diskurse, Bewegungen und kirchliche Praxis. Zur Einführung

Sei es in Berlin, in Potsdam oder in Wittenberg – überall in protestantischen Kirchenkreisen herrschte im Jahr 1933 mit dem Machtantritt der »nationalen Koalition« unter Reichskanzler Hitler große Erleichterung und vielfach auch Freude. Erleichterung über das Ende der ungeliebten Weimarer Republik, die im protestantischen Milieu nicht selten als »Gottlosenrepublik« etikettiert wurde; einer Epoche, in der die Kirchen seit 1919 erheblich an Privilegien, öffentlichem Einfluss und nicht zuletzt auch an Mitgliedern eingebüßt hatten. Zuversicht und Freude bereitete indessen die Aussicht, angesichts einer politischen Koalition von NS-Massenbewegung und nationalkonservativen Eliten, nun wieder verlorenes Terrain zurückzugewinnen und – so die verbreiteten Illusionen – einer Intensivierung von christlichem Glauben und kirchlicher Geltung entgegenzugehen. In der Hauptstadt Berlin wurde der politische Umbruch mit überfüllten Dankgottesdiensten an prominenten Predigtstätten wie dem monumentalen wilhelminischen Dom, in der traditionsreichen Marienkirche im alten Stadtzentrum, in der Kaiser-Wilhelm-Gedächtniskirche im vornehmen Neuen Westen und fast überall sonst in den Kirchen der Viermillionenmetropole gefeiert.[1] In der Residenz- und Garnisonstadt Potsdam, wo ein Großteil der Einwohner mehr noch als anderswo der untergegangenen Hohenzollernmonarchie nachtrauerte, versammelten sich Tausende in der warmen Frühlingssonne des 21. März 1933, um anlässlich des festlichen »Tags von Potsdam« dem greisen Reichspräsidenten Hindenburg und dem jungen Reichskanzler zuzujubeln. Die historisch so bedeutsame Garnisonkirche in Potsdam bot sich für dieses Schauspiel als

1 Für Berlin vgl. Klaus Scholder, Die Kirchen und das Dritte Reich, Band 1: Vorgeschichte und Zeit der Illusionen 1918–1934, Frankfurt a. M. 1977, bes. S. 239–274; Manfred Gailus, Protestantismus und Nationalsozialismus. Studien zur nationalsozialistischen Durchdringung des protestantischen Sozialmilieus in Berlin, Köln 2001. Fallstudien zum »protestantischen Erlebnis 1933« in den meisten deutschen Landeskirchen in: Manfred Gailus/Wolfgang Krogel (Hg.), Von der babylonischen Gefangenschaft der Kirche im Nationalen. Regionalstudien zu Protestantismus, Nationalsozialismus und Nachkriegsgeschichte 1930 bis 2000, Berlin 2006.

politische Bühne an und stellte für diesen propagandistisch wirkungsvollen, symbolpolitisch folgenreichen Akt auf dem Weg in die Hitlerdiktatur ihre altehrwürdigen Räume zur Verfügung. Zum Auftakt dieses nationalprotestantischen Jubeltages hatte der Generalsuperintendent der Kurmark Otto Dibelius in der Potsdamer Nikolaikirche froh gestimmten Besuchern eine Willkommenspredigt zum politischen Umbruch von 1933 gehalten.[2]

Und in den Kirchen sowie auf den Straßen der »Lutherstadt Wittenberg« – wesentlicher Ausgangspunkt der deutschen Reformationen des 16. Jahrhunderts und protestantischer Erinnerungsort schlechthin – war im September 1933 anlässlich der ersten Reichssynode der neu geschaffenen Deutschen Evangelischen Kirche (DEK) ein öffentliches Schauspiel zu beobachten, das vielen evangelischen Zeitgenossen als eine Krönung der neu angebrochenen Zeit erschien: die Wahl des Königsberger Wehrkreispfarrers Ludwig Müller zum Reichsbischof der erstmals vereinten deutschen evangelischen Kirche. »Und dann bricht der Tag an« – so berichtet in euphorischer Stimmung das Sonntagsblatt der Deutschen Christen (DC) – »der 27. September 1933! Wieder lacht eine festliche Sonne vom wolkenlosen Himmel. Und festlich und feierlich läuten die Glocken. Ganz Wittenberg ist auf den Beinen. Kurz nach 11 Uhr setzt sich der riesige Zug zur Stadtkirche in Bewegung: die Fahnen der SA-Stürme von Wittenberg, die Fahnen der evangelischen Jugendorganisationen, der Handwerksinnungen, der Vereine. In feierlichem Ornat die theologischen Fakultäten, im Talar die Geistlichen der Lutherstadt, die Synodalen, im Braunhemd die Lutheraner, die Bischöfe und – der Mann, den alle Augen ehrfürchtig, fragend und hoffnungsvoll suchen: der kommende Reichsbischof Ludwig Müller!«[3]

Die Titelabbildung des vorliegenden Buches zeigt den Festumzug am Tag der Wahl des Reichsbischofs durch die Straßen Wittenbergs. Im Vordergrund Ludwig Müller, im Bildhintergrund ist der Turm der Schlosskirche mit der charakteristischen, im späten 19. Jahrhundert aufgesetzten Turmhaube sichtbar: Abschluss der im 19. Jahrhundert erfolgten Borussifizierung einer ursprünglich sächsischen Residenz- und Universitätsstadt.

Zum bevorstehenden Wahlakt in der Wittenberger Stadtkirche, der Predigtstätte Martin Luthers, hatten die 60 Mitglieder der Nationalsynode Platz genommen. Der Tübinger Hochschullehrer für Praktische Theologie Karl Fezer, Mitglied der Deutschen Christen und der NSDAP, eröffnete die Versammlung mit der Bekanntmachung, dass Ludwig Müller von allen Führern der Landeskirchen einstimmig zum Reichsbischof vorgeschlagen worden sei. In diesem Moment

2 Manfred Gailus, Ein großes, freudiges »Ja« und ein kleines, leicht überhörbares »Nein«. Der »Tag von Potsdam« (21. März 1933) und die Kirchen. In: ders. (Hg.), Täter und Komplizen in Theologie und Kirchen 1933–1945, Göttingen 2015, S. 32–50.

3 So der Bericht in: Evangelium im Dritten Reich, 2 (1933), S. 409.

erhoben sich alle Versammelten von ihren Plätzen. Fezer bat daraufhin die Synodalen um ihre Willensbekundung. Ein einstimmiges »Ja« erfüllte den Kirchenraum. Auf die Gegenprobe, ob jemand gegen diese Wahl sei, rührte sich keine Hand. Auch lutherische Bischöfe wie Theophil Wurm (Württemberg) und Hans Meiser (Bayern) hatten an dieser Akklamation teilgenommen. Damit war der bis 1933 nahezu völlig unbekannte Königsberger Militärpfarrer Ludwig Müller einstimmig zum Reichsbischof und damit zum Repräsentanten von ca. 40 Millionen deutschen Protestanten gewählt.[4]

Ludwig Müller, geboren 1883 in Gütersloh, amtierte seit 1914 als Militärpfarrer an verschiedenen Einsatzorten im norddeutschen Raum. Seit 1926 war er Wehrkreispfarrer in Königsberg (Ostpreußen). Der Tübinger Kirchenhistoriker Klaus Scholder hat ihn als »Typ des frommen Routiniers« geschildert, als einen Kirchenmann, »der sich allen Situationen anzupassen verstand und die Sprache der pietistischen Kreise Westfalens ebenso beherrschte wie den forschen Ton der Reichswehrkasinos«.[5] Bereits sehr früh (1928/29) hatte sich Müller der Hitlerbewegung angedient und gehörte 1932 zu den Mitbegründern der Deutschen Christen in Ostpreußen. Aufgrund seiner persönlichen Nähe zu Hitler wurde er im April 1933 zum Bevollmächtigten Hitlers für Fragen der evangelischen Kirche berufen. Als »Schirmherr« der Deutschen Christen gelangte er auf der machtvollen Welle des völkischen Protestantismus von 1933 an die Spitze der Deutschen Evangelischen Kirche.

Müller war nun oberster Repräsentant des deutschen Protestantismus – so sah er sich jedenfalls selbst seit der Wittenberger Kür vom September 1933. Er residierte und regierte von der Hauptstadt aus nach dem »Führerprinzip« und predigte vorzugsweise im monumentalen Berliner Dom vor oft Tausenden von Besuchern. Als ein Höhepunkt seiner Karriere kann die feierliche Einführung in das Reichsbischofsamt am 23. September 1934 in Berlin gelten. Der lange Zug der Bischöfe, deutschchristlichen Kirchenführer und Pfarrer zum Dom ist auf zahlreichen Fotos dokumentiert. Klaus Scholder sprach in diesem Zusammenhang von der »letzten großen Selbstdarstellung der deutschchristlichen Reichskirche«.[6] Im Oktober und November 1934, als er in Verbindung mit seinem rabiaten nationalsozialistischen »Rechtswalter« August Jäger die Gewaltmaßnahmen zur Eingliederung der Landeskirchen in die Müller'sche Reichskirche längst maßlos überzogen hatte, verlor er Hitlers Gunst und bald darauf auch seine sämtlichen

4 Vgl. Scholder, Die Kirchen, Band 1, S. 625. Zu Wittenberg im »Dritten Reich« und zum kirchlichen Verhalten der Lutherstadt vgl. jetzt auch Silvio Reichelt, Der Erlebnisraum Lutherstadt Wittenberg. Genese, Entwicklung und Bestand eines protestantischen Erinnerungsortes, Göttingen 2013, S. 196–255.

5 Scholder, Die Kirchen, Band 1, S. 391.

6 Klaus Scholder, Die Kirchen und das Dritte Reich, Band 2: Das Jahr der Ernüchterung 1934. Barmen und Rom, Frankfurt a. M. 1985, S. 324.

– ohnehin fragwürdigen – kirchenregimentlichen Befugnisse. Unter Beibehaltung seines Reichsbischofstitels predigte er jedoch weiter reichsweit. Ungeachtet seiner vielen öffentlichen Auftritte, Reden und Predigten liegen jedoch kaum publizierte Schriften von ihm vor. Seine in volksmissionarischer Absicht veröffentlichten »Deutschen Gottesworte« (1936) unternahmen den Versuch, die biblische Bergpredigt in die völkische Sprache der Gegenwart zu übertragen.[7] Das protestantismusgeschichtlich letztlich verheerende Wirken des theologisch äußerst dürftigen und zumeist leutselig und einfältig-frömmelnd auftretenden Reichsbischofs Müller, der wohl prominentesten Galionsfigur eines Hitler wohlgefälligen, völkischen Protestantismus um 1933, kann durch die Biografie von Thomas Martin Schneider als hinreichend dokumentiert und einigermaßen bekannt gelten.[8]

Joachim Hossenfelder, seit 1929 Mitglied der NSDAP und bereits im Sommer 1932 zum 1. Reichsleiter der »Glaubensbewegung Deutsche Christen« aufgestiegen, ist heute weit weniger bekannt. Noch immer existiert keine Biografie über diesen jungen fanatischen NS-Theologen, der 1931 als unbekannter schlesischer Landpfarrer nach Berlin kam, um im Verlauf des kirchenhistorisch turbulenten Jahres 1933 kometenhaft rasch, wenn auch nur für kurze Zeit, zu »einer der wichtigsten Figuren des deutschen Protestantismus« (Scholder) aufzusteigen.[9] Wie ein »völkischer Theologe« dachte, hat Hossenfelder in seinem politisch-religiösen Credo von 1933 unter dem Titel »Unser Kampf« auf paradigmatische Weise dargelegt. Ein recht naiv anmutender Glaube an Offenbarungen Gottes in der Geschichte und an feste Vorgegebenheiten einer Schöpfungsordnung bestimmten sein Weltbild. »Volk« als eine ursprüngliche Ordnung Gottes komme jetzt wieder zur Geltung. Es sei das größte Ereignis der Gegenwart, schrieb der Pfarrer 1933, dass »Gott Volk werden ließ«, und er habe dies nun durch Hitler getan. Gott wolle, dass die Menschen »in ihrer Art« blieben. Volk sei Rasse, verkündete der Theologe und fügte sehr glaubensgewiss dann noch hinzu: »Gott will Rasse.«

»Wir werden diejenigen bekämpfen, die uns unsere Liebe und unseren Stolz zu unserem Volkstum nehmen oder verächtlich machen, die unseren Namen

7 Vgl. Ludwig Müller, Deutsche Gottesworte, verdeutscht von Reichsbischof Ludwig Müller, Weimar 1936. Das Buch scheint ein Bestseller geworden zu sein, denn es erschien binnen Jahresfrist in 18. Auflage. Vgl. ferner Ludwig Müller, Der deutsche Volkssoldat, Berlin 1939.

8 Zu Reichsbischof Müller vgl. Scholder, Die Kirchen, Band 1, S. 391–403, 409 ff. u. ö.; und die maßgebliche Biografie von Thomas Martin Schneider, Reichsbischof Ludwig Müller. Eine Untersuchung zu Leben, Werk und Persönlichkeit, Göttingen 1993.

9 Zu Hossenfelder vgl. Scholder, Die Kirchen, Band 1, bes. S. 258–274; einziger biografischer Versuch bisher: Joachim G. Vehse, Leben und Wirken des ersten Reichsleiters der Deutschen Christen, Joachim Hossenfelder. Eine Untersuchung zum Kirchenkampf im Dritten Reich. In: Schriften des Vereins für Schleswig-Holsteinische Kirchengeschichte, Reihe II, Band 38, 1982, S. 73–123. Eine bei Rainer Hering (Hamburg) in Arbeit befindliche Biografie zu Hossenfelder scheint noch immer nicht abgeschlossen zu sein.

tragen, aber nicht zu unserem Volkstum gehören, die unser Brauchtum, unsere Sittlichkeit und unseren Glauben nicht verstehen, die uns glauben machen, wir dürften uns selbst nicht mehr wollen. Wir wollen uns selbst und unser Volkstum mit gesammeltem Willen und mit heiligem Blut. Wir ziehen gegen Schmarotzer und Bastarde in den Kampf, als in einen heiligen Krieg, den Gottes heiliger Wille fordert. Die objektive Macht der Rasse bricht durch, wir wissen etwas davon, und wir stellen uns in ihr Licht und in ihren Dienst, wir kämpfen für sie unter dem Zeichen des Hakenkreuzes. Damit bekommt der Glaube eine neue Sinngebung.«[10]

Die verschiedenen religiösen Haltungen eines Inders oder Chinesen, »des Negers«, »des Semiten« oder des »nordischen Menschen« seien in der Schöpfungsordnung so und nicht anders gewollt. Jeder Nivellierungsversuch verstoße gegen den Willen Gottes und ende in der »Entseelung des Volkes«. Es dürfe nicht sein, meinte Hossenfelder, dass die deutschen Christen ihre Kinder unter den Kanzeln zunächst in die fremdartige Lebens- und Glaubenshaltung des jüdischen Volkes versetzten, und anschließend verstünden sie – ihrer artgemäßen Glaubenshaltung entwöhnt – die Antwort Gottes und das Evangelium nicht mehr. Der Theologe forderte für die deutsche christliche Lehre eine Reinigung von allem Jüdischen. Wir Deutschen, so Hossenfelder, hätten neu zu lernen, den Kultus und die Lebenshaltung eines Volkes wie die Juden zu vergessen, eines Volkes, dass in allen diesen Dingen tief unter unserem Volk stehe und dessen Kultus sich an das Körperliche und Geschlechtliche binde.[11]

Anspruchsvolle akademische Theologen waren deutschchristliche Frontkämpfer wie Ludwig Müller oder Joachim Hossenfelder gewiss nicht, auch wenn sie beide ein Studium an theologischen Fakultäten absolviert hatten. Aber Theoretiker des christlichen Glaubens – das wollten sie auch nicht sein. Vielmehr verstanden sie sich als gläubige »Bewegungsmänner«, als »Tatmenschen«, die ihre Überzeugungen eines völkischen Protestantismus im Kontext neuer kirchlicher »Glaubensbewegungen« sogleich in die Praxis umzusetzen versuchten. Als Deutsche Christen propagierten sie ein »Christentum der Tat«. Sie und ihre zahlreichen Mitstreiter unter den Deutschen Christen sahen dieses bereits ein Stück weit in den Zielsetzungen einer NS-»Volksgemeinschaft« als verwirklicht an.

Entscheidend im neuen theologischen Denken – es handelte sich um ein religiöses Denken, das über weite Strecken mehr Ausdruck eines gläubigen Gruppengefühls anstelle einer individuellen intellektuellen Anstrengung war – war die semantische Verschiebung des religiösen Diskurses von »Volk« auf »Rasse«.

10 Vgl. Joachim Hossenfelder, Unser Kampf, Berlin 1933, S. 8–19, hier 16 f.

11 Ebd. Ein in etwa analoges, radikal völkisch-politisches Glaubensbekenntnis aus dem Jahr 1932 liegt von einem anderen führenden DC-Pfarrer vor: Siegfried Nobiling, [Stellungnahme zum Nationalsozialismus]. In: Leopold Klotz (Hg.), Die Kirche und das dritte Reich. Fragen und Forderungen deutscher Theologen, Band 2, Gotha 1932, S. 79–85. Zur Biografie Nobilings vgl. auch Gailus, Protestantismus und Nationalsozialismus, S. 422–426.

»Schöpfungsordnung« hieß nun das theologische Zauberwort vieler zeitgenössischer Theologen, und die meisten von ihnen gaben – in durchaus blasphemischer Anmaßung – vor, die »wahre« göttliche Schöpfungsordnung genauestens zu kennen.[12] Wie zuvor »Volk« wurde nun der Begriff »Rasse« zu einer ursprünglichen, übergeschichtlichen Grundgegebenheit einer imaginierten göttlichen Schöpfungsordnung erhoben. Damit war eine generelle Vereinbarkeit von christlichen Glaubensbeständen und NS-Weltanschauung hergestellt. Indem »wir«, so versicherten sich die Akteure in ihren zahllosen Manifestationen, Traktaten und Zeitschriften, für die Reinheit der deutschen Rasse und für den »arteigenen Glauben« dieser Rasse kämpfen, wirken »wir« für die Erhaltung der göttlichen Schöpfungsordnung und handeln also nach dem Willen des Schöpfers. »Rasse« als Bestandteil des Glaubens bedeutete Zugehörigkeit und Ausschluss, schuf völkische Inklusion und immer zugleich Exklusion. Die anderen – jene, die von den Nationalsozialisten als »Nichtarier«, »Juden« oder »Fremdblütige« stigmatisiert wurden, – mussten über kurz oder lang aus dem Leben der neuen völkischen Kirche ausgeschieden werden, auch wenn sie getauft worden waren.[13]

Diskurse, Bewegungen und Praxis standen für die Protagonisten eines völkischen Protestantismus in engstem Zusammenhang. Ihre Ideen strahlten auf die kirchlichen Bewegungen aus, die sich Deutsche Christen (in vielfachen regionalen Fraktionen und mit diversen Namensabwandlungen) nannten, und sie wurden dort, wo diese Bewegungen die Kirchenleitungen erobert hatten und das

12 Zu gängigen Theologien der Schöpfungsordnung in der Zwischenkriegszeit und zu deren deutschchristlichen krassen Vergröberungen vgl. Scholder, Die Kirchen, Band 1, S. 124–150. Als Protagonisten deutschchristlicher Kirchen- und Theologieentwürfe seien genannt: Friedrich Wieneke, Christentum und Nationalsozialismus, Küstrin-Neustadt 1931; ders., Deutsche Theologie im Umriss, Soldin 1931; Walter Grundmann, Totale Kirche im totalen Staat, Dresden 1934; Julius Leutheuser, Die Christengemeinde der Deutschen. Der Weg zur deutschen Nationalkirche, Weimar 1934; Ludwig Müller, Deutsche Gottesworte, Weimar 1936; Siegfried Leffler, Christus im Dritten Reich der Deutschen. Wesen, Weg und Ziel der Kirchenbewegung »Deutsche Christen«, Weimar 1937.

13 Zu den Deutschen Christen und verwandten Bewegungen vgl. Robert P. Ericksen, Theologen unter Hitler. Das Bündnis zwischen evangelischer Dogmatik und Nationalsozialismus, München 1986; Rainer Lächele, Ein Volk, ein Reich, ein Glaube. Die »Deutschen Christen« in Württemberg 1925–1969, Stuttgart 1994; Leonore Siegele-Wenschkewitz (Hg.), Christlicher Antijudaismus und Antisemitismus. Theologische und kirchliche Programme Deutscher Christen, Frankfurt a.M. 1994; Doris L. Bergen, Twisted Cross. The German Christian Movement in the Third Reich, Chapel Hill 1996; Claus P. Wagener, »Gott sprach: Es werde Volk, und es ward Volk!« Zum theologischen und geistesgeschichtlichen Kontext der Deutschen Christen in ihren unterschiedlichen Strömungen. In: Peter von der Osten-Sacken (Hg.), Das missbrauchte Evangelium. Studien zur Theorie und Praxis der Thüringer Deutschen Christen, Berlin 2002, S. 35–69; Susannah Heschel, The Aryan Jesus. Christian Theologians and the Bible in Nazi Germany, Princeton 2008; Manfred Gailus, Diskurse, Bewegungen, Praxis: Völkisches Denken und Handeln bei den »Deutschen Christen«. In: Uwe Puschner/Clemens Vollnhals (Hg.), Die völkisch-religiöse Bewegung im Nationalsozialismus. Eine Beziehungs- und Konfliktgeschichte, Göttingen 2012, S. 233–248.

kirchliche Leben beherrschten, in die Tat umgesetzt. Regionale Schwerpunkte hatten die Deutschen Christen mehr im Norden, in der Mitte und im Osten des Deutschen Reiches, weniger im Süden und im Westen. Das ostelbische Preußen, Sachsen, Anhalt und Thüringen sowie Hessen, sodann Mecklenburg, Braunschweig und Bremen, weithin auch Schleswig-Holstein – das vor allem waren die Ausbreitungsräume der neuen »Glaubensbewegungen«. In der stärker politisierten Atmosphäre der Großstädte spielten sie eine größere Rolle als auf dem traditionsfixierten platten Land, wo das Kirchenvolk häufig durchaus völkisch-protestantisch empfand, auch wenn die Gemeinden von den Deutschen Christen kaum etwas gehört haben mochten.[14]

Die völkisch-protestantischen Diskurse liefen auf »Praxis« zu, und diese Praxis bedeutete im Kirchenleben des »Dritten Reiches« dann: Anwendung des Arierparagrafen als Kriterium für die Zugehörigkeit zur evangelischen Kirche, Stigmatisierung und Verdrängung »nichtarischer« Pfarrer und kirchlicher Mitarbeiter, Verweigerung der Taufe für »Nichtarier«, in extremen Fällen während der Kriegszeit schloss diese Haltung den Ausschluss von »nichtarischen« Christen von der Teilnahme am Gottesdienst ein. In Jochen Kleppers Tagebuch ist nachzulesen, was es für seine Stieftochter bedeutete, mit dem Judenstern in Berlin-Nikolassee zum Gottesdienst gehen zu müssen; und das in einer vornehmen, bildungsbürgerlichen Gemeinde des Berliner Südwestens, in der die Deutschen Christen kaum eine Rolle spielten.[15]

Wo Deutsche Christen dominierten, etablierten sich Einrichtungen einer kircheneigenen Sippenforschung. In Mecklenburg (Schwerin), in Berlin und andernorts entstanden kirchliche Sippenkanzleien, die in eigener Regie Ahnenforschungen in Gang setzten mit dem Ziel, Christen jüdischer Herkunft zu identifizieren. In vielen Fällen teilten sie ihre gefährlichen »Forschungsergebnisse« staatlichen Behörden und Parteistellen der NSDAP zur weiteren Verwendung

14 Zu den Hochburgen eines völkischen Protestantismus vgl. Gailus, Protestantismus und Nationalsozialismus (für Berlin); Oliver Arnhold, »Entjudung« – Kirche im Abgrund, Band 1: Die Thüringer Kirchenbewegung Deutsche Christen 1928–1939 und Band 2: Das »Institut zur Erforschung und Beseitigung des jüdischen Einflusses auf das deutsche kirchliche Leben« 1939–1945, Berlin 2010; Hansjörg Buss, »Entjudete« Kirche. Die Lübecker Landeskirche zwischen christlichem Antijudaismus und völkischem Antisemitismus (1918–1950), Paderborn 2011.

15 Vgl. Jochen Klepper, Unter dem Schatten deiner Flügel. Aus den Tagebüchern der Jahre 1932–1942, Stuttgart 1956, S. 1005 f., 1009. Generell zur innerkirchlichen Diskriminierung der »nichtarischen« Christen: Eberhard Röhm/Jörg Thierfelder, Juden – Christen – Deutsche, 7 Teilbände, Stuttgart 1990–2006; Sigrid Lekebusch, Not und Verfolgung der Christen jüdischer Herkunft im Rheinland 1933–1945. Darstellung und Dokumentation, Köln 1995; Ursula Büttner/Martin Greschat, Die verlassenen Kinder der Kirche. Der Umgang mit Christen jüdischer Herkunft im »Dritten Reich«, Göttingen 1998; Gerhard Lindemann, »Typisch jüdisch«. Die Stellung der Evangelisch-lutherischen Landeskirche Hannovers zu Antijudaismus, Judenfeindschaft und Antisemitismus 1919–1949, Berlin 1998; Annette Göhres/Stephan Linck/Joachim Liß-Walther (Hg.), Als Jesus »arisch« wurde. Kirche, Christen, Juden in Nordelbien 1933–1945, Bremen 2003; Axel

mit. Wenige Wochen nach Beginn der Deportationen im Herbst 1941 feierte die Kirchenbuchstelle Alt-Berlin ihr fünfjähriges Bestehen. Dies veranlasste ihren Leiter, Pfarrer Karl Themel, zu einer Leistungsbilanz: Über 250 000 Urkunden für den »Ariernachweis« seien seit 1936 ausgestellt worden; besonders gewissenhaft seien die Mitarbeiter der Kirchenbuchstelle bei der Feststellung der »Fremdstämmigkeit« vorgegangen. Im Ganzen sei in 2 612 Fällen eine jüdische Abstammung eruiert worden. Mit ihren Forschungen habe seine Arbeitsstelle dazu beigetragen, dem Menschen der Gegenwart das Bewusstsein zu vermitteln, »dass er getragen wird von der Blutsgemeinschaft des Volkes und von seiner Sippe und dass er nur ein Glied in der Kette von den Ahnen zu den Enkeln ist, deren bestes Erbgut er weiterzugeben hat zum Heil des ewigen Deutschland«.[16]

Das Reservoir an protestantischen Theologen, die radikale nationalistische, völkische und antisemitische Orientierungen in der Spätphase der Weimarer Republik und in der Zeit des Nationalsozialismus teilten, ist kaum zu überblicken und extrem weit gefächert. Das zeigte sich bereits anlässlich einer Vortragsreihe unter dem Titel »Täter und Komplizen in Theologie und Kirchen 1933–1945«, die in den Jahren 2013 und 2014 in der Berliner Stiftung »Topographie des Terrors« stattfand und auf starke öffentliche Resonanz stieß. Zu hören waren damals biografische Berichte über Gerhard Kittel, den renommierten Tübinger Neutestamentler und Experten der »Judenforschung«; über den von Hitler im Jahr 1935 zur »Befriedung« des Kirchenstreites berufenen Reichskirchenminister Hanns Kerrl (der weder Theologe noch überhaupt Akademiker war, aber doch als ein Nationalsozialist mit christlicher Ausrichtung gelten kann); über Erich Seeberg, den Berliner Kirchenhistoriker und hochschulpolitischen Strippenzieher im Sinne der NSDAP; über Walter Grundmann, den Jenaer Hochschullehrer für Neues Testament und völkische Theologie sowie maßgeblichen Inspirator des Eisenacher kirchlichen »Entjudungsinstituts«; und last but not least über den bereits erwähnten Karl Themel, den politisch vielseitig engagierten Berliner NS-Pfarrer und passionierten Sippenforscher, der eng mit der Reichsstelle für Sippenforschung im Innenministerium und anderen Staats- und Parteistellen bei der Judenverfolgung zusammenarbeitete.[17]

---

Töllner, Eine Frage der Rasse? Die Evangelisch-Lutherische Kirche in Bayern, der Arierparagraf und die bayerischen Pfarrfamilien mit jüdischen Vorfahren im »Dritten Reich«, Stuttgart 2007; Uta Schäfer-Richter, Im Niemandsland. Christen jüdischer Herkunft im Nationalsozialismus. Das Beispiel der hannoverschen Landeskirche, Göttingen 2009; Hartmut Ludwig/Eberhard Röhm/Jörg Thierfelder (Hg.), Evangelisch getauft – als »Juden« verfolgt. Theologen jüdischer Herkunft in der Zeit des Nationalsozialismus, Stuttgart 2014.

16 Karl Themel, Fünf Jahre Kirchenbuchstelle Alt-Berlin. In: Familie, Sippe, Volk, 8 (1942), S. 3–5. Zur kirchlichen Mitwirkung an der Urkundenbeschaffung für die Ariernachweise und zur genuin kirchlichen Sippenforschung vgl. Manfred Gailus (Hg.), Kirchliche Amtshilfe. Die Kirche und die Judenverfolgung im »Dritten Reich«, Göttingen 2008.

17 Die erweiterten Vorträge sind erschienen unter dem Titel: Manfred Gailus (Hg.), Täter und Komplizen in Theologie und Kirchen 1933–1945, Göttingen 2015.

Schon bald stellte sich im Verlauf der Berliner Vortragsreihe heraus, dass diese Thematik mit den acht Vorträgen nicht hinreichend erschlossen ist. Vielmehr muss von vielen weiteren völkischen und nationalsozialistischen Theologen – von seinerzeit prominenten Bischöfen, von renommierten Hochschullehrern, einflussreichen Publizisten und vielen Pfarrern – die Rede sein, um ihren insgesamt stark prägenden Einfluss auf das protestantische Milieu abschätzen zu können. Diese Kenntnis ist zum besseren Verständnis von Konfession, Kirche und Gesellschaft im Nationalsozialismus unerlässlich, wenn man die historiografische Engführung auf die innerkirchliche Opposition der Bekennenden Kirche vermeiden will. So entstand die Idee einer Anschlusstagung, die wir unter dem Titel »Völkische Theologen im Dritten Reich. Biografische Studien« im Oktober 2014 am Hannah-Arendt-Institut für Totalitarismusforschung e. V. in Dresden durchführen konnten. Historikerinnen und Historiker, Kirchenhistoriker und Theologen präsentierten während des zweitägigen Workshops zehn biografische Vorträge, die im vorliegenden Band in erweiterter Fassung publiziert werden. Dankenswerterweise erklärten sich auf Anfrage fünf weitere Autorinnen und Autoren bereit, zusätzliche Beiträge zu diesem Sammelband beizusteuern, sodass wir nun hoffen, einen halbwegs repräsentativen Querschnitt durch das weite Feld nationalprotestantischer und völkischer Theologen der Epoche anbieten zu können.

Es geht in diesem Band ausschließlich um protestantische Theologen. Natürlich gab es auch unter den katholischen Geistlichen nicht wenige Protagonisten mit starker Sympathie für die Hitlerbewegung während des politischen Umbruchs von 1933. Die Studie von Lucia Scherzberg über den katholischen Theologen und Tübinger Hochschullehrer Karl Adam hat mögliche zeitgenössische Synthesen von völkischem Denken und katholischer Theologie eindrucksvoll belegt.[18] Und »braune Priester« hat es in einigen deutschen Regionen, vorzugsweise im Raum der Erzdiözese München und Freising, durchaus auch gegeben. Zum Teil wechselten sie nach Konflikten im Kirchenbereich vollständig in den Dienst des NS-Staates über.[19] Allerdings blieb ihr Anteil unter der katholischen Geistlichkeit

18 Vgl. Lucia Scherzberg, Kirchenreform mit Hilfe des Nationalsozialismus. Karl Adam als kontextueller Theologe, Darmstadt 2001.

19 Vgl. Thomas Forstner, Braune Priester. Katholische Geistliche im Spannungsfeld von Katholizismus und Nationalsozialismus. In: Gailus (Hg.), Täter und Komplizen, S. 113–139; ders., Priester in Zeiten des Umbruchs. Identität und Lebenswelt des katholischen Pfarrklerus in Oberbayern, Göttingen 2014. Ergänzend auch Kevin P. Spicer, Hitler's Priests. Catholic Clergy and National Socialism, DeKalb (Illinois, USA) 2008; für Affinitäten zwischen Katholizismus und NSDAP in der Frühzeit der Hitlerbewegung im Raum München vgl. Derek Hastings, Catholicism and the Roots of Nazism. Religious Identity and National Socialism, New York 2010; Antonia Leugers (Hg.), Zwischen Revolutionsschock und Schulddebatte. Münchner Katholizismus und Protestantismus im 20. Jahrhundert, Saarbrücken 2013.

weit hinter demjenigen von NSDAP-Pfarrern bei den Protestanten zurück.[20] Aufs Ganze gesehen, erwies sich der deutsche Katholizismus wesentlich weniger anfällig für die NS-Bewegung.

Die hohe Empfänglichkeit für deutschnationale und völkischen Ideen und die daraus resultierende Sympathie für den Nationalsozialismus als neuer politischer Ordnung war in der deutschen Konfessionsgeschichte ganz offenkundig eine spezifisch protestantische Entwicklung.[21] In der Geschichte des deutschen Protestantismus war das jahrhundertelange Bündnis von (landesherrlichem) Thron und Altar seit der Reichsgründung 1871 zunehmend von der neuen Integrationsideologie des Nationalismus überformt worden, die im Ersten Weltkrieg zur Ausbildung einer siegesgewissen Kriegstheologie geführt hatte.[22] Der vorbehaltlosen Identifizierung mit dem wilhelminischen Kaiserreich, der Verherrlichung von Nation und Krieg entsprach weithin die Weigerung, die aus Kriegsniederlage und Revolution geborene Weimarer Republik innerlich zu akzeptieren. Wurde sie doch in erster Linie von jenen politischen Kräften getragen, die im preußisch-protestantischen Kaiserreich als Reichsfeinde geächtet waren: Sozialdemokraten und Katholiken.

Für die breite Mehrheit des Nationalprotestantismus endete die ungeliebte Nachkriegszeit deshalb erst 1933. So hieß es in einer Abkündigung der Evangelischen Kirche der altpreußischen Union, der mit Abstand größten Landeskirche: »Die Osterbotschaft von dem auferstandenen Christus ergeht in Deutschland in diesem Jahr an ein Volk, zu dem Gott durch eine große Wende gesprochen hat. Mit allen evangelischen Glaubensgenossen wissen wir uns eins in der Freude über den Aufbruch der tiefsten Kräfte unserer Nation zu vaterländischem

20 Vgl. Clemens Vollnhals, Evangelische Kirche und Entnazifizierung 1945–1949. Die Last der nationalsozialistischen Vergangenheit, München 1989. Dort auch die entsprechenden Statistiken zu NSDAP-Pfarrern für die Landeskirchen in Bayern, Württemberg, Hessen und Bremen.

21 Zur besonderen Affinität der Protestanten gegenüber einem extrem nationalistischen und völkischen Denken vgl. Christoph Weiling, Die »Christlich-deutsche Bewegung«. Eine Studie zum konservativen Protestantismus in der Weimarer Republik, Göttingen 1998; Manfred Gailus/Hartmut Lehmann (Hg.), Nationalprotestantische Mentalitäten in Deutschland (1870–1970). Konturen, Entwicklungslinien und Umbrüche eines Weltbildes, Göttingen 2005; Michel Grunewald/Uwe Puschner (Hg.), Das evangelische Intellektuellenmilieu in Deutschland – seine Presse und seine Netzwerke (1871–1963), Bern 2008; Angelo Radmüller, »Zur Germanisierung des Christentums«. Verflechtungen von Protestantismus und Nationalismus in Kaiserreich und Weimarer Republik. In: Zeitschrift für junge Religionswissenschaft, 7 (2012), S. 100–122; Uwe Puschner/Clemens Vollnhals (Hg.), Die völkisch-religiöse Bewegung im Nationalsozialismus. Eine Beziehungs- und Konfliktgeschichte, Göttingen 2012; Hansjörg Buss, Völkisches Christentum und Antisemitismus. Der Bund für Deutsche Kirche in Schleswig-Holstein. In: Zeitschrift für Schleswig-Holsteinische Landesgeschichte, 138 (2013), S. 193–239; Daniel Schmidt/Michael Sturm/Massimiliano Livi (Hg.), Wegbereiter des Nationalsozialismus. Personen, Organisationen und Netzwerke der extremen Rechten zwischen 1918 und 1933, Essen 2015.

22 Vgl. als Überblick Clemens Vollnhals, »Mit Gott für Kaiser und Reich«. Kulturhegemonie und Kriegstheologie im Protestantismus 1870–1918. In: Andreas Holzem (Hg.), Krieg und Christentum. Religiöse Gewalttheorien in der Kriegserfahrung des Westens, Paderborn 2009, S. 656–679.

Bewusstsein, echter Volksgemeinschaft und religiöser Erneuerung. [...] In der Überzeugung, dass die Erneuerung von Volk und Reich nur von diesen Kräften getragen und gesichert werden kann, weiß die Kirche sich mit der Führung des neuen Deutschland dankbar verbunden. Sie ist freudig bereit zur Mitarbeit an der nationalen und sittlichen Erneuerung unseres Volkes.«[23]

Es war dieses nationalprotestantische Credo, das es vielen Protestanten ermöglichte, den fließenden Übergang in das »Dritte Reich« mit gutem Gewissen vollziehen zu können; hatte man doch die Jahre der Weimarer Republik als Jahre der nationalen und moralischen Dekadenz empfunden.

Diskurse, Bewegungen, Praxis – die Protagonisten der 15 Beiträge des vorliegenden Bandes verteilen sich in etwa gleichmäßig auf alle drei Dimensionen eines völkischen Protestantismus im »Dritten Reich«: tonangebende Akteure des völkisch-theologischen Diskurses wie die Professoren Reinhold Seeberg, Emanuel Hirsch, Hermann Wolfgang Beyer, Johannes Leipoldt, Paul Althaus und Walter Grundmann oder der umtriebige Publizist Wilhelm Stapel mit seiner schon vom Titel her einschlägigen Zeitschrift »Deutsches Volkstum«; sodann aktivistische deutschchristliche Parteikämpfer und Bewegungsmänner wie der Hamburger Bischof Franz Tügel, der Thüringer Landesbischof Martin Sasse, der mecklenburgische Landesbischof Walther Schultz, der junge Lübecker Deutschkirchler Gerhard Meyer oder der aus dem bayerischen Franken stammende und schon vor 1933 nach Thüringen wechselnde DC-Pfarrer Wolf Meyer-Erlach; schließlich politische »Tatmenschen« wie die ursprünglichen Pfarrer Ernst Szymanowski oder Eugen Mattiat sowie der Berliner Konsistorialrat und Propst Walter Hoff. Letztere begnügten sich nicht mit der Umsetzung ihrer völkisch-christlichen Überzeugungen allein im Kirchenbereich. Sie drängten zur nationalsozialistisch motivierten Tat und stellten sich als fanatische parteipolitische Akteure auch unmittelbaren Verfolgungsaktionen der Hitlerpartei bis hin zur Judenvernichtung zur Verfügung. Pfarrern wie den nationalsozialistischen Mittätern Mattiat und Hoff gelang es nach dem Kriegsende, wenn auch mit Zeitverzögerungen und nicht ganz ohne Schwierigkeiten, wieder in den Kirchendienst zurückzukehren.

Für die Mithilfe bei der Fertigstellung des druckreifen Manuskripts danken wir Manja Preissler und Robin Reschke, die Korrektur gelesen und die Register angefertigt haben. Für den Satz war im Hannah-Arendt-Institut Kristin Luthardt zuständig; sie kümmerte sich umsichtig um alle Angelegenheiten und klärte auch verschiedene Bildrechte. Zu danken haben wir nicht zuletzt den Autorinnen und Autoren für ihr Engagement und ihre Geduld.

Dresden im Mai 2016

23 Abkündigung vom 16.4.1933. In: Günther van Norden, Kirche in der Krise. Die Stellung der evangelischen Kirche zum nationalsozialistischen Staat im Jahre 1933, Düsseldorf 1963, S. 46 f.

Reinhold Seeberg, 1929; Quelle: Ullstein Bild

Stefan Dietzel

## Reinhold Seebergs völkische Theologie zwischen Konservatismus, sozialer Reform und Eugenik

Reinhold Seeberg, 1859 in Pörrafer geboren, entstammte väterlicherseits einem landwirtschaftlichen Milieu. Seine Vorfahren kamen wahrscheinlich aus Schweden in das Baltikum und ließen sich auf der kleinen Insel Nukkö nieder, die bereits zur Zeit Reinhold Seebergs eine nicht weit von Reval gelegene, mit dem Festland verbundene Halbinsel war. Nukkö war eine Gegend, die fast nur von Menschen schwedischer Abstammung bewohnt war. Der Vater sei, so schreibt Amanda Seeberg, Ehefrau und Biografin Seebergs, »kein alltäglicher Mensch [gewesen], sondern eigenartig, schwierig, unberechenbar, dabei sehr klug, mit einem außergewöhnlich scharfen und klaren Verstande ausgestattet«.[1] Dem Ehepaar wurden drei Kinder geboren, von denen die beiden Söhne Reinhold und Alfred Seeberg[2] als Theologen einige Berühmtheit erlangten. Nach dem häuslichen Unterricht durch die Mutter Emma Seeberg, geb. Grüner, besuchte Reinhold bis 1878 das Gouvernements-Gymnasium in Reval und ließ sich im gleichen Jahr in Dorpat zum Studium der Theologie einschreiben. Im Studium kam er in näheren Kontakt zu Alexander von Oettingen, dem Pionier der evangelischen Sozialethik. Nach dem Ersten Theologischen Examen 1882 blieb Seeberg an der Universität Dorpat tätig, wo er nach seiner Promotion zum Dr. theol. im Jahr 1884 als zukünftiger Nachfolger für Alexander von Oettingen feststand. Der junge, sehr ambitionierte Dozent zeigte sich nicht willens, im geruhsamen Dorpat auf die Emeritierung von Oettingens zu warten, und arbeitete an einem schnelleren Vorankommen. 1886 heiratete er Amanda Schneider.

1 Vgl. Amanda Seeberg, Lebensbild, S. 4. Typoskript, in zwei Heften gebunden, ca. 1930 (BArch Koblenz, NL 1052/199). Zu Leben und Werk vgl. ausführlich Stefan Dietzel, Reinhold Seeberg als Ethiker des Sozialprotestantismus, Göttingen 2013 (http://webdoc.sub.gwdg.de/univerlag/2013/Dietzel.pdf).

2 Geboren 1863, gestorben 1915, Professor für Neues Testament in Kiel. Vgl. Thomas Kaufmann, Seeberg, Oskar Theodor Alfred. In: Neue Deutsche Biographie, 24 (2010), S. 136 (Onlinefassung: http://www.deutsche-biographie.de/ppn117440779.html).

Als Sprungbrett auf der Karriereleiter und in die wesentlich attraktivere Universitätslandschaft des Deutschen Reichs dienten ihm zwei Studienreisen in den Jahren 1883/84 und 1887/88, die ihn unter anderem nach Göttingen zu Albrecht Ritschl und nach Erlangen führten. Die Begegnung mit Ritschl blieb für die weitere Karriere Seebergs folgenlos. Erfolgreicher verlief der Aufenthalt in Erlangen, wo Seeberg den Systematiker Franz Hermann Reinhold von Frank für sich einzunehmen vermochte. Frank zögerte nicht, Seeberg 1889 nach Erlangen zu holen, obwohl der dort frei werdende Lehrstuhl des Kirchenhistorikers Albert Hauck nicht den eigentlichen Interessen Seebergs entsprach. Erst nach Franks frühem Tod 1894 konnte Seeberg dessen Lehrstuhl für Systematische Theologie übernehmen und damit seinen eigenen wissenschaftlichen Neigungen stärker nachgehen. Gleich zu Beginn seiner neuen Tätigkeit in der Systematischen Theologie hielt er erste Vorlesungen zur Sozialethik und griff damit das große, durch von Oettingen in Dorpat angestoßene Thema auf, das für sein weiteres Berufsleben bestimmend werden sollte. Immer wieder wurden an Seeberg Appelle herangetragen, doch nach Dorpat in die baltische Heimat zurückzukehren, dies sei seine patriotische Pflicht. Aber auch die Appelle an den Patriotismus ließen Seeberg ungerührt. Sein Interesse richtete sich erkennbar darauf, im Reich weiter Karriere zu machen.

Verschiedene Berufungsverfahren scheiterten aus unterschiedlichsten Gründen, ehe 1898 der erhoffte Ruf an die Theologische Fakultät der Reichshauptstadt Berlin erfolgte. Hier entfaltete Seeberg seine größte Wirksamkeit als akademischer Lehrer für Systematische Theologie und Sozialethik sowie als theologische Leitfigur des sozialen Protestantismus. Von 1909 bis 1933 war er Präsident der »Freien Kirchlich-Sozialen Konferenz« und damit Nachfolger des erzkonservativen, antisemitisch gesinnten Oberhofpredigers Adolf Stoecker. Daneben war Seeberg schon seit den Erlanger Tagen für die Innere Mission aktiv und gleich nach seinem Wechsel nach Berlin von Bernhard Weiß für die Mitarbeit im Centralausschuss für Innere Mission gewonnen worden. Seit 1918 war er Vizepräsident und von 1923 bis 1933 Präsident des Leitungsorgans der zum Riesenkonzern für kirchliche Sozialarbeit angewachsenen Inneren Mission. Schon in der Mitte der 1920er-Jahre setzte sich Seeberg intensiv mit Fragen der Bevölkerungspolitik auseinander und begeisterte sich für die Eugenik. Öffentlich trat er als Mitbegründer der »Deutschen Gesellschaft für Bevölkerungspolitik« in Erscheinung und publizierte vermehrt zu Fragen der Eugenik.

Der Ausbruch des Ersten Weltkriegs löste einen aggressiv-imperialistischen Schub bei Seeberg aus. Er teilte mit den Alldeutschen den unbeschränkten Annexionismus und wurde zum moralischen Gewissen ihrer überzogenen Kriegszielpolitik.[3] Seeberg hielt bis zum Kriegsende an den Zielsetzungen der

3 Vgl. Günter Brakelmann, Protestantische Kriegstheologie im Ersten Weltkrieg. Reinhold Seeberg als Theologe des deutschen Imperialismus, Bielefeld 1974.

Annexionisten fest und erlebte entsprechend das Kriegsende als totales Scheitern seiner Werte und Ideale.

Zum Ende des Ersten Weltkriegs hatte er das Amt des Rektors der Berliner Universität inne. Die Verantwortung für die Universität nötigte ihn, sich der veränderten Situation zu stellen. Es gelang ihm, sich mit dem neuen politischen System zu arrangieren, doch blieb er in einer inneren Distanz zur Demokratie. Die Eugenik mit ihren radikalen moralischen Implikationen bot ihm in den 1920er-Jahren ein willkommenes Ventil seines Unmuts über die politische Situation. Jedoch stellten sich die Ziele der Eugenik für ihn schon bald als gefährlich heraus, denn die Radikalen unter den Eugenikern forderten immer lauter eine negative Eugenik, das heißt die »Ausmerze« der Schwachen und genetisch angeblich »Minderwertigen«. So weit ging Seeberg selbst jedoch nie. Allerdings baute die nationalsozialistische Rassenideologie gerade auf dieser radikalen Form der Eugenik auf. Seeberg gelang es nach der Machtübergabe nicht mehr, die Abgründe der nationalsozialistischen Ideologie zu durchschauen. Er glaubte, die rechtsextreme Bewegung lenken und subtil beherrschen zu können. Dies erwies sich als großer Irrtum. Er wurde, gedrängt durch seinen Sohn Erich Seeberg, zum Befürworter der Deutschen Christen (DC) und des Nationalsozialismus überhaupt und ist als solcher in Erinnerung geblieben. Seeberg starb am 23. Oktober 1935 in seinem Feriendomizil Ahrenshoop an der Ostsee.

## Wurzeln der völkischen Theologie Seebergs

Das Konstrukt Volk spielt in der Theologie Seebergs eine zentrale Rolle. Seine Idee vom Volk speiste sich aus verschiedenen Quellen und unterlag einer kontinuierlichen Transformation, die in ständiger Reaktion auf einschneidende Zeitereignisse erfolgte. Reinhold Seeberg verdankte seine erste soziale Prägung dem deutsch-baltischen Kulturraum der Ostseeprovinzen des Russischen Reichs. Volk war für ihn, im Gegensatz zum russischen Staat, das deutsche Volk, dem er sich zugehörig fühlte. Sein eigenes Deutschtum war für ihn eine natürliche, stets gefühlte Selbstverständlichkeit, verbunden mit einem politisch-kulturellen Führungsanspruch gegenüber allem Russischen und Lettischen. Zu der Spannung zwischen russischem Staat und den Deutschbalten gehörte auch die Erfahrung der aggressiver werdenden Russifizierung des Baltikums. Die deutschstämmige Elite fühlte sich von daher stets auch in ihrer Existenz bedroht.

Seeberg wuchs zwar im Bewusstsein eines »völkischen Gegensatzes« auf, gleichzeitig gehörte aber auch die ethnische Pluralität ganz selbstverständlich zu dieser Erfahrungswelt. Nicht alles Russische und Lettische war für Reinhold Seeberg einfach schlecht; er konnte in diesen Fragen sehr differenziert unterscheiden, anders als seine ebenfalls aus dem Baltendeutschtum stammende

Ehefrau und Biografin, die sehr viel abfälliger urteilte und Kontakte ihres Mannes zu Russen und Letten zu unterbinden wusste. Das Bewusstsein, Deutscher in einem völkisch-nationalen Sinne zu sein, war ein Abgrenzungsbewusstsein, das durch die Erfahrung der Russifizierung des Baltikums noch weiter verstärkt wurde und schlussendlich zur Emigration Seebergs führte. Die Tatsache, dass er auch aufgrund der Russifizierung seine Karriere nicht in Dorpat fortsetzte, wie seine baltische Umgebung von ihm durchaus erwartet hatte, ist aus der von seiner Frau verfassten Biografie leicht herauszulesen. Volkszugehörigkeit, das dürfte Seeberg in seiner persönlichen Lebensgeschichte deutlich erlebt haben, hat nur wenig mit nationalen Territorien zu tun; ebenso ist »Volk« in der Regel Teil eines Mischgefüges – in seinem persönlichen Fall von russischer Herrscherschicht, aber auch massenhaft auftretenden russischen »Proleten«, estnischen »Knoten«[4] und deutschstämmigen Bildungsbürgern, sogenannten Literaten. Aus dieser Gemengelage hob sich ein striktes Wertgefüge der Völker ab, dass jedoch nicht auf Ausgrenzung anderer Ethnien zielte, sondern auf Integration durch Bildung und Erziehung. Für Seeberg hatten die »höherstehenden Völker« gegenüber den naturwüchsigeren, wie den Letten und Esten, einen Bildungsauftrag.

## Wissenschaftsgeschichtliche Hintergründe der Volksidee

Seeberg orientierte sich in seinem völkischen Denken an der Anthropologie Gottfried Herders und der Völkerpsychologie Wilhelm Wundts. Die Leistung Herders sah er darin, die Lebensbereiche wie Sprache, Recht, Philosophie, Politik, Wirtschaft und Religion als Ausdrucksformen eines Geistes verstanden zu haben. Volk war durch Herders Rede von der »Volksseele« oder dem »Volksgeist« zu einer physischen und zugleich psychologischen Größe geworden. In Analogie zum Individuum habe auch ein Volk als überindividuelle Größe einen Charakter bzw. eine ausdifferenzierte Persönlichkeit. Als ein Begründer des modernen Nationalismus prägte Herder in diesem Zusammenhang den Begriff des »Nationalcharakters«.[5] Der Begriff des Volksgeistes sollte in der hegelschen Geschichtsphilosophie[6] aufgenommen werden und über die Tradition des deutschen Idealismus bis zu Reinhold Seeberg fortwirken, der jedoch den Begriff »objektiver Geist« präferierte.

4 Seeberg, Lebensbild, S. 37.

5 Hannes Stubbe, Die Geschichte der Völkerpsychologie. In: Gerd Jüttemann (Hg.), Wilhelm Wundts anderes Erbe: Ein Missverständnis löst sich auf, Göttingen 2006, S. 38.

6 Vgl. Carl F. Graumann, Die Verbindung und Wechselwirkung der Individuen im Gemeinschaftsleben. In: Jüttemann (Hg.), Wilhelm Wundts anderes Erbe, S. 54.

Wie Herder griff auch Wilhelm Wundt das Thema des Volksgeistes auf und bestimmte als dessen soziopsychologische Grundlage die Korrelation zwischen Individuum und Gemeinschaft. Der Mensch werde durch Wechselwirkungen über die Grenzen seines Einzeldaseins hinausgehoben und finde im Geistigen die allgemeine Bedingung eines grenzüberschreitenden Gemeinschaftslebens.[7] Die zentrale Intention Wundts mit seiner Völkerpsychologie war es, eine Wesensbestimmung sozialer Großgruppen von geisteswissenschaftlicher Seite aus zu ermöglichen. Damit ist genau die Differenz der Völkerpsychologie gegenüber dem Sozialdarwinismus markiert, der sich stärker als naturwissenschaftliche Disziplin verstand, in der die Einflussgröße »Geist« gerade negiert werden sollte.

Neben der Völkerpsychologie Wilhelm Wundts war eine weitere Quelle für Seebergs völkisches Denken die Moralstatistik des Dorpater Sozialethikers Alexander von Oettingen. Schon als Schüler von Oettingens war ihm die Dringlichkeit der sozialethischen Fragestellung vor dem Hintergrund der sich durch die Industrialisierung rapide verändernden Gesellschaft aufgegangen. 1883 erschien in den »Mitteilungen und Nachrichten für die evangelische Kirche in Russland« eine Rezension Seebergs über die soeben publizierte dritte Auflage der »Moralstatistik«[8] von Oettingens, in der er auf das zu sprechen kam, was ihm am spezifischen Ansatz des Dorpater Moralstatistikers am bemerkenswertesten erschien. Sie nötige, so von Oettingen, den Theologen, mit der Erbsündenlehre ernst zu machen und den Nachweis zu erbringen, dass sich die spezifischen Vorzüge wie Nachteile eines Volksethos durch die Generationen vererbten. Oettingen wollte in seiner Moralstatistik die lutherische Erbsündenlehre empirisch fundieren. Leitend war für ihn – und später für Reinhold Seeberg – die Überzeugung, dass sich alles sittliche Leben konkret nur als »Wechselwirkung zwischen Person und Person« realisiere.[9] Keine Handlung könne ohne Berücksichtigung ihrer sozialen Dimension vollständig verstanden und ethisch beurteilt werden. Die entscheidende Bezugsgröße der statistischen Datenerhebung war für von Oettingen der Staat und dessen naturalistisches Gegenstück, das Volk. Die in der Moralstatistik für die evangelische Theologie erarbeitete Grundeinsicht der sozialen Bedingtheit allen ethischen Handelns wurde durch die Forschungsergebnisse der an Bedeutung gewinnenden Humanwissenschaften weiter gestützt. Die Erkenntnisse aus den Bereichen der Psychologie, Soziologie, Volkskunde, Ökonomie und Eugenik hatten wissenschaftlich gesichert die Zusammenhänge zwischen Individuum und

7 Vgl. ebd.

8 Alexander von Oettingen, Die Moralstatistik und die christliche Sittenlehre, 3. Auflage Erlangen 1882.

9 Reinhold Seeberg, System der Ethik. Im Grundriß, Leipzig 1911, S. 75.

Gesellschaft deutlicher als je zuvor zutage treten lassen. Das Individuum wurde in den neuen Wissenschaften in seinem sozialen Kontext und damit in einem unauflöslichen Beziehungsgeflecht verschiedenster Einflussfaktoren wahrgenommen.

Wie sollte sich nun aber die Theologie dem Paradigmenwechsel in den Wissenschaften gegenüber verhalten? Die Ablehnung der neuen wissenschaftlichen Zugänge zum Menschen drückte sich in der Überzeugung aus, dass der Mensch als Individuum isoliert betrachtet werde, was den Verfall der »Gemeinschaft« hin zur »Gesellschaft« nach sich ziehe. Die eigentlich positive Absicht Seebergs hinter seiner auf Gemeinschaft abhebenden Sozialethik war es demgegenüber, die einseitig negative Fixierung der evangelischen Theologen gegenüber den aufstrebenden Humanwissenschaften zu überwinden. Eine Schlüsselrolle sollte dabei dem Begriff »Volk« zukommen, in dem die empirische Dimension der neuen Humanwissenschaft mit der geisteswissenschaftlichen Idee eines überindividuellen Handlungssubjekts vermittelt werden sollte. Seeberg kann mit von Oettingen und Wundt zu den Initiatoren einer Renaissance einer geisteswissenschaftlich konzipierten Humanwissenschaft gerechnet werden, die sich im 19. Jahrhundert als Reaktion auf die experimentelle Psychologie formierte.[10]

## Soziale Not als völkische Aufgabe

Seeberg griff den Volksbegriff konkret Mitte der 1890er-Jahre in einem Aufsatz über »die Kirche und die sozialen Frage«[11] auf. Die soziale Frage war für ihn dabei kein besonderes Problem eines bestimmten Milieus oder mit diesem Milieu. Es gehe hier vielmehr um die Gemeinschaft des Volkes als Ganzes, die herausgefordert sei, ihre sozialen Probleme zu lösen. Das Volk als Ganzes werde in Mitleidenschaft gezogen, wenn einzelne Teile leiden, und seien es auch nur die unteren Schichten. Seeberg knüpfte damit bewusst an den im deutschen Konservatismus verankerten Wert der »Gesundheit des Volkes« an. Auch die konservativen Kreise, so sein Kalkül, müssten ein Interesse daran haben, die Volksgesundheit zu fördern, und sie könnten sich nicht länger mit dem Einwand aus der Affäre ziehen, dass es Armut und Elend als Folge natürlicher Ungleichheit schon immer gegeben habe.[12] Demgegenüber machte Seeberg geltend, dass der materielle Druck infolge der modernen Lebensumstände in der Industriegesellschaft die vermeintlich natürlichen und damit tolerablen Grenzen des Elends längst gesprengt habe. Das entscheidende Indiz dafür sei, dass das Lohnniveau

10 Vgl. ebd., S. 69.

11 Reinhold Seeberg, Die Kirche und die soziale Frage. In: Neue Kirchenzeitung, 1896, S. 839–880.

12 Vgl. Doron Avraham, In der Krise der Moderne. Der preußische Konservatismus im Zeitalter gesellschaftlicher Veränderungen 1848–1876, Göttingen 2008, S. 68–131.

der Erwerbsarbeit vielfach nicht mehr hinreiche, um den Lebensunterhalt einer Familie zu bestreiten. Not sei, im Gegensatz zur konservativen Grundannahme, längst völlig unabhängig von Arbeit und Arbeitswilligkeit und deshalb nicht länger als schuldhaft zu betrachten, sondern als ein systembedingtes Phänomen der Moderne.[13] Die Beseitigung des doch eigentlich »unnatürlichen« Leidens der unteren Schichten erklärte Seeberg zu einer gesamtgesellschaftlichen Aufgabe.

Seeberg war bei der Implementierung des Volksbegriffs in den sozialpolitischen Diskurs von der Hoffnung geleitet, auch die vorwiegend konservativ gesinnte Mehrheit in der Evangelischen Kirche für die Mitarbeit an der Lösung der sozialen Probleme gewinnen zu können.[14] In letzter Konsequenz ist es für Seeberg das Volk als Ganzes, das eine tragfähige Lösung finden müsse. Die christlich-soziale Bewegung, die sich im Raum der Kirche dieser Zielsetzung angenommen habe, wäre deshalb mit Recht von einer rein reaktiven Strategie abgerückt und fordere Präventivmaßnahmen auf politischer Ebene, damit soziale Nöte und Schäden im Volk erst gar nicht aufkommen könnten.[15] Eine Lösung der ökonomischen Probleme war für Seeberg nur über eine Reform der Wirtschaftsordnung zu erreichen,[16] deren Umsetzung dann allerdings in der Verantwortung der Parteien liegen müsste. Ganz folgerichtig konnte er vor diesem Hintergrund sogar dem Gedanken einer christlich-sozialen Parteigründung als Ergänzung zu den erprobten Formen der kirchlichen und verbandsprotestantischen Fürsorgearbeit zustimmen.[17]

## Die Größe »Volk« im »System der Ethik« von 1911

In seinem erstmals 1911 erschienenen »System der Ethik« kommt Seeberg im Kontext der Ehe auf das Thema Volk. Er verfolgt dabei die These, dass das Volk die Fortsetzung der Familiengemeinschaft im Großen sei. Von dieser Grundannahme aus konstruiert er eine Pflicht zur Ehe. Familie sei vor allem eine Reproduktionsgemeinschaft und als solche die unverzichtbare Basis für die »Volkswerdung und -erhaltung«. Damit wird schon 1911 die biologische Entwicklung des Volkes für ihn zur eigentlichen Zielsetzung von Ehe und Familie: »Die physische Art des Volkes ist Produkt der natürlichen Entwicklung und

13 Seeberg, Kirche, S. 842.

14 Das Volk galt den Konservativen als der Nation und dem Staat voraus liegende Größe und war durch Friedrich Julius Stahl eine feste Größe in der neulutherischen Staatstheorie geworden. Vgl. Doron Avraham, Krise, S. 268 ff.

15 Seeberg beruft sich dabei auf die Gewährsleute Wichern und Luther. Vgl. Seeberg, Kirche, S. 844 f.

16 Vgl. ebd., S. 845.

17 Vgl. ebd., S. 857.

ihrer Züchtung.«[18] Sie bilde die Basis einer »geistigen Gemeinschaft« bzw. einer »Gemeinschaft der Geister«,[19] die letztlich die Basis der »Kultur« sei. Seebergs entwicklungstheoretische Überlegungen kulminieren in der Vorstellung des Volkes als einer »geschichtlichen Kulturgemeinschaft«.[20] Kultur war dabei für Seeberg der umfassende Ordnungsbegriff für alle Aspekte eines in Freiheit geführten »völkischen Lebens«, der die unheilvolle Isolierung des Individuums in der Masse der Gesellschaft aufheben sollte. Er versteht Kultur als das Ergebnis eines Traditionsprozesses, in dem sich das Fortschrittsprinzip evolutionär vollziehe.

Von diesem Kulturverständnis aus entwickelt er die These weiter, dass der historische Fortschritt unmittelbare Folge eines konstanten Übertragungsprozesses geistiger Errungenschaften von der jeweils älteren auf die jüngere Generation sei. Grundsätzlich geht diese Gedankenfigur von einer Spannung zwischen den Generationen aus, der jedoch durch den Traditionsgedanken ein primär positiver Effekt im Zusammenhang der Kulturentwicklung zugeschrieben werden konnte. Das Prinzip des Antagonismus der Generationen ließ sich leicht mit der Idee des sozialdarwinistischen Struggle for Life vermitteln. Doch gegenüber dem Überlebenskampf in der Natur postulierte Seeberg einen die Generationen übergreifenden Traditionsprozess der bewahrenden, kontinuierlichen Veränderung. In der geradezu naturgegebenen Konkurrenz zwischen den Jüngeren und den Älteren werde Wissen und Erfahrung weitergegeben und zugleich weiterentwickelt. Darin liege das Recht der jüngeren Generation, mit ihrer Kritik die Dinge weiter voranzubringen. Die Konkurrenz der Generationen diene auf diese Weise letztlich dem höheren Ziel der »völkischen Entwicklung«.

Der Gedanke der Weitergabe und kreativen Aufnahme eines bestimmten Kulturstandes innerhalb eines Volkes über die Generationengrenzen hinweg verdeutlicht Seebergs konservative Grundierung und sein positives Verhältnis zu Autorität. Die ältere Generation sei natürlich Träger der Autorität und gebe das geistig Erschaffene weiter – nicht ohne autoritär über dessen Erhaltung zu wachen. Das Autoritätsprinzip soll in Seebergs Theorie die aus dem ungestümen Modernisierungsverlangen der jüngeren Generation resultierende latente Spannung in eine ausgeglichene Fortschrittsbewegung umlenken, die idealerweise in ein Fließgleichgewicht münden sollte.[21] Innerhalb dieses Gleichgewichts komme

18 Reinhold Seeberg, Christlich-Protestantische Ethik. In: Paul Hinneberg (Hg.), Die Kultur der Gegenwart. Die geisteswissenschaftlichen Kulturgebiete, Abt. 4: Die christliche Religion mit Einschluss der israelisch-jüdischen Religion, Leipzig 1906, S. 633–677, hier 668.

19 Ebd., S. 668.

20 Ebd.

21 Zur Bedeutung des Generationenkonflikts vgl. Hans-Ulrich Wehler, Deutsche Gesellschaftsgeschichte. Band 4: Vom Beginn des Ersten Weltkriegs bis zur Gründung der beiden deutschen Staaten 1914–1949, 3. Auflage München 2008, S. 235–236.

den Ordnungen des Lebens eine tragende Rolle zu: Sie garantierten die Kontinuität der historischen Entwicklung, weil sich in ihnen das Autoritätsprinzip realisiere. Seeberg denkt als Konservativer nicht primär von der Dynamik der Veränderung aus, sondern von der Bewahrung. Dennoch will er sein System in Maßen für neue Entwicklungen öffnen. Der Fortschrittswille der jüngeren Generation habe zwar seine Berechtigung, aber die wirklich entscheidende Aufgabe des Volkes sei es, das einmal Erschaffene vor allzu schneller und radikaler Neuerung zu bewahren. Die völlige Auflösung der Ordnungsstrukturen bzw. deren Perversion würde die Gesellschaft letztlich ins Chaos stürzen.

## Politische Theologie in der Kaiserzeit

Vom Kaiserreich bis in die Weimarer Zeit hinein sah Seeberg in der Monarchie die ideale Staatsform. Trotzdem hatte er sich intensiv für sozialpolitische Reformen eingesetzt und sich dabei von der Überzeugung leiten lassen, dass die neulutherische Lehre der Schöpfungsordnungen der Komplexität des modernen Industriestaats kaum noch gerecht werde.[22] Die traditionell christlichen Werte ließen sich nicht mehr mit dem Kapitalismus vermitteln. Daher konnte auch die ethische Disziplinierung der kapitalistischen Gesellschaft vom Christentum nicht mehr ernsthaft erwartet werden. Hierfür konnte nur der Staat sorgen, der für Seeberg die Autorität schlechthin verkörperte und, so seine Vision in der zweiten Auflage seiner Ethik von 1920, zum umfassenden Steuerungsorgan umgebildet werden sollte.[23] Was hier nur angedeutet werden kann, ist, dass die nicht zu hinterfragende Verbindung von Autoritätsprinzip und Staat mit einer inneren Logik zu einem planwirtschaftlichen Staatssozialismus führen musste. Leitend war dabei der Gedanke, dass nur von einer staatlichen Einhegung des Kapitalismus aus – unter Rückgriff auf den bei Seeberg völkisch grundierten Gemeinwohlgedanken – die Überwindung des kapitalistischen Individualismus gelingen könne. Seeberg entwarf in seiner Ethik das Bild einer Volkswirtschaft, die auf der Basis einer Identität von Staat und wirtschaftlicher Gemeinschaft allein dem Gemeinwohl diene. Trotz der Suche nach neuen Wegen in der Staatsorganisation stand für ihn fest, dass die Macht als persönliche Herrschergewalt in der Hand eines Monarchen konzentriert sein solle. Nur eine charismatische Einzelperson wie ein Monarch könne, so die idealistische Überzeugung Seebergs, den »organisierten

22 So schon im Kapitel über die Kirche, vgl. Seeberg, System (1911), S. 80 ff. Jedoch war Seeberg auf der anderen Seite so tief im neulutherischen Denken verwurzelt, dass er nicht konsequent auf den Begriff der Ordnungen verzichten konnte.

23 Zur Rolle des Staatsinterventionismus vgl. Wehler, Gesellschaftsgeschichte, S. 239; zum »deutschen Korporatismus« vgl. ebd., S. 268 f.

Gesamtwillen des Volkes« verkörpern.[24] Von der Überzeugung ausgehend, dass eine moderne Monarchie mehr sein müsse als ein Traditionsunternehmen oder ein liberaler »Nachtwächterstaat«,[25] wollte er sie zu einem umfassenden Kulturstaatssystem mit energischer Machtentfaltung nach innen und außen weiterentwickeln. Die konstitutionelle Monarchie mit ihrer Verbindung von rechtlicher Kodifizierung und exekutiver Personalisierung schien ihm die ideale Voraussetzung seines Kulturstaats zu bilden.[26]

Der dabei in Anschlag gebrachte Rechtsbegriff verstand Recht als »eine positive geschichtliche Größe«,[27] als Produkt des objektiven Geistes, der modifizierend als »Rechtsbewusstsein des Volkes«[28] direkt auf die geltenden Gesetze einwirke. Seebergs Ideal einer konstitutionellen Monarchie schien durch diesen weichen Rechtsbegriff zwar an ein verfasstes Recht gebunden zu sein, doch auch das nur im Sinne einer Selbstbindung. Sein Interesse galt, hier zeichnen sich früh Sympathien für totalitäre Strukturen ab, der Bildung und Konzentration von Macht und nicht ihrer Beschränkung. Er erhoffte sich von einem straff zentralistisch geführten Staat Handlungs- und Durchsetzungsfähigkeit, anders als vom Parlamentarismus, von dem er eine Schwächung der außenpolitischen Wirkung erwartete. Auch die in der Demokratie institutionalisierte Meinungsvielfalt konnte er sich nur als »zersetzende« Zersplitterung mit verheerenden Folgen für die innen- wie außenpolitische Handlungsfähigkeit eines Staates vorstellen.

## Radikalisierung in der Weimarer Republik

Seebergs Denken zeigt unmittelbar nach dem Ersten Weltkrieg eine erhebliche Radikalisierung, die sich in der zweiten Auflage des »Systems der Ethik« markant niedergeschlagen hat. In dem Paragrafen über »die Lebensfunktionen des Volkes als geschichtlicher Kulturgemeinschaft« setzte sich Seeberg 1920 mit den weltanschaulichen Voraussetzungen des Kapitalismus und der von sozialistischer Seite massiv erhobenen Kapitalismuskritik intensiv auseinander.[29] Der Kapitalismus stand von seinen systemischen Voraussetzungen her Seebergs völkisch-idealistischer Gemeinwohlorientierung diametral entgegen. Er habe als »liberalistische rationale Lehre« den »unbeschränkten Individualismus zum wirtschaftlichen Prinzip« erhoben.[30] Im Kapitalismus werde der Mensch entweder zum enthemm-

24 Seeberg, System (1911), S. 123.
25 Ebd., S. 124.
26 Vgl. ebd., S. 124.
27 Ebd., S. 125.
28 Ebd.
29 Reinhold Seeberg, System der Ethik, 2., neu bearbeitete Auflage, Leipzig 1920, S. 191–195.
30 Ebd., S. 191.

ten und damit zum entsittlichten Kapitalisten oder zum Arbeiter und damit zur käuflichen Ware. Die schrankenlose Ausbeutung als das entscheidende Charakteristikum des Kapitalismus entspricht der in dieser Zeit populären sozialdarwinistischen Vorstellung vom Existenzkampf. Kapitalismus ist für Seeberg die ideologische Überhöhung des Kampfes auf der Ebene des Individuums mit der Folge des Verlustes der geistigen Idee für die »völkische Gemeinschaft«. Diesem Kampf falle alles zum Opfer, was die »Volksgemeinschaft« auszeichne: Die Arbeitsmoral der Arbeiter, aber auch viele »selbstständige Existenzen des Mittelstands«.[31]

Seeberg folgt in seiner Analyse im Grunde der sozialistischen Kapitalismuskritik, auch mit der Erwartung eines baldigen Zusammenbruchs des kapitalistischen Systems. Die eintretende Krise könne nur durch die Weiterentwicklung des Kapitalismus zum »Staatssozialismus« bewältigt werden.[32] Der von ihm projektierte Staatssozialismus sollte nur noch wenig mit dem klassischen »Wirtschaftssozialismus« gemein haben, dessen realpolitische Umsetzung Seeberg in der Weimarer Republik mit Schrecken zu erleben glaubte.[33] In seiner staatssozialistischen Vision sollte die Macht der kapitalistischen Führungseliten durch eine progressive Besteuerung der höheren Einkommen und durch Verstaatlichung der Schlüsselindustrien abgebaut werden. Die Vorteile, die eine planwirtschaftliche Steuerung der verstaatlichten Großindustrien versprach, sei die Orientierung am wirklichen Bedarf des Volkes, nicht an abstrakten Gesetzen des Marktes. Seeberg war der Überzeugung, dass nur so die Volkswirtschaft den Sinn zurückbekommen könne, den ihr der Kapitalismus geraubt habe. An dieser Argumentationsfigur wird die Rolle des Volksgedankens als Ansatzpunkt der Kapitalismuskritik Seebergs deutlich. Er sah mit einer gewissen Einseitigkeit hinter allen Wirtschaftsprozessen nur das egoistische Gewinnstreben Einzelner oder einzelner Interessengruppen (Kapitalisten, Proletariat), das per se dem »völkischen Gemeinwohl« zuwiderlaufe.

Aus dem für gesellschaftliche Reformen zur Linderung der sozialen Not aufgeschlossenen Theologen der Vorkriegszeit war nach dem Krieg schnell ein sozialkonservativer Revolutionär geworden, wobei der Volksgedanke das treibende Element darstellte. Das von Seeberg in der zweiten Auflage seines Systems der Ethik vorgelegte antikapitalistische Reformprogramm ließ das konservative Besitzdenken seiner Zeit hinter sich. Er räumte dem Staat mit der Enteignung wichtiger Industrieunternehmen ethische Rechte ein, die der alte Konservatismus in dieser totalitären Aggressivität niemals akzeptiert hätte.

---

31 Ebd., S. 192.

32 Ebd.

33 Ebd., S. 193: »Der Marxismus leitet nur zur Zerstörung des Alten an, alles übrige ist aufgeregte Weissagung und agitatorische Phrase.«

## Christlich-konservative Revolution

Seeberg fordert in der zweiten Auflage der Ethik die Bereitschaft jedes Einzelnen, das gesamte Leben dem Staatszweck zu unterwerfen.[34] Der sich im Staatszweck manifestierende völkische Wille liege dem positiven Recht immer schon zugrunde.[35]Als Recht bezeichnete Seeberg diejenige Lebensfunktion, die das Volk in eine gemeinsame Richtung lenke. Fundamentale Voraussetzung der Staatstheorie Seebergs war in der ersten Auflage der Ethik die Herleitung des Rechts aus dem Volkswillen. Das änderte sich in der Weimarer Republik. In der demokratischen Ordnung schien die politische Realität dem angenommenen »objektiven Willen« geradezu entgegenzustehen. Daher musste in Seebergs Perspektive das Wollen des genauen Gegenteils der Ausdruck des kollektiven Willens werden. Wenn dem aber so war, dann war es mit der lutherischen Passivität gegenüber der Obrigkeit vorbei. Es musste nun eine Begründung für ein aktives Engagement gegen die demokratische Staatsordnung gefunden werden, ebenso wie eine Begründung des aktiven, politischen Widerstands. Das zentrale Symbol des intendierten Machtstaats konnte für Seeberg, um den Gegensatz zur Demokratie möglichst deutlich werden zu lassen, nur die symbolisch-integrative Gestalt eines Monarchen sein, in dessen Person sich die Macht konzentriere und auf die sich eine loyale Staatsgesinnung richten könne.[36] Seeberg entkoppelte die Staatsloyalität des Luthertums von der aktuellen demokratischen Ordnung und lenkte sie auf die fiktive Idee des Herrschers eines zentralistisch-autoritären Staates um. Loyalität als Gesinnung selbstloser Hingabe stellt sich für Seeberg als Tugend dar, die nur sinnvoll einem persönlichen Führer entgegengebracht werden könne.[37] Seeberg eröffnete mit dieser Denkfigur dem lutherischen Denken die Möglichkeit zu politischem Ungehorsam gegenüber der Demokratie, ohne die prinzipielle Bindung des Luthertums an die Staatsautorität aufzugeben; in einem gewissen Sinne radikalisierte er das lutherische Obrigkeitsdenken mit dem Wunsch nach uneingeschränkter persönlicher Autorität sogar noch: Im idealen Machtstaat sollte an die Stelle äußerlicher Pflichterfüllung innerlicher Gehorsam treten, denn jede Form des Ungehorsams gegenüber dem Staat bedeutete faktisch den Selbstausschluss aus der Gemeinschaft und war Ausdruck eines unnatürlichen Egoismus. Die politische Tugend der Loyalität wurde daher von Seeberg zu einem aktiven politischen Engagement im Sinne einer Systemveränderung uminterpretiert und in dieser Form gar zur Bürgerpflicht erhoben. Damit stimmte er den National-

34 Vgl. ebd., S. 235.

35 Vgl. ebd., S. 236.

36 Ebd. »Gesinnung« ist nach Seeberg eine dauerhafte »Gestimmtheit der Liebe und des Glaubens« (ebd., S. 76–78).

37 Vgl. ebd., S. 229.

protestantismus in der Weimarer Republik auf eine politische Protesthaltung ein, die als christliches Seitenstück der Konservativen Revolution zu verstehen ist. Seeberg bewegte sich mit der Aktivierung lutherisch geprägter Milieus zu verstärktem politischem Engagement für einen autoritären Machtstaat schon zu Beginn der 1920er-Jahre gedanklich eindeutig auf das »Dritte Reich« zu.

## Eugenik im Dienste ethischer Zielsetzungen

Auf eine außergewöhnlich deutliche Weise wirkte sich das völkische Element in den 1920er-Jahren in Seebergs entschlossener Hinwendung zur Eugenik aus. Schon in der Kaiserzeit hatte in den gesellschaftspolitischen Debatten innerhalb des Protestantismus die von Darwin ausgehende Evolutionstheorie, besonders in der populärwissenschaftlichen Form des Sozialdarwinismus, an Bedeutung gewonnen. Sozialhygiene und Eugenik wurden zu Leitbegriffen einer biologistisch grundierten moralischen Erneuerungsbewegung, die Seeberg auch für die Theologie fruchtbar machen wollte. Der kirchliche Kontext, in dem sich eugenische Denkmuster besonders erfolgreich einbringen ließen, war die Sittlichkeitsbewegung.[38]

Nach dem Krieg stieg bei Seeberg und im Sozialprotestantismus[39] insgesamt das Interesse an Themen der Bevölkerungsentwicklung sprunghaft an, und entsprechend reflektierte er in der zweiten Auflage seiner Ethik die verschiedenen Strömungen der Eugenik. Gegenüber dem vorherrschenden Sozialdarwinismus mit seiner Tendenz zu einer qualitativen, auf Verbesserung des Genpools durch Auslese setzenden Eugenik, hielt Seeberg unbeirrt an der quantitativen Eugenik fest, der es um die Erhöhung der Geburtenziffer und die Bekämpfung von Verhütung und Abtreibung ging. Unabhängig davon lag allen Richtungen der Eugenik

38 Die Aufnahme eugenischen Gedankenguts in die theologische Ethik wurde wesentlich durch die Sittlichkeitsbewegung vorbereitet, die in Deutschland um die Jahrhundertwende in der Inneren Mission eine feste institutionelle Basis gefunden hatte. Sie richtete sich gegen sexuelle Libertät und Prostitution. Ihre Protagonisten rekrutierten sich überwiegend aus dem gehobenen Mittelstand und der Oberschicht, die hier ihre Wertvorstellung von Familie und Sexualität propagierten, indem sie die Grenze zur »Unsittlichkeit« rigoros markierten. Die Sittlichkeitsbewegung konnte so zum Auffangbecken für das diffuse Unbehagen weiter bürgerlicher Kreise am gesellschaftlichen und sozialen Wandel werden. In ihr artikulierte sich der Wunsch nach Bewahrung und Festigung der überlieferten Lebensformen. Zur Sittlichkeitsbewegung vgl. Sabine Schleiermacher, Sozialethik im Spannungsfeld von Sozial- und Rassenhygiene. Der Mediziner Hans Harmsen im Centralausschuß für die Innere Mission, Husum 1998, S. 85 ff.

39 Bereits 1906 fand ein von der Inneren Mission initiierter Schulungskurs zum Thema »Erbliche Belastung und ethische Verantwortung« von Gustav von Rohden statt, der sich inhaltlich sehr eng an von Oettingen anlehnte. Vgl. Schleiermacher, Sozialethik, S. 205.

ein Verständnis von Krankheit zugrunde, das mit ausgesprochen sozialen Implikationen verbunden war. Individuelle Krankheit wurde von den Eugenikern aller Couleur als ein Symptom einer Sozialpathologie interpretiert. Mit der Dimension des Sozialen kam ein Wertebegriff in die Pathologie, der sie für eine ethische Inanspruchnahme disponierte. Seeberg, mit seinem von den Werten und Zielen der Sittlichkeitsbewegung geprägten Denken, schärfte hier seine Argumente gegen Ehelosigkeit, Prostitution und außereheliche Verhältnisse. Bereits in der ersten Auflage des »Systems der Ethik« von 1911 hatte er alle Abirrungen von der monogamen Ehe in Form von außerehelichem Geschlechtsverkehr oder Prostitution als Perversion der gottgewollten Liebesbeziehung bezeichnet. Mit der Behauptung, dass die mögliche Vererbung degenerierter Eigenschaften den eigentlichen Zweck der Ehe, nämlich gesunde Nachkommen zu zeugen, in sein Gegenteil verkehre, griff Seeberg in der zweiten Auflage seines Systems der Ethik dezidiert eugenische Argumente für die Untermauerung seiner Thesen auf. Mit dem Verständnis der Ehe als Fortpflanzungsgemeinschaft war zugleich eine Annäherung an die neulutherische Ordnungslehre verbunden, die nach 1920 über die eugenische Argumentationsfigur eine größere Bedeutung innerhalb des Systems der Ethik erhielt. Das Eheideal der biologischen Erzeugung von Nachkommen erhob die Eheschließung zur christlich-moralischen und völkischen Pflicht.[40] Gleichzeitig mit der rigorosen Ausrichtung der Ehe am biologischen Zweck wurde eine Optimierung der Partnerwahl angestrebt. Mit dem harmlos anmutenden Satz, dass nicht immer die Natur bei der eugenisch verantworteten Partnerwahl den »treuen Eckhart« spiele,[41] verabschiedete sich Seeberg vom romantischen Ideal der gegenseitigen Liebe, wie er es in seinen früheren Jahren vertreten hatte. Sein neues Ideal orientierte sich nunmehr ausschließlich am Kampf gegen die Degeneration der Rasse. Die körperliche Gesundheit wurde darüber zum entscheidenden Ausschlusskriterium für die Eheschließung. Angestrebt war, über eine im moralischen wie biologischen Sinne »gesunde Ehe« die Aufwertung der eigenen Rasse gezielt voranzutreiben.

40 Allzu leicht ließ sich später über die Fixierung des Eheverständnisses als Fortpflanzungsgemeinschaft die geistige Schleuse für eugenisches Gedankengut öffnen, indem nach den physischen Vorbedingungen einer gelingenden Ehe gefragt werden konnte. Der aus dem karitativen Gedanken der Hilfe resultierende Wille, auch das unvollkommene Leben zu erhalten, drohte darüber verloren zu gehen. Eine weitere tiefgreifende Veränderung durch die Implementierung eugenischer Argumentationsmuster erfuhr die Sündenlehre, die durch die Vorstellung der »Verkehrung« der gottgewollten Ordnung in einen verhängnisvollen Konnex zur Vererbungslehre geriet und nun dazu tendierte, die Erbsünde mit der Vererbung von Krankheiten gleichzusetzen. Ähnlich verfuhren auch andere Meinungsbildner der Inneren Mission wie Gustav von Rohden oder Gerhard Füllkrug. Vgl. Schleiermacher, Sozialethik, S. 209–211.

41 Vgl. Seeberg, System (1920), S. 172.

Die an die Ehe herangetragenen Forderungen machten die strikte Einhaltung der Monogamie zur Frage wahren Menschseins. Die Schattenseite dieser Entwicklung war, dass die Folgen gesellschaftlich unkontrollierten Sexualverhaltens innerhalb und außerhalb der Ehe in ihren Auswirkungen auf das Volk als Gesamtheit gesehen und bewertet wurden. Ehe und Fortpflanzung lagen damit nicht mehr in der Verantwortung des Einzelnen. Die Privatsphäre der Ehe als Intimraum menschlicher Beziehungen wurde zunehmend von außen reglementiert, was zu ihrer Aushöhlung führen musste – mit unabsehbaren Folgen. Das an der eugenischen Optimierung ausgerichtete Eheverständnis führte langfristig zur Überordnung der Interessen der Allgemeinheit über die des Einzelnen. Diese Entwicklung trug wesentlich zur Destruktion des rechtlichen Schutzes des Individuums bei. Als Konsequenz des eugenisch veränderten Eheideals forderte Seeberg bereits in der zweiten Auflage seiner Ethik, dass die zukünftigen Eheleute bereits vor der Ehe die Klärung der Frage nach Geschlechtskrankheiten und degenerativen Erbkrankheiten angehen müssten. Eine vorerst noch freiwillig zu leistende gegenseitige Aufklärung der Partner über den eigenen Erbgesundheitsstand sollte die Gesundheit der »Rasse« schützen, bis ein entsprechendes Gesetz für eine verbindliche Rechtsgrundlage sorge. Seeberg forderte demnach bereits 1920 eine ethische Umsetzung der Rassenhygiene und arbeitete konsequent auf eine zukünftige gesetzliche Festschreibung der vermeintlich objektivierten Sittlichkeit hin.

Es waren sicher die traumatischen Erlebnisse von Kriegsniederlage und Revolution, die die Dominanz des Konservativen im Denken Seebergs wesentlich verstärkt haben. Eine Besserung der Zustände schien ihm nur noch durch eine »Rückkehr zu einem sittlichen Verständnis der Geschlechtsgemeinschaft, zu einer strengeren Sexualmoral sowie durch Abstreifen der materialistischen Weltanschauung und der übermäßigen Steigerung der Lebensansprüche« zu erreichen zu sein.[42] Die Ehe war in dieser Sicht das wichtigste Reproduktionsinstrument eines nach eugenischen Idealen zu formenden Volkes. Ihr sollte damit in einer zukünftigen – nachdemokratischen – Gemeinschaft eine Schlüsselfunktion für das Funktionieren der völkischen Gesellschaft zukommen. Die politisch-konservative wie auch die kirchlich-lutherische Hochschätzung der Familie basierte gleichermaßen auf der Vorstellung von der Ehe als Ursprungsort der Moral und Keimzelle der Gemeinschaft. Diese Grundfigur erlaubte schließlich ihre Indienstnahme durch eine im Kern utilitaristische Rassenhygiene. Die Überordnung der Familie gegenüber den Interessen des Einzelnen konnte Seeberg leicht für seinen emphatischen Volksgedanken nutzen und sich damit zugleich die Zustimmung der konservativen Kreise innerhalb und außerhalb der Kirche sichern.

---

42 Seeberg, System (1911), S. 98.

## Volkshygiene als Vorstufe einer rassischen Eugenik

In dem Kapitel »Die christliche Sittlichkeit in der sozialen Volksgemeinschaft«[43] finden sich für die zweite Auflage neu formulierte Ausführungen zum Thema »Volkshygiene«.[44] Seeberg wollte mit der Rezeption der Volkshygiene die rein karitative Ausrichtung der Inneren Mission ausweiten. Er sah ihr zukünftiges Aufgabenfeld mehr in »prophylaktischen Maßregeln im Interesse der Volksgesundheit, etwa Impfzwang, Seuchengesetze, Einschränkung des Alkoholmissbrauches, Sonntagsruhe [und] Wohnungswesen«.[45] Die damit exemplarisch angesprochenen Problemfelder waren bereits im christlich-sozialen Programm seines Aufsatzes zur sozialen Frage berührt worden.[46] Seeberg ging in der Ethik von 1920 deutlich über die 1896 noch vorsichtig formulierten Ansätze hinaus und überführte die christlich-soziale Idee in ein eugenisches Bevölkerungsprogramm. Damit verbunden war eine völlige Neuausrichtung der Sozialethik der Inneren Mission. Die modernistische Grundierung der Sozialethik durch die Eugenik versprach, den rigoristischen Wertvorstellungen durch den Anschein der Objektivität und der Wissenschaftlichkeit mehr Durchschlagskraft zu geben.[47]

Seeberg hatte in seiner sozialpolitischen Einstellung auf dem Weg vom Kaiserreich zur Weimarer Republik einen signifikanten Wandel durchlaufen. Während des Ersten Weltkrieges und zu Beginn der Weimarer Republik wurde seine sozialpolitische Orientierung erst eugenisch, dann rassenhygienisch überformt. Alles Normwidrige sollte nicht einfach auf gesellschaftliche Bedingungen zurückgeführt und damit relativiert werden. Moralische Devianz sollte vielmehr als Folge der Vererbung kranker Anlagen als Sünde dämonisiert werden. Fluchtpunkt dieser Argumentation war das Volk, das durch Degeneration infolge sündigen Verhaltens geschädigt würde. Die Anklänge an die Erbsündenlehre machten es Seeberg letztlich leicht, im kirchlichen Raum Zustimmung für seine eugenische Argumentation zu finden. Ein weiterer Ansatz für seine Neuausrichtung der evangelischen Sozialethik war der für die Motivation der Beschäftigten in den Sozialeinrichtungen wichtige Begriff des Dienstes, der unter dem Einfluss der

43 Seeberg, System (1920), S. 190 ff. Vgl. auch Schleiermacher, Sozialethik, S. 207. Schleiermacher bezieht sich in ihrer Rekapitulation der eugenischen Ideen Seebergs ebenfalls auf die beiden Einschubstellen in der Ethik von 1920. Sehr undeutlich bleibt bei Schleiermacher die faktische Kürze der Passagen in Seebergs System der Ethik. Auch wird m. E. die besondere Aussagerichtung Seebergs verfehlt, die sich nur aus der Analyse des gesamten Systems und seiner Entwicklung erheben lässt. Seeberg ist weit kritischer gegenüber den ideologischen Grundlagen des Rassismus, als es bei Schleiermacher den Anschein hat.

44 Seeberg, System (1920), S. 200 f.

45 Ebd., S. 200.

46 Vgl. Seeberg, Kirche, S. 52.

47 Seeberg, System (1920), S. 201.

Eugenik problemlos zum »Dienst an der Volksgemeinschaft« uminterpretiert werden konnte. Damit war die Voraussetzung für das Konzept einer »differenzierten Fürsorge« geschaffen,[48] die in den Einrichtungen der Inneren Mission in den 1920er-Jahren leitend wurde. Die Implementierung der Eugenik in die Theorie der Inneren Mission und der unter dem Eindruck der Weltwirtschaftskrise immer weiter ansteigende Rentabilitätsdruck in den Fürsorgeeinrichtungen bildeten den ökonomischen Hintergrund dieser Entwicklung. Neben der Forderung nach einer einfacheren Fürsorge alten Stils trat der Ruf nach einer konsequenten Bevölkerungspolitik. Eine intensivierte Erbgesundheitspflege sollte als kostensparende Alternative langfristig die Asylierung sogenannter erblich Minderwertiger überflüssig machen.

## »Drittes Reich« und 3. Auflage der »Christlichen Ethik«

Ein wichtiges Einfallstor für die nationalsozialistische Ideologie in die theologische Ethik Seebergs war seine Fixierung auf die Idee einer idealen Gemeinschaft, einem Konstrukt aus organischem Denken, Reich-Gottes-Begriff und der von Wundts Völkerpsychologie beeinflussten Vorstellung eines objektiven Geistes. Der objektive Geist fungierte dabei als kritischer Begriff gegenüber den empirischen Naturwissenschaften und sollte eine Beschäftigung mit dem Menschen und den Sozialformen von einem dezidiert geisteswissenschaftlichen Standpunkt aus ermöglichen. Seeberg entwickelte seine Vorstellung des objektiven Geistes in der dritten Auflage seiner Ethik von einer abstrakten Größe, die sich in kollektiven Werten und Konventionen manifestiere, weiter zu einer persönlichen Willens-Energie, die den Einzelnen aktiv ergreife und in Übereinstimmung mit den anderen Willen versetze. Durch diese »mystische« Willensausrichtung konstituiere sich die Gemeinschaft des Volkes, die Seeberg vor allem als eine religiös-geistige Größe versteht. Entsprechend kann er den objektiven Geist als »Gemeingeist«[49] oder »Gesamtgeist«[50] eines Volks bezeichnen, dem sich der Einzelne zu unterwerfen habe. Gerade aber durch diese Interpretation des Volkes als geistig verfasster Größe lässt sich Seebergs Konzeption grundsätzlich von den rein biologisch definierten Propagandabegriffen »Rasse« und »Blut« abgrenzen. Spekulationen über das Blut wies er als unhaltbar zurück. Sinnvoll könne von der Erblichkeit geistiger Eigenschaften und Fähigkeiten nur im übertragenen Sinne gesprochen werden. Die Ausbildung spezifischer Fähigkeiten oder Charaktermerkmale eines Volkes

48 Ebd., S. 217–233.
49 Reinhold Seeberg, Christliche Ethik, Stuttgart 1936, S. 9 ff.
50 Ebd., S. 8 ff.

seien immer das Ergebnis geistiger Prozesse, bei denen die physische Vererbung nur eine marginale Rolle spiele.[51] Im Gegensatz dazu wurde die rassische Eugenik mit ihrer Zielsetzung der »Wiederaufnordnung« des deutschen Volkes zum übergeordneten Prinzip der nationalsozialistischen Rassenideologie. Ihr bevorzugtes bevölkerungspolitisches Steuerungsinstrument war die Ausmerzung der erbbiologisch »Minderwertigen« aus dem Prozess der Fortpflanzung.

Die rassische Eugenik muss als eine radikalisierte Form der qualitativen Sozialhygiene begriffen werden. Sie erwuchs aus den Debatten des frühen 20. Jahrhunderts, in denen bereits die Möglichkeiten qualitativer bevölkerungspolitischer Maßnahmen offensiv diskutiert worden waren. Die direkte Übertragung der darwinistischen Zentralbegriffe wie Auslese, Anpassung oder Zuchtwahl auf das generative Verhalten von Menschen hatte Seeberg nicht überzeugen können, doch ist es ihm im Laufe der 1930er-Jahre immer schwerer gefallen, sein Konzept des Geistes gegenüber der nationalsozialistischen Dynamisierung der Rassenthematik zu behaupten. Trotz der mit dem Begriff des Geistes gesetzten inhaltlichen Differenzen zu den nationalsozialistischen Ideologie- und Propagandabegriffen wie Blut und Boden ist eine Annäherung Seebergs an die Begrifflichkeit der nationalsozialistischen Rassenideologie in den Ergänzungspassagen der Neufassung der Ethik von 1936 nicht zu übersehen. So hat Seeberg den ideologisch hoch aufgeladenen Begriff der Rasse in seine Ausführungen zum Volk eingearbeitet und damit bewusst Anklänge an das nationalsozialistische Programm der »Erhaltung und Förderung der reinen Rasse« hergestellt.[52] Damit verbunden war ein sukzessives Abrücken von der streng geisteswissenschaftlichen Ausrichtung seiner ursprünglichen Ausführungen. Unübersehbar überlagerte Mitte der 1930er-Jahre das Ideal der Rasse das Ideal des Geistes und ließ den idealistischen Kern der Ethik förmlich von innen heraus abschmelzen. Eine ähnliche dekompositorische Wirkung auf die Statik des Systems der Ethik übte der in denselben Passagen gebrauchte Begriff des Blutes aus.[53] »Blut« war in der NS-Propaganda über die rein biologische Implikation hinaus zur kulturellen Größe stilisiert worden und stand für die charakterliche Ausprägung eines bestimmten Menschentyps, für dessen Werte, Ziele und Leistungsfähigkeit. Gegenüber diesem sozialdarwinistisch ausgerichteten Verständnis der nationalsozialistischen Rede vom Blut verlor Seebergs dialektischer Geistbegriff seine kritische Funktion gegenüber dem Naturalismus und damit gegenüber bestimmten Tendenzen der nationalsozialistischen Ideologie überhaupt.

---

51 Vgl. Seeberg, Ethik (1936), S. 265 f.

52 Ebd., S. 287.

53 Vgl. ebd., S. 7, 198, 204, 265, 292, 330, 340, 403.

## Eugenische Bevölkerungspolitik und Zwangssterilisation

Schon die Systemtransformation beim Übergang vom Kaiserreich zur Weimarer Republik hatte bei Seeberg zu einer konservativen Verhärtung geführt. Diese Tendenz setzte sich nach 1933 weiter fort. Der Ruf nach Ordnung schien ihm mehr denn je das Gebot der Stunde zu sein. Gleichzeitig radikalisierte sich seine im Verlauf der 1920er-Jahre zur Phraseologie erstarrte Ablehnung der Sozialdemokratie zu einer regelrechten Identifizierung der parlamentarischen Demokratie mit dem Bösen überhaupt. Das Therapeutikum für den am Bösen erkrankten Staat sollte eine Kombination aus eugenischer Bevölkerungspolitik und erwecklicher Sittlichkeitsbestrebung werden und von der Inneren Mission bereitgestellt werden. Unter seiner Präsidentschaft waren in den 1920er-Jahren von dem ausgewiesenen eugenischen Arzt und Bevölkerungspolitiker Hans Harmsen massiv eugenische Vorstellungen in die Arbeit der Inneren Mission eingeflossen. Die christlichen Ideale Liebe und Fürsorge, für die Seeberg noch deutlich erkennbar einstand, traten unter dem Einfluss von Harmsen zunehmend in den Hintergrund und mussten einer biologistischen Bevölkerungspolitik weichen, was mittelfristig zu einer Annäherung des Sozialprotestantismus an die radikale Rassenideologie des Nationalsozialismus führte.

Förderlich erwies sich bei diesem Wandel die wirtschaftlich angespannte Lage der späteren Jahre der Weimarer Republik. Die Menge der Pflegebedürftigen drohte angesichts steigender Geburtenziffern zu einer wirtschaftlichen Belastung für die gegenwärtige Generation und zu einem unkalkulierbaren Risiko für spätere Generationen und damit für das Volk insgesamt zu werden. Die Pflegeeinrichtungen spürten diesen Druck deutlich und suchten nach Auswegen. Die unkontrollierte Vermehrung der Bevölkerung und insbesondere der »Minderwertigen« sollte durch nunmehr auch qualitative Auslese verhindert werden, damit in Zukunft die finanzielle Belastung der »Gesunden« verringert würde. Aus diesem Ansatz wurde in dem Moment eine negative Eugenik, in dem die Forderung erhoben wurde, die »minderwerten Elemente« der Gesellschaft von der Fortpflanzung aktiv auszuschließen. Harmsen ging diesen Schritt mit großer Entschlossenheit, und Seeberg folgte ihm hierin, wenn auch zögerlicher und immer unter dem für ihn elementar wichtigen Vorbehalt, dass Gewaltmaßnahmen an den Betroffenen ausgeschlossen bleiben müssten. Harmsen setzte sich darüber hinweg und verfolgte seine Zielsetzung mithilfe moderner medizinisch-technischer Mittel, die durchaus Zwangsmaßnahmen bei den Betroffenen vorsahen. Diesem neuen Trend folgten viele Einrichtungen der Inneren Mission aus Sorge vor einer gesamtgesellschaftlichen Marginalisierung ihrer Stellung im sozialen Wohlfahrtsstaat nur zu gern.

Schon allein die Vorstellung von »Minderwertigkeit« oder von »Entartung« setzt eine spezifische Kombination soziologischer und pathologischer Aspekte voraus, die nur vor der Folie einer vermeintlichen Volksgesundheit plausibel waren. Ebenso wichtig war das Gefühl, dass die Einheit des Volkes zerbrochen sei und tiefe soziale Gräben die Gesellschaft zerfurchten. Diese Situation ließ sich trefflich mit der Chiffre des »Krankhaften« belegen. Die sich mit der Kriegsniederlage drastisch vertiefte soziale Distanz des Bürgertums zu den unteren Bevölkerungsschichten wurde interpretatorisch zu einem medizinisch-therapierbaren Krankheitssymptom transformiert. Ziel der negativen Eugenik sollte es sein, mithilfe einer entsprechenden Sozialgesetzgebung, einen möglichst gesunden Bevölkerungsstamm zu erschaffen. Die eugenische Radikalisierung verband die konservative Aversion gegen den Wohlfahrtsstaat mit einem malthusianistisch imprägnierten Utilitarismus und steigerte sich zu einer politischen Totalablehnung der demokratischen Ordnung, die sich leicht von der NS-Rassenpropaganda instrumentalisieren ließ.

Die nationalsozialistische Regierung konnte in ihrem 1934 in Kraft getretenen »Gesetz zur Verhütung erbkranken Nachwuchses« (GzVeN) auf eine Vorlage des von Hans Harmsen geleiteten »Ständigen Ausschusses für eugenische Fragen« von 1932 zurückgreifen. Das Gesetz von 1934 sah daraufhin eine gerichtliche Regelung der Sterilisation vor, über deren Einhaltung Erbgesundheitsgerichte wachen sollten. Weiter wurde die Einführung der Zwangssterilisationen vorbereitet und damit die Voraussetzung für die Unfruchtbarmachung von ca. 400 000 Menschen während des Nationalsozialismus geschaffen.[54]

Es ist erstaunlich, wie weit der in seiner Ethik in entscheidenden Punkten durchaus in eine andere Richtung tendierende Reinhold Seeberg den neuen, mehr technokratisch ausgerichteten Kurs des Centralausschusses für die Innere Mission mitgetragen hat. Aber vor dem Hintergrund einer als Notlage empfundenen Bevölkerungssituation in den 1920er-Jahren stimmte schließlich auch er der künstlichen Unfruchtbarmachung »erblich Minderwertiger« durch Sterilisation zu. Mit der Etikettierung der (Zwangs-)Sterilisation als »helfende Tat« bekam die Argumentation Seebergs jedoch einen geradezu zynischen Klang und desavouierte die Grundintention christlicher Caritas und Diakonie. Die mit der Sterilisation beabsichtigte Ausschaltung des sogenannten erbkranken Nachwuchses sollte die Gesellschaft von künftigen Pflegeaufgaben entlasten.

In den Fürsorgeeinrichtungen hatten die Pragmatiker, relativ unbemerkt von einer breiteren Öffentlichkeit, längst Fakten geschaffen, die von den Theologen nur noch legitimiert zu werden brauchten, um im großen Stil weitergeführt werden zu können. Seeberg sah seine Pflicht als Präsident des Centralausschusses für die Innere Mission und als Ethiker darin, für eine legitime Basis der eugenischen Praxis zu sorgen, notfalls auch gegen andere Stimmen in Theologie und

54 Vgl. Schleiermacher, Sozialethik, S. 202.

Medizin, die auf die Gefahren einer außer Kontrolle geratenen Eugenik hingewiesen haben.[55] Durch die in die Ethik eingetragene ethische Unbedenklichkeitserklärung eugenischer Maßnahmen wollte er ein positives Signal vonseiten des Sozialprotestantismus zur Einführung des Gesetzes zur Verhütung erbkranken Nachwuchses setzen.[56] Jedoch hielt er weiterhin an dem Grundsatz fest, dass eine medizinische Unbedenklichkeitserklärung und die ausdrückliche Zustimmung der betroffenen Personen vorliegen müssten.

Seeberg forderte als Konsequenz aus dem Erbgesundheitsgesetz die Einrichtung einer obligatorischen Eheberatung nach eugenischen Gesichtspunkten, um schon bei der Partnerwahl das Risiko von Erbkrankheiten zu minimieren. Daran schloss er die Forderung, dass bei erblicher Belastung die Beteiligten auf die Ehe ganz verzichten sollten. Das entscheidende Argument aber für die bedingte Zustimmung zur Sterilisation, eventuell sogar als Zwangsmaßnahme, leitete er aus dem Gemeinwohlgedanken ab. Wichtiger jedoch als die Zwangsmaßnahmen selbst war für Seeberg die Erhöhung des moralischen Drucks auf alle Bevölkerungsschichten. Das bewusste Außerachtlassen eugenischer Diagnosemöglichkeiten stempelte er bereits als »sündhaft« ab.[57] Zugleich wurde das Recht auf Fortpflanzung und freie Partnerwahl von den technokratischen Modernisierern der Inneren Mission, von den nationalsozialistischen Rassenideologen und nicht zuletzt auch von Reinhold Seeberg selbst autoritativ und scheinbar wissenschaftlich fundiert bestritten. Der Staat solle per Gesetz regulativ in den Entscheidungsprozess der Partnerwahl eingreifen und konkret durch die »Verweigerung oder Erteilung der Erlaubnis zur Ehe [...] Schlimmeres« verhindern.[58]

Die ganze Tragweite der von Seeberg geforderten eugenischen Maßnahmen wird erst deutlich, wenn man sich bewusst macht, dass der betroffene Personenkreis nicht auf geistig und körperlich Schwerstbehinderte begrenzt sein sollte, sondern prinzipiell auf alle anwendbar war, die irgendwie deviantes Verhalten, wie übermäßigen Alkoholkonsum oder außerehelichen Geschlechtsverkehr, erkennen ließen. Letztlich ging es ihm in seiner theologischen Ethik primär um die Veränderung sittlichen Verhaltens. Die Eugenik lieferte scheinbar wissenschaftlich fundierte Argumente und bot Handlungsoptionen, die weit über die moralischer Appelle hinausgingen.

---

55 Als Beispiel wäre auf den Theologen Paul Althaus zu verweisen. Vgl. Tanja Hetzer, »Deutsche Stunde«. Volksgemeinschaft und Antisemitismus in der politischen Theologie bei Paul Althaus, München 2009, S. 189 f.; oder auf den Psychiater Carl Schneider, vgl. Schleiermacher, Sozialethik, S. 227.

56 Vgl. Hans-Walter Schmuhl, Rassenhygiene, Nationalsozialismus, Euthanasie. Von der Verhütung zur Vernichtung »lebensunwerten Lebens«; 1890–1945, 2. Auflage Göttingen 1992, S. 151 ff.; Schleiermacher, Sozialethik, S. 236 ff.

57 Seeberg, Ethik (1936), S. 248.

58 Ebd., S. 248.

## Fazit

Das Völkische im Denken von Reinhold Seeberg unterlag im Laufe seines Lebens einigen Wandlungen. Die Zugehörigkeit zum deutschen Volk erlebte er in seiner Jugend als Herausforderung und Aufgabe in den multiethnischen Gesellschaften des Baltikums. In seiner Zeit im beschaulichen Erlangen versuchte er unter Zuhilfenahme des Volksgedankens, soziale Reformideen dem kirchlich-konservativen Milieu zu vermitteln. Im Zusammenhang des Ersten Weltkriegs und angeregt durch die entstehende Eugenik änderte sich die Argumentationsrichtung Seebergs, der nunmehr für das Volk einen starken Staat forderte, der auf der einen Seite die Macht des Kapitals brechen und auf der anderen die »eugenisch Minderwertigen ausmerzen« sollte. Aber anders als in der Frage der eugenischen Bevölkerungspolitik, in der Seeberg sehr offensiv auftrat, verhielt er sich zu dem Versuch der »Wiederaufnordung« des deutschen Volkes der nationalsozialistischen Rassenideologie eher ablehnend.[59] Die Idee, durch Auslese die »nordische Rasse zurückzüchten« zu wollen, erschien ihm geradezu absurd. Seeberg blieb allen rassistischen Fantastereien gegenüber resistent, weil er die Vermischung der Rassen für eine unumkehrbare Tatsache hielt.[60] Er wies in diesem Zusammenhang darauf hin, dass es nur sehr wenige Volksgruppen gebe, die in genetischer Hinsicht relativ homogen geblieben seien. Diese homogenen Volksgruppen böten nach seiner Meinung mehr Argumente gegen als für die Rassenideologie.[61] Es komme in der Frage der Rassenhygiene viel mehr auf die geistige Verfasstheit als auf die biologische Grundlage eines »Volkskörpers« an. Die Kulturkraft eines Volkes resultiere allein aus seiner geistigen Kraft, die letztlich unabhängig von der Reinheit der Rasse und bei gemischten Volksgruppen oftmals sogar stärker ausgeprägt sei.[62]

Trotz dieser Differenzen in der Frage der Rassenideologie hat Seeberg den Nationalsozialismus begrüßt, weil er in ihm die Chance der politisch-religiösen Neuordnung Deutschlands sah. Der objektive Wille des deutschen Volkes, so meinte er zu erkennen, habe sich gegenüber dem mechanistischen der Demokratie durchgesetzt. Die NSDAP und die Deutschen Christen handelten seiner

59 Ebd., S. 265: »[…] die nordische Rasse als die höchste anzusehen oder eine ›Wiederaufnordung‹ zu erstreben, ist ebenso unbegründet als unmöglich.«

60 Ebd., S. 264 f.

61 So schon im Chamberlain-Aufsatz. Vgl. Reinhold Seeberg, Geschichtsphilosophische Gedanken zu Chamberlains »Grundlagen des neunzehnten Jahrhunderts«. In: ders. (Hg.), Aus Religion und Geschichte. Gesammelte Aufsätze und Vorträge, Leipzig 1909, S. 1–33.

62 Es muss im Rahmen dieser Untersuchung Spekulation bleiben, ob Seeberg durch die ethnisch komplexe Situation in seiner baltischen Heimat zu dieser Einsicht veranlasst wurde.

Meinung nach in Übereinstimmung mit dem objektiven Geist des Volkes, den sie intuitiv zu erfassen in der Lage seien. Seeberg bejahte daher den politischen Rigorismus ihres völkischen Denkens und die entschlossene Umsetzung der Eugenik, aber auch den nationalkirchlichen Kurs der Deutschen Christen und vor allem das Führerprinzip in Kirche und Staat. Er war bis zum Ende seines Lebens von der religiösen Lauterkeit und Sendung des »Führers« Adolf Hitler zutiefst überzeugt.

Emanuel Hirsch, 1921; Quelle: Universitätsbibliothek Göttingen

Heinrich Assel

# Emanuel Hirsch. Völkisch-politischer Theologe der Luther-Renaissance

Emanuel Hirsch (1888–1972), seit 1921 Professor für Kirchengeschichte in Göttingen, war in den 1920er-Jahren ein führender Exponent der deutschen und internationalen Luther-Renaissance. Er wurde nach 1929 zum intellektuell brillantesten Vordenker einer genuin völkischen und politischen Theologie für bestimmte Milieus innerhalb der akademischen Luther-Renaissance und des norddeutschen bürgerlichen Nationalprotestantismus.[1] In Hirschs Genese sind unterschiedliche Stadien zu unterscheiden: Als ursprünglich neo-fichteanischer konservativer Nationalist (1911–1916) wandelte er sich gegen Ende des Ersten Weltkriegs (1916–1921) zum extremen Nationalisten.[2] Sein Übergang zum Nationalsozialismus im März/April 1932 (vorbereitet seit 1929) implizierte die Wende vom extremen, aber etatistischen Nationalismus zum völkischen, totalitären Nationalsozialismus. Jetzt sah Hirsch in der nationalsozialistischen Bewegung und in Hitler den »verborgenen Souverän« im Bürgerkrieg.[3] Die nächste

1 Akademische und bürgerliche Milieus, in denen Hirsch wirkte, finden sich in der deutschen und dänischen Luther-Renaissance, in der Holl-Schule sowie im norddeutschen Nationalprotestantismus um Wilhelm Stapels »Deutsches Volkstum«. Kaum Einfluss hatte Hirsch auf konfessionalistische Lutheraner Süddeutschlands. Völlig isoliert war Hirsch von den Milieus der Bekennenden Kirche, des Pfarrernotbunds und der Jungreformatorischen Bewegung. Publikationen in Organen der Bremer Deutschen Christen und der Thüringer Deutschen Christen sind vereinzelt.

2 Diese Kategorien nach Dieter Langewiesche, Nation, Nationalismus, Nationalstaat in Deutschland und Europa, München 2000, S. 213 (dort nach Mario Rainer Lepsius, Extremer Nationalismus. Strukturbedingungen vor der nationalsozialistischen Machtergreifung, Stuttgart 1966). Vgl. Emanuel Hirsch, Meine theologischen Anfänge. In: Freies Christentum, 3 (1951) 10, S. 2–4; Mein Weg in die Wissenschaft (1911–16). In: Freies Christentum, 3 (1951) 11, S. 3–5; Meine Wendejahre (1916–21). In: Freies Christentum, 3 (1951) 12, S. 3–6.

3 Hirsch nahm bereits 1923 und 1924 die öffentliche Auseinandersetzung mit Carl Schmitt auf. Im Kern unterschied sich Hirsch von Schmitt. Insbesondere formulierte er den Primat der politischen Freund-Feind-Relation vor der Staatslehre anders und eigenständig. Er transformierte drei Elemente Carl Schmitts, die er bereits 1923 benennt: den Begriff »Dezision«, den Begriff »Ausnahmezustand« samt der an ihn anschließenden Souveränitätstheorie, schließlich

Phase von Mai 1933 bis Dezember 1934 kulminierte in Hirschs öffentlicher Selbstannoncierung als »politischer Theologe« im November 1934. Den Höhepunkt und Wendepunkt seines kirchen- und theologiepolitischen Einflusses auf das deutschchristliche Kirchenregiment um Reichsbischof Müller zwischen Mai 1933 und Dezember 1934 markiert diese Selbsteinschätzung: Hirsch ging jetzt zur vorbehaltlosen »politisch-theologischen« Funktionalisierung von Theologie und Frömmigkeitsgestalt sowie kirchlicher Rechtsverfassung über, die er als gleichzuschaltende »Weltanschauungsformen« begriff, während er ein Axiom seines Lehrers Karl Holl und dessen Schule explizit revidierte: die charismatisch-rechtliche Selbstständigkeit von Kirche als Volkskirche. Flankiert war diese kirchen- und theologiepolitische Wende von Initiativen zur Durchsetzung der nationalsozialistischen Gleichschaltungspolitik nach dem 30. Juni 1934 in evangelischer Pfarrerschaft und akademischer Theologie, insbesondere durch Durchsetzung des Treueids auf den »Führer« in Kirche und Universität, nicht zuletzt im Treueidprozess gegen Karl Barth im Dezember 1934. Diese kirchen- und theologiepolitische Radikalisierung unterschied Hirsch jetzt von deutschchristlichen Gesinnungsfreunden, insbesondere innerhalb der Schule Karl Holls. Weitere Radikalisierungsschübe nach 1935 vollzogen sich zwar weniger öffentlich, da Hirsch in der deutschchristlichen Kirchenpolitik und der akademisch-theologischen Fakultätspolitik nach dem Dezember 1935 zunehmend bedeutungslos wurde. Damit einher ging eine schrittweise Transformation seiner Loyalität von Organen der Deutschen Evangelischen Kirche (DEK) und der vornazistischen Universitätsverfassung auf Organe der NSDAP, eine Konsequenz, die Hirsch nach dem Scheitern seiner Kirchen- und Fakultätspolitik seit 1936/37 immer deutlicher zog.[4] Nach dem 11. November 1938 und nach dem Januar 1942 entwickelte

die Frage nach der Strukturanalogie politisch-juristischer und christologisch-eschatologischer Form. Die Differenz zu Schmitt verortet Hirsch charakteristisch: Er stehe, so Hirsch 1923, »staunend vor der Tatsache, dass Sch[mitt] an dem Punkt, wo Theologie und Jurisprudenz sich am leidenschaftlichsten berühren, vorübergeglitten ist: nicht die theologische Metaphysik [...], sondern die christliche Anschauung von der Gemeinschaft ist das entscheidende Moment im Verhältnis von Theologie und Jurisprudenz.« Die Gemeinschaft genuiner Opferbereitschaft sei der Kern politischer Theologie noch in ihren Säkularisierungsformen. Vgl. die Rezensionen Hirschs von Carl Schmitt, Politische Theologie. In: Theologische Literaturzeitung, 48 (1923), Sp. 524–525, Zitat 524; sowie von Carl Schmitt, Die Geistesgeschichtliche Lage des heutigen Parlamentarismus und Römischer Katholizismus und politische Form. In: Theologische Literaturzeitung, 49 (1924), Sp. 185–187.

4 Hirsch war seit 1.11.1933 förderndes Mitglied der SS (laut Personalkarte Reichserziehungsministerium, Rückseite), seit 1.7.1934 (!) Mitglied des NSLB (an Grimm berichtete Hirsch dann am 23.2.1936 seine erste Rangerhöhung, die Aufnahme in die Gefolgschaft des NS-Dozentenbunds) und seit 1937 Parteimitglied (an Stapel, o. D., wohl um den 10.3.1938, berichtete Hirsch allerdings, dass er den Antrag auf Aufnahme in die NSDAP schon 1933 gestellt habe, wegen

Hirsch theologische Legitimationsfiguren für bestimmte Aspekte nationalsozialistischer Vernichtungspolitik, insbesondere gegen das europäische Judentum und die Völker der Sowjetunion. Sie umreißen das Spezifische, auch Singuläre und Isolierte der Figur Hirschs nach 1942 selbst gegenüber seinen wenigen verbliebenen Sympathisanten wie Wilhelm Stapel.

Im Folgenden soll (1) die Genese Hirschs als kirchenpolitische und zeithistorische Figur zwischen 1929 und 1945 (2) nach Stadien und zeithistorischen Kontexten umrissen werden, wobei vor allem seine politische Theologie und hier seine nationalsozialistische Souveränitätstheologie genetisch in den Blick genommen wird. Sodann soll Hirsch als völkischer Theologe plastisch werden, indem er (3) in bestimmte theologische Konstellationen gestellt wird (Karl Barth, deutsche und skandinavische Luther-Renaissance, Holl-Schule, Erich Seeberg, politische Theologen lutherischer Prägung) – mit dem Ziel, das Spezifische der deutschchristlichen und nationalsozialistischen Kirchenkonzeption Hirschs zwischen Mai 1933 und Dezember 1934 zu präzisieren. Vor diesem genetischen Hintergrund sollen abschließend (4) die formativen Elemente der politischen Theologie Hirschs systematisch bestimmt werden, die ihn zum Vordenker völkischer Theologie als Spielart politischer Theologie machen.

Fortlaufend sollen Ergebnisse ebenso wie Desiderate der Forschung benannt werden. Die Quellenlage im Fall Hirsch ist nämlich bis heute durch Restriktionen hinsichtlich unpublizierter Nachlassquellen (vor allem relevanter Korrespondenzen und autobiografischer und zeithistorischer Dokumente) und durch Stilisierung der publizierten Werke als fachwissenschaftlicher Werke epochalen

des sogenannten Heß-Erlasses aber erst 1937 aufgenommen wurde). – Aufschlussreich für die Transformation der Loyalität auf Organe der Partei ist Hirschs Brief an Stapel vom 28.5.1936. In ihm berichtet Hirsch von einem (ersten?) Dozentenbundlager und gibt sich Rechenschaft über die erreichte Lage: Die Partei habe sich jetzt ziemlich stark auf die Idee eines Deutschland beherrschenden Ordens umgestellt. Auch das Ziel, durch Jungvolk u. a. die ganze deutsche Mannschaft zu gewinnen, sei für diese Generation aufgegeben. Es sei ihm verwunderlich, dass er durch seine einfache schlichte Haltung als deutscher Mann seit 1933 in diesen Orden hineingewachsen sei und mit dem untersten Grade (sc. als Gefolgschaftsmann des NSLB) als ihm zugehörig gelte. Dabei stilisiert Hirsch seine Rolle als die eines Vermittlers zwischen dem alten Deutschland, das er im Gegensatz zu vielen jungen Nationalsozialisten noch gekannt habe, und den Mitstreitern am unbekannten Neuen. Denn immer noch sei man in der furchtbaren Exekution am alten Deutschland und die wirkliche neue Gestalt des deutschen Lebens stehe noch aus. – Eine weitere Reihe langer Briefe an Stapel am 3.12., 18.12. und 31.12.1937, die Hirschs theologisch und kirchlich völlig isolierte Situation widerspiegeln, zeigt, dass Hirsch sich um diese Zeit immer stärker auf die Arbeit im NS-Dozentenbund konzentriert. – Vgl. insgesamt zum Antagonismus von Staat und Partei in der nationalsozialistischen »Polykratie« Hans-Ulrich Thamer, Verführung und Gewalt. Deutschland 1933–1945, Berlin 1986, S. 351–364; Karl Dietrich Bracher, Die deutsche Diktatur. Entstehung, Struktur, Folgen des Nationalsozialismus, 6. Auflage Köln 1980, S. 251–258.

Rangs[5] gekennzeichnet. Im stupenden Gelehrten, dem Luther-, Fichte- und Kierkegaard-Forscher,[6] und im scharfsinnigen subjektivitätstheologischen Denker[7] soll der völkisch-politische Theologe, der rassistische Antisemit und der Ideologe des Vernichtungskrieges invisibel werden[8] – obgleich Hirsch sich selbst zeitlebens, gerade auch nach 1945, aus der dialektischen Einheit seiner politisch-theologischen Existenz verstand, die er nach einem spezifisch dialektischen Grundmuster von Gesetz und Evangelium chiffrierte.[9]

Die Quellen zur Person und zur nationalsozialistischen Aktivität Hirschs aus dessen Privatnachlass sind seit seinem Tod 1972 verschlossen. Umso bedeutsamer ist es, dass die vielleicht umfangreichste und in diesen Fragen ergiebigste Sammlung von Briefen Hirschs ins Deutsche Literaturarchiv Marbach gelangte. Es handelt sich um die Briefe Emanuel Hirschs an den einflussreichen deutschnationalen Publizisten Wilhelm Stapel,[10] die in dessen Nachlass in Marbach lagern.

5 Seit 1988 erscheint eine auf 48 Bände geplante Ausgabe der Gesammelten Werke Hirschs im entlegenen Spenner-Verlag. Auch bei dieser Ausgabe, bei der die Editionstätigkeit seit 2009 stockt (nachdem die meisten der bereits publizierten Werke neu publiziert wurden inklusive einiger unpublizierter Predigten und Vorlesungen der 1930er-Jahre), fehlen die angekündigten Werke zur »Geschichtsphilosophie und Kirchenpolitik« (G.W. 34–35) sowie »Textsammlungen« (G.W. 45–48), die z.B. die nationalsozialistischen Parteiaktivitäten Hirschs dokumentieren. Eine Rubrik »Autobiografisches, Korrespondenzen« ist nicht geplant. Die in Verantwortung von Ulrike Hirsch ursprünglich vorgesehene Edition der »Dokumente zur Lebensgeschichte« erschien nie.

6 Emanuel Hirsch, Luther-Studien. Gesammelte Werke, Band 1–2. Hg. von Hans Martin Müller, Waltrop 1954; Fichte-Studien. Gesammelte Werke, Band 24. Hg. von Ulrich Barth, Waltrop 2008; Kierkegaard-Studien. Gesammelte Werke, Band 11–12. Hg. von Hans Martin Müller, Waltrop 2006.

7 Emanuel Hirsch, Christliche Rechenschaft. Bearb. von Hayo Gerdes, neu hg. von Hans Hirsch, Tübingen 1989; Das Wesen des Christentums. Gesammelte Werke, Band 19. Hg. von Arnulf von Scheliha, Waltrop 2004; Das Wesen des Reformatorischen Glaubens. Gesammelte Werke, Band 20. Hg. von Arnulf von Scheliha, Waltrop 2000.

8 Eine Reihe neuerer theologiehistorischer Arbeiten zu Hirsch sind von zweifelhaftem Wert, weil sie die Quellenpolitik der Rechtsnachfolger Hirschs kritiklos voraussetzen und rein ideenhistorische Analysen publizierter Werke bieten.

9 Genetisch ist in dieser Hinsicht das Schlüsselwerk: Emanuel Hirsch, Schöpfung und Sünde in der natürlich-geschichtlichen Wirklichkeit des einzelnen Menschen. Versuch einer Grundlegung christlicher Lebensweisung, Tübingen 1931. Die Applikation der dort entwickelten Dialektik von Gesetz (als Volksnomos und göttlicher Horos) und Evangelium auf das deutsche Jahr 1933 findet sich in: Emanuel Hirsch, Die gegenwärtige geistige Lage im Spiegel philosophischer und theologischer Besinnung. Akademische Vorlesungen zum Verständnis des deutschen Jahrs 1933, Göttingen 1934.

10 Wilhelm Stapel (1882–1954) verdankt seine theologische Bekanntheit vor allem seiner Volksnomoslehre. Von Haus aus war Stapel jedoch Kunsthistoriker und Literaturkritiker. Seit 1919 gab er die Monatszeitschrift »Deutsches Volkstum« heraus, die im norddeutschen protestantischen Bürgertum um 1930 starke Verbreitung hatte. Als Mentor des größten völkisch-nationalen Verlags in Deutschland, der Hamburgischen Verlagsanstalt, war Stapel einer der mächtigsten Publizisten der völkischen Rechten. Zur publizistischen Bedeutung Stapels siehe den Beitrag von Clemens Vollnhals in diesem Band.

Die ca. 600 zumeist handschriftlichen Briefe aus der Feder Hirschs setzen im Jahre 1931 ein und reichen bis zu Stapels Tod 1954.[11] Häufig schrieb Hirsch mehrere Briefe in der Woche, bisweilen – an Brennpunkten des Geschehens – zwei Briefe am Tag. Diese Briefe ermöglichen es, Hirschs Stellung zum Nationalsozialismus fast tagebuchartig nachzuvollziehen.[12] Daneben findet sich im Marbacher Literaturarchiv auch eine kleinere Zahl von ca. 75 Briefen Hirschs an den deutschnationalen Schriftsteller Hans Grimm in dessen Nachlass.[13] Beide Briefsammlungen bilden die Basis für jeden künftigen Versuch, Hirschs Entwicklung zwischen 1933 und 1945 und darüber hinaus präzise nachzuzeichnen. Die Existenz weiterer Quellen ist zu vermuten, aber ungesichert.[14] Der Quellenzugang und die wissenschaftliche Quellennutzung sind durch Hirschs Rechtsnachfolger im Fall des Deutschen Literaturarchivs restringiert.[15]

11 Da Stapel nur in Ausnahmefällen von seinen Briefen an Hirsch Kopien angefertigt hat, fehlen im Stapel-Nachlass seine Briefe an Hirsch fast vollständig. Offen ist, was davon im Nachlass Hirsch erhalten blieb. Immerhin schrieb Hirsch am 7.6.1941 an Stapel, dass er dessen Briefe sämtlich gesammelt habe, und zwar mit der Maßgabe, diese Briefe auch nach seinem (Hirschs) Tod versiegelt aufzubewahren.

12 Nach Hirschs eigenen Worten (vgl. an Stapel vom 4.6.1940, 15.9.1940 u. ö.) war Stapel zwischen 1939 und 1945 – ausgenommen Hirschs Ehefrau – sein einziger ernsthafter Gesprächspartner. Aber schon vor dieser Phase der völligen Isolation erreicht der Briefwechsel eine ungewöhnliche Dichte. Nur die Monate zwischen Februar und November 1933 – der erste Höhepunkt des kirchenpolitischen Engagements Hirschs – sind relativ spärlich dokumentiert.

13 Diese Korrespondenz, zu der in den meisten Fällen auch die Durchschläge der Briefe Grimms an Hirsch vorliegen, erstreckt sich von 1927 bis 1936 und von 1947 bis 1959. Sie ist bedeutsam für das Verständnis des Übergangs Hirschs zu Hitler während der Reichspräsidentenwahl 1932 und vor allem für Hirschs Einschätzung des »Dritten Reiches« nach 1945. Denn Grimm, der 1936 als Kritiker des faktischen Nationalsozialismus mit Hirsch gebrochen hatte, näherte sich nach 1945 nationalsozialistischen »Idealen« wieder an. Für die Zeit nach dem Zweiten Weltkrieg ist deshalb diese Korrespondenz zu bestimmten Fragen (z. B. Wertung Hitlers nach 1945, Einschätzung der Bekennenden Kirche und der Ökumene im Kirchenkampf) ergiebiger als die Stapel-Briefe. Das hier gestellte Thema berührt sie hingegen kaum.

14 Andere Quellen, etwa eine tausend Seiten starke Autobiografie Hirschs (verfasst von Weihnachten 1946 bis März 1947), die bis ins Jahr 1934 reicht und Hirschs Version des frühen Kirchenkampfes entfaltet (so nach Hirschs Brief an Stapel vom 30.3.1947, vgl. auch Brief vom 5.4.1950), scheinen im Privatnachlass Hirschs verschlossen zu sein, wenn sie überhaupt noch erhalten sind.

15 Im Folgenden kann aus den Briefen Hirschs an Stapel und Grimm nicht wörtlich zitiert werden. Das Marbacher Archiv unterliegt als Literaturarchiv in privater Trägerschaft nicht dem Bundesarchivgesetz. Es hat – dem literarischen Charakter seiner überwiegenden Bestände gemäß – eigene urheberschutzrechtliche Regelungen und Fristen, die ein Zitieren nur mit Zustimmung der Rechtsnachfolger zulassen. Da diese nach der Publikation von Heinrich Assel – »Barth ist entlassen …« Emanuel Hirschs Rolle im Fall Barth und seine Briefe an Wilhelm Stapel. In: Zeitschrift für Theologie und Kirche, 91 (1994), S. 445–475 – einen Prozess gegen das Marbacher Literaturarchiv anstrengten, in dessen Folge der Quellenzugang auf dem Weg eines Vergleichs zwischen Rechtsnachfolgern und Archiv erneut restringiert wurde. Heute ist die Korrespondenz von Emanuel Hirsch wieder benutzbar im Rahmen der Benutzungsordnung. Auf dieser Basis entschied ich mich, den Grundsatz beizubehalten: Die Paraphrase von Briefstellen geht – nicht zuletzt, um dem Persönlichkeitsschutz Genüge zu tun – eng am Originaltext entlang.

## Political Theology in the Making – Entscheidungen

(1) Hirschs Hinwendung zur nationalsozialistischen Bewegung und zu Hitler lässt sich auf die Reichspräsidentenwahl im März/April 1932 datieren. Nicht erst die Machtübernahme der Nationalsozialisten, sondern das Jahr 1932 ist für die Hinwendung Emanuel Hirschs zum Nationalsozialismus entscheidend. Die Briefe an Wilhelm Stapel und Hans Grimm aus dem Frühjahr 1932[16] belegen in Einzelheiten, wie Hirsch während der Reichspräsidentenwahl – genauer: zwischen dem ersten Wahlgang (am 13. März 1932) und dem zweiten Wahlgang (am 10. April 1932) – sich Schritt für Schritt Hitler zuwendete. Ein von Hirsch mitverfasster und vorangetriebener Aufruf zur Wahl Adolf Hitlers vom 3. April 1932 dokumentiert diese Wende. Darin heißt es: »In der ohne unser Zutun entstandenen Lage bleibt uns nichts anders übrig, als alle Bedenken und Wünsche aufzuopfern und, um Deutschlands willen, um unsrer Kinder willen, den Mann [Hitler] zu wählen, der uns am 10. April als alleiniger Repräsentant deutschen Willens zum Widerstande sich anbietet. [...] Der Entschluss und das Opfer, die in unsrer Entscheidung liegen, fallen uns nicht leicht. Aber die Stunde ruft gebieterisch zum Wagen auf.«[17] Hirschs kompromissloser Kampf im »Fall Dehn«, beginnend im Januar/Februar 1932 und kulminierend in der offenen Auseinandersetzung und im privaten Bruch mit Karl Barth im April/Mai 1932,[18] ist die erste Folgerung aus dieser Wende. Die Annäherung an den Nationalsozialismus begann bereits im Jahre 1929: Der Volksentscheid gegen den Young-Plan am 22. Dezember 1929 und erst recht die Gewinne der NSDAP bei der Reichstagswahl im September 1930

16 Hirsch an Stapel vom 1.3.1932; Hirsch an Grimm vom 14.3.1932, 6.4.1932; Grimm an Hirsch vom 18.3.1932.

17 Beilage zum Brief an Grimm vom 3.4.1932. Die Erklärung entstand in enger Abstimmung mit Hans Grimm. Grimm, der damals einen großen Bekanntheitsgrad genoss, wurde übrigens vor der Wahl auch vom Braunen Haus in München zu einer Stellungnahme zugunsten Hitlers aufgefordert (Grimm an Hirsch vom 15.3.1932). Ein Vorentwurf der Erklärung von Hirsch befindet sich im Brief an Grimm vom 14.3.1932 (stilisiert als Aufruf von sieben Göttinger Professoren), die endgültige Fassung (die anders als die erste Fassung keine Bedingungen mehr an die Wahl Hitlers knüpfte) dann im Brief an Grimm vom 3.4.1932.

18 Vgl. Heinrich Assel, Der andere Aufbruch. Die Lutherrenaissance – Ursprünge, Aporien und Wege: Karl Holl, Emanuel Hirsch, Rudolf Hermann (1910–1935), Göttingen 1994, S. 256. Siehe weiterführend zu den schlimmen Konsequenzen für Barth Hirschs Rolle im Treueidprozess: Heinrich Assel, »Barth ist entlassen«. Neue Fragen im Fall Barth. In: Zeitworte. Der Auftrag der Kirche im Gespräch mit der Schrift. Festschrift Friedrich Mildenberger zum 65. Geburtstag. Hg. von Heinrich Assel/Karl Eberlein/Friedrich Heckmann u. a., Nürnberg 1994, S. 77–99; erweitert als: »Barth ist entlassen ...« Emanuel Hirschs Rolle im Fall Barth und seine Briefe an Wilhelm Stapel. In: Zeitschrift für Theologie und Kirche, 91 (1994), S. 445–475.

bilden hier entscheidende Marken.[19] Andererseits blieb Hirsch noch bis Mai 1933 in der DNVP, deren langjähriges Mitglied er war.[20]

Hirschs Übergang zum Nationalsozialismus ist eingebettet in ein Situationserleben, das sich in den Briefen als abgründige, nahezu ausweglose Krisenerfahrung und als religiös gedeutetes Gericht über Deutschland ausspricht. Er wird gedeutet als erzwungener, erlittener, schließlich aber bewusst vollzogener Bruch mit dem herkömmlichen etatistisch-deutschnationalen Denken – als Wagnis in eine unabsehbare politische Zukunft Deutschlands unter dem Nationalsozialismus. Dabei wird der Nationalsozialismus als neue, singuläre Erscheinung gewertet, die eine unerhört antinomische Synthese von modernster wissenschaftlich-technischer Rationalisierung aller Lebensbereiche und Wiederentdeckung des ursprünglichen, völkischen Nomos und göttlichen Horos intendiert. Zögerlich zu Beginn, dann seit dem 30. Januar 1933 – parallel zur Entfaltung des nationalsozialistischen Staates – in zunehmender Radikalisierung, identifizierte sich Hirsch mit dem »Führer«, den er als politischen Genius des deutschen Volkes vorbehaltlos und auch über 1945 hinaus anerkennt.[21]

Aufklärung über die Genese und die Motive von Hirschs Wendung zum Nationalsozialismus ist nur zu erwarten, wenn analysiert wird, wie Hirsch seine Geschichtsphilosophie und vor allem seine Staatstheorie der 1920er-Jahre in den Jahren zwischen 1929/30 und 1933 einer fortlaufenden Kritik und Korrektur unterzog. Von nicht zu unterschätzender Bedeutung ist dabei die Wirkungslosigkeit, die Hirsch in den Jahren der konsolidierten Weimarer Republik (also zwischen 1925 und 1929) als Mitglied der akademischen, nationalen Führungselite politisch verzeichnen musste. Denn am »Misserfolg pflegt die Verkettung von Schuld und Schicksal einem Menschen zuerst zum Bewusstsein zu kommen. In gewissen äußersten Lagen ist Misserfolg sogar ohne weiteres Schuld, die im Gerichte [sc. im Lebensgericht!] offenbar gemacht wird.«[22] Die Begegnung mit der seit 1929/30 scheinbar unaufhaltsam

19 Das Jahr 1929 als Ausgangsdatum benennen lange briefliche Reflexionen, die Hirsch später über seinen Übergang zum Nationalsozialismus anstellte. Vgl. Hirsch an Stapel vom 19./20.9.1940 und 14.9.1944. Aber schon Emanuel Hirsch, Vom verborgenen Suverän (sic!). In: Glaube und Volk, 2 (1933), S. 4–13, spricht von der »entscheidenden Wende von 1929/30« (S. 8).

20 So die Angabe (von Hirschs eigener Hand) im Personalbogen Emanuel Hirsch, Reichsministerium für Wissenschaft, Erziehung und Volksbildung (BArch Koblenz, R 21 Anh/10008 [Rückseite]).

21 Vgl. v. a. den Brief an Stapel vom 16.9.1943, in dem diese Deutung mit prinzipiellen Argumenten verteidigt wird. Vgl. auch die Briefe an Stapel vom 21.10.1944 und – nach 1945 – an Grimm vom 11.9.1947, 20.8.1951 und 16.6.1953.

22 Emanuel Hirsch, Das Gericht Gottes. In: Schöpfung und Sünde in der natürlich-geschichtlichen Wirklichkeit des einzelnen Menschen. Versuch einer Grundlegung christlicher Lebensweisung, Tübingen 1931, S. 103–130, 114.

aufsteigenden nationalsozialistischen »Bewegung« wurde deshalb so prägend, weil ihr Erfolg Hirsch von seinen geschichtstheologischen Grundlagen her veranlassen musste, sich an ihr neu zu orientieren. Dabei wird es die eigentlich interessante Frage, wie Hirsch jene entscheidende Vermittlungsinstanz im bei ihm nachgerade diastratisch verschärften Verhältnis zwischen Rechtsstaat und »unsichtbarer« Gewissensgemeinschaft bestimmt, die bei Fichte der im staatlichen Erziehungssystem institutionalisierte Nationalgeist darstellte. Denn die traditionellen Erziehungsagenturen, vor allem die deutsche Wissenschaft, aber auch die Kirchen und die volksbürgerlichen Erziehungsprogramme,[23] hatten bei der Formung des völkischen Aufbruchs seit 1929 nach Hirschs kritischer Selbsteinschätzung versagt.[24] Gerade das erklärt die Faszination, die das neue Phänomen einer massenmedial-propagandistischen Formung dieses Aufbruchs durch die soziologisch völlig neue Organisationsform einer völkischen »Führer-Bewegung« auf Hirsch ausübte.[25] Im Massenzeitalter leiste – so die Folgerung – nicht mehr allein und nicht einmal mehr primär staatliche Erziehung und Wissenschaft die zentrale Vermittlungs- und Erziehungsaufgabe, sondern eine durch die nationalsozialistische »Bewegung«, also nicht mehr etatistisch organisierte Weltanschauung.[26]

Neu ist nach 1932, dass in der Folge die rechtsstaatlichen Organe der völkischen Bewegung instrumental zugeordnet werden.[27] Schlüsselbedeutung für die Dokumentation des Bruchs mit der traditionellen Staatstheologie hat Hirschs Lehre »Vom verborgenen Suverän«[28] (sic!), die im Winter 1932/33 endgültig fixiert wurde. Nicht mehr die staatliche Obrigkeit, sondern die »Volkheit« in ihrer um ihrer Sendung willen notwendigen Selbstbehauptung

23 Vgl. nur Stapels Programm einer Volkserziehung aus dem Jahre 1917, abgedruckt in: Wilhelm Stapel, Volk. Untersuchungen über Volkheit und Volkstum, Hamburg 1942, S. 306–324.

24 Allen nationalen Kreisen (Hugenberg, Tirpitz, Stapel, Jugendbewegung), schrieb Hirsch am 4.8.1942 an Stapel, hätte die Vollmacht gefehlt, die deutsche Jugend zu gewinnen. Der »Führer« aber hätte diese Vollmacht gehabt.

25 Hirsch war ein Bewunderer des Propagandakapitels aus »Mein Kampf«. Vgl. Briefe an Stapel vom 28.3.1936, 28.5.1936 und 28.12.1939.

26 Emanuel Hirsch: Christliche Rechenschaft II. Bearb. von Hayo Gerdes, neu hg. von Hans Hirsch, Tübingen 1989, S. 307: »Die Frage Weltanschauung und Glaube ist die Schlüsselfrage zur gesamten gegenwärtigen geistigen Lage.« Dabei wird vor allem die Antinomie von Naturwüchsigkeit und Lenkung hervorgehoben (S. 307 f.). Der Weltanschauungsbegriff Hirschs bedürfte einer genauen Untersuchung.

27 Zum staatsrechtlichen Antagonismus einer etatistischen Orientierung am »autoritären« Staat und einer völkischen Option für den »totalen Staat« vgl. Christoph Strohm, Theologische Ethik im Kampf gegen den Nationalsozialismus. Der Weg Dietrich Bonhoeffers mit den Juristen Hans von Dohnanyi und Gerhard Leibholz in den Widerstand, München 1989, S. 78–83.

28 Hirsch, Suverän, passim (›Suverän‹ als versuchte Eindeutschung).

ist der von Gott eingesetzte Souverän, dem Gehorsam geschuldet wird.[29] Die supponierte Teleologie der deutschen Volkheit, der deutsche »Volksnomos«,[30] der gerade nicht in demokratischen Verfahren feststellbar ist, wird zum Maßstab politischer Loyalität:

»*Das Volk* – in dem angegebnen Sinne, der zu allem demokratischen Collectivbelieben der zufällig jetzt lebenden Individuen und zu allem demokratischen Sichtbarmachenwollen des Volkswillens durch Abstimmung in Gegensatz steht … – *ist der verborgene und damit der wahre Suverän. Jedes Glied des Volks ist durch sein bestimmtes Sicheingliedern in das Volk gerufen an seiner Stelle und mit der ihm gegebnen Vollmacht, Deuter und Vollstrecker des Willens dieses verborgnen Suveräns zu sein und damit rechte Staatlichkeit mit zu erfüllen und zu gestalten. Jede wirkliche oder beanspruchte Gewalt im Staate muss nach dem Maßstabe des, das nach dem Willen des verborgnen Suveräns recht ist, geprüft und geurteilt werden in eignem Gewissensentscheid, der sich selbst nach dem Maße seiner Vollmacht durch Gott begrenzen lässt, und danach muss dann im Ja des Vertrauens oder Nein der Abwehr gehandelt werden.*«[31]

Wirksamer noch als das im Gefolge dieser Souveränitätslehre explizit bejahte Revolutionsrecht ist – unter dem Vorzeichen permanenten Umbruchs – der dauernde Vorbehalt gegenüber jeglicher konkreten Form von »auktoritärer Staatlichkeit« unter Rekurs auf den allein verbindlichen Gehorsam gegenüber der »Volkheit«, den Hirsch hier ausrief. Mit diesem zum Prinzip erhobenen permanenten Vorbehalt gegen jede Form staatlicher Autorität und Legalität im Namen der »Volkheit« überschritt aber Hirsch im Winter 1932/33 eine Grenze, die ihn fortan nicht nur von anderen Vertretern des »jungen nationalen Luthertums« wie Paul Althaus, sondern auch von nationalkonservativen Literaten und Staatsrechtlern der Weimarer Republik, wie Hans Grimm und Rudolf Stammler, trennte.[32] Nach dem 30. Januar 1933 betonte Hirsch

29 Hirsch, Suverän, S. 5: »So haben wir im Verhältnis zur Volkheit eben das gefunden, was die Reformatoren an ihrer Beugung unter die Obrigkeit fanden: ein von Gott als dem Herrn der Geschichte gesetztes Dienstverhältnis, das uns in eine irdisch-geschichtliche Gemeinschaft leidend-gehorchend einfügt.« »Sendung« wird auch hier zur Leitkategorie. Vgl. Hirsch, Suverän, S. 6 f., 12.

30 Zum Bezug auf Stapels Nomosbegriff vgl. den öffentlichen Dank Hirschs an Stapel in Emanuel Hirsch, Christliche Freiheit und politische Bindung. Ein Brief an Dr. Stapel und anderes, Hamburg 1935, S. 17. Zu Stapels Volksnomoslehre vgl. Wilhelm Stapel, Der christliche Staatsmann. Eine Theologie des Nationalismus, Hamburg 1932, v. a. S. 174. Hirsch hat im Brief vom 12.5.1932 Stapels Buch begrüßt und eingehend kommentiert.

31 Hirsch, Suverän, S. 7. Hervorhebung im Original.

32 Schon im Brief an Stapel vom 4.2.1933, mit dem er »Vom verborgenen Suverän« übersandte, wies Hirsch auf die Neuheit dieser Souveränitätslehre für das evangelische Staatsverständnis hin: Er sehe sich in einem sehr ernsthaften Kampf, in dem er ziemlich einsam stehe. Theologen und Pastoren seien reaktionär obrigkeitshörig und verstünden ihn nicht. Selbst Paul Althaus sei schwankend geworden. – Auch mit Hans Grimm und Rudolf Stammler kam es 1936 aus demselben Grund zum Bruch: In einem an kritischer Schärfe bemerkenswerten Brief an Hirsch vom

stets, dass der nationalsozialistische Staat nicht primär in der Totalität seiner Regelungsansprüche,[33] sondern in seiner völkisch-rassischen Fundierung und Verantwortung ein weltgeschichtliches Novum sei: »Nach den unzweideutigen Erklärungen des Führers muss gerade dies als das Eigentümliche der neuen deutschen Lebensverfasstheit gelten, dass das Staatlich-Politische dem Volkstum [...] unterworfen wird, ja, lediglich als unentbehrliches Mittel für den Zweck des Volkstums [...] angesehen zu werden begehrt.«[34] Die innere konzeptionelle Schwäche einer permanenten politischen Dezision und Revolution nach Maßgabe einer in ihren konkreten Anforderungen je neu festzustellenden verborgenen »Volkheit« wird allerdings sehr schnell deutlich.[35]
Deshalb trat (nach den Juni-Morden 1934 und im Zuge der endgültigen Konsolidierung der Führer-Herrschaft)[36] das andere Element der Lehre vom verborgenen Souverän hervor: »Volkheit« manifestiert sich jeweils in einem

---

18.2.1936 (anlässlich der Übersendung von Emanuel Hirsch, Recht und Religion. Festgabe für R. Stammler. In: Archiv für Rechts- und Sozialphilosophie, 29 (1935/1936), S. 226–238 schrieb Hans Grimm: »Ich habe jedenfalls zu keiner Zeit unter der Selbstentfremdung unseres Volkes häufiger Recht zu Unrecht und häufiger Staat zum Unstaat werden sehen als in dieser unsrer gegenwärtigen Zeit einer neuen Selbstentfremdung. Ich habe zu keiner Zeit die Volksgemeinschaft tiefer zerstört gesehen. Ich meine, Stammlers Warnung sei wie niemals am Platze, wenn sie davor warnt, mit einem mystischen, mit einem zurechtgemachten, mit einem gefälschten Volksbegriff sich die exakte rechtliche Besinnung und Erkenntnis zu ersparen.« Kurze Zeit später – im April 1936 und nach der völlig konträr beurteilten Reichstagswahl vom 29.3.1936 – bricht der Briefwechsel zwischen Hirsch und Grimm bis 1947 ab.

33 Darin würde er dem italienischen Faschismus nur gleichen: Das Entscheidende scheine ihm zu sein, schrieb Hirsch an Grimm am 7.5.1933, dass der Volksgedanke über den vielen Aufgaben staatlichen Neubaus nicht verloren gehe. Das müsse die Eigenart der deutschen Bewegung gegenüber der italienischen werden.

34 Emanuel Hirsch, Die gegenwärtige geistige Lage im Spiegel philosophischer und theologischer Besinnung, Göttingen 1934, S. 60. Auf S. 62 f. hob Hirsch dann ausdrücklich hervor, dass der biologistisch-rassische Begriff von Volk gegenüber dem romantisch-idealistischen, dem er von Fichte und Treitschke herkommend vor 1933 selbst anhing, das entscheidend, aber auch antinomisch Moderne am Nationalsozialismus sei: Tiefer und rationaler als jede andere Staatsform zuvor greife jetzt der offenbare Souverän in die biologischen Grundlagen des verborgenen Souveräns selbst ein!

35 Noch in Hirsch, Lage, S. 60 f., sprach Hirsch davon, dass die »neue Grundlegung des Verständnisses von Volk und Staat« uns »durchrevolutionieren [soll] in der Denk- und Lebensverfasstheit« und dass vor allem die Rechts- und Staatslehre »durch ständige umbrechende Beziehung von der offenbaren Suveränität zurück auf die verborgne [...] ihre saubern Formalbegriffe durch Öffnung der existenziellen Tiefe geschichtlicher Ursprünglichkeit in die Krise geben« müsse. Die Inkonsistenz des Revolutionsbegriffs bei Hirsch und seine Anpassung an die jeweilige »Lage« bildete nur dessen propagandistische Verwendung durch die Nationalsozialisten ab. Vgl. Reinhart Koselleck, Art. Revolution, Rebellion, Aufruhr, Bürgerkrieg. In: Otto Brunner/Werner Conze/Reinhart Koselleck (Hg.), Geschichtliche Grundbegriffe. Historisches Lexikon zur politisch-sozialen Sprache in Deutschland. Band 5, Stuttgart 1984, S. 653–788, bes. 784–787.

36 Zur Schlüsselbedeutung der Röhm-Affäre und zur Struktur der Führer-Herrschaft vgl. Thamer Verführung, S. 320–336, 342–350.

stellvertretenden öffentlichen Souverän als politischer Wille. Dieser öffentliche Souverän, der dann im Namen des Volkes die prinzipielle Legitimität zum Bruch rechtsstaatlicher Legalität hat, wird je länger desto vorbehaltloser mit der Person des »Führers« Adolf Hitler (und seiner Vertreter in den jeweils untergeordneten Führungskreisen)[37] identifiziert.[38]

Die alles andere als traditionale Souveränitätslehre Hirschs und seine Entwicklung hin zu einer konsequent völkisch-nationalsozialistischen, nicht mehr etatistisch-deutschnationalen Kirchen-, Wissenschafts- und Theologiepolitik nach dem 30. Januar 1933 sind aufeinander zu beziehen. Sie wären, dies bleibt ein Desiderat, für den Zeitraum zwischen 1933 und 1945 detailliert auf ihre fortschreitende Radikalisierung hin genetisch zu analysieren.[39] Die (zumal in den Dokumenten nach 1935) vorbehaltlose Identifikation zwischen »Volkheit« und Nationalsozialismus bei Hirsch wirft eine prinzipielle Frage auf, die im letzten Abschnitt erörtert wird: Wie ist in der komplexen und an sich kritischen Dialektik von göttlichem Horos und völkischem Nomos, von Gott als schöpferischem Grund und eschatologischer Grenze der »Volkheit«[40]

37 Vgl. Hirsch, Lage, S. 64 f.

38 Angedeutet ist diese Denkfigur bereits in Hirsch, Suverän, S. 8, als Erneuerung des »alten deutschen Volkskönigtums, welches sich gemeinsam mit allen freien Männern dem verborgnen Suverän« am tiefsten verantwortlich weiß. Terminologisch und politisch fixiert erscheint sie in Hirsch, Lage, S. 61 (»offenbarer Suverän«); als neues deutsches Führerprinzip (S. 64 f.). Am 3.12.1935 heißt es entsprechend in einem Brief an Stapel: Alle dienten dem verborgnen Suverän, dem lebendigen deutschen Volke. Der offenbare Suverän, der Wille von Staat und Bewegung (!), habe unsere Hingabe um des verborgnen Suveräns willen (vgl. auch sein Schreiben an Stapel vom 6.12.1935). Die nächste Stufe in der Radikalisierung dieser Souveränitätslehre markiert die ausdrückliche Verteidigung aller nationalsozialistischen Gewaltmaßnahmen von 1933 bis 1936 vor der Reichstagswahl 1936 (an Grimm vom 23.2.1936). Daraufhin kommt es mit Grimm, der gegenüber dem Nationalsozialismus auf Wahrung der Rechtsstaatlichkeit pocht, zum offenen Bruch (vgl. Grimm an Hirsch vom 21.4.1936, Hirsch an Grimm vom 23.4.1936). Endpunkt der Identifikation von verborgenem Souverän und faktischem Nationalsozialismus ist der Brief an Stapel vom 14.9.1944: Unter ausdrücklichem Rekurs auf seine Souveränitätslehre statuiert Hirsch: Hitler und die Partei sind Deutschland (so bereits explizit im Brief an Stapel vom 25.8.1944). Wenn Hitler nicht der bevollmächtigte Vertreter des verborgnen Suveräns sei, dann habe dieser kein Organ in Deutschland mehr und Deutschlands Geschichte und Volkstum seien am Ende.

39 Vor allem die Reflexionen für eine transkonfessionelle, nationalkirchliche Neuordnung der deutschen Kirchen, für die staatliche Ausschaltung des inneren, bekenntniskirchlichen Widerstands und für die radikale Reform der Theologischen Fakultäten nach einem »Endsieg« Deutschlands, die Hirsch in den Briefen an Stapel zwischen 1942 und 1945 entwickelte, sind hier zu berücksichtigen.

40 Vgl. Hirsch, Lage, S. 161–163: »Alles, was ein Fichte, ein Kleist, ein Heinrich von Treitschke konkret über das Verhältnis von Volk und Vaterland aussagen, ist mir wie ins Herz gebrannt. [...] Aber – ich weiß alles dies nur so im von Gott geheiligten und bestätigten Lebensgefühl, dass ich zugleich mein Volk und Land als etwas Vergängliches, Sterbliches weiß, an dem die heilige Grenze des Ursprungs auch verzehrend mächtig ist, und ich sehe demgemäß im Mythos

schließlich doch die affirmative Identifikation zwischen Ruf Gottes und völkischer Sendung, zwischen Volksnomos und faktischem Nationalsozialismus möglich?

(2) Zwischen Mai 1933 und Oktober 1934 gewann Hirsch prägenden Einfluss auf die Kirchenpartei der Deutschen Christen und die Hierarchie der sich formierenden, deutschchristlich bestimmten Deutschen Evangelischen Kirche. Er fungierte als Berater des Reichsbischofs Müller und im Sommer 1934 als theologischer Kopf der zweiten Nationalsynode der DEK und bestimmter synodaler Gesetzesinitiativen.[41] Dem Gesetz über den Treueid der Pfarrerschaft auf den »Führer« im August 1934 kommt hierbei besondere Bedeutung zu. Schon kurz nach der Vereidigung der Wehrmacht am 2. August und noch vor dem Gesetz zur Beamtenvereidigung erließ am 9. August 1934 die zweite Nationalsynode ein Diensteidgesetz, das alle Geistlichen und Kirchenbeamten zum Diensteid auf Hitler verpflichtete. Es war wesentlich durch Hirsch inspiriert.

Die ausführlichen und nirgends sonst in dieser Weise belegten theologischen Formeln des auf der Synode beschlossenen Treueides tragen die Handschrift Emanuel Hirschs:[42] »Die Geistlichen haben folgenden Diensteid zu leisten: Ich, NN, schwöre einen Eid zu *Gott dem Allwissenden und Heiligen,* dass ich als berufener Diener im Amt der Verkündigung sowohl in meinem gegenwärtigen wie in jedem anderen geistlichen Amte, so wie es einem Diener des Evangeliums in der Deutschen Evangelischen Kirche geziemt, dem Führer des deutschen *Volkes und Staates* Adolf Hitler treu und gehorsam sein und für das deutsche Volk mit jedem *Opfer* und jedem Dienst, der einem deutschen evangelischen Manne gebührt, mich einsetzen werde […].«[43]

---

vom ›ewigen‹ Volkstum einen Mangel an absoluter religiöser Reflexion. Eben dies Wissen um die Sterblichkeit des eignen Volkes und Reiches wird mir […] zum Stachel der Leidenschaft in dieser Liebe zu meinem Volk und Land. Weil Er [Gott] da ist, als Ewigkeit in Zeit und Ewigkeit über Zeit, darum verfangen wir uns nicht in diesem Widerspruch, sondern leben und blühen aus ihm.« Vgl. außerdem Jens Holger Schjørring, Theologische Gewissensethik und politische Wirklichkeit. Das Beispiel Eduard Geismars und Emanuel Hirschs, Göttingen 1997, S. 157.

41 So schrieb Hirsch am 8.8.1934 an Stapel, er sei in den letzten acht Tagen (also in der Woche unmittelbar vor der Nationalsynode) in Berlin gewesen und habe am laufenden Band theologische Gutachten produziert. Zwei dieser umfänglichen Gutachten sind ediert in: Die Bekenntnisse und grundsätzlichen Äußerungen zur Kirchenfrage, Band 2: Das Jahr 1934. Gesammelt und eingeleitet von Kurt Dietrich Schmidt, Göttingen 1935, S. 107–114 (Über Kirche und Bekenntnis), 114–127 (Über das grundsätzliche Verhältnis von evangelischem Christentum und politischer Bewegung).

42 Formulierungen, die auf Hirschs Theologie verweisen, sind von mir kursiv gesetzt.

43 Schmidt, Bekenntnisse, S. 128 (Hervorhebungen H. A.). Zum Begriff des allwissenden und heiligen Gottes bei Hirsch vgl. Assel, Aufbruch, S. 277–304; dazu Dietz Lange, Der Begriff des

(3) Zugleich nahm ihn die preußische Wissenschaftsbürokratie als Geheimgutachter für Gleichschaltungsmaßnahmen und Denunziationen gegen theologische Kollegen in Anspruch, exemplarisch und prominent im Treueidprozess gegen Karl Barth; zuvor hatte Hirsch bereits im Fall »Paul Tillich« dessen Zwangsemigration 1933 ex post (1934) legitimiert – um nur die prominentesten Fälle von ehemaligen Kollegen (Karl Barth) und ehemaligen Freunden (Paul Tillich) zu nennen, die Hirsch denunzierte.

(4) Nach dem Oktober 1934 – mit der Wende der nationalsozialistischen Kirchenpolitik zu den sogenannten Kirchenausschüssen seit 1935 – und nach dem Treueidprozess gegen Barth im Dezember 1934 erreichte Hirschs Einfluss nie mehr die Virulenz der Jahre 1933 bis 1934 und wich einer weitgehenden kirchlichen und theologischen Isolation, die bis 1945 anhielt. Hirschs politische Handlungsmacht beschränkte sich nach 1935 auf fakultätspolitische Aktivitäten in seiner eigenen Göttinger Fakultät und auf wissenschaftspolitische Aktivitäten im Rahmen des NS-Dozentenbundes, unterbrochen von Episoden wie der Beratertätigkeit für Kirchenminister Kerrl im Juni 1937.

(5) Hirsch konzentrierte sich – nachdem er 1935 vom kirchenhistorischen auf den systematisch-theologischen Lehrstuhl gewechselt war – auf die Ausarbeitung von programmatischen Werken:
   - zur Umformung christlicher Glaubenslehre in eine weltanschaulich funktionalisierte christliche Rechenschaft politisch-theologischer Gewissensexistenz;[44]
   - zur Literaturgeschichte des Neuen Testaments einschließlich der These einer nicht-jüdischen Genealogie Jesu von Nazareth sowie zur antisemitisch motivierten Kritik an der kanonischen Geltung des Alten Testaments in den protestantischen Kirchen;[45]
   - sowie zur ideengeschichtlich konstruierten Notwendigkeit einer Umformung der evangelischen Theologie der Neuzeit.[46]

---

Heiligen in den theologischen und politischen Schriften Emanuel Hirschs. In: Joachim Ringleben (Hg.), Christentumsgeschichte und Wahrheitsbewußtsein. Studien zur Theologie Emanuel Hirschs, Berlin 1991, S. 188–225; zu Hirschs Lehre vom verborgenen Souverän, die in der Doppelformel von Volk und Staat impliziert ist, vgl. Assel, Aufbruch, S. 255–263; zum Opfer als Höchstform christlichen Dienstes ebd., S. 210 f.

44 Emanuel Hirsch, Christliche Rechenschaft, 2 Bände. Bearb. von Hayo Gerdes, neu hg. von Hans Hirsch, Tübingen 1989.

45 Zu Hirschs exegetisch-historischen Arbeiten vgl. jetzt Georg Neubauer/Heinrich Assel, Art. Hirsch, Emanuel, Encyclopedia of the Bible and its Reception 11, Berlin 2015, Sp. 1107–1109.

46 Emanuel Hirsch, Geschichte der neuern Evangelischen Theologie im Zusammenhange mit den allgemeinen Bewegungen des europäischen Denkens I–V, 2. Auflage Gütersloh 1960.

Diese hie und da heute noch wirksamen Werke (z. B. im Kreis der Editoren der gesammelten Werke Hirschs) zielen in ihrem enzyklopädischen Anspruch auf die Umformung der Kernfächer evangelischer Theologie. Hirschs stupende wissenschaftliche Leistung folgte einer hidden agenda, die in den zugänglichen nicht-publizierten Briefquellen unverhohlener zutage tritt als im tendenziösen Charakter dieser wissenschaftlichen Werke: Im Gewand einer vermeintlich exponierten Positionalität im pluralen Spektrum evangelischer Theologien bereiteten sie die nationalsozialistische Gleichschaltung der evangelisch-theologischen Fakultäten nach einem »Endsieg« Deutschlands und des Nationalsozialismus vor.

(6) Über die nationalsozialistische Vernichtungspolitik gegenüber dem europäischen Judentum, aber auch über den Vernichtungscharakter des Kriegs in den osteuropäischen Bloodlands war Hirsch im Rahmen seiner Verbindungen zu Partei- und SS-Mitgliedern zeitnah informiert. Er befürwortete diese Vernichtungspolitik uneingeschränkt – selbst dann, wenn seine engsten, noch verbliebenen Briefpartner wie Wilhelm Stapel Zweifel äußerten.

Bis 1932 dachte Hirsch eher in religiös-antijudaistischen Bahnen, gepaart mit einer gesellschaftlich-kulturellen Judenfeindschaft. So schrieb er etwa am 26. April 1932 an Stapel: Die aufrichtige Christwerdung wasche den Fluch ab; und er schäme sich, wenn ihm noch bisweilen Vorbehalte gegenüber seinen beiden judenchristlichen Freunden zu Ohren kämen. Im Laufe des »Dritten Reichs« entwickelte Hirsch jedoch einen offen rassistischen Antisemitismus. Nach der Reichspogromnacht schrieb er an Stapel am 26. November 1938: Er, Hirsch, sei leidenschaftlich dafür, die Juden durch jede für den »Zweck« erforderliche Brutalität zur Auswanderung zu zwingen. Wenn es noch nicht genug sei, müsse noch mehr kommen. Dabei betonte Hirsch gegen Stapel die gezielte Steuerung der antisemitischen Ausschreitungen: Es stehe alles auf dem harten Willen des »Führers« und seiner Mitarbeiter und -kämpfer. Das deutsche Volk sei nur sentimental-antisemitisch. Er glaube also nicht, dass die Vorgänge [der Pogromnacht] eine Torheit waren. Sie seien klarer und zielbewusster und zweckdienlicher politischer Wille. Schließlich befürwortete Hirsch die Vernichtung der Juden wissentlich und uneingeschränkt.[47]

Nach 1945 revidierte Hirsch seine kirchenpolitischen und wissenschaftspolitischen Aktionen sowie seine geschichtstheologischen Urteile nirgends öffentlich. Dokumente privater Auto-Apologien, die in den Brief-Quellen erwähnt werden, sind bis heute nicht zugänglich. Einer befürchteten Zwangsentlassung durch die Besatzungsmächte kam Hirsch – auf Anraten des Göttinger Universitätsrektors – durch Antrag auf vorzeitige Emeritierung zuvor,

47 Vgl. die Briefe an Stapel vom 19./21.2.1943 und 14.3.1943.

deren gesundheitliche Gründe zweifelsfrei sind (Hirsch war bereits in den Jahren nach 1917 von Erblindung bedroht und erblindete um 1944 endgültig). Die materielle Armut, in der er und seine Familie 1945 bis 1947 lebten, war keine Sanktion der Besatzungsmacht, sondern erwies sich als bürokratischer Verfahrensfehler. Ohne ein Entnazifizierungsverfahren durchlaufen zu haben, wurde Hirsch als Emeritus rehabilitiert.

## Völkische Theologie und Nationalkirchentheorie – Konstellationen

Wer Hirschs politische Theologie und nationalsozialistische Kirchen- und Theologiepolitik angemessen evaluieren möchte, sollte ihn in den Rahmen jener theologischen Gruppierung stellen, zu der er bis 1932 gehörte, um ab 1932 die vermeintlich avanciertere Position des deutschchristlichen Vordenkers und völkisch-politischen Kollaborateurs zu wählen, die ab 1935 mehr und mehr in Isolierung endete.

(1) Luther-Renaissance und Dialektische Theologie: Als ambitionierter Meisterschüler der Schule Karl Holls,[48] als thesenfreudiger Wortführer der Luther-Renaissance[49] und selbststilisierter Erbe des Neo-Idealismus und Existentialismus in der Theologie[50] konnte Hirsch in der Weimarer Republik in den Augen mancher Opponenten – insbesondere Karl Barths seit der gemeinsamen Göttinger Zeit 1921–1925 und seit dem sogenannten Fall Dehn 1932 – geradezu zum Inbegriff jener theologischer Travestien mutieren, gegen die sich die Verwerfungssätze der Barmer Theologischen Erklärung 1934 richteten. Der Antagonismus zwischen Hirsch und Barth fand sein »Finale« im Treueidprozess, den Karl Barth durch seine Verweigerung des Treueids auf Hitler im Herbst und Winter 1934 provozierte. In diesem Prozess fungierte Hirsch als Denunziant und geheimer Prozessgutachter, der das (sich zwischen August und Dezember 1934 erst herausbildende) nationalsozialistische und deutschchristliche Eidverständnis entwarf, das der Staatsanwalt gegen

48 Die Briefe Karl Holls an Emanuel Hirsch, mithilfe derer sich Hirsch als Meisterschüler stilisierte, sind bis heute nicht öffentlich archiviert und publiziert, sodass die Innenseite des Verhältnisses Holl-Hirsch im Rahmen der Holl-Schule nicht analysierbar ist. Die werkgenetische Relation ist dargestellt in Assel, Aufbruch, S. 59–62. Eine Analyse der Theorie des Weltkriegs bei Karl Holl und Emanuel Hirsch in: Heinrich Assel, »Man stellt es überall mit Freude fest, dass der Krieg das Beste aus uns hervorgeholt hat« (Karl Holl, 1914). Lutherrenaissance im Krieg und Nachkrieg. In: Friedemann Stengel/Jörg Ulrich (Hg.), Kirche und Krieg. Ambivalenzen in der Theologie, Leipzig 2015, S. 119–138.

49 Vgl. Assel, Aufbruch, S. 264–304.

50 Vgl. ebd., S. 164–263.

Barths und gegen das bekenntniskirchliche Eidverständnis prozessentscheidend ins Feld führte. Der Antagonismus zwischen Hirsch und Barth hatte weitreichende persönliche und theologiehistorische Folgen. Barths siegreiche Revision im Treueidverfahren zweiter Instanz (bei gleichzeitiger Desolidarisierung mächtiger Kirchenpolitiker wie August Marahrens) führte im August 1935 zur Zwangsentlassung und Ausweisung aus Deutschland; in der Folge revidierte Barth seine politische Ethik, seine Rechts- und Souveränitätstheorie tiefgreifend.[51]

Die Evaluation der Figur Hirsch ist durch diese Konstellation und die gut erforschten Ereignisse zwischen Mai und Dezember 1934 vorgeprägt.[52] Die neuere Forschung nimmt aber auch andere und nicht nur national definierte Kontexte der Luther-Renaissance in den Blick. Tatsächlich war die Luther-Renaissance in Deutschland neben der Dialektischen Theologie die andere theologie-, kirchen- und kulturreformerische Bewegung der Weimarer Republik. Sie formierte sich um 1910, trat zwischen 1918 und 1921 kirchlich und theologisch öffentlichkeitswirksam auf und bildete bis 1933 eine internationale, deutsch-skandinavische Formation. Zur Luther-Renaissance in Deutschland gehörten in der ersten Generation Hirschs Lehrer Karl Holl und Carl Stange, in der zweiten Generation zum Beispiel Paul Althaus sowie Rudolf Hermann; Theologen und Schriftsteller der dritten Generation waren Dietrich Bonhoeffer, Hans Joachim Iwand und Jochen Klepper. Zu skandinavischen Theologen der Luther-Renaissance – etwa zu Anders Nygren, Gustav Aulén, Ragnar Bring, Torsten Bohlin, Eduard Geismar, Rafael Gyllenberg oder Arvid Runestam – bestanden bis 1933 und bisweilen noch bis 1942 intensive wissenschaftliche Kontakte, die individuell und je nach nationalem Selbstverständnis unterschiedlich motiviert waren. Hirsch war in dieses Netzwerk bis 1933 durchaus integriert. Er konnte vor 1933 aufgrund seiner monumentalen Kierkegaard-Studien als international anerkannter Kierkegaard-Forscher gelten.[53] Die Internationalität und Ökumenizität der Luther-Renaissance und die Gründe und Umstände des Abbruchs zwischen 1933 und 1942 – insbesondere Emanuel Hirschs Rolle bei der Irritation der dänischen und schwedischen Partner – sind erst partiell untersucht und

51 Vgl. Heinrich Assel, Grundlose Souveränität und göttliche Freiheit. Karl Barths Rechtsethik im Konflikt mit Emanuel Hirschs Souveränitätslehre. In: Michael Beintker/Christian Link/Michael Trowitzsch (Hg.), Karl Barth in Deutschland (1921–1935). Aufbruch – Klärung – Widerstand. Internationales Symposion in Emden 2003, Zürich 2005, S. 205–222.

52 Insbesondere in der älteren Forschung bis 1995.

53 Die Konstellation Hirsch und Geismar ist einschlägig, wenn auch nur exemplarisch aufgearbeitet bei Schjørring, Gewissensethik. Das Beispiel Eduard Geismars und Emanuel Hirschs, Göttingen 1979.

heute von neuem Forschungsinteresse.[54] Gegenstand aktueller Analysen ist auch, wie Dietrich Bonhoeffer oder Hans Joachim Iwand – also dezidierte Kritiker und Antipoden völkischer Theologie der dritten Generation – sich mit Hirschs Version der Luther-Renaissance auseinandersetzten, um daraus Motive für ihre tiefgreifende Revision lutherischer Theologie zu gewinnen, die im Deutschland der Nachkriegsepoche 1945 bis 1960 wirksam wurde.[55] In der Figur Emanuel Hirsch verdichtet sich also – sobald man den Antagonismus Barth/Hirsch um weitere Konstellationen und Kontexte bereichert – nur ein möglicher Pfad des Programms der Luther-Renaissance. Er verzweigt sich jeweils an den von Hirsch selbst als historische Entscheidungssituationen reflektierten »Lagen« um 1918, um 1932, um 1934, um 1938 und um 1942 zu jeweils extremeren Optionen. Die komparative Analyse im Rahmen der Luther-Renaissance – konstelliert mit Karl Holl, Rudolf Hermann, Hans Joachim Iwand oder mit dänischen (Geismar) und schwedischen (Nygren) Exponenten – widerspricht, Hirschs Selbststilisierung als Vordenker und Meisterschüler zu folgen oder Zwangsläufigkeiten zu konstruieren, als würde das Programm der Luther-Renaissance sachlich folgerichtig in die völkische Theologie münden. Stattdessen sind jeweils die biografischen, zeithistorischen und theologischen Situationen aufzusuchen, in denen sich Hirschs Idiosynkrasien zum Extremeren hin verzweigen.

(2) Holl-Schule: Hirsch nimmt selbst innerhalb der Schule Karl Holls – sie umfasst Heinrich Bornkamm, Hanns Rückert,[56] Erich Vogelsang,[57] Hermann Wolfgang Beyer,[58] Peter Opitz, Fritz Blanke und in gewisser Weise auch Paul Althaus[59] und formierte sich in der Anfangsphase des Nationalsozialismus völkisch-theologisch um ihr Organ »Deutsche Theologie« – eine exponierte,

54 Das skandinavische Netzwerk der Luther-Renaissance ist Gegenstand zweier im Entstehen begriffener Dissertationen von Heiner Fandrich und Judith Berger im Rahmen des Internationalen Graduiertenkollegs »Baltic Borderlands« der Universität Greifswald, Lehrstuhl für Systematische Theologie.

55 Vgl. Heinrich Assel, Die Lutherrenaissance in Deutschland von 1900 bis 1960 – Herausforderung und Inspiration. In: Christine Helmer/Bo Kristian Holm (Hg.), Lutherrenaissance. Past and Present, Göttingen 2015, S. 189–208.

56 Vgl. Luthers Vorlesung über den Hebräerbrief. Nach der vatikanischen Handschrift. Hg. von Emanuel Hirsch und Hanns Rückert, Berlin 1929.

57 Vgl. Volker Leppin, In Rosenbergs Schatten. Zur Lutherdeutung Erich Vogelsangs. In: Theologische Zeitung, 61 (2005), S. 132–142.

58 Vgl. Irmfried Garbe, Theologe zwischen den Weltkriegen. Hermann Wolfgang Beyer (1898–1942), Frankfurt a. M. 2004. Zu Beyer siehe auch den Beitrag von Dagmar Pöpping in diesem Band.

59 Vgl. Gotthard Jasper, Paul Althaus (1888–1966). Professor, Prediger und Patriot in seiner Zeit, Göttingen 2013.

aber schon im November 1934 völlig isolierte Position ein.[60] Hirschs Bereitschaft, die von Karl Holl seit 1910 geforderte charismatische Rechtsautonomie einer Volkskirche[61] erneut zugunsten einer totalitär-nationalkirchlichen Gleichschaltung der Kirchen aufzugeben, markierte hier die Differenz des politischen Theologen Hirsch gegenüber den anderen Holl-Schülern, die vor diesem Schritt mit guten Gründen zurückscheuten.

Hirschs Sicht der dramatischen Entwicklung in den Wochen zwischen dem 20. Oktober und dem 20. Dezember 1934 schlägt sich in einer dichten Folge von Briefen nieder, die er im November und Dezember 1934 an Wilhelm Stapel richtete.[62] Am 30. November 1934 resümierte er als summa summarum seiner Diagnose: Alles, was er durch einen anderthalbjährigen Kampf habe vermeiden wollen, sei auf dem Marsche. Vor einem Jahr habe er gesagt: Die Schwäche seines Verständnisses der nationalsozialistischen Möglichkeit sei, dass die Frommen (gemeint ist die Bekennende Kirche) es durch die Tat ruinieren und ihr Angst- und Schreckensverständnis der nationalsozialistischen Bewegung durch Undankbarkeit und Mangel an Entschlossenheit herbeizwingen könnten. Das sei nun der Moment, in dem man stünde.[63]

Hirsch sah also im November 1934 den schlimmstmöglichen Fall gekommen: Eine evangelische Kirche, die sich aufgrund eigenen Notrechts endgültig unabhängig vom nationalsozialistischen Staat konstituierte. Gerade dadurch vergebe sie die einmalige historische Gelegenheit, den Nationalsozialismus als eine für das Christentum geöffnete moderne, das heißt völkisch-rassische Weltanschauung mitzugestalten. Sie selbst trage – Selffulfilling Prophecy – die Schuld an seiner möglichen antichristlichen Wendung. Die Briefe an Stapel liefern auch den Schlüssel für Hirschs kirchenpolitische Strategie.[64] Er habe, so eröffnete Hirsch am 12. November seinen Brief an Stapel, in diesen Tagen viel über die Stellung, die er mutterseeligallein (sic!) einnehme, nachdenken müssen, und er habe gefunden, dass er den Vorwurf der anderen, er sei

60 Hirsch war zu dieser Zeit selbst innerhalb der Holl-Schule aufgrund seiner ekklesiologischen Extremposition, also seines Votums für eine staatskirchlich verfasste deutsche Nationalkirche mit Hitler als Summepiskopus, isoliert. Hanns Rückert drohte Hirsch, der sich weigerte, die sogenannte Vorläufige Kirchenleitung anzuerkennen, mit dem völligen Publikationsverbot in der »Deutschen Theologie« (Hirsch an Stapel vom 30.11.1934). Nur pro forma konnte Hirsch später weiter als Mitherausgeber fungieren (Hirsch an Stapel vom 29.4.1935).

61 Eine Analyse von Holls Konzept charismatischer Herrschaft, das wiederum Max Weber beeinflusste, bei Assel, Aufbruch, S. 135, Anm. 101.

62 Insgesamt handelt es sich zwischen dem 2.11.1934 und dem 22.12.1934 um 20 zumeist mehrseitige Briefe Hirschs.

63 Hirsch an Stapel vom 30.11.1934. Hirsch war kurz zuvor, am 28.11.1934, beim Reichskirchenregiment in Berlin gewesen, kannte also die Entwicklung aus nächster Nähe. Sein achtseitiger Brief schildert die neuen Machtverhältnisse in Berlin detailliert. Ähnliche Äußerungen vom 19.11. und 27.11.1934.

64 Vgl. zum Folgenden den Brief an Stapel vom 12.11.1934.

ein politischer Theologe, annehmen müsse. Er sehe nämlich wirklich, dass er, wenn es zum Biegen oder Brechen komme, die verfasste und geordnete Kirche – von dem Leibe Christi rede er natürlich nicht – als ein politisches Gebilde betrachte, und es so gestaltet sehen möchte, wie es für die Heiligung und Bewahrung des politisch geformten volkhaften Nomos am besten sei. Dabei sei ihm als Christen klar, dass im deutschen Volk, das als Volk zum Christentum übergegangen sei, nur der Gott des Evangeliums diese Heiligung und Bewahrung des irdischen Lebens tragen könne. Und das sei ja nun wohl eine politische Theologie.[65] In der Tat wandelte und radikalisierte sich Hirschs Kirchenverständnis 1934 parallel zur Konstitution einer auch rechtlich eigenständigen Bekennenden Kirche.[66] Hirschs November-Briefe – geschrieben nach dem Scheitern seiner kurzfristigen Hoffnung auf die Errichtung einer evangelischen Staatskirche – bringen seine ekklesiologische Option endgültig als völkisch-politische Theologie auf den Begriff: Die kirchliche Verfassungsgestalt ist prinzipiell und auch über die traditionellen staatskirchlichen Verfassungsformen hinaus dem politisch geformten Volksnomos, also der nationalsozialistischen Bewegung und ihrem Führer, disponibel.[67] Wenigstens das Schlimmste, die endgültige Diastase von Christentum und »Bewegung«, war jetzt zu vermeiden, um ein neuerliches kirchenpolitisches Eingreifen Hitlers offenzuhalten.[68]

65 Neun Tage nach diesem Brief bekannte sich Hirsch erstmals öffentlich als »politischer Theologe«. Vgl. Emanuel Hirsch, Christliche Freiheit und politische Bindung. Ein Brief an Dr. Stapel und anderes, Hamburg 1935, S. 6 (der Brief an Stapel ist auf den 21.11.1934 datiert).

66 Eine Schlüsselbedeutung hat der Brief an Stapel vom 31.5.1934 (geschrieben also zur Zeit der Ersten Bekenntnissynode der DEK in Barmen). In ihm schildert Hirsch, der in den 1920er- und frühen 1930er-Jahren noch ganz auf der Linie seines Lehrers Karl Holl für die rechtliche Eigenständigkeit der Kirche focht, seine Rückkehr zum alten Summepiskopatsgedanken: Der tiefe Sinn der Kirchengeschichte von 1918 bis 1934 sei, dass die deutsche evangelische Kirche den experimentellen Nachweis erbracht habe, dass sie unfähig sei, das ius in sacra (!) des landesherrlichen Kirchenregiments selber wahrzunehmen. Diese Ahnung sei ihm (Hirsch) erstmals am Montag vor der Bodelschwingh-Wahl gekommen (also am 22.5.1933). Gestern (also am 30. Mai 1934) sei ihm nun hier die letzte Entschlossenheit gekommen. – Es war diese Erneuerung des Summepiskopatsgedankens (allerdings nun unter der Voraussetzung des gleichgeschalteten totalitären Führerstaats!), die Hirsch von der Holl-Schule trennte.

67 Im Hintergrund steht hier Hirschs Souveränitätslehre.

68 Er habe jetzt eigentlich nur ein Interesse: Wie man die Abschaltung der evangelischen Kirche, wie man das Kirchenghetto vermeiden könne (Hirsch an Stapel vom 5.11.1934). Vielleicht sei das jetzige Geschehen die Erfahrung, die die Kirche nötig habe, um zu entdecken, wozu sie den Staat brauche. Das deutsche evangelische Christentum sei seit Langem in dem Zustand, dass es splittern müsse, wenn nicht von der öffentlichen Ordnung die Einigung erzwungen werde. Es sei wohl von Gott eine große Erziehung, die man jetzt erfahre. Aber der Staat werde auch erzogen. Es sei die große Läuterungskrise für die Bewegung (Hirsch an Stapel vom 19.11.1934). – Es fehlt eine Untersuchung, die Wandlungen und Wirkungen von Hirschs ekklesiologischen Verfassungskonzeptionen analysiert, ausgehend von seinem Eintreten für eine vom Weimarer

(3) Erich Seeberg: Die völkisch-politische und nationalsozialistische Genese Hirschs zwischen 1933 und 1945 ist – hinsichtlich intellektueller und politischer Kollaborationsbereitschaft sowie kirchen- und theologiepolitischer Herrschaftsambition, aber auch hinsichtlich der Isolation im Fach nach 1935[69] – am ehesten mit Erich Seeberg vergleichbar. Gerade die Konstellation Hirsch und Seeberg ist aber durch fundamentale akademische Konkurrenz bestimmt – exemplarisch in der Rivalität um die Nachfolge auf dem Lehrstuhl Karl Holls 1926. Diese nahm frühzeitig denunziatorische Züge an, nachdem Reinhold und Erich Seeberg 1920 bei der ersten Konkurrenz um den Königsberger kirchenhistorischen Lehrstuhl das Gerücht in die Welt gesetzt hatten, Hirsch – der wissenschaftlich weit Brillantere – sei partiell »nichtarischer«, mithin jüdischer Abstammung. Hirschs Akzeptanz in deutschnationalen und nationalsozialistischen Zirkeln war bis 1932 durch dieses weit streuende Gerücht erheblich und für ihn selbst unerklärlich eingeschränkt.[70] Die letzte wissenschaftliche Kontroverse zwischen beiden war 1940 durch Feindschaft und offene Denunziationsandrohungen bestimmt; sie hinterließ keine nennenswerte theologie- und kirchenhistorische Spur.
(4) Politische Theologien: Aufschlussreicher ist es, Hirschs Typus politischer Theologie in Konstellation mit jenen lutherischen Theologen zu setzen, die selbst politische Theologien publizierten, namentlich Friedrich Gogarten (Politische Ethik 1932; Göttinger Fakultätskollege Hirschs seit 1935).

## Politische Theologie des totalitären Kriegs und des Gewissensopfers

Als Schlüsselmoment für Hirschs politische und völkische Theologie erwies sich der Herbst 1934. Hier fand eine fundamentale öffentliche Kontroverse zwischen Paul Tillich und Emanuel Hirsch statt. Hirsch identifizierte sich seither explizit und öffentlich als »politischer Theologe«. Bereits aus Deutschland zwangs-

Staat unabhängige Kirche im Umfeld des preußischen Kirchenvertrags 1931, über seine Tätigkeit als Berater Müllers seit April/Mai 1933, seine Reconversio zum Summepiskopat Hitlers seit Mai 1934, seine Beratung von Kirchenminister Kerrl im Juli 1937 (vgl. z. B. die Briefe an Stapel vom 3.7. und 12.7.1937) bis hin zu Plänen einer völkischen Nationalkirche unter Ausschaltung der bekenntniskirchlichen Gruppen nach einem siegreichen Zweiten Weltkrieg (exemplarisch der Brief an Stapel vom 31.10.1944).

69 Zu Erich Seeberg vgl. Thomas Kaufmann, »Anpassung« als historiografisches Konzept und als theologiepolitisches Programm. Der Kirchenhistoriker Erich Seeberg in der Zeit der Weimarer Republik und des »Dritten Reiches«. In: ders./Harry Oelke (Hg.), Evangelische Kirchenhistoriker im »Dritten Reich«. Gütersloh 2002, S. 122–272; jetzt auch ders., Der Berliner Kirchenhistoriker Erich Seeberg als nationalsozialistischer Theologiepolitiker. In: Manfred Gailus (Hg.), Täter und Komplizen in Theologie und Kirchen 1933–1945, Göttingen 2015, S. 216–243.

70 Vgl. Assel, Barth, S. 460–462.

emigriert, schrieb Paul Tillich im Jahr 1934 einen offenen Brief an Hirsch, seinen Jugendfreund. Dieser Brief wurde zu einem Fundamentalangriff[71] gegen Hirschs Buch »Die gegenwärtige geistige Lage im Spiegel philosophischer und theologischer Besinnung« von 1934, in dem dieser das »deutsche Jahr 1933« (Untertitel) politisch-theologisch deutet. Tillich sah darin die Persiflage seiner eigenen Theologie des Kairos. »[Ich] weiß [...] mich verpflichtet«, so schreibt Tillich, dieser Deutung des deutschen Jahres 1933 »mit der sachlichen Schärfe entgegenzutreten, die unsere wissenschaftlichen Gespräche immer gehabt haben, und die in diesem Augenblick, wo das Ganze unserer geistigen Existenz in Frage steht, nötiger ist denn je.«[72] Hirsch antwortete mit einem offenen Brief, nicht an Paul Tillich, sondern an Wilhelm Stapel.[73] Abschließend sei ein Umriss dieser völkisch-politischen Theologie gegeben, die jetzt systematisch, nicht mehr genetisch auf Dokumente aus der Gesamtspanne von 1926 bis 1945 zugreift:

(1) Mythos der Gefallenen und Legitimationsbedürfnis: Klaus Scholder formuliert in einer nachgelassenen Notiz eine Analyseaufgabe pointiert, ohne sie selbst noch einlösen zu können: Die politische Theologie im Protestantismus nach 1933 müsse vom Ausbruch und Ende des Ersten Weltkriegs her verstanden werden und sei von dessen Verlauf mitbestimmt. »Es ist dabei vor allem auf Ideologie und Mythos des Krieges abzuheben [...]. Der verlorene Krieg hat – so eine Grundthese – ein ungeheures Legitimationsbedürfnis geschaffen, dem Hitler und das Dritte Reich zu entsprechen scheinen. Die Bedeutung des Gefallenen-Mythos für Hitler selber und für die sog. Bewegung ist ganz außerordentlich groß.«[74]
Am 31. Oktober 1944 schrieb Emanuel Hirsch eine zehnseitige briefliche Abhandlung an Wilhelm Stapel. Dieser Brief ragt unter den ca. 600 Briefen in vieler Hinsicht hervor, aber nicht zuletzt, weil hier das von Scholder namhaft gemachte Motiv manifest wird. Stapel sympathisierte mit den Attentätern des 20. Juli 1944 und kündigte seine Loyalität zu Hirschs Überzeugungen offen auf. Davon provoziert, verteidigte Hirsch die nationalsozialistische Kirchenpolitik und Kirchenaußenpolitik seit 1937. Er insinuierte intime Aktenkenntnis über

---

71 Paul Tillich, Die Theologie des Kairos und die gegenwärtige geistige Lage. Offener Brief an Emanuel Hirsch von Paul Tillich vom 1.10.1934. In: Paul Tillich, Briefwechsel und Streitschriften. Theologische, philosophische und politische Stellungnahmen und Gespräche, Ergänzungs- und Nachlaßbände zu den Gesammelten Werken, Band 6. Hg. von Renate Albrecht/René Tautmann, Frankfurt a. M. 1983, S. 142–176.

72 Tillich, Theologie, S. 143.

73 Hirsch, Freiheit, S. 177–213. Die Debatte schloss Paul Tillich: Um was es geht. Antwort an Emanuel Hirsch (1935). In: Tillich, Briefwechsel und Streitschriften, S. 214–218.

74 Nachgelassene Notiz Scholders aus dem Jahr 1983. In: Klaus Scholder, Die Kirchen und das Dritte Reich, Band 1: Vorgeschichte und Zeit der Illusionen 1918–1934, 2. Auflage Frankfurt a. M. 1986, S. X.

die Verquickung von Widerstand und kirchlicher Ökumene. Er insistierte auf der Legalität der Urteile des Volksgerichtshofs gegen die Attentäter. Er entwarf Szenarien für eine Nationalkirche nach dem siegreichen totalen Krieg oder über den Untergang des deutschen Christentums nach einem Sieg der Alliierten. Am Schluss der Abhandlung wechselt Ton und Thema abrupt in eine Konfession, die in dieser Korrespondenz singulär ist:

Die Zahl der Toten um ihn [Hirsch] herum sei schauerlich groß. Manchmal, wenn er nicht einschlafen könne, komme sie in langer Reihe an und ziehe im Dunkeln an ihm vorüber, einer nach dem andern, zuletzt, [und] für sich allein, der Peter [Peter Hirsch, der am 19. August 1941 gefallene Sohn Hirschs]. Und dann sei es um seine Fassung geschehen […]. Vielleicht sei sein Eigensinn[75] in den Sieg oder Untergang deshalb so groß, weil die Toten da sind, die von 1914 ff. gingen auch mit. Die Toten wollten, dass wir bis ins Letzte kämpften. Sie redeten nicht, außer Peter sehe ihn auch keiner an. Aber es sei ein […] schweigender Wille von ihnen her […].[76]

Dieser »Mythos der Gefallenen« wirkt als latentes Motiv. Analytisch handelt es sich um eine eigentümliche politisch-theologische Kategorie, die sich von der traditionellen, zivilreligiösen Hochschätzung des Soldatentodes klar unterscheidet. Ihre delegitimierende Funktion spitzte sich zwischen 1926 und 1934 zu und schlug 1934 um in eine legitimierende Funktion der faktisch gewordenen charismatischen Herrschaft der Führerdiktatur.[77] Dies radikalisierte sich verlaufsförmig bis zu solchen Äußerungen aus der Spätzeit des Zweiten Weltkriegs.

(2) Konflikt, Krieg, Feindschaft: Geschichtliche Existenz ist stets Existenz im Konflikt, exemplarisch im Krieg, daher stets ins Böse verstrickt. Das Ethos kriegerischer Opferbereitschaft wird existenziell: Kriegerische Aktionen eines totalen Kriegs bemessen sich nicht letztlich am politischen Zweck, sondern am Wagnischarakter. »Opfer« und »Opferbereitschaft« werden politisch-theologische Kategorien funktionaler Weltanschauung. Rechtfertigung und Leben aus dem Geist Jesu werden nur vermittelt durch Entfremdung und Feindschaft, durch politische Selbstbehauptung und politischen Konflikt exis-

75 Schwer zu entzifferndes Wort.

76 Brief an Stapel vom 31.10.1944 (Deutsches Literaturarchiv Marbach); aus rechtlichen Gründen in indirekter Rede, aber wörtlich paraphrasiert.

77 Vgl. Hans-Ulrich Wehler, Deutsche Gesellschaftsgeschichte, Band 4: Vom Beginn des Ersten Weltkriegs bis zur Gründung der beiden deutschen Staaten 1914–1949, München 2003, darin: Charismatische Herrschaft und deutsche Gesellschaft im »Dritten Reich» 1933–1945, S. 600–940, v. a. 603–642 sowie 675–683: Die Konsensbasis von Führerdiktatur und Bevölkerung: Charismatische Herrschaft – Ultranationalismus und politische Religion – Soziale Sicherheit und »Volksgemeinschaft« – Verrat der Intellektuellen.

tenziell wiederholbar. Erste Ansätze dieser politischen Theologie reichen in die Jahre 1925/26 zurück.[78]

(3) Souveränitätstheorie: Hirsch gab 1934 dem Begriff »politische Theologie« souveränitätstheoretischen Sinn. Politischer Theologe ist, wer den politisch-völkischen Souverän auch als Souverän der Kirche anerkennt, also nicht primär das Staatsoberhaupt. Politischer Theologe ist also, wer den Führer der nationalsozialistischen Bewegung als Souverän der evangelischen Kirche anerkennt. Genauer noch: als Souverän einer zu schaffenden postkonfessionell-völkischen Nationalkirche. Die Äußerungsform christlicher Religion ist politisch zu bestimmen gemäß dem jeweiligen Volksnomos. Die wichtigste Äußerungsform christlicher Religion sei im 20. Jahrhundert die »Weltanschauung«.[79] »Die Frage Weltanschauung und Glaube ist die Schlüsselfrage zur gesamten gegenwärtigen geistigen Lage«, so schreibt Hirsch dann in seinem Hauptwerk »Christliche Rechenschaft« von 1937.[80]

(4) Gewissensopfer: In den Mythos des Gefallenen zeichnet Hirsch das Muster der Tragik politischen Handelns ein. Das Legitimationsbedürfnis, das der Erste Weltkrieg auslöste, kann überzeugend nur beantwortet werden, wenn ins Ideal kriegerischer Opferbereitschaft die reale Zweideutigkeit eingezeichnet ist – als Verhängnis des Gesetzes und der Schuld. Der Soldat ist potenziell verstrickt in Verbrechen und Gräuel des totalen Kriegs. Die Formel vom Gerechten, der stets zugleich Sünder ist, wird so zur politisch-theologischen Formel. Die Überschreitung des politisch Verantwortbaren kann selbst noch einmal als Opfer für das Vaterland gedeutet werden: als inneres Gewissensopfer. Das Wagnis der Entscheidung verlangt Bereitschaft zum Risiko des nicht nur physischen Untergangs. So kann Hirsch 1937 schreiben:

»Jedes Handeln mit dem Ziel, vollmächtig am gemeinsamen Leben zu gestalten, ist ein *Wagnis:* ein Wagnis darauf, dass man die aus der Lage erwachsenden Möglichkeiten recht verstanden […] habe. […] Es gibt Fälle, wo sich das Wagnis so abspielt, dass […] *ein ganzes Volk als mitwagend in das Wagnis hineingerissen* wird. Das sind die eigentlich großen Momente der Geschichte. […] Die geheimnisvolle Gottheit, die in der Geschichte waltet, sie weckt manchen zum Wagen auf, um den heroischen Willen bis in den Untergang hinein zu erproben. Ihr ist die Aufweckung des menschlichen Herzens zum Heroismus vielleicht ein größerer Vorgang als das Gewinnen des Ziels.«[81]

---

78 Emanuel Hirsch, Grundlegung einer christlichen Geschichtsphilosophie. In: ders., Die idealistische Philosophie und das Christentum, Gütersloh 1926, S. 1–35.

79 Entscheidend hierfür Hirsch, Suverän, passim.

80 Hirsch, Christliche Rechenschaft, Band II, S. 307.

81 Ebd., S. 335 f. Hervorhebung im Original.

(5) Volkheit und charismatisches Führertum: Von daher erklärt sich ein eigentümliches Kennzeichen dieser politischen Theologie: ihr Begriff völkischer Souveränität. Seit 1932/33 vertrat Hirsch die im Protestantismus singuläre Lehre vom verborgenen Souverän und öffentlichen Souverän. Die »Volkheit« und ihr Gesetz sind der verborgene Souverän. In der nationalsozialistischen Führerbewegung findet dieser verborgene Souverän seinen stellvertretenden öffentlichen, charismatischen Souverän. Dieser Begriff stellvertretender charismatisch-politischer Souveränität delegitimiert rechtsstaatliche Verfahrenssouveränität.[82]

(6) Absolute Souveränität: Das letzte Kennzeichen dieser politischen Theologie ist ihr Konzept absoluter Souveränität: der Gott der politischen Theologie. Absolut souveräner Schöpfer ist Gott, weil er das Gesetz verhängt, um unter dem Gesetz aus dem Verhängnis und Fluch des Gesetzes zu retten. Der Schöpfer erweist seine Souveränität im Verhängnis, in dem er frei über Tod und Leben, über Verdammnis und Rettung, über Verwerfung und Erwählung entscheidet. Göttliche Freiheit ist als politische Souveränität im Gesetz gegenwärtig und gültig, und zwar im »durch Gott in seiner Sünddurchwobenheit dennoch geheiligten Ring des Volkstums und seines Schicksals«.[83] Bei Hirsch ist »Sünde« jenes Verhängnis, unter dem die göttliche Macht allein geschaffenes Leben erhält, um darin zu rechtfertigen.[84] Der Schöpfer konstituiert jenen Ausnahmezustand, jenen geschaffenen Konflikt- und Kriegszustand (Status belli), in dem er als Erlöser seine Souveränität erweist. Bei Hirsch sind Konflikt und Krieg im Naturzustand der Sozialbeziehungen angelegt. Der Status naturalis ist hier selbst Kriegszustand, der auf eine endgültige politisch-theologische Souveränitätsmanifestation Gottes hin angelegt ist. Erlösung setzt voraus, dass das Schuldverhängnis zur akzeptierten Schuld wird. Akzeptierte Schuld ist Rechtfertigung sub contrario. So übersetzt Hirsch die religiöse Formel in politische Theologie: Der Gottlose wird kraft des Bekenntnisses zur Gottlosigkeit paradoxerweise gerechtfertigt.

---

82 Zu Hirschs Auseinandersetzung mit Carl Schmitt, vgl. Anm. 3.

83 Emanuel Hirsch, Offener Brief Emanuel Hirschs (27. Februar 1932). In: Karl Barth. Offene Briefe 1909–1935. Hg. von Diether Koch, Zürich 2001, S. 187–197, hier 197.

84 Hirsch, Grundlegung einer christlichen Geschichtsphilosophie, S. 33: »[S]chon in der Schöpfung zielte Gott auf den Entscheidungskampf zwischen Gut und Böse hin. Darin wird eine Voraussetzung christlichen Denkens furchtbar anschaulich: Gottes Alleinwirksamkeit. Das Böse ist nicht etwa ohne seinen Willen zwischen eingekommen. Es ist mitgedacht und mitgewirkt in seinem großen Plan. Das macht die Geschichte als Ganzes so rätselhaft.« Der christliche Geschichtstheologe könne aber »die nicht aufzulösende Frage umwandeln in eine aufrichtige Anbetung des wunderbaren Herrn der Geschichte« (S. 34). Ausgeführt liegt dieser Ansatz im Jahr 1931 vor in: Hirsch, Schöpfung und Sünde.

Hirschs politische Theologie – so lässt sich zusammenfassen – verwandelt die Lehre von Schöpfung und Sünde und im Kern die Theologia crucis in eine bestimmte politische Theologie und Christologie der abgründigen Souveränität des offenbaren Gottes. Die politische Theologie verleiht dem Staatsterror von 1933 und 1934 und der Katastrophe der Jahre 1942 bis 1945 religiöse Weihe. Dies ist es, was Paul Tillich im Herbst 1934 voraussah. Er könne, so schrieb er an Hirsch, seine Kritik in dem Satz zusammenfassen: »*Du verkehrst die prophetisch-eschatologisch gedachte Kairos-Lehre in priesterlich-sakramentale Weihe eines gegenwärtigen Geschehens.*«[85]

85 Tillich an Hirsch, 1934. In: Tillich, Theologie, S. 152; Hervorhebung im Original. Alles in der Kairos-Lehre Tillichs, in ihrer implizit christologischen Beschreibung des politischen Kairos zwischen Dämonie und neuer Theonomie und in seinem religiösen Sozialismus, richtete sich kritisch gegen diese priesterlich-sakramentale Weihe des Politischen bei Hirsch. Daher der fundamentale Angriff im Herbst 1934, der bis heute paradigmatischen Rang hat. – In Abschnitt 3 und 4 ist Material aufgenommen aus: Assel, Luther-Renaissance.

Paul Althaus, 1933; Quelle: Privatarchiv Gerhard Althaus

Tanja Hetzer

# Paul Althaus – Wegbereiter einer geistlichen Gleichschaltung

Die evangelischen Kirchen haben die »deutsche Wende von 1933 als ein Geschenk und Wunder Gottes begrüßt«, schrieb Paul Althaus in seinem Buch »Die deutsche Stunde der Kirche« (1933), welches im darauffolgenden Jahr zwei weitere Auflagen erlebte. Ein Staat, der wieder anfange, nach »Gottes Gebot zu regieren«, bedürfe nicht nur des Beifalls, sondern auch der »freudigen und tätigen Mitarbeit der Kirche«.[1] Wie kam es, dass dieser Erlanger Theologe die »Wende« als »Gnade aus Gottes Händen« bezeichnete und empfand, dass Gott damit das deutsche Volk vor dem »Abgrund und aus der Hoffnungslosigkeit« gerettet habe?[2] Nur ein peinlicher Ausrutscher? Oder ist dies ein Fehltritt eines ansonsten würdigen Gelehrten, wie Althaus in Theologenkreisen gern bezeichnet wird?[3] Oder hat der Systematiker alles gar nicht so gemeint und gewollt, wie ihm etwa einer seiner Fakultätskollegen, Hermann Sasse, 1945 in einem Gutachten für die amerikanische Militärregierung attestierte?[4]

1 Paul Althaus, Die deutsche Stunde der Kirche, Göttingen 1933, S. 5.

2 Ebd., S. 19.

3 In einer für die Theologiewissenschaften symptomatischen Apologetik der politischen Brisanz bezeichnete beispielsweise Martin Meiser die Publikation von 1933 – die Stellungnahme Althaus' zum Arierparagraf – als »unerfreulich« und eine die Nachgeborenen mit Scham erfüllende Veröffentlichung. Martin Meiser, Paul Althaus als Neutestamentler. Eine Untersuchung der Werke, Briefe, unveröffentlichten Manuskripte und Randbemerkungen, Stuttgart 1993, S. 222–225.

4 Sofort nach der Besetzung Erlangens am 16.4.1945 forderte die amerikanische Militärregierung den Juristen und ehemaligen DNVP-Reichstagsabgeordneten Friedrich Lent auf, ein politisches Gutachten über sämtliche Universitätsprofessoren zu erstellen. Für die theologische Fakultät beauftragte Lent den Theologen Sasse als Gutachter, der wenig später von der Militärregierung zum Prorektor der Universität benannt wurde. Sasse schrieb über Althaus, dass er mit seiner Lehre von der göttlichen Ordnung des Volkstums aber auch, ohne es zu wissen und ohne es zu wollen, ein Wegbereiter der Deutschen Christen geworden sei. Sasse gab in seinem Gutachten keine Hinweise auf einzelne Schriften, obwohl er durchaus Belastendes über seinen Kollegen hätte äußern können. Im Gegenteil, er empfahl in seiner Beurteilung die Weiterbeschäftigung all seiner Kollegen, auch diejenige von Althaus. Das Gutachten ist ausführlich referiert in: Walther von Loewenich, Erlebte Theologie. Begegnungen, Erfahrungen, Erwägungen, München 1999, S. 134 f. Eine Abschrift befindet sich im Landeskirchlichen Archiv Nürnberg, Nachlass Meiser, 45.

Auch wenn außerhalb theologischer Fachkreise der Theologe und Kirchenmann aus Erlangen heute wenig bekannt ist, prägte Paul Althaus (1888–1966) als Lehrstuhlinhaber für systematische Theologie in Erlangen nicht nur eine ganze Theologengeneration, sondern wirkte kraft seiner wissenschaftlichen Autorität weit über die bayerische Landeskirche hinaus.[5] Paul Althaus veröffentlichte nicht nur politische Ideen in seinen theologischen Werken, er handelte auch explizit politisch: 1933 unterzeichnete er für die theologische Fakultät der Universität Erlangen das Gutachten zum Arierparagrafen. Damit befürwortete er eine innerkirchliche Arisierung nach dem Vorbild des Gesetzes zur Wiederherstellung des Berufsbeamtentums vom 7. April 1933. Ein Jahr später unterschrieb er den politisch ebenso problematischen »Ansbacher Ratschlag«, worin Rasse und Volk als göttliche Offenbarung propagiert und sogar im nationalsozialistischen Staat und in dessen Führer Adolf Hitler eine gottgegebene Ordnung erkannt wurde.

Was bewegte den Erlanger Theologen Althaus, den Systematiker, Neutestamentler und Lutherforscher, den bedeutenden und viel gelesenen theologischen Autor und beliebten akademischen Lehrer und Prediger zu einer solchen politischen Stellungnahme? Wie steht diese Übereinstimmung mit der antisemitischen Politik und Ideologie des Nationalsozialismus im Verhältnis zu seinem übrigen theologischen Schrifttum?

Seiner intensiven Korrespondenztätigkeit und Gesprächsbereitschaft verdankt Althaus eigentlich den Ruf eines Vermittlers: Er gilt noch heute als Theologe mit einem selbst gewählten Standort in der Mitte.[6] Es ist genau dieses scheinbar stimmige Bild eines Theologen in der Mitte, das einer differenzierten Betrachtung bedarf. Wie verhält sich ein solcher Vermittler zur »Judenfrage« oder: Wie antisemitisch war eigentlich die kirchlich-theologische Mitte?[7]

Die politische Theologie von Althaus kann nicht über seine fachwissenschaftlichen Publikationen wie Monografien und Aufsätze in Fachzeitschriften allein erfasst werden. Die brisanten Textstellen sind in den zumeist populären Druckschriften zu finden: Tages- und Wochenzeitungen, Universitäts- und Kirchenzeitschriften sowie selbstständig erschienenen Kleinschriften, wie bei-

5 Mit dem erstmals systematisch ausgewerteten umfangreichen Nachlass legte Gotthard Jasper 2013 die erste detailreiche Biografie vor. Das quellennahe und plastische Porträt des Theologen ist in dem Duktus verfasst, Althaus aus seiner Zeit heraus zu verstehen: Gotthard Jasper, Paul Althaus (1888–1966). Professor, Prediger und Patriot seiner Zeit, Göttingen 2013.

6 Vgl. Robert P. Ericksen, Theologen unter Hitler. Das Bündnis zwischen Dogmatik und Nationalsozialismus, München 1986, S. 119.

7 Diesen ideen- und wirkungsgeschichtlichen Fragen im Kontext der Antisemitismusforschung widmet sich meine Studie: Tanja Hetzer, »Deutsche Stunde« – Volksgemeinschaft und Antisemitismus in der politischen Theologie bei Paul Althaus, München 2009.

spielsweise Reden, Predigten und Andachten. Dort werden die politischen und ethischen Bezüge zur Zeitgeschichte deutlich und entfalten eine größere Breitenwirkung.[8]

Auch für die protestantischen Theologen lag zwischen offenem Widerspruch und freiwilliger Unterstützung des Antisemitismus ein breites Spektrum von Verhaltensweisen. Die entscheidende Frage lautet nicht nur, was Paul Althaus vor und während des »Dritten Reiches« zur Verbreitung des Antisemitismus beitrug und ob er dem Antisemitismus der nationalsozialistischen Ideologie und der konkreten Judenverfolgung im »Dritten Reich« zustimmte. Viel brisanter scheint mir die Frage, die ich in meiner Studie von 2009 untersucht habe, in welchen Denkkategorien und Metaphern sich Antisemitismus bei ihm äußerte und entwickelte. Welche theologischen Begründungsmuster wurden herangezogen? Welche ethischen Maßstäbe benutzte Althaus im Zusammenhang mit der Verteidigung der deutschen »Volksgemeinschaft«? Was bedeutete »Gottes Wille« oder »Gottes Gerechtigkeit« in diesem Kontext?

## Völkisches Engagement und Kriegstheologie im Ersten Weltkrieg

Paul Althaus kam am 4. Februar 1888 in Obershagen bei Hannover in einem Pfarrhaus zur Welt. Die prägende Verknüpfung von literarischer und musischer Bildung, von verinnerlichter Frömmigkeit und lutherischer Kirchlichkeit stellten das Erbe seines Elternhauses dar. Sein Vater, Paul Althaus (der Ältere), war Professor für systematische und praktische Theologie in Göttingen. 1906 begann Althaus bei Adolf Schlatter und Karl Holl in Tübingen zu studieren. Die Erfahrungen in der dortigen Studentenverbindung und die damit verbundene intellektuelle Reflexion ließen ihn das studentische Leben im Dienste der deutschen Nation erleben. Es ist ein erstes Signal für sein Engagement für eine deutsche Volksgemeinschaft. Nach drei Semestern wechselte er nach Göttingen, wo er 1913 promoviert wurde und bereits ein Jahr später die Habilitation erlangte.

Als »Segen der deutschen Notzeit« betrachtete Althaus das Gemeinschaftserlebnis des deutschen Volkes bei Kriegsbeginn im August 1914: »Seitdem wissen

8 Gerade diese populären Schriften sind aber schwer zu erschließen und in den Bibliotheken kaum erfasst. Für Althaus sind nun durch meine Studie von 2009 und die Arbeit von Roland Liebenberg große Teile dieser Schriften kritisch untersucht und bibliografiert. In seiner weit über einen theologischen Ansatz hinausweisenden Vorgehensweise gelingt es Liebenberg, die mentalen Prägungen Althaus' im Bildungsbürgertum und sein stark verinnerlichtes soldatisches Männerideal überzeugend darzustellen. Roland Liebenberg, Der Gott der feldgrauen Männer. Die theozentrische Erfahrungstheologie von Paul Althaus d. J. im Ersten Weltkrieg, Leipzig 2008. Eine nochmals erweiterte Bibliografie in: André Fischer, Zwischen Zeugnis und Zeitgeist. Die politische Theologie von Paul Althaus in der Weimarer Republik, Göttingen 2012.

wir wieder, was ein Volk ist und dass wir zu einem Volke gehören.«[9] Althaus meldete sich freiwillig als Krankenpfleger zum Lazarettdienst an die Front und wirkte ab August 1915 als Gouvernementspfarrer in Łodz, wo er Dorothea Zielke, seine zukünftige Frau, kennenlernte. Sie war die Tochter einer alteingesessenen deutschen Familie in Warschau. In dieser kulturellen Grenzlage und mit der Erfahrung innerhalb der deutschen Minderheit entwickelte Althaus sein Konzept von Volkstum und Deutschtum. Mit der völkischen Bewegung teilte Althaus auch eine heilsgeschichtliche Vision der Volks- bzw. Blutszugehörigkeit, die es rein zu halten gelte. Von seiner regen publizistischen Tätigkeit zeugt sein erstes »Lodzer Kriegstagebüchlein« von 1916, worin er zahlreiche Zeitungsartikel publizierte.[10] Althaus verfolgte damit einen doppelten Zweck: Er widmete das Büchlein einerseits den »Lodzer Deutschen«, die durch den Krieg ihrer selbst und ihres Deutschseins wieder bewusst werden sollten, und andererseits den Deutschen in der Heimat, um sie auf die Situation des »Deutschtums« in Polen aufmerksam zu machen. In diesen Texten aus der Zeit des Ersten Weltkrieges und kurz danach finden sich alle Elemente, die er in reiferen Jahren zu einer hermetischen Ideologie über die Ordnung und Obrigkeit ausarbeitete, die seine Schöpfungstheologie grundlegend prägte. Von Beginn seines beruflichen Wirkens an war er stets bemüht, seine Gedanken auch einem breiten theologischen Laienpublikum bekannt zu machen.

Den Ersten Weltkrieg stilisierte Althaus zu einem nationalen Gemeinschaftserlebnis, womit das Partikulare und Individuelle hätte überwunden werden können. Die Opferbereitschaft des Einzelnen erhöhte er zur höchsten Tugend und sah getreu seiner Offenbarungslehre im Krieg Gottes Wille verwirklicht.[11] Gehorsam gegenüber Gott bedeutet in seiner Glaubensvorstellung letztlich auch die »Opferbereitschaft« des Einzelnen für das Ganze. In seiner Osterpredigt vom April 1916 mit dem Titel »Der Sieg des Lebens« versuchte er schließlich, die Zuhörerschaft mit großer Überzeugung auf diese Opferbereitschaft einzuschwören.[12] Christliches Leben bedeutete demnach nicht Atmen und Essen, Trinken und Genießen, Erwerben und Geselligkeit. Das »rückhaltlose Dienen für andere« sei die Botschaft der Passionsgeschichte und gerade dies sei wichtig für die gegenwärtige Kriegslage: »Deutsches Wesen und deutsches Volk hat nur dann eine Zukunft

9 Paul Althaus, Das Erlebnis der Kirche. In: Allgemeine Evangelisch-Lutherische Kirchenzeitung, 52 (1919), Sp. 839–844, 862–866, 884–888, 906–908, hier Sp. 839. Buchausgabe: Leipzig 1919, 2. Auflage Leipzig 1924, S. 839.

10 Paul Althaus, Aus der Heimat. Lodzer Kriegspredigten, Leipzig 1916. Er publizierte auch früh schon seine Predigten in Sammelbänden, beispielsweise in: Lodzer Kriegsbüchlein. Deutsch-Evangelische Betrachtungen, Göttingen 1916.

11 Paul Althaus, Um Glauben und Vaterland. Neues Lodzer Kriegsbüchlein, Göttingen 1917, S. 52.

12 Ebd., S. 53.

und erlebt nur dann im Weltkriege sein Ostern, wenn es ehrlich und ernstlich seinen Karfreitag durchlebt, mit schonungslosem Bußernste und freudiger Opferhingabe für einander.«[13]

Und Althaus tröstete seine Gemeinde damit, dass gerade im »Sichopfern«, wie es die gefallenen Soldaten für das deutsche Volk täten, das wahre Leben bestünde und auf das Leben im Jenseits verweise. Wie schon in seinem Artikel über »Krieg und Gottesglauben« bestärkte er ein Jahr später in einer weiteren Sonntagsbetrachtung »Deutsche Pfingsten« seine Ansicht, dass sich eines Tages der Sinn dieses grauenvollen Krieges entschlüsseln werde, und er selbst sei sich auch schon der Erkenntnis gewiss: Der Krieg diene dazu, die »Geschichte des menschlichen Geistes, seiner Weltbeherrschung und seiner Vertiefung« in sich selbst voranzubringen. Dies sei eine »stolze und herrliche Geschichte«.[14] In einem solchen historischen Moment sei jegliche Form von »Neutralität« eine schwere Sünde für jeden, »in dessen Adern deutsches Blut fließt«, rief Althaus im September 1916 der Leserschaft der »Deutschen Lodzer Zeitung« zu. Weltbürgergeist möge sonst ein gutes deutsches Erbteil sein, momentan allerdings einzig und allein »Verrat am deutschen Volk und bequeme Flucht vor dem entschlossenen Ernste deutscher Treue, die auch zum Opfer bereit ist«.[15]

## Antisemitische Zuspitzung in der Weimarer Republik

Die deutsche Niederlage wie auch den Statusverlust der evangelischen Kirche versuchte Althaus als große Chance für die Kirche umzudeuten: Die Kirche habe nun noch einmal die Chance, um ihr Volk zu ringen. Er bezog dabei explizit politisch Position – gegen die Demokratie und die Weimarer Verfassung – und verpackte dies in ein regelrechtes Dogma. Denn seine politische Theologie ließ keinen Widerspruch zu, da er sich mit seinen Wertvorstellungen im Einklang mit der göttlichen Offenbarung wähnte.

Mit seiner Schöpfungstheologie schuf Althaus darüber hinaus eine neue theologische Begründung für den Antisemitismus und trug dazu bei, dass sich im deutschen Protestantismus die Stimmung gegenüber dem Judentum verschärfte. In Abgrenzung zur völkisch-radikalen oder rassistisch-gewalttätigen Diskriminierung der Juden formulierte er 1927 in einem Vortrag auf dem Evangelischen Kirchentag in Königsberg einen im Vergleich dazu »gemäßigten« Antisemitismus. Die darin enthaltenen Härten und Menschenrechtsmissachtungen

13 Ebd., S. 54.
14 Ebd., S. 74.
15 Ebd., S. 104.

gegenüber Juden deckte er mit dem beschönigenden Begriff der »Seelsorge am Antisemitismus« zu, die der Festigung der Volksgemeinschaft dienen sollte.[16] Theologen wie Althaus – gerade auch in ihrer »moderaten« und nicht zur Gewalt aufrufenden Haltung – trugen schon in der Weimarer Zeit dazu bei, das Konzept der Volksgemeinschaft in kirchlichen Kreisen zu etablieren, das immer auch einen Gegensatz und eine Abgrenzung zum Judentum beinhaltete.[17]

Die »Vaterländische Kundgebung« des Königsberger Kirchentags folgte der von Althaus gewiesenen Ausrichtung auf das Volk. Die Kirchenführung würdigte darin zwar den Gedanken einer »Gemeinschaft des Glaubens und der Liebe, die über Völker und Rassenunterschiede hinweg alle verbindet«.[18] Doch auch wenn das Reich Gottes weltweit Gültigkeit habe, so habe Gott die Völker in Verschiedenheit geordnet und so habe auch jedes Volk seine besondere Gabe und Aufgabe im Ganzen der Menschheit. Gerade die Deutschen hätten die Pflicht, das eigene Volkstum hochzuhalten, weil hier Christentum und Deutschtum seit mehr als einem Jahrtausend eng miteinander verwachsen seien. Die Überparteilichkeit der Kirche schließlich bedeute nicht Trennung vom Staat. Im Gegenteil: Die Kirche würdige den Staat als eine Gottesordnung mit eigenen wichtigen Aufgaben. Mit der Formel »Vaterlandsdienst ist auch Gottesdienst« bereitete sich ein Wandel vor. Die Ideen der völkischen Bewegung hatten nun Eingang in die protestantische Kirchenleitung und damit in den Mainstream des Protestantismus gefunden.

Während Althaus in seinem Vortrag auf dem Kirchentag weitgehend mit kulturellen Codes arbeitete und den direkten offenen Antisemitismus vermied, können seine 1929 erstmals erschienenen »Leitsätze zur Ethik« als Dechiffrierung dieser Codes gelesen werden. Darin formulierte Althaus in einem Kapitel mit der Überschrift »Volk« unverblümt seine Haltung zum Judentum: »Die Gefahr des Judentums besteht vor allem darin, dass es [...] Hauptträger des rational-kritizistischen Geistes der Aufklärung und damit weithin Vormacht im Kampfe gegen die irrationalen geschichtlichen Bedingungen und idealen Überlieferungen unseres Volkes geworden ist.«[19]

Althaus vertrat die Ansicht, dass die »jüdische Frage« zu den »schwersten Volkstumsfragen« der Deutschen gehöre, denn »trotz aller Assimilation«

16 Paul Althaus, Kirche und Volkstum. Der völkische Wille im Lichte des Evangeliums, Gütersloh 1928, S. 34 f.

17 Zur Genese des Begriffs »Volksgemeinschaft« und dessen politischer Verwendung vgl. grundlegend Michael Wildt, Volksgemeinschaft als Selbstermächtigung. Gewalt gegen Juden in der deutschen Provinz 1919 bis 1939, Hamburg 2007.

18 Deutscher Evangelischer Kirchenausschuss, Verhandlungen des zweiten Deutschen Evangelischen Kirchentages 1927, Königsberg i. Pr. 17.–21. Juni 1927, Berlin-Steglitz 1927, S. 338–340, hier 338, im Folgenden auch 339 f.

19 Paul Althaus, Leitsätze zur Ethik, Erlangen 1929, S. 54 f. Grundlage des Buches sind seine Vorlesungen an der Erlanger Universität im Jahre 1928.

bestünde eine »recht stark empfundene Fremdheit jüdischer und deutscher Volksart«.[20] Eine Lösung der »jüdischen Frage« sah er einzig darin, dass sich das Judentum ebenfalls seines Volkstums bewusst werde: »Wenn das Judentum sich offen zu seinem jüdischen Volkstum und Schicksal bekennt, dann wird auch die Schranke anerkannt werden, deren Achtung erst eine würdigere Gemeinschaft herstellt. Gegenüber dem Ernste des hierin wirksamen völkischen Lebensgesetzes hat der aufklärerische Appell an die Ideen der Toleranz, Gleichberechtigung und allgemeinen Menschenwürde keinen Sinn.«[21]

Hier verschränkte Althaus seine Volkstumsideologie mit seinem konservativen Antiliberalismus und war mit dieser Haltung sicherlich im Konsens mit der Christlich-deutschen Bewegung.[22] Althaus ergänzte diesen weltlichen Antisemitismus noch durch eine theologische Perspektive: »Aber auch bei relativer Lösung bleibt die jüdische Frage im tieferen Sinne ungelöst. Diese Ungelöstheit, d.h. das Geheimnis des jüdischen Schicksals unter den Völkern und für sie, hat für das Urteil des Glaubens einen ernsten Sinn. Die Frage des zerstreuten, heimatlosen Judentums weist auf die offene Frage der Geschichte überhaupt, erinnert an die Grenzen völkischer Sonderung und Geschlossenheit und richtet den Blick auf Gottes kommendes Reich. Versteht die Christenheit das jüdische Schicksal und die jüdische Gefahr von der Begegnung des jüdischen Volkes mit Christus her, so wird ihr der Beruf zum Christuszeugnis an dieses Volk, so gewiss er einzigartig schwer ist, auch einzigartig ernst.«[23]Althaus führte so die »Ungelöstheit« der »jüdischen Frage« auf die Entstehungsgeschichte des Christentums zurück und verkündete, dass nur die vollkommene Bekehrung der Juden zum Christentum die »jüdische Frage« auflösen und die »jüdische Gefahr« für das Christentum bannen könne.[24]

Das in der Weimarer Zeit von jüdischer Seite angebotene theologische Gespräch nahm Althaus nicht an, was letztlich kaum überrascht, da er dazu offenbar absolut keinen persönlichen Bezug hatte. Im Gegenteil: Er betrachtete es als Frontdienst, den hegemonialen Anspruch des Evangeliums dem modernen

20 Ebd.

21 Ebd.

22 Vgl. Christoph Weiling, Die »Christlich-deutsche Bewegung«. Eine Studie zum konservativen Protestantismus in der Weimarer Republik, Göttingen 1998, S. 211 f.

23 Althaus, Leitsätze, S. 55.

24 Der Theologe Walter Sparn interpretiert diese Textstellen in seinem Porträt über Althaus anders. Er betont, dass Althaus sich entschieden und öffentlich gegen den »Rassenantisemitismus gewandt« habe. Zugleich habe Althaus die »Fremdheit zwischen jüdischer und deutscher Art« betont, schreibt Sparn weiter. Ohne eine historische Kontextualisierung vorzunehmen, betrachtet Sparn die Beschäftigung Althaus' mit der »jüdischen Frage« als »Nagelprobe« der Ethik der Schöpfungsordnung, also als theologisches Problem. Vgl. Walter Sparn, Paul Althaus. In: Wolf-Dieter Hauschild (Hg.), Profile des Luthertums, Gütersloh 1997, S. 1–26, hier 9.

Judentum gegenüber zu verteidigen. 1930 hielt er dazu einen Vortrag in Nürnberg, den er unter dem Titel »Die Frage des Evangeliums an das moderne Judentum« in der von ihm herausgegebenen renommierten »Zeitschrift für systematische Theologie« publizierte. Verschanzt hinter dem Katheder seines Lehrstuhls kanzelte er darin jüdische Gelehrte wie Martin Buber, Franz Rosenzweig, Max Brod und Constantin Brunner schulmeisterlich anmutend und respektlos ab.[25]

Bei Althaus ist exemplarisch zu beobachten, wie der Volksbegriff zum neuen ethischen Bezugspunkt der Theologie wurde.[26] Damit veränderte sich auch das Verständnis der Sozialethik, wie sie im deutschen Protestantismus der frühen 1920er-Jahre unter Berufung auf Luther zunächst konzipiert worden war. Für diese Veränderung spielte Althaus eine wichtige Rolle, denn er gab der Ausrichtung auf das Volkstum die zentralen Impulse. Seinen nationalen Volksgedanken hatte Althaus auch auf das neue politische Staatswesen übertragen.[27] Der nationalsozialistische Staat erfuhr dabei seine Legitimation in der »Unmittelbarkeit«, die direkt von Gott ausgehe.[28] Die Schöpfungstheologie mit ihrer Vorstellung von Volk, Kirche und Staat lieferte schließlich die theologische Begründung für die von Paul Althaus und Werner Elert 1933 verfasste politische Stellungnahme der Erlanger Fakultät für Theologie zum »Arierparagrafen«.

## In politischer Mission für die »deutsche Stunde«

Das »Dritte Reich« war vom ersten Tag seines Bestehens an ein terroristisches System. Adolf Hitler hatte schon in den 1920er-Jahren offenkundig auf die Macht der Gewalt gesetzt, und er hatte dabei seinen Gegnern, vor allem Juden und Kommunisten, so unmissverständlich die Vernichtung angedroht, dass dies allein genügte, um nach der Machtübernahme vom 30. Januar 1933 unter vielen Betroffenen ein Klima der Furcht und des Schreckens zu verbreiten.[29] Während die Ausschaltung politischer Gegner und Gegnerinnen in den ersten Wochen zum Teil im Verborgenen geschah und nur vereinzelt und gerüchteweise bekannt

25 Zu Althaus' Auseinandersetzung mit jüdischer Theologie vgl. ausführlich Hetzer, Die deutsche Stunde, S. 127–141.

26 Vgl. Gerhard Besier, Kirche, Politik und Gesellschaft im 20. Jahrhundert, München 2000, S. 18.

27 Paul Althaus, Theologie der Ordnungen, Gütersloh 1934 (2. erweiterte Auflage 1935). Später auch ders., Obrigkeit und Führertum. Wandlungen des evangelischen Staatsethos, Gütersloh 1936.

28 Vgl. Wolfgang Tilgner, Volksnomostheologie und Schöpfungsglauben. Ein Beitrag zur Geschichte des Kirchenkampfes, Göttingen 1966, S. 187.

29 Vgl. Klaus Scholder, Die Kirchen und das Dritte Reich. Band 1: Vorgeschichte und Zeit der Illusionen 1918–1934, München 2000 (1. Auflage 1977), S. 365.

wurde, begann in aller Öffentlichkeit die systematische Entrechtung und Verfolgung von Juden.[30]

Die geradezu euphorische Aufbruchsstimmung, die sich nach der Machtübernahme Hitlers an den Universitäten ausbreitete, war keineswegs auf Nationalsozialisten beschränkt. Die in der fränkischen Universitätsstadt fest verankerte deutsch-vaterländische Grundstimmung innerhalb der Professorenschaft und die schon längst etablierte Vorherrschaft des NS-Studentenbundes ließen eine nationalsozialistische Revolution gar nicht erst stattfinden, sondern ermöglichten einen Übergang ohne Bruch.[31] Noch im Sommersemester 1933 veröffentlichte der Rektor, der Jurist Eugen Locher, im Namen der Professoren und Studenten eine überschwängliche Huldigungsadresse an den »Führer«.

Der Erlanger Theologe Althaus schrieb derweil neue kirchenpolitische Aufsätze, die er im Oktober 1933 unter dem Titel »Die deutsche Stunde der Kirche« bei Vandenhoeck & Ruprecht veröffentlichte und tat darin seine Haltung zum neuen Regime kund.[32] Die Gabe Gottes, die er in der »deutschen Wende« begrüßte, veranlasste ihn, das Kirchenvolk mit Nachdruck aufzufordern, an der Gestaltung des neuen Staates mitzuwirken. In einem Absatz fasste er seine Haltung zur Überwindung der ihm verhassten Weimarer Republik und seine Hoffnung auf einen kraftvollen Neubeginn mit Hitler zusammen:

> »Wir erfahren, wie dem Staate neue Würde zurückgegeben wird. Die Auflösung des Strafrechtes in Sozialtherapie und Pädagogik, die schon weit gediehen war, hat ein Ende; Strafe soll wieder im Ernste Vergeltung sein. Der neue Staat wagt es wieder, das Richtschwert zu tragen. Er hat die schauerliche Verantwortungslosigkeit der Parlamente zerschlagen und lässt wieder sehen, was Verantwortung heißt. Er kehrt den Schmutz der Korruption aus. Er wehrt den Mächten der Zersetzung in Literatur und Theater. Er ruft und erzieht unser Volk zu starkem neuem Gemeinschaftswillen, zu einem ›Sozialismus der Tat‹, der die Starken der Schwachen Lasten mittragen heißt. [...] Aber darf sie [die Kirche] dabei die Wende von 1933 verkennen? Und muss sie zu ihr nicht ein ›dankbares Ja‹ sprechen? [...] Die Verkündigung des Evangeliums kann niemals gleichgültig machen gegen die Aufgabe, auch das Gesetz und die Ordnungen zu verkündigen – der Kirche ist nicht nur das Evangelium, sondern auch das Gesetz und die Ordnungen befohlen.«[33]

30 Die sich ständig verschärfende Verfolgung der Juden nach der Machtergreifung durch die Nationalsozialisten stellt Saul Friedländer in einem detailreichen Überblick dar. Er zeigt das Zusammenspiel von Planung und Zufall, von klar erkennbaren Absichten und wechselnden, zum Teil nicht voraussehbaren Umständen. Dabei sind in seinem Buch immer auch die Wahrnehmung und Leidensgeschichte der Opfer präsent. Saul Friedländer, Das Dritte Reich und die Juden. Die Jahre der Verfolgung 1933–1939, München 1998.

31 Diese Einschätzung erstmals bei Gotthard Jasper, Die Friedrich-Alexander-Universität in der Weimarer Republik und im Dritten Reich. In: ders., Erkenntnis durch Erinnern. Aufsätze und Reden, Erlangen 1999, S. 249–289, 269.

32 Paul Althaus, Die deutsche Stunde, Göttingen 1933.

33 Ebd., S. 7.

Wie viele seiner Texte zeigen, blieb Althaus immer auch ein Stück weit unkonkret, wohl wissend, dass er mit einer Formulierung wie beispielsweise »Mächte der Zersetzung in Literatur und Theater« bei den Lesern und Leserinnen die Assoziation zu dem entsprechenden, fest verankerten antisemitischen Stereotyp weckte.

In dieser »deutschen Stunde« bestimmte der Systematiker Althaus die Rolle des Theologen auf der Basis seiner Offenbarungslehre: »So kann unsere erste Aufgabe gegenüber den deutschen Volksgenossen, die von der Wirklichkeit des Vaterlandes, des Volkes, des Führers ergriffen sind als von dem unbedingten Anspruch und Sinn ihres Lebens, nur diese sein: ihnen ihre Erfahrung zu deuten, zu bezeugen als eine Begegnung mit dem einen lebendigen Gott und Herrn, von dem die Heilige Schrift redet.«[34]

Treu seiner Lehre galt es nun also, als Theologe dem deutschen Volk die religiöse Dimension von Hitlers Führerstaat zu offenbaren. Sogar Adolf Hitler selbst wurde von Althaus heilsgeschichtlich gedeutet: »Und wenn die Bestimmung unseres Volkes zum wahrhaften und würdigen Leben in Zeiten des Wahns und des Vergessens durch eines Führers Fordern den vielen neu zum Gesetz wird, dann haben sie in Wahrheit mehr als eines Menschen Stimme gehört.«[35] Damit trug Althaus dazu bei, das politische Geschehen durch die Offenbarungslehre religiös zu überhöhen und die politische Macht bis zur Unangreifbarkeit zu legitimieren.

## Die sogenannte Judenfrage und der Ausweg der Zwei-Reiche-Lehre

Hitler hatte aus seinem stets gegenwärtigen Judenhass nie ein Geheimnis gemacht. Die Deutschen sollten bereit sein, einen Pakt mit dem Teufel zu schließen, um das »Übel des Judentums auszulöschen«, verkündete er. Die »Internierung in Konzentrationslager«, um das »jüdische Unterhöhlen unseres Volkes« zu verhindern, war eine seiner Forderungen.[36] Als das NS-Regime Antisemitismus und Rassismus zur Staatspolitik erhob, wurde die Kirche gleich zu Beginn an einem empfindlichen Punkt herausgefordert: Verstand sich das Christentum noch als eine Bekenntnisreligion, die durch die Taufe allen Menschen den Zugang zur Glaubensgemeinschaft erlaubte? Oder glich sie sich dem Regime an und grenzte auch aus dem kirchlichen Raum alle »Nichtarier« aus?

Antijüdische Gewalttaten nahmen nach den Wahlen vom 5. März 1933 zu. Ein großer Teil der ausländischen Presse behandelte die Gewalttaten der Natio-

34 Ebd., S. 12.

35 Ebd.

36 Dies und die folgenden Zitate Hitlers in: Ian Kershaw, Hitler 1889–1936, Stuttgart 1998, S. 198 f.

nalsozialisten ausführlich. Eben diese Proteste nahmen die Nationalsozialisten zum Vorwand für den berüchtigten Boykott jüdischer Geschäfte am 1. April. Dieser Boykott war der erste große landesweite Test für die Einstellung der christlichen Kirchen zur Lage der Juden unter der neuen Regierung. Stimmen des Protests und der Klage drangen in diesen Tagen aus verschiedenen Bevölkerungsschichten und Gruppierungen zu den Kirchenbehörden. Aber so sehr all diese Stimmen aus der Bevölkerung auch drängten, die Kirche als Ganzes blieb stumm. Kein Bischof, keine Kirchenleitung, keine Synode wandte sich in den entscheidenden Tagen um den 1. April 1933 öffentlich gegen die Verfolgung der Juden in Deutschland.[37]

Während die Kirchenleitung noch mit der Reaktion aus den eigenen Reihen auf den Boykott beschäftigt war, hatte Hitler bereits neue Tatsachen geschaffen: Am 7. April wurde das »Gesetz zur Wiederherstellung des Berufsbeamtentums« (BBG) verkündet, ein gewichtiger Schritt in der nationalsozialistischen Ausnahmegesetzgebung gegen Juden. Das BBG erlaubte es den nationalsozialistischen Machthabern, jüdische und politisch missliebige Beamte aus dem Dienst zu entfernen.[38] Nach Paragraf 3 dieses Gesetzes, dem sogenannten Arierparagrafen, waren »Beamte, die nicht arischer Abstammung sind«, in den Ruhestand zu versetzen. Ausgenommen von dieser Bestimmung waren Beamte »die bereits seit dem 1. August 1914 Beamte gewesen sind oder die im Weltkrieg an der Front für das Deutsche Reich [...] gekämpft haben oder deren Vater oder Söhne im Weltkrieg gefallen sind«. Der Anwendung dieses Gesetzes fielen in Berlin, Hamburg, Frankfurt und Heidelberg zahlreiche Professoren zum Opfer, nicht jedoch in Erlangen: Hier waren bereits alle Professoren »arischer Abstammung«.[39] Tatsächlich hatte die Universität Erlangen seit den 1870er-Jahren keinen jüdischen Wissenschaftler mehr berufen – lediglich ein einziger stieg noch 1888 zum Ordinarius auf.[40]

In ganz Deutschland blieben die wenigen Fälle von Wissenschaftlern an theologischen Fakultäten, die von diesem Gesetz betroffen waren, vonseiten der

37 Über die möglichen Gründe dieses Schweigens vgl. Klaus Scholder, Die Kirchen und das Dritte Reich, Band 1, S. 384 f.

38 Vgl. Joseph Walk (Hg.), Das Sonderrecht für die Juden im NS-Staat. Eine Sammlung der gesetzlichen Maßnahmen und Richtlinien – Inhalt und Bedeutung, Heidelberg 1996, S. 12. Vgl. auch die »Verordnung zur Durchführung des Gesetzes zur Wiederherstellung des Berufsbeamtentums«, ebd., S. 13.

39 Nach Paragraf 3 des Gesetzes betraf die Entlassung »Beamte nichtarischer Abstammung«. Vgl. Alfred Wendhorst, Geschichte der Friedrich-Alexander-Universität Erlangen-Nürnberg 1743–1993, München 1993, S. 185.

40 Werner K. Blessing, Universität Erlangen im Ersten Weltkrieg. In: Die Friedrich-Alexander-Universität Erlangen-Nürnberg 1743–1993. Hg. von Christoph Friedrich und dem Stadtmuseum Erlangen, Erlangen 1993, S. 87–97, hier 88.

Fachkollegen unkommentiert; die Betroffenen wurden weder geschützt noch unterstützt.[41] Die Bedeutung dieses Gesetzes für die Politik des »Dritten Reiches« und besonders für die Judenpolitik kann kaum hoch genug eingeschätzt werden. Es stellte den ersten entscheidenden Schritt zu einer Ausnahmegesetzgebung dar, an deren Ende die Vernichtung der Juden in Deutschland und Europa stand. Zugleich war es ein deutlich sichtbarer Hinweis, dass Hitler entschlossen war, die völkische Ideologie auch rechtlich zur Grundlage des neuen Staates zu machen.

Entlassen wurde in Erlangen zunächst nur der Privatdozent für wirtschaftliche Staatswissenschaften Ernst Meier, der Mitglied der Bayrischen Volkspartei und Stadtrat der Stadt Erlangen war.[42] Von weiteren Entlassungen nach Paragraf 6 des BBG, der es erlaubte, Beamte ohne Angabe von Gründen in den Ruhestand zu versetzen, waren in Erlangen in den folgenden Jahren vor allem politisch missliebige Beamte betroffen. So wurde schließlich auch der Theologe Friedrich Ulmer (1877–1946, in Erlangen seit 1924), seit 1928 auch Präsident des Welt-Luther-Bundes, in den dauernden Ruhestand versetzt. Ulmer, der bis dahin für seine Loyalität gegenüber dem Regime bekannt war, hatte seine Replik auf einen Angriff des Reichsleiters der Deutschen Arbeitsfront Robert Ley mit dem Satz geschlossen: »Wir bitten als Deutsche wie als Christen alle amtlichen Redner, uns nicht das Anhören von Reden zuzumuten, welche wir als Zerstörung unseres Heiligsten und der Volksgemeinschaft ansehen müssen.« Es half auch nichts, dass Ulmers Frau kurz zuvor in die NSDAP eingetreten war.[43] Insgesamt verlor die Friedrich-Alexander-Universität durch vorzeitige Versetzung in den Ruhestand oder durch Entzug der Lehrerlaubnis acht Dozenten, die etwa sieben Prozent des Lehrkörpers ausmachten. Wohingegen die Universitäten in Berlin und Frankfurt fast ein Drittel ihrer Professoren und Lehrkräfte verloren.[44]

Dass der jüdische Einfluss zu groß sei und zurückgedrängt werden müsse, war nicht nur ein weit verbreitetes populäres Vorurteil, sondern wurde auch von Erlanger Theologieprofessoren selbst seit einigen Jahren in Veröffentlichungen kundgetan. Nach dem Boykott jüdischer Geschäfte und dem Erlass des BBG sprach Paul Althaus am 16. April 1933 in seiner Predigt zu Ostern in der Neustädter Kirche in Erlangen über das Erlebnis der Wiedergeburt. Im christlichen Sinne ist der Wiedergeborene derjenige, der durch das Wirken Gottes eine grundlegende geistliche Erneuerung erlebt hat. Althaus wählte eine für ihn typische Formulierung: »Neuer Anfang, neues Leben – das ist noch herrlicher als das

41 Vgl. Kurt Meier, Die Theologischen Fakultäten im Dritten Reich, Berlin 1996, S. 62 f.

42 Der NSDAP-Kreisleiter in Erlangen, Alfred Groß, begründete die Entlassung damit, dass Meier »nicht die Gewähr dafür bot, jederzeit rückhaltlos für den nationalen Staat einzutreten«. Wendhorst, Geschichte, S. 185 f.

43 Ebd.

44 Ebd., S. 188.

Leben überhaupt. Wiedergeburt – wir denken an die großen Stunden der Völker: ein Volk, das sich verloren hatte, das in Schatten und Schande dahinlebte, findet sich selbst wieder, kehrt zu den Quellen seiner Kraft zurück und will einen neuen Anfang machen. Glücklich das Geschlecht, das solche Stunden erleben darf.«[45]

Kennt man Althaus' Schriften, so ist es naheliegend, die Wiedergeburt auf das deutsche Volk in der gegenwärtigen Situation zu beziehen. Die vagen Formulierungen ermöglichten es dem Kirchgänger, den politischen Gegenwartsbezug selbst vorzunehmen oder ihn zu überhören. In der Mitte seiner Predigt wurde Althaus noch etwas konkreter: »Wir hoffen für Volk und Vaterland, dass es nun wirklich zu einem neuen Tage erwacht sei, in neuer Kraft und Gemeinschaft aufstehe und seine ungenützten Gaben auswirke.«[46]

Am 7. Mai 1933 rief auch Paul Althaus in seiner sonntäglichen Predigt auf, kirchliches Leben aktiv zu gestalten. Ein Bekenntnis zur Kirche bedeute, dass man mit ihr in »gegenwärtige Kämpfe« ziehe und zu den heutigen Fragen eine Antwort gebe.[47] Althaus' Fragen der Zeit lauteten: »Was ist es denn um Blut und Rasse, um Volk und Geschichte; was ist es um den Staat, seine Würde und seine Grenze, um Staat und Kirche; was ist es um Krieg und Frieden, um gottgebundene oder verkrampfte Vaterlandsliebe? Was ist es um das Judenvolk – hat die Kirche hier nicht ein Wort zu sagen, hinaus über das, was der Staat sagen muss und darf?«

Erneut überließ er es dem Zuhörer, darüber nachzudenken, wie er auf diese Fragen antworten würde. In der Funktion des Universitätspredigers redete er dafür seiner Kirchengemeinde umso mehr ins Gewissen, wenn er fragte, ob sie denn das Wort Gottes so ernst nehme, wie die deutsche Bewegung ihres »Führers« Wort.[48] Für die zeitgenössische politische Wirkung von Althaus auf dem Weg der Universität Erlangen in den Nationalsozialismus dürfte gerade das Ineinandergreifen der politischen und theologischen Gedanken und Argumentationsfiguren von nicht zu unterschätzender Bedeutung gewesen sein. Die Hörer konnten das zum Teil abstrakt »theologisch« Formulierte auf das zeitgenössische Geschehen beziehen und die eigenen Assoziationen hineinprojizieren. Die Wirkung solcher Gedanken war daran abzulesen, dass der nationalsozialistische Studentenbund unter den Erlanger Theologiestudenten überproportional große Erfolge errang, während die Juristen zum Beispiel resistenter waren.[49] Aber erst

45 Paul Althaus, Predigt vom 16. April 1933 (Ostern). In: ders., Der Herr der Kirche. Predigten, Gütersloh 1934, S. 110 f.

46 Ebd., S. 115.

47 Paul Althaus, Predigt vom 7. Mai 1933. In: ebd., S. 18.

48 Ebd., S. 20.

49 Diesen Zusammenhang formuliert erstmals Gotthard Jasper, Die Friedrich-Alexander-Universität, S. 264. Hier auch der Hinweis, dass die Wirkung dieser Theologie auf Pfarrerschaft und Gemeinden veranschlagt werden müsse, wenn man nach Ursachen dafür suche, weshalb die

im Zusammenwirken der unterschiedlichen Gedanken erschließt sich die eigentliche Botschaft, zu der Althaus sich bis dahin kaum direkt bekennt. Dieses schwer zu greifende Schweben zwischen theologischer Reflexion und politischem Kalkül ließ ihn zu seiner Zeit als Vermittler erscheinen und prägt auch zuweilen die Forschungsliteratur bis heute.[50]

Am Abend des 10. Mai 1933 fanden in 22 Universitätsstädten Deutschlands exorzistische Rituale unter dem Motto »Aktion wider den undeutschen Geist« statt, wobei Zehntausende von Büchern von Juden, Marxisten, Pazifisten und anderen angeblichen »Feinden des deutschen Volkstums« ins Feuer geworfen wurden.[51] Zur ideologischen Vorbereitung publizierte die Erlanger Presse einen Aufruf mit der Überschrift: »Wider den undeutschen Geist! Aktion gegen das zersetzende jüdisch-marxistische Schrifttum durch die deutsche Studentenschaft.«[52] Umgehend wurde in der Erlanger Universitätsbibliothek missliebige Literatur separiert und nur noch in Einzelfällen bei Vorliegen einer besonderen Begründung ausgehändigt. Des Weiteren gründete sich in Erlangen ein »Kampfausschuss«, der sich an den Berliner Vorgaben orientierte. Ihm gehörten neben dem NSDAP-Kreisleiter und Stadtkommissar Alfred Groß auch Professoren, Referendare und Studenten an. Von der theologischen Fakultät war als einziger Ordinarius Hans Preuß, Professor für Kirchengeschichte, Symbolik und altchristliche Kunst, mit an vorderster Front dabei. Preuß war seit 1919 Ordinarius in Erlangen, hatte 1923 als Rektor amtiert und damals eine spontane »Schlageterfeier« organisiert. Preuß half aktiv mit, aus dem hervorragend ausgestatteten akademischen Lesezimmer des Kollegienhauses die inkriminierten Bücher auszusondern. Er führte auch im Hintergrund die Hetzkampagne des Erlanger Studentenbundes gegen den Bibliotheksdirektor der Erlanger Universität, Eugen Stollreither.[53]

ländlichen und kleinstädtischen protestantischen Gebiete Mittel- und Oberfrankens zu den frühesten Hochburgen der NS-Bewegung gehörten. Dieser Zusammenhang ist empirisch belegt bei Björn Mensing, Pfarrer und Nationalsozialismus. Geschichte einer Verstrickung am Beispiel der Evangelisch-Lutherischen Kirche in Bayern, Göttingen 1998.

50 Es genügt offensichtlich schon wenig Vorschuss an Wohlwollen, dem für seinen Intellekt und umfassende Bildung gewürdigten Theologen Althaus politische Naivität zu attestieren, sobald es um seine antisemitischen Textstellen geht. Für Jasper sind Althaus' Äußerungen auf dem Kirchentag 1927 mit Gewissheit nicht rassistisch gemeint und ein Missverständnis, das die Nazis später auch missbrauchten. Jasper, Althaus, S. 184 f.

51 Grundlegend Julius H. Schoeps/Werner Tress (Hg.), Orte der Bücherverbrennungen in Deutschland 1933, Hildesheim 2008.

52 Für den weiteren Verlauf in Erlangen vgl. Gotthard Jasper, Die Bücherverbrennung im Reich und in Erlangen im Mai 1933. In: ebd., S. 27–42.

53 Während Preuß vor allem konfessionelle Vorbehalte gegen den katholischen Stollreither hegte, wurde der Bibliotheksdirektor in der Öffentlichkeit dafür verunglimpft, dass er nicht genügend nationalsozialistische Literatur für die Bibliothek und das Lesezimmer anschaffte und bereitstellte. Vgl. Hans-Otto Keunecke: »Stollreither muß weg« – Der Erlanger Bibliotheksdirektor 1933 im Visier der Nationalsozialisten. In: Flammen. Hg. von der Friedrich-Alexander-Universität Erlangen-Nürnberg, S. 43–65, hier 57 ff.

Am 12. Mai karrten auch in Erlangen nationalsozialistische Studenten auf zwei Pferdewagen ca. 1500 »jüdisch-marxistische Werke« und rund 500 Zeitschriften heran, begleitet wurde der Umzug von einer Reichswehrkapelle.[54] Der Zug sammelte sich in der Nähe des damals noch stehenden Nürnberger Tors, zog vorbei an den Verbindungshäusern und Instituten, um dann von Norden her auf dem Schlossplatz direkt vor dem Kollegiengebäude zu enden. In Anwesenheit des Rektors Eugen Locher und einiger Professoren sowie vor Repräsentanten der Stadt und der Garnison sprachen, nach einem Gedichtvortrag der Hitlerjugend, der Gauleiter des Kampfbundes für deutsche Kultur, der Sprecher der Studentenschaft und zum Schluss der Kreisleiter des NS-Studentenbundes. In einer vorbereiteten Feuerstelle wurden dann die Bücher verbrannt, begleitet von Feuersprüchen.

Das Bedeutsame an der Bücherverbrennung war, dass die durchaus spontane Aktivität der Deutschen Studentenschaft vor Ort überall willige Helfer oder zumindest schweigende Dulder fand und auf keinen öffentlichen Protest stieß, wie dies auch in Erlangen deutlich wurde. Die Skrupellosigkeit und Gewalt, mit welcher die nationalsozialistischen Agitatoren die neue Staatsmacht in Anspruch nahmen, wurden nicht expressis verbis abgelehnt. Die Universitätsleitung hatte mit ihrer Präsenz und mit der Zurverfügungstellung der Örtlichkeit die Bücherverbrennung eindeutig mitgetragen. Die Gleichschaltung war eben zu einem großen Teil eine Selbstgleichschaltung. Sie fiel auf fruchtbaren Boden, der ideologisch längst vorbereitet war. Von Paul Althaus liest man in den Unterlagen zur Bücherverbrennung nichts. [55]

## Der Arierparagraf

Während die kirchlichen und theologischen Kreise im gesellschaftlichen Kontext den politischen Umbruch also weitgehend mitvollzogen oder ausdrücklich begrüßten, waren sie in diesen ersten Monaten unter Hitler intern mit einem anderen Problem der Gleichschaltung befasst. Das »Gesetz zur Wiederherstellung

54 In den meisten Universitätsstädten geschah die Bücherverbrennung schon am 10.5. In Erlangen war für den 10.5. bereits die feierliche Verkündung des neuen Studentenrechts geplant. Die Bücherverbrennung wurde auf den 12.5. verlegt, damit nicht am selben Tag zwei Veranstaltungen mit nationalsozialistisch-propagandistischer Zielrichtung abgehalten wurden. Vgl. Keunecke, Stollreither, S. 50.

55 Dass sich Althaus nicht an der Bücherverbrennung beteiligt hat, schreibt Gotthard Jasper seinem weiten Bildungshorizont zu. Dennoch sieht Jasper auch die Anfälligkeit eines nach 1918 weithin orientierungslos geworden nationalen Protestantismus für die »nationale Erneuerung«, die »Wende zum Volkstum« und einer allgemeinen Sympathie für das NS-Regime als den Hintergrund, weshalb ein Theologe wie Preuß im Mai 1933 ohne Gegenstimme aus der eigenen Fakultät agieren konnte. Vgl. Jasper, Bücherverbrennung, S. 39.

des Berufsbeamtentums« vom 7. April 1933 spornte die Kirchen zu einem eigenen Diskurs über die Frage an, wie mit konvertierten Juden umzugehen sei. Während die katholische Kirche mit einer Reihe von kritischen Erklärungen antwortete,[56] reichte die Wirkung des Gesetzes in der evangelischen Kirche sehr viel tiefer. Die evangelische Kirche war ihrer Natur nach auch viel staatsnäher als die katholische. Bei den Protestanten wurde sogar der Versuch unternommen, eine entsprechende Gesetzgebung auf die Kirche zu übertragen, also einen eigenen kirchlichen Arierparagrafen zu schaffen, mit dem Christen jüdischer Herkunft aus kirchlichen Ämtern entlassen werden sollten. Zudem wurde erwogen, von konvertierten Juden die Gründung separater »judenchristlicher« Gemeinden zu verlangen. Insbesondere die Deutschen Christen setzten sich für einen solchen Schritt ein.

Daraus entstand eine Debatte, die sich über Jahre hinzog und eine tiefe Spaltung innerhalb der protestantischen Kirche produzierte, ein Richtungsstreit, der als »Kirchenkampf« in die Geschichtsschreibung einging. Der Kirchenkampf richtete sich nicht, wie im Nachhinein vielfach fälschlicherweise angenommen, grundsätzlich gegen die NS-Führung. Er war vielmehr in erster Linie eine Auseinandersetzung verschiedener protestantischer Lager um kirchenpolitischen Einfluss und um die Deutung des Bekenntnisses: Auf der einen Seite standen die sogenannten Deutschen Christen mit Reichsbischof Ludwig Müller an ihrer Spitze, die unter anderem für die Anwendung des Arierparagrafen auch in der kirchlichen Selbstverwaltung eintraten. Dem gegenüber stand die im September 1933 mit der Gründung des Pfarrernotbundes ins Leben gerufene Kirchenopposition, die sich 1934 als Bekennende Kirche konstituierte. Die entscheidende Frage lautete: Stellt eine rassistische und antisemitische Argumentation das christliche Glaubensbekenntnis mit dem Sakrament der Taufe infrage oder nicht?

Prominente Hochschullehrer – nicht nur Deutsche Christen – und Kirchenvertreter verfassten Gutachten, in denen sie den Nachvollzug des Arierparagrafen in der Kirchengesetzgebung forderten, und unterzeichneten entsprechende Stellungnahmen. Als die Generalsynode der Evangelischen Kirche der altpreußischen Union das »Gesetz zur Wiederherstellung des Berufsbeamtentums« Anfang September 1933 ins Kirchenrecht übernahm, wandte sich die kurhes-

56 Für die katholische Kirche überlagerten sich die antijüdischen Maßnahmen des Regimes mit solchen gegen Zentrumsbeamte, die bereits am 6.4. 1933 einsetzten. Mit der Veröffentlichung des Berufsbeamtengesetzes am 7.4. entschlossen sich die katholischen Bischöfe auch zu einer öffentlichen Kritik, die auf einer Zusammenkunft am 8.4. verabschiedet wurde. Darin erklärten sie, dass sie mit »tiefster Kümmernis und Sorge« sähen, »wie die Tage nationaler Erhebung zugleich für viele treue Staatsbürger und darunter auch gewissenhafte Beamte unverdientermaßen Tage des schwersten und bittersten Leidens geworden sind«. Hier wie auch in weiteren Stellungnahmen wurden allgemeine Formulierungen benutzt, ohne jüdische Staatsbürger explizit mit einzubeziehen. Vgl. Scholder, Kirchen, Band 1, S. 393 f.

sische Landeskirche an die Marburger und Erlanger Theologische Fakultät und baten sie um eine Stellungnahme, ob die Anwendung des Arierparagrafen in der Kirche bei der Anstellung von Geistlichen und Beamten der kirchlichen Verwaltung mit dem Evangelium Jesu zu vereinbaren sei. Aus Marburg kam eine klare Antwort: Das Gutachten, das von Dekan Hans von Soden unterschrieben worden war, hielt fest, dass »eine Beschränkung der Rechte nichtarischer Christen in der Kirche« aus theologischen Gründen nicht vertretbar sei.[57]

## Erlanger Gutachten – vorauseilende Selbstgleichschaltung?

Die Erlanger Fakultät entschied jedoch anders: Die beiden Systematiker Paul Althaus und Werner Elert wurden beauftragt, ein Gutachten zu verfassen. Es trug den Titel »Theologisches Gutachten über die Zulassung von Christen jüdischer Herkunft zu den Ämtern der Deutschen Evangelischen Kirche« und war auf den 25. September 1933 datiert.[58] Grundsätzlich entspreche es der Tradition der christlichen Kirchen aller Zeiten, leiteten die beiden Theologen ihre Stellungnahme ein, die Zulassung zu ihren Ämtern von der Erfüllung bestimmter Voraussetzungen abhängig zu machen. In den deutschen Landeskirchen sei bislang die deutsche Reichsangehörigkeit Voraussetzung zur Zulassung, aber auch biologische Kriterien wie Alter, Geschlecht und körperliche Eignung. In ihrem Gutachten wollten Elert und Althaus theologisch beurteilen, ob das neu hinzugekommene Kriterium »arische Abstammung« in Einklang mit der Haltung der christlichen Kirche gegenüber völkischen Unterschieden stünde.

In acht Abschnitten entfalteten Althaus und Elert vor dem Hintergrund ihrer Schöpfungs- und Ordnungstheologie die Voraussetzung für eine Befürwortung der Anwendung des Arierparagrafen in der Kirche. So hieß es gleich zu Beginn, auch wenn es vor Gott keine Unterschiede zwischen Juden und Nichtjuden gebe, so hebe dies die biologischen und gesellschaftlichen Unterschiede nicht auf, sondern binde jeden an den Stand, in den er berufen sei. Die »biologische Bindung« an ein bestimmtes Volk sei von Christen auch mit »Gesinnung und Tat« anzuerkennen. Gemäß der reformatorischen Lehre – im Unterschied zur römisch-katholischen – solle die christliche Kirche nicht nur der Universalität des Evangeliums, sondern auch der historisch-völkischen Gliederung der christlichen Menschen entsprechen. Die »völkische Mannigfaltigkeit« betrachten die Autoren als notwendige Folge der »schicksalhaften wie ethisch zu bejahenden völkischen Gliederung«

57 In: Kurt Dietrich Schmidt (Hg.), Die Bekenntnisse und grundlegenden Äußerungen zur Kirchenfrage des Jahres 1933, Göttingen 1934, S. 178–182.
58 Ebd., S. 271–274, sowie in: Hetzer, Die deutsche Stunde, S. 251–256.

überhaupt und schlossen daraus, dass jeder Träger eines geistlichen Amtes mit seiner Gemeinde auch völkisch verbunden sein müsse. Für die Christen jüdischer Herkunft stelle sich die Frage, ob die in Deutschland ansässigen Juden dem deutschen Volk angehörten oder ein »Gastvolk« seien. Das Bekenntnis der Kirche zur Heilsbedeutung der Taufe schließe ein Urteil der Kirche über diese Frage grundsätzlich aus. Die Frage nach dem »völkischen Verhältnis« zwischen Deutschtum und Judentum hingegen sei »biologisch-geschichtlicher Art« und könne deshalb nur vom deutschen Volk im Blick auf seine besondere »biologisch-geschichtliche Lage« hin beantwortet werden. Das deutsche Volk empfinde die Juden mehr denn je als »fremdes Volkstum«. Es fühle sich gerade durch das emanzipierte Judentum bedroht und wehre sich mit rechtlichen Ausnahmebestimmungen. Ganz in der Linie der lutherischen »Zwei-Reiche-Lehre« forderte das Erlanger Gutachten nun, dass die Kirche nicht nur das grundsätzliche Recht des Staates zu solchen gesetzgeberischen Maßnahmen anerkenne, sondern sich auch auf ihre Aufgabe, »Volkskirche der Deutschen« zu sein, besinne. Dazu gehöre auch, dass sie gegenwärtig ihren Grundsatz von der völkischen Verbundenheit der Amtsträger mit ihrer Gemeinde bewusst neu geltend mache und ihn auch auf die Christen jüdischer Herkunft anwende. Für die Kirche bedeute es folglich eine schwere Belastung und Hemmung, »ihre Ämter mit Judenstämmigen« zu besetzen.

Damit forderte das Erlanger Gutachten, fortan keine Christen jüdischer Herkunft mehr für kirchliche Ämter zuzulassen, doch vorerst von einer generellen Entlassung von Geistlichen und Amtsträgern »jüdischer oder halbjüdischer Abstammung, die schon im Amte stehen«, abzusehen. Im Unterschied zum Gesetz der Kirche der altpreußischen Union meinten die Erlanger: Nicht die »Belassung im Amte«, sondern die Entlassung sollte »von Fall zu Fall besonderer Begründung« bedürfen. Scheinbar pragmatisch wurde dazu noch angeregt: »Die Fälle, in denen aus Anlass der jüdischen Abstammung des Geistlichen unüberwindbare Schwierigkeiten zwischen Pfarrer und der Gemeinde entstehen, sind nach den kirchlichen Vorschriften zu behandeln, die auch sonst für Fälle der Zerrüttung des Vertrauensverhältnisses zwischen Pfarrer und Gemeinde gelten.«[59] Unter den gegebenen gesellschaftlichen Umständen war dies wohl eine höchst wahrscheinliche Prognose für die betroffenen Gemeinden.

Landesbischof Hans Meiser wandte sich daraufhin in einem Brief an den Dekan der Erlanger Fakultät – im September 1933 noch der Neutestamentler Hermann Strathmann –, in dem er diplomatisch, aber zugleich deutlich Kritik an dem Gutachten von Althaus und Elert äußerte. Es war die Nähe zur völkischen Argumentation, die Meiser kritisierte, worin mit dem Begriff der Andersartigkeit

59 Ebd., S. 255 f.

auch zugleich eine »Unterwertigkeit« verbunden sei.[60] Meiser hätte eine Stellungnahme bevorzugt, die »etwas stärker, als es geschehen ist, die Irrtümer abgewiesen hätte, die in einer Überspitzung des Arierparagrafen liegen«. Der Landesbischof ermahnte seine beiden prominentesten Theologen, dass sie dafür Verantwortung trügen, was die Christen als status confessionis annehmen würden, denn für die Gläubigen sei die Interpretation des Arierparagrafen eben eine Glaubens- und nicht eine Ermessensfrage. Dies sei – so die bischöfliche Kritik – nicht genügend deutlich gesagt worden. Ein ernsthafter Konflikt entstand aus dieser Meinungsverschiedenheit allerdings nicht.[61]

Trotz empörter Zuschriften an die Adresse von Althaus und Elert hat sich der Erlanger Vorschlag in der Praxis aber auch in den anderen Landeskirchen weithin durchgesetzt.[62] Fast überall, wo sich Kirchenleitungen bei der vorzeitigen Entlassung von Pfarrern jüdischer Herkunft nicht ausdrücklich auf den kirchlichen Arierparagrafen berufen wollten, vollzog sich die Entlassung mit der Begründung »Zerrüttung des Vertrauensverhältnisses zwischen Pfarrer und Gemeinde«.[63] Diese Formulierung fand sich auch im Erlanger Gutachten. Den Opfern von Hetzkampagnen blieb ohnehin kaum etwas anderes übrig, als die Gemeinden früher oder später zu verlassen. Wo die Kirchenleitung nicht aktiv einem Verleumdeten zur Seite stand, arbeitete die Zeit immer gegen das Opfer.

Tatsächlich war der Status der Erlanger Theologen außerordentlich. In Bayern gab es 1933 nur eine einzige evangelisch-theologische Fakultät, nämlich die lutherische in Erlangen. Die Mehrzahl der bayerischen Pfarrer wurde in Erlangen ausgebildet. Das forderte eine gute Zusammenarbeit zwischen Landesbischof und theologischer Fakultät, zumal diese einen großen Zulauf hatte. Im Wintersemester 1933/34 waren 661 Studenten zum Theologiestudium eingeschrieben, was immerhin 29 Prozent der gesamten Studentenschaft ausmachte.[64]

60 Meiser an Strathmann vom 4.10.1933. Zit. nach Gerhard Müller, Zusammenarbeit und Konflikte mit der Theologischen Fakultät in Erlangen. In: Gerhart Herold /Carsten Nicolaisen (Hg.), Hans Meiser (1881–1956). Ein lutherischer Bischof im Wandel der politischen Systeme, München 2006, S. 90–104, hier 92.

61 Zahlreiche öffentliche Reaktionen sind in der Forschungsliteratur zitiert, überwiegend sind die ablehnenden Zuschriften aufgeführt. Es gab aber auch Zustimmung. Vgl. Hetzer, Die deutsche Stunde, S. 177 ff.

62 Vgl. Eberhard Röhm/Jörg Thierfelder, Juden, Christen, Deutsche, Band 1: 1933–1935 Ausgegrenzt, Stuttgart 1990, S. 213. Beispielhafte Einzelfälle, S. 224–254.

63 Dem Schicksal der bayerischen Pfarrerfamilien mit jüdischen Vorfahren widmet sich die Studie von Axel Töllner, Eine Frage der Rasse? Die Evangelisch-Lutherische Kirche in Bayern, der Arierparagraf und die bayerischen Pfarrerfamilien mit jüdischen Vorfahren im »Dritten Reich«, Stuttgart 2007.

64 Werner Elert, Die Hörer der Erlanger Theologischen Fakultät in zwei Jahrhunderten. Zum Jubiläum der Friderico-Alexandrina. In: Luthertum, 42 (1938), S. 97–122, hier 122.

Hochschullehrer wie Althaus waren nicht nur Staatsbeamte, sie wirkten gleichzeitig in der Kirche. Sie nahmen die kirchlichen Prüfungen ab und besaßen sogar das Recht zur Ordination.

## Ein Ratschlag mit Applaus von rechts

Reichsbischof Ludwig Müller versuchte in den ersten Monaten seiner Amtszeit, die an Autonomie gewohnten Landeskirchen in die Reichskirche einzugliedern. Vor diesem Hintergrund erfolgte im Frühjahr 1934 die Konstituierung der Bekennenden Kirche. Hier ging es in erster Linie um Bewahrung der kirchenpolitischen Autonomie in den Landeskirchen und nicht um eine generelle Opposition zum NS-Regime. Bis dahin hatte die kirchliche Opposition – ein weit verzweigter, lockerer Verband der nicht-deutschchristlichen Kirchenführer, des Pfarrernotbundes, einiger Vertreter kirchlicher Werke sowie einer Reihe von Theologieprofessoren – versucht, den Reichsbischof auf dem Verhandlungsweg von der Notwendigkeit der Wiederherstellung verfassungsmäßiger Zustände in der Deutschen Evangelischen Kirche zu überzeugen.[65]

Nun rief die Opposition zu ihrer ersten Bekenntnissynode vom 29. bis 31. Mai 1934 in Barmen zusammen. An ihr nahmen sowohl Landesbischof Meiser als auch Hermann Sasse, Mitglied der Erlanger Theologischen Fakultät, teil. Bereits vor dem Zusammentritt der Synode gab es einen Entwurf für eine theologische Erklärung, die maßgeblich von dem reformierten Schweizer Theologen Karl Barth, damals noch Professor in Bonn, ausgearbeitet worden war, und die während der Synode von dem suspendierten schleswig-holsteinischen Pfarrer Hans Asmussen erläutert wurde.

Paul Althaus, der von dem Entwurf erfahren hatte, übte schon im Vorfeld scharfe Kritik und drohte, dass es zu einer Gegenerklärung kommen werde, wenn es bei dem vorgesehenen Text bleibe. Landesbischof Meiser hingegen stand hinter der Barmer Erklärung, die sich entschieden gegen die Theologie der Deutschen Christen wandte, aber auch eine Ablehnung bestimmter lutherischer Offenbarungslehren enthielt.[66] Damit zielte die Erklärung auf die Haltung von Werner Elert und Paul Althaus ab, wie sie im Gutachten zum Arierparagra-

65 Vgl. Klaus Scholder, Die Kirchen und das Dritte Reich, Band 2: Das Jahr der Ernüchterung 1934, München 2000 (1. Auflage 1977), S. 179 ff.

66 Bereits die erste These der Barmer Erklärung formulierte den Widerspruch der Bekennenden Kirche gegen eine Theologie, die Offenbarungen Gottes nicht ausschließlich in der Bezeugung von Jesus Christus, sondern auch in der Vielfalt weltlicher Kultur und Ideen sieht. Damit zielte die Barmer Erklärung auch gegen die Schöpfungstheologie, für die Paul Althaus als prominenter Theologe stand. Zur Entstehungsgeschichte vgl. Carsten Nicolaisen, Der Weg nach Barmen. Die Entstehungsgeschichte der Theologischen Erklärung von 1934, Neukirchen-Vluyn 1985.

fen zum Ausdruck kam, und auf die Theologie der Deutschen Christen, die im »deutschen Volkstum« selbst eine göttliche Offenbarung erkennen wollten. Die Barmer Erklärung bekräftigte den Anspruch der Bekennenden Kirche auch als innerkirchliche Minderheit, einzig legitime und rechtmäßige evangelische Kirche zu sein. Auf die Diskriminierung und Entrechtung von Juden ging die Bekenntnissynode allerdings mit keinem Wort ein.

Die angedrohte Gegenerklärung ließ nicht lange auf sich warten. Aus Bayern meldeten sich einen Monat später die Offenbarungstheologen mit dem »Ansbacher Ratschlag« zu Wort.[67] Verfasst hatten ihn Paul Althaus und Werner Elert, die beide die Barmer Erklärung aus theologischen und politischen Gründen ablehnten; mit unterzeichnet wurde er von bayerischen Deutschen Christen und Mitgliedern des Pfarrernotbundes. Im Ansbacher Ratschlag kam die völkische Argumentation erneut pointiert zum Ausdruck: Die von Gott geschaffene »natürliche Ordnung« umfasse Familie und Volk sowie Rasse im Sinne eines »Blutzusammenhangs«. Es sei der Wille Gottes, dass jeder seiner Ordnung unterworfen bleibe. In dieser Gegenerklärung zu Barmen erhielt die völkische Ordnung den religiös überhöhten Rang einer »Uroffenbarung« und gleichzeitig wurde das bereits bekannte Argument aufgeführt: »Indem uns der Wille Gottes ferner stets in unserem heute und hier trifft, bindet er uns auch an den bestimmten historischen Augenblick der Familie, des Volkes, der Rasse, d.h. an einen bestimmten Moment ihrer Geschichte.«

Während es zu allen Zeiten die Aufgabe der Kirche sei, das Gesetz Gottes zu verkünden, komme jeweils auch eine spezifisch historische Aufgabe hinzu. Die gegenwärtige Verpflichtung erhalte die Kirche in Deutschland durch die völkische Staatsordnung. Und jede Obrigkeit – selbst in ihrer Entstellung – verdiene von den gläubigen Christen Verehrung, da die Obrigkeit »Werkzeug göttlicher Entfaltung« sei. Gott habe dem deutschen Volk in seiner Not nun aber mit dem »Führer« einen »frommen und getreuen Oberherrn« geschenkt und mit der nationalsozialistischen Staatsordnung ein »Regiment mit ›Zucht und Ehre‹« bereitet. Als Christ sei jeder vor Gott verantwortlich, zu »dem Werk des Führers« in seinem Beruf und Stand mitzuhelfen.

Die Verbindung eines religiösen und überzeitlichen Arguments mit einem entwicklungsgeschichtlichen Moment ermöglichte es den Autoren des Ansbacher Ratschlags einerseits, das Bekenntnis zum Evangelium zu bewahren, und andererseits gleichzeitig die Anforderungen des neuen politischen Systems zu integrieren. Die Taufe als höchstes Sakrament und Grundlage der christlichen Glaubensgemeinschaft wurde nicht angetastet. Die völkischen Konzepte über

67 In: Allgemeine Evangelisch-Lutherische Kirchenzeitung, 67 (1934), Sp. 584–586. Dies und die folgenden Zitate aus dem Nachdruck in: Hetzer, Die deutsche Stunde, S. 257–259.

Rasse und Volk wurden als historische Entwicklung in einem angeblich gottgewollten Ordnungssinn verstanden und als Aufforderung begriffen, sie nicht nur als Ordnungskonzept des staatlichen Bereiches zu respektieren, sondern sie auch im kirchlichen Bereich nachzuvollziehen.

Die Deutschen Christen griffen den Ansbacher Ratschlag begeistert auf und druckten ihn unter dem Titel »Führende Theologen widerlegen Barmen« am 1. Juli 1934 vollständig in der deutschchristlichen Zeitung »Evangelium im Dritten Reich« ab. »Theologen von Weltruf« hätten den Barmer Thesen für alle Zeit den Boden entzogen.[68] Durch die Rückendeckung der bedeutenden Erlanger Theologen fühlten sich die Deutschen Christen so bestärkt, dass sie gegenüber Landesbischof Meiser das Treuegelöbnis aufkündigten.[69]

Als am 9. September jedoch sieben fränkische Pfarrer zur Eingliederung der bayerischen Landeskirche in die Reichskirche aufriefen, erklärten Althaus und Elert umgehend ihre Trennung vom Ansbacher Kreis. Althaus distanzierte sich schließlich inhaltlich vom Ansbacher Ratschlag, und zwar am 19. Oktober 1934 auf der zweiten Bekenntnissynode in Berlin-Dahlem. Elert hielt dagegen an seiner Position fest. Bei Befürwortern und Unterzeichnern der Barmer Erklärung stieß die Kooperation zwischen den geachteten Erlanger Theologen und Deutschen Christen auf Unverständnis.[70]

Paul Althaus brachte seine eigene Position, die im Ansbacher Ratschlag nicht so deutlich erkennbar war, in einem Aufsatz mit dem Titel »Bedenken zur ›Theologischen Erklärung‹ der Barmer Bekenntnis-Synode« nochmals zum Ausdruck. Er erklärte dort seine Übereinstimmung mit vorrangigen Zielen der Barmer Erklärung. Die Wahrung der reinen kirchlichen Verkündigung und die Frage nach dem richtigen Kirchenregiment sei auch sein Anliegen. Er kritisierte aber theologische Unzulänglichkeiten in der Argumentation, die sich durch die bloße Abwehrhaltung gegenüber den Deutschen Christen ergeben hätten. Althaus betonte demgegenüber in inzwischen vertrauter, aber etwas zurückhaltender Manier, dass für die Lutheraner »die Ordnung der Kirche immer auch durch die Ordnung des Volkes, in das die Kirche eingeht, also durch politische *Wirklichkeiten*« mitbestimmt sei, und dass die Gestalt der Kirche im Unterschied zum Gehalt ihrer Botschaft durch »den Wandel der Weltanschauung und des politischen Denkens« mitgeprägt werde.[71] An den Deutschen Christen kritisierte Althaus dann nicht etwa den Inhalt ihrer Forderungen, sondern lediglich, dass sie ihre Ziele »unter Benutzung politischer Mittel mit Gewalt« erzwingen wollten.

68 Evangelium im Dritten Reich. Sonntagsblatt der Deutschen Christen vom 1.7.1934, S. 331 f.

69 Vgl. hierzu und zum Folgenden Töllner, Frage, S. 108 ff.

70 Im Einzelnen dazu ebd., S. 108–113.

71 Paul Althaus, Bedenken zur »Theologischen Erklärung« der Barmer Bekenntnis-Synode. In: Lutherische Kirche, 16 (1934), S. 117–121, hier 120 (Hervorhebung im Original).

Auch wenn der Erlanger Theologe an der zweiten Bekenntnissynode im Oktober 1934 teilnahm, ließ er sich in den folgenden Jahren zusammen mit Elert in die Theologische Kammer des Reichskirchenausschusses berufen, der es oblag, den Reichskirchenausschuss in wesentlichen Fragen theologisch zu beraten. Dieser Kammer gehörten Theologen wie Friedrich Gogarten (Göttingen), Ernst Haenchen (Gießen), Theodor Odenwald (Heidelberg), Wilhelm Stählin (Münster) und Otto Weber (Göttingen) sowie andere kirchliche Experten außerhalb des akademischen Bereiches an.[72]

## Volksgemeinschaft und Staatspositivismus

Sein Selbstverständnis und Renommee als Ethiker baute Althaus in den Jahren nach der Machtübernahme Hitlers aus. 1935 erschien die zweite, erweiterte Auflage der »Theologie der Ordnungen«. Auch wenn Althaus einschränkte, dass es nie gelingen werde, die ethischen Bindungen des Menschen mit seinem Volkstum und der Nation unmittelbar biblisch zu begründen, war er unbeirrbar davon überzeugt, dass die Gesetze, die aus dieser Ordnung hervorgehen, »allen Menschen ins Herz geschrieben« seien.[73]

Trotz seiner Auseinandersetzung mit der Barmer Erklärung von 1934, der er in Teilen sogar zustimmte, radikalisierte er die zweite Auflage, die im August 1935 erschien, hinsichtlich seiner Ideen über das Freund-Feind-Schema. Hier hieß es nun, dass die Liebe zum Volkstum erst »in Gegensatz und Feindschaft ihrer selbst« ganz bewusst werde.[74] Er sprach Klartext: »Daher können wir dem Leben unseres Volkes nicht dienen, ohne – mindestens dem Willen nach – töten zu müssen und schuldig zu werden.« Sinnlos erschien ihm denn auch das Bemühen um eine »Versittlichung« der Politik, denn das hieße, »die Politik zum Tode der Blutarmut, der Bleichsucht verurteilen. Es gibt keinen ganzen Einsatz für mein Volk ohne heiße Leidenschaft und wilden Zorn.«[75] Auch wenn Althaus Schöpfung und Sünde streng unterschied, waren diese beiden Seiten der Medaille der göttlichen Schöpfungsordnung in Wirklichkeit sowohl für das Denken als auch für das Handeln in seinen Augen nicht unterscheidbar. Der Mensch könne deshalb »in den Ordnungen der Geschichte nicht dienen, ohne zugleich auch an dem Reiche der Sünde mitzubauen«.[76]

72 Vgl. Meier, Theologische Fakultäten, S. 145. Zur Politik vgl. Heike Kreutzer, Das Reichskirchenministerium im Gefüge der nationalsozialistischen Herrschaft, Düsseldorf 2000.

73 Paul Althaus, Theologie der Ordnungen, Gütersloh 1934 (2., erweiterte Auflage 1935), S. 17.

74 Ebd., S. 48.

75 Ebd., S. 54 ff.

76 Ebd., S. 61.

Althaus hatte sich als Theologe mit seinen Gutachten zu Beginn des NS-Regimes und seinen engen Allianzen mit dem Reichsministerium für kirchliche Angelegenheiten eine feste Position im »Dritten Reich« geschaffen. Als Vermittler zwischen den konservativen Lutheranern der Bekennenden Kirche und dem gemäßigten Flügel der Deutschen Christen bis hin zu den radikalen Thüringer Deutschen Christen kam sein Potenzial des »Sowohl-als-auch« wirkungsvoll zum Einsatz. Er war ein viel gefragter Mann. Er reiste zu Besprechungen mit Wilhelm Zoellner im Reichskirchenausschuss nach Berlin und nahm an diversen nationalen und internationalen Tagungen und Konferenzen teil.

Zu ordnungstheologischer Hochform lief Althaus schließlich mit seinem 1936 publizierten Werk »Obrigkeit und Führertum« auf.[77] Dieses Buch kostete ihm zehn Jahre später im Entnazifizierungsverfahren 1946 beinahe den Lehrstuhl. Er legitimierte darin die autoritäre Herrschaft des Führers des Volkes theologisch. In einem theologiegeschichtlichen Abriss zeigte er darin, wie sich seine Sichtweise auf die Obrigkeit verändert hatte. In Althaus' Theologie gab es keine allgemeingültige Ethik der Ordnungen, denn diese selbst wandelte sich durch den Lauf der Geschichte. Und wie er bereits in anderen Texten ausgeführt hatte, war auch die Geschichte ihrerseits selbst wieder Ausdruck des göttlichen Willens.

Seit dem Ersten Weltkrieg und nach der Novemberrevolution habe sich ein entscheidender Wandel im deutschen Volkstum vollzogen. »Im Kriege entdeckten wir das Auslandsdeutschtum und damit erst das deutsche Gesamtvolk in seiner Eigenständigkeit dem Staat gegenüber, in seiner Bedrohtheit durch die Staaten.«[78] Damit sei nun das Problem von »Volk und Staat« ganz neu gestellt; die Theologie sei zur Erneuerung ihrer ethischen Lehre vom Staat gerufen. »Für uns heute ist Volk und Volkstum Schicksal und Verantwortung geworden. Das verpflichtet auch unser christliches Denken.«[79] Nun bezog sich Althaus wieder auf Paulus und präzisierte, dass die Obrigkeit das Gute zum Ausdruck bringe, wenn sie die Ordnungen erfülle, in die »Gott die Menschen gesetzt hat«; das »Böse« hingegen zeige sich in der »Verachtung und Durchbrechung der Ordnungen«.[80] Da sich in der »geschichtlichen Führung« – also mit Gottes Wille – das Volkstum als Ordnung für die Deutschen offenbart habe, gehe es um die Erhaltung dieses Volkstums und nicht um die Erhaltung des menschlichen Lebens an sich.[81] Der »wahre Souverän« blieb für Althaus selbstverständlich immer Gott. Der unbedingte Gehorsam galt aber auch dem politischen Führer, sofern er der Sache des Volkes diene.[82]

77 Paul Althaus, Obrigkeit und Führertum. Wandlungen des evangelischen Staatsethos, Gütersloh 1936.
78 Ebd., S. 37.
79 Ebd., S. 6.
80 Ebd., S. 39.
81 Ebd., S. 41–43.
82 Ebd., S. 19.

In dieser neulutherischen Ordnungslehre wird die Volksgemeinschaft in den Rang einer von Gott geschaffenen Ordnung erhoben, ja im Volkstum selbst wird die Offenbarung erlebt. Diese Volksgemeinschaft erfährt hier gegenüber der rationalen Struktur der rechtsfördernden Verfassung einer Gesellschaft eine theologische Weihe. Althaus hatte damit wesentlich dazu beigetragen, das Konzept der Volksgemeinschaft – einen Pfeiler der NS-Ideologie – für den Protestantismus theologisch zu untermauern.[83]

## Konsequenzen und Neubeginn in der »Schicksalsgemeinschaft« nach 1945

Paul Althaus, der 1933 noch begeistert Hitler zugejubelt hatte, wurde Ende Mai 1945 von der örtlichen amerikanischen Militärregierung in Erlangen mit der Ernennung zum Vorsitzenden des Entnazifizierungsausschusses höchstes Vertrauen entgegengebracht. Als Vorsitzender dieses Ausschusses gelang es Althaus, einige Professoren, die zuerst von der amerikanischen Besatzungsbehörde von ihren Stellen suspendiert worden waren, wieder einzusetzen und sie in ihren Positionen zu bestätigen. Doch knapp zwei Jahre später, im Februar 1947, wurde Paul Althaus selbst aus dem Universitätsdienst entlassen, da er die Entnazifizierung verschleppt habe. Inzwischen war auch der Besatzungsbehörde bekannt, dass er Autor der Schriften »Deutsche Stunde der Kirche« (1933) und »Obrigkeit und Führertum« (1936) war. Jene beiden Werke dürften vor allem wegen der deutlichen Absage an die Demokratie der Weimarer Republik und der Befürwortung des diktatorischen NS-Regimes Gründe für die Entlassung geliefert haben. Keine Kenntnisse lagen den Behörden offensichtlich über sein Gutachten zum »Arierparagrafen« vor.

Am 16. Mai 1948 erteilte die amerikanische Militärregierung für Paul Althaus die Wiedereinstellungsgenehmigung. Althaus blieb bis zu seiner Emeritierung 1956 Professor für systematische Theologie und wurde 1956 Mitglied der Bayerischen Akademie der Wissenschaften. Die Stadt Erlangen verlieh ihm am 2. Mai 1963 für seine Verdienste den Goldenen Ehrenring der Stadt. Althaus selbst hat seine Schöpfungs- und Ordnungstheologie nach 1945 keiner kritischen Selbstreflexion unterzogen. In seinen Beiträgen zum Thema Schuld deutete er das Konzept der »Volksgemeinschaft« in eine »Schicksalsgemeinschaft« um und behielt dabei die Ideen der Ordnungstheologie bei.

Althaus' Nachkriegspredigten sind in vieler Hinsicht repräsentativ für den kirchlichen Umgang mit der eigenen Vergangenheit und spiegeln bestimmte

83 Ebd., S. 36.

Aspekte der kollektiven Schulddebatte in der protestantischen Kirche wider.[84] Althaus betrachtete die Nationalsozialisten und ihr Regime im Rückblick als ein von Gott in geheimnisvollem Ratschluss dem deutschen Volk und der Kirche auferlegtes »Verhängnis« – eine in seinen Predigten unmittelbar nach Kriegsende häufig wiederholte Formulierung.[85] In der »Deutschen Stunde« hatte Althaus Hitler noch als gnädig gesandten Führer begrüßt, in dessen Stimme er mehr als die Stimme eines Menschen zu hören glaubte,[86] nun erschien er als von Gott verhängter Verführer, in dem Gott sich dem deutschen Volk versagt. Seit 1920 habe das deutsche Volk nur seine Pflicht getan, resümierte Althaus. Nach dem Zusammenbruch in der Novemberrevolution 1918 sei es aufgestanden und habe um die »Wiedervereinigung der Deutschen« gerungen.[87] Knapp zwei Monate nach Kriegsende predigte er: »Es war doch kein Unrecht, was die deutsche Jugend glaubte und hoffte, wofür sie mit ihrer besten Kraft leben und ringen wollte.« Gelungen sei »es« der deutschen Jugend nicht, weil die Führung »furchtbare Fehler« gemacht und »schweres Unrecht« begangen habe. Dies sei die »deutsche Schuld«. Gleichzeitig erfahre das deutsche Volk nun das Gericht Gottes, worin ein »tieferes Geheimnis« liege: Gott helfe dem deutschen Volk, durch die Zerstörung und Erschütterung, ihn zu suchen und erneut zu finden. In diesem Erziehungsgedanken Gottes spürte Althaus den »gnädigen Willen Gottes« und sprach von der Schwere des Unrechts und der Schuld nur in Verbindung mit der nationalsozialistischen »Führung«. Er blieb über 1945 hinweg seiner Geschichtstheologie treu und verwandelte die Katastrophe für die Deutschen in einen Sinnzusammenhang. Auch hier blieb offen, was er mit »Unrecht« meinte; er bedauerte vor allem die deutsche Jugend, die Gutes geglaubt habe und nun Opfer des Unrechtsregimes geworden sei. Zehn Jahre später kam endlich ein klares Wort in seiner Predigt am Bußtag 1955, wo er »die entsetzliche Blutschuld des Dritten Reiches, durch deutsche Männer bewirkt, Blutschuld an den Völkern des Ostens, an dem jüdischen Volk« eingestand.[88]

84 Vgl. über Althaus hinaus grundlegend zur Schulddebatte Andreas Richter-Böhne, Unbekannte Schuld: politische Predigt unter alliierter Besatzung, Stuttgart 1989; Clemens Vollnhals, Evangelische Kirche und Entnazifizierung 1945–1949. Die Last der nationalsozialistischen Vergangenheit, München 1989. Sowie auch der theologische Beitrag zum Historikerstreit von Eilert Herms, Schuld in der Geschichte. Zum Historikerstreit. In: Zeitschrift für Geschichte und Kirche, 85 (1988), S. 349–370.

85 Zu Althaus' Predigten nach 1945 vgl. erstmals ausführlich Berndt Hamm, Schuld und Verstrickung der Kirche. Vorüberlegungen zu einer Darstellung der Erlanger Theologie in der Zeit des Nationalsozialismus. In: Wolfgang Stegemann (Hg.), Kirche und Nationalsozialismus, Stuttgart 1992, S. 13–49.

86 Althaus, Die deutsche Stunde, S. 12.

87 Dies und die folgenden Zitate in: Paul Althaus, Predigt vom 1. Juli 1945. In: ders., Der Trost Gottes. Predigten in schwerer Zeit, Gütersloh 1946, S. 251–260, hier 251–254. Ähnliche Formulierungen zur Verantwortung der Führung in der Predigt vom 22. April 1945. In: ebd., S. 222–230.

88 Zit. nach Jasper, Althaus, S. 341.

Obwohl Althaus sich selbst deutlich politisch und theologisch positionierte, blieb in der Theologiegeschichte nach 1945 die Tendenz bestehen, Althaus nicht als Akteur der Geschichte zu sehen, sondern als Opfer seiner eigenen Ideen, vor allem dann, wenn es um seine antisemitischen Ausführungen geht. Selbst die Wirkungen, die diese hatten, wurden ihm als unbeabsichtigt attestiert.[89] Erst die Enkelgeneration wagte Ende der 1970er-Jahre, ihre akademischen Lehrer öffentlich über die Geschichte der Theologischen Fakultät zu befragen. Die Debatte auf dem Nürnberger Kirchentag von 1979 kreiste dabei um das »Erlanger Gutachten« zum »Arierparagrafen«. Das fatale Zusammenspiel zwischen der Schöpfungstheologie mit ihrer Vorstellung über völkische und biologische Bindungen an die gottgegebene Ordnung und den deutschnationalen und antisemitischen Vorurteilen wurde endlich erkannt.

Gleichzeitig wirkt die Loyalität der zweiten akademischen Generation – der Söhne und Schüler – gegenüber der Generation von Paul Althaus offensichtlich noch bis heute insofern weiter, als auch in neueren Arbeiten die Absicht und die Wirkung der Person Althaus nicht umfassend gesehen und erkannt wird. Der Lutheraner und Systematiker Walter Sparn kommt in seinem Porträt verständnisvoll zu dem Schluss: »Althaus ist zweifellos niemals Nationalsozialist gewesen, gleichwohl ist er angesichts der nationalen Katastrophe und angesichts der Entchristlichung Deutschlands einer politischen Romantik erlegen, die ihn für die Revolution von rechts votieren ließ.«[90] Letztlich erschließt zwar die neue Biografie von Gotthard Jasper (2013) einen großen Fundus an Material, ohne aber die problematischen Aussagen von Althaus wirklich beim Wort zu nehmen und ihm posthum Verantwortlichkeit für das Geschriebene und Gesagte zuzumuten.

Es scheint, als ob die eindrucksvolle Ambivalenz und Doppelbödigkeit, die das Werk Althaus' selbst mit sich bringt, bis heute den Blick dafür verstellen, sich in den entscheidenden Fragen, wo es um die Verstrickung in das nationalsozialistische System mit seiner menschenverachtenden Politik und den Völkermord geht, eindeutig zu positionieren und den Antisemitismus, der auch Althaus' Denken zu Grunde liegt, differenziert zu benennen. Schließlich hat er sich selbst schon 1927 dazu bekannt, mit der Entwicklung seiner Schöpfungstheologie »Seelsorge am Antisemitismus« zu betreiben.[91] Auch wenn Althaus' Abgrenzung zur völkisch-radikalen oder rassistisch-gewalttätigen Diskriminierung von Juden deutlich ist, so legitimierte er antisemitisches Denken und Handeln auf der Basis theologischer Argumente und verlieh ihnen mit der Schöpfungstheologie eine Legitimation als göttliche Ordnungskraft.

---

89 Ebd., S. 236.
90 Sparn, Althaus, S. 24.
91 Paul Althaus, Evangelium und Leben. Gesammelte Vorträge, Gütersloh 1927, S. 131.

Wilhelm Stapel; Quelle: A. Clausen (Fotografin), DLA-Marbach

Clemens Vollnhals

# Theologie des Nationalismus. Der christlich-völkische Publizist Wilhelm Stapel

»Eine Theologie des Nationalismus« benannte Wilhelm Stapel im Untertitel seine im Lager der politischen Rechten stark beachtete Schrift »Der Christliche Staatsmann«. Sie erschien 1932 während der Endkrise der Weimarer Republik und sollte das von ihm herbeigesehnte »Imperium Teutonicum« legitimieren. Stapel, seit 1919 Herausgeber der Monatszeitschrift »Deutsches Volkstum«, zählte zu den einflussreichsten Publizisten jener elitären, ideologisch schillernden Bewegung, die gemeinhin mit dem unscharfen Begriff »Konservative Revolution« bezeichnet wird. Stapel war ein glühender Nationalist, der seine Kritik an der Weimarer Demokratie wie seine Vision vom »neuen Reich« mit Versatzstücken der christlichen Theologie unterfütterte. In diesem Sinne stand er ganz in der Tradition des deutschen Nationalprotestantismus, der bereits im Ersten Weltkrieg eine spezifische Kriegstheologie analog zu den »Ideen von 1914« hervorgebracht hatte: den Glauben an eine besondere Mission des deutschen Volkes.[1] Liest man Stapels Schriften heute, so wundert man sich über das dünne Substrat, das in gewundener, weitschweifiger Argumentation und einem oft unerträglichen Pathos die politische Stoßrichtung nur dürftig christlich-theologisch verbrämte. In der Weimarer Republik hingegen zählte der politische Publizist zu den bekanntesten Vertretern

1 Vgl. Wilhelm Pressel, Die Kriegspredigt 1914–1918 in der evangelischen Kirche Deutschlands, Göttingen 1967; Karl Hammer, Deutsche Kriegstheologie 1870–1919, München 1974; Martin Greschat, Krieg und Kriegsbereitschaft im deutschen Protestantismus. In: Jost Dülffer/Karl Holl (Hg.), Bereit zum Krieg. Kriegsmentalität im wilhelminischen Deutschland, Göttingen 1986, S. 33–55; Clemens Vollnhals, »Mit Gott für Kaiser und Reich«: Kulturhegemonie und Kriegstheologie im Protestantismus 1870–1919. In: Andreas Holzem (Hg.), Krieg und Christentum. Religiöse Gewalttheorien in der Kriegserfahrung des Westens, Paderborn 2009, S. 656–679. Zu den Ideen von 1914 vgl. u. a. Wolfgang J. Mommsen (Hg.), Kultur und Krieg. Die Rolle der Intellektuellen, Künstler und Schriftsteller im Ersten Weltkrieg, München 1996; Jeffrey Verhey, »Der Geist von 1914« und die Erfindung der Volksgemeinschaft, Hamburg 2000; Kurt Flasch, Die geistige Mobilmachung. Die deutschen Intellektuellen und der Erste Weltkrieg. Ein Versuch, Berlin 2004.

der sogenannten Volksnomostheologie.[2] Stapel, ein 1911 bei Edmund Husserl promovierter Kunsthistoriker,[3] wurde in der protestantischen Debatte der Zwischenkriegszeit als ernst zu nehmender theologischer Laie wahrgenommen. Klaus Scholder nennt ihn in seiner großen Darstellung des Kirchenkampfes als Vertreter der »politischen Theologie« in einer Reihe mit den Professoren Paul Althaus, Emanuel Hirsch und Friedrich Gogarten; als Publizist sei er ihnen an Einfluss »gleich, wenn nicht überlegen« gewesen.[4] Auch Karl Barth setzte sich mit Stapel auseinander, als er ihm im Oktober 1933 »vollendeten Verrat am Evangelium« vorwarf.[5]

Otto Friedrich Wilhelm Stapel wurde im Oktober 1882 in Kalbe, einer Kleinstadt nördlich von Wolfsburg, als Sohn eines Uhrmachers geboren. Nach der Scheidung seiner Eltern ging er vom Gymnasium ab und absolvierte zunächst eine Buchhändlerlehre. 1905 holte er das Abitur nach und studierte Kunstgeschichte mit den Nebenfächern Philosophie und Nationalökonomie. Politisch stand Stapel zunächst dem Kreis um Friedrich Naumann nahe und gehörte dem Evangelisch-Sozialen Kongress an. Nach der Promotion 1911 begann er seine berufliche Laufbahn als Redakteur des »Beobachters«, einer liberalen Stuttgarter Tageszeitung. Im November 1911 wechselte er zur einflussreichen bildungsbürgerlichen Zeitschrift »Der Kunstwart«, die in Dresden von Ferdinand Avenarius herausgegeben wurde. Das »Augusterlebnis« 1914 und der weitere Verlauf des Ersten Weltkrieges führten bei Stapel zu einer sukzessiven Radikalisierung. Er entwickelte sich zum publizistischen Parteigänger der 3. Obersten Heeresleitung unter Hindenburg und Ludendorff und forderte speziell die Ostexpansion des Deutschen Reiches, um neue Siedlungsgebiete zu gewinnen.[6] Da Stapel aus gesundheitlichen Gründen nur für kurze Zeit Militärdienst leisten musste, könnte man seinen radikalen Nationalismus und das lärmende Pathos psychologisch vielleicht auch als Kompensation deuten. Nach Differenzen über die weitere Ausrichtung des »Kunstwartes« übernahm Stapel Anfang 1917 die Leitung des Hamburger Volksheimes, das die Arbeiterjugend im nationalen Sinne erziehen sollte, und engagierte sich zugleich in der »Fichte-Gesellschaft von 1914«.[7] Im

2 Vgl. als erste wissenschaftliche Abhandlung Wolfgang Tilgner, Volksnomostheologie und Schöpfungsglaube. Ein Beitrag zur Geschichte des Kirchenkampfes, Göttingen 1966.

3 Wilhelm Stapel, Der Meister des Salzwedeler Hochaltars, nebst einem Überblick über die gotischen Schnitzaltäre der Altmark, Diss. phil. Göttingen 1911.

4 Klaus Scholder, Die Kirchen und das Dritte Reich, Band I: Vorgeschichte und Zeit der Illusionen 1918–1934, Frankfurt a. M. 1977, S. 125. Zu den genannten Theologen vgl. auch Robert P. Ericksen, Theologen unter Hitler. Das Bündnis zwischen evangelischer Dogmatik und Nationalsozialismus, München 1986.

5 Karl Barth, Gottes Wille und unsere Wünsche. 3. Abschied. In: Theologische Existenz heute, Heft 7 (1934), S. 31–39, hier 35.

6 Vgl. Heinrich Keßler, Wilhelm Stapel als politischer Publizist. Ein Beitrag zur Geschichte des konservativen Nationalismus zwischen den beiden Weltkriegen, Nürnberg 1967, S. 25 ff.

7 Zur 1916 gegründeten Fichte-Gesellschaft und der Rolle Stapels vgl. André Postert, Von der Kritik der Parteien zur außerparlamentarischen Opposition. Die jungkonservative Klub-Be-

Rahmen dieser Tätigkeit veröffentlichte er im selben Jahr die kleine Programmschrift »Volksbürgerliche Erziehung«.[8] In Hamburg kam Stapel auch in Verbindung mit dem Deutschnationalen Handlungsgehilfen-Verband, der in der Weimarer Republik der antidemokratischen DNVP nahestand.[9] Diese mitgliederstarke Angestelltengewerkschaft, die seit ihrer Gründung 1893 keine Juden aufnahm, hatte 1913 die antisemitische Zeitschrift »Bühne und Welt« erworben und sie 1917 in das »Deutsche Volkstum« umgewandelt. Zugleich besaß sie mit der Deutschnationalen (ab 1920: Hanseatischen) Verlagsanstalt ein großes Verlagshaus, das die Schriften zahlreicher Vertreter der Konservativen Revolution verlegte und somit zum »institutionellen Rückgrat« dieser Bewegung wurde.[10]

Wohl auf Vermittlung von Max Habermann wurde Stapel die Schriftleitung des »Deutschen Volkstums« angetragen, die er zum 1. Januar 1919 im Alter von 34 Jahren übernahm und in der Folgezeit in großer herausgeberischer Unabhängigkeit zu einer einflussreichen Monatszeitschrift (Auflage: 3 000–5 000)[11] ausbaute. 1926 kam als Mitherausgeber Albrecht Erich Günther hinzu, der der nationalrevolutionären Richtung zuzurechnen ist.[12] Im selben Jahr übernahm Stapel zusätzlich die Leitung der kulturpolitischen Abteilung der Hanseatischen Verlagsanstalt und wurde damit zum »geistigen Leiter« des Verlages.[13] Zu den Autoren, die im »Deutschen Volkstum«, der »Monatsschrift für das deutsche Geistesleben«, wie der Untertitel lautete, publizierten, zählten unter anderem die Theologen Paul Althaus, Emanuel Hirsch, Wilhelm Stählin und Karl Bernhard Ritter, die Juristen Carl Schmitt,[14] Ernst Forsthoff und Ernst Rudolf Huber, die Schriftsteller August Winnig, Hermann Ullmann, Hjalmar Kutzleb, Erwin Guido Kolbenheyer, Hans Grimm, Hermann Claudius und Ernst Jünger.[15] Die

---

wegung in der Weimarer Republik und ihre Auflösung im Nationalsozialismus, Baden-Baden 2014, S. 283–332.

8 Sie erschien 1917 in Jena. Mehrere überarbeitete Auflagen: 2. Auflage Hamburg 1920, 3. Auflage Hamburg 1928, 4. Auflage Hamburg 1942 unter dem Titel: Volk – Untersuchungen über Volkheit und Volkstum.

9 Vgl. Iris Hamel, Völkischer Verband und nationale Gewerkschaft: Der Deutschnationale Handlungsgehilfen-Verband 1893–1933, Frankfurt a. M. 1967.

10 Siegfried Lokatis, Die Hanseatische Verlagsanstalt. Politisches Buchmarketing im »Dritten Reich«, Frankfurt a. M. 1992, S. 5.

11 Keßler, Stapel, S. 7.

12 Vgl. Sebastian Maaß, Starker Staat und Imperium Teutonicum. Wilhelm Stapel, Carl Schmitt und der Hamburger Kreis, Kiel 2011, S. 33 ff.

13 So Lokatis, Hanseatische Verlagsanstalt, S. 22.

14 Zu dieser Beziehung vgl. Siegfried Lokatis, Wilhelm Stapel und Carl Schmitt – ein Briefwechsel. In: Piet Tommissen (Hg.), Schmittiana. Beiträge zu Leben und Werk Carl Schmitts, Band V, Berlin 1996, S. 27–108.

15 Autorenverzeichnis bei Keßler, Stapel, S. 292–300. Vgl. auch Ascan Gossler, Publizistik und konservative Revolution. Das »Deutsche Volkstum« als Organ des Rechtsintellektualismus 1918–1933, Hamburg 2001; Geri Nasarski, Osteuropavorstellungen in der konservativ-revolutionären Publizistik. Analyse der Zeitschrift »Deutsches Volkstum« 1917–1941, Frankfurt a. M. 1974.

politische Orientierung beschrieb der katholische Publizist Waldemar Gurian zutreffend, als er 1932 das »Deutsche Volkstum« als eine der »wichtigsten Zeitschriften des Neuen Nationalismus« charakterisierte.[16] Die Hanseatische Verlagsanstalt selbst bewarb die Zeitschrift im selben Jahr als »die führende Kampfschrift des konservativ-revolutionären Nationalismus«.[17]

Auch Stapel selbst wünschte sich keine Restauration des Wilhelminischen Reiches, sondern ein neues »Imperium Teutonicum«. Der Kampf gegen die »Schande von Versailles«, urteilte er 1939 rückblickend, »wurde zum Inhalt meines Lebens«.[18] Und an anderer Stelle: »Wir erkannten Versailles nicht an. Die, welche Versailles anerkannten, waren unsere Feinde auf Leben und Tod.«[19] Sein gesamtes Schrifttum diente der Legitimierung eines neuen Nationalismus, der die Weimarer Republik und die politische Nachkriegsordnung von Versailles zuerst geistig, dann machtpolitisch aus den Angeln heben sollte. Der »Kampf gegen Versailles« – und damit gegen Demokratie, Pazifismus und Völkerbund und im weiteren Sinne gegen die Ideen der Französischen Revolution von 1789 – war die primäre politische Motivation Stapels; alle christlich-theologischen Argumentationsstränge waren dieser politischen Zielsetzung nachgeordnet und sollten ihr lediglich eine höhere Legitimation verleihen.

Parteipolitisch betätigte sich Stapel nicht, da er über den konkurrierenden Strömungen im nationalen Lager stehen wollte, sieht man einmal von seiner erfolglosen Kandidatur für den Völkisch-Sozialen Block, einer Listenverbindung von Deutschvölkischer Freiheitspartei und NSDAP, bei der Reichstagswahl im Mai 1924 ab. Stapel sympathisierte frühzeitig mit dem Nationalsozialismus. So schrieb er im »Deutschen Volkstum« über eine Hitler-Rede, die er im August 1923 in München verfolgt hatte: »Keine Spur von Rhetorik, von Schulung und Berechnung. Da war alles unmittelbares, ehrliches Bekenntnis und auch inneres Ringen. Der ungeheure Eindruck einer (guten) Hitler-Rede ist sittlicher, nicht politischer Art. Er wendet sich nicht an Neid und Ressentiment, sondern an den Stolz, das Ehrgefühl, die Opferbereitschaft. Man hat das Gefühl: endlich mal kein ›Politiker‹, sondern ein ehrlicher Mensch.«[20] Diese Beurteilung sagt viel über das nationalistisch verengte Weltbild und das politische Urteilsvermögen aus. Entsprechend leidenschaftlich verfolgte Stapel auch den

16 Walter Gerhart (Pseudonym), Um des Reiches Zukunft. Nationale Wiedergeburt oder politische Reaktion, Freiburg 1932, S. 211.

17 So die Verlagsanzeige in Wilhelm Stapel, Preußen muss sein. Eine Rede für Preußen, Hamburg 1932, S. 47.

18 Wilhelm Stapel, Stapeleien, Hamburg 1939, S. 21.

19 Wilhelm Stapel, Zwanzig Jahre »Deutsches Volkstum«. Erinnerungen. In: Deutsches Volkstum 1938, S. 795–819, hier 797.

20 So der Bericht Stapels in seiner Rezension von Adolf Viktor von Koerber (Hg.), Adolf Hitler. Sein Leben und seine Reden, München 1923 (Deutsches Volkstum 1923, S. 424). Vgl. auch Keßler, Stapel, S. 76 ff.

Putschversuch am 9. November 1923, dessen Scheitern »all unsere Hoffnungen zu Boden« schlug.[21] Der NSDAP trat er jedoch nicht bei, um seine Zeitschrift, wie er 1933 betonte, »nicht in den Verdacht parteilicher Bindungen zu bringen«. Er habe jedoch nie einen Hehl daraus gemacht, Hitler gewählt zu haben.[22] Auch war er nach eigenem Bekunden förderndes Mitglied der SS.[23]

## Volkstum und Volksnomos als zentrale Kategorien

Charakteristisch für Stapels politisches Denken ist von Anfang an der Primat des Volkstums gegenüber der gesellschaftlichen und staatlichen Ordnung. Ein Volk sei nicht nur eine Summe von Individuen, sondern ein Organismus, der »eine über die Jahrhunderte reichende Lebenseinheit von Menschen gemeinsamer seelischer Art ist, die sich körperlich und geistig von Geschlecht zu Geschlecht fortzeugen, und die aus sich ein gemeinsames Besitztum von Kulturgütern und Idealen entwickeln«. »Zur Gesamtheit des Phänomens ›ein Volk‹ gehören auch seine gestorbenen und ungeborenen Glieder.«[24] In diesem Volksganzen könne der einzelne Bürger im Laufe seines Lebens wohl die Staatsbürgerschaft wechseln, niemals aber die Zugehörigkeit zu seinem Volk, in das er schicksalhaft hineingeboren wurde. Dieser, der deutschen Romantik entspringende Volksbegriff wird nun metaphysisch im göttlichen Ursprung der Völker verankert. Jedes Volk sei »ein unmittelbares Gebilde aus Gottes Schöpferhand«, so Stapel bereits 1917.[25]

Aus diesem Ansatz entstand die »Volksnomoslehre«, wie sie Stapel insbesondere in der 1932 publizierten Schrift »Der Christliche Staatsmann« darlegte.[26] Sie besteht im Wesentlichen aus der überarbeiteten Zusammenfassung verschiedener Aufsätze, die bereits zuvor im »Deutschen Volkstum« erschienen waren. »Jedes Volk wird zusammengehalten durch ein Gesetz des Lebens, das, entsprechend seiner Natur, seine innere und äußere Form, seinen Kult, seinen Ethos, seine

21 Wilhelm Stapel, Zwanzig Jahre »Deutsches Volkstum«. Erinnerungen. In: Deutsches Volkstum 1938, S. 800.

22 Wilhelm Stapel, Zwiesprache. In: Deutsches Volkstum 1933, S. 311 f.

23 Vgl. Schmalz, Kirchenpolitik, S. 95.

24 Wilhelm Stapel, Volksbürgerliche Erziehung. Versuch einer volkskonservativen Erziehungslehre, 1. Auflage Jena 1917, S. 17, 9.

25 Ebd., S. 9. Zur frühen Entfaltung dieses Volkstumsbegriffs und der Verbindung von Deutschtum und Christentum vgl. Roland Kurz, Nationalprotestantisches Denken in der Weimarer Republik. Voraussetzungen und Ausprägungen des Protestantismus nach dem Ersten Weltkrieg in seiner Begegnung mit Volk und Nation, Gütersloh 2007, S. 228 ff.

26 Wilhelm Stapel, Der Christliche Staatsmann. Eine Theologie des Nationalismus, Hamburg 1932; Auflagenhöhe: 8000 (Keßler, Stapel, S. 306). Nach eigenen Angaben widmete Stapel das erste gedruckte Exemplar Hitler: »Dem Führer der Deutschen«. Zit. nach Kurz, Nationalprotestantisches Denken, S. 200.

Verfassung und sein Recht bestimmt: durch den Nomos. Der Nomos macht das Volk, das ursprünglich Kultgemeinde ist, zum Volke; im Nomos wächst und blüht und fruchtet es. Jedes Volk hat seinen besonderen Nomos.«[27] Dieser Nomos sei jedem Volk von Gott gegeben. Gedanklich war dieser Ansatz bereits in früheren Schriften Stapels unter dem Begriff »Volksheit« ausgeführt. Da jedes Volk seinen eigenen Nomos besitze, könne es auch keine allgemeine, allein der Menschheit verpflichtete Ethik geben, wie Stapel gegen die ihm verhasste Aufklärung und die französische Idee der allgemeinen Menschenrechte argumentierte. Auch die Zehn Gebote entsprächen nur dem jüdischen Volksnomos, seien also nur ein für Israel gültiges Gesetz; ebenso wenig könne die Bergpredigt als Grundlage eines allgemein gültigen christlichen Sittengesetzes verstanden werden.[28] Die sittliche Existenz des Christen, so die Schlussfolgerung, vollziehe sich unter dem je spezifischen völkischen Lebens- und Gottesgesetz.

Der Nomos des deutschen Volkes sei, wenn wir alle theologische Argumentation über die Nomoi anderer Völker und ihren Bezug zum christlichen Heilsgeschehen beiseite lassen, die Berufung zum »Reich«, zum »Imperium Teutonicum«. Mit diesem Begriff grenzte sich Stapel bewusst vom katholischen Reichsgedanken ab: »Das deutsche Volk ist von Natur ein imperiales Volk. Die Neigung, ›Reiche‹ zu bilden, liegt schon in der vor-deutschen, in der germanischen Natur […]. Was aber heißt ›Imperium‹ und ›Reich‹? Reich heißt: dass die ganze Menschheit, unbeschadet ihrer Verschiedenheiten, unter einer Führung vereinigt werden soll.«[29] Die Herstellung dieses Reiches – analog zum Imperium Romanum – sei die Aufgabe des deutschen Volkes, ja sogar ein göttlicher Auftrag: »Wenn Israel von Jahwe abfiel, strafte Gott Israel, wie im Alten Testament zu lesen ist. Wenn wir vom Reich abfallen, straft uns Gott, wie die deutsche Geschichte zeigt. Das ist das Deutsche Testament.«[30]

Geschichtstheologisch argumentierte Stapel: Nach dem Untergang des Römischen Reiches habe Gott das Reich durch Karl den Großen zunächst den Franken, durch Otto den Großen dann den Deutschen übertragen.[31] Um seine Bestimmung erfüllen zu können, brauche das deutsche Volk einen genialen Führer, jenseits von Demokratie und Parlamentarismus.

»Der wahre Staatsmann vereinigt in sich Väterlichkeit, kriegerischen Geist und Charisma. Väterlich waltet er über dem seiner Hut anvertrauten Volke. Tapfer wehrt er alle Angriffe auf das Lebensrecht seines Volkes ab und, wenn sein Volk sich mehrt und wächst, schafft er ihm, indem er die kriegerischen Kräfte des Volkes sammelt, Raum zu leben. Gott aber segnet ihn mit Glück und Ruhm, so

27 Ebd., S. 174.
28 Ebd., S. 121 ff. Zur theologischen Rezeption vgl. Keßler, Stapel, S. 168, Anm. 3; Scholder, Kirchen, S. 534 ff.
29 Ebd., S. 228.
30 Ebd., S. 7 f.
31 Vgl. ebd., S. 231 f.

dass das Volk verehrungsvoll und vertrauend zu ihm aufblickt. So wägt der Staatsmann Krieg und Frieden in seiner Hand und hält Zwiesprache mit Gott. […] Seine Siege und Niederlagen sind nicht menschliche Zufälle, sondern göttliche Schickungen. So ist der wahre Staatsmann Herrscher, Krieger und Priester zugleich.«[32]

Doch damit nicht genug: Indem das deutsche Volk, heilsgeschichtlich engstens mit Luther und der Reformation verbunden, die Weltherrschaft antrete, werde sich auch eines Tages die Apokalypse erfüllen:

»Da aber Christus und Kaiser zusammengehören, wie Heilsgeschichte und Weltgeschichte zusammengehören, so ist die Sehnsucht der menschlichen Geschichte das eine Reich, das alle Völker vereinigt, und der christliche Kaiser als der Schirmherr der gesamten Christenheit. Der letzte und höchste Staatsmann wird der christliche Kaiser des einen christlichen Reiches sein, der Traum der Geschichte. Gewaltig wird er sich erheben auf Gottes Geheiß, wie der unbändige Löwe. Herrlich an Kraft, hochgemut und stolz, schrecklich den Empörern, milde den Seinen, ein Krieger, dem niemand widersteht, ein Vater den Seinen, demütig vor Gott, so wird er die Krone über die Völker tragen. Wenn aber seine Herrschaft die Enden der Erde erreicht hat und rings um den Erdball nichts ihm widersteht, wenn er mit dem Scheitel die Sterne berührt, dann ist die Weltgeschichte an ihr Ende gekommen. Dann hat alles Irdische sich erfüllt. Der Kaiser wird die Krone von seinem Haupt nehmen und am Kreuz von Golgatha niederlegen. Dann wird Christus ›aufheben alle Herrschaft und alle Obrigkeit und Gewalt‹ (1 Kor 15, 24). Weil der Jüngste Tag und das Gericht Gottes Ziel und Ende aller Geschichte ist, darum schreiten wir ihm entgegen mit dem Ruf: Salve mundi domine, Caesar noster, ave!«[33]

Dieses schwülstige Pathos und das ungezügelte Schwadronieren, das jeglichen Bezug zu einem rationalen Politikverständnis vermissen ließ, sind für Stapels Schriften weithin charakteristisch.

Die imperialistische (und chiliastische) Dimension des »Reiches« war 1932 noch eine ferne Vision, wie Stapel im Vorwort selbst einräumte: »Das Reich beginnt nicht so, dass die andern Völker anerkennen: wir glauben an die besondere geschichtliche Sendung der Deutschen, sondern so, dass das deutsche Volk aus der geistigen Reichshaltung heraus politisch handelt.«[34] Hoffnung für die angestrebte politisch-moralische Mobilmachung des deutschen Volkes zog Stapel aus der weltpolitischen Entwicklung: Die expandierende Weltwirtschaft und Technik hätten eine übernationale Welt geschaffen, die notwendig zu einer Zusammenfassung der Länder und Staaten, »zuvörderst zu einer Zusammenfassung Europas drängt«. Deshalb müsse »eine Nation ein imperiales Recht setzen und einen europäischen Nomos aufrichten«.[35] In Bezug auf Frankreich, den großen Gegenspieler, führte Stapel aus: Die französische Idee, ausgeprägt in den Menschenrechten von 1789, sei heute »wesenlos« geworden; »sie stimuliert

32 Ebd., S. 190.
33 Ebd., S. 245 f.
34 Ebd., S. 5.
35 Ebd., S. 252.

nur noch einige ältere Literaten zu Aufsätzen gegen den Abtreibungsparagrafen oder gegen die Bestrafung homosexueller Tätlichkeiten«. Zudem sei Frankreich durch sein »ungeheures Kolonialreich voll brauner und schwarzer Völkerschaften« innerlich geschwächt. »Frankreich wird von unten, von der Masse verniggert. Es wird durch sein Kolonialreich zur Einbruchsstelle des Niggertums in Europa« und sei deshalb »unbrauchbar für die Aufgabe, die europäischen Nationen zu führen«.[36]

Die Schlussfolgerung liegt auf der Hand: »Der Träger des neuen Imperialismus kann nur die deutsche Nation sein.«[37] Nur mit der Errichtung der deutschen Vorherrschaft könne Europa dauerhaft befriedet und die Probleme der deutschen Minderheiten in anderen Staaten gelöst werden.

> »Sind wir die Vormacht und ist der Deutsche, in welchem Land und Volk Europas auch immer, als der Erste anerkannt, so wird endlich Ordnung kommen in diesen zerrissenen Erdteil. Wir werden die andern Völker in ihrer Volkshaftigkeit nicht nur belassen, sondern wir werden ihr Volkstum pflegen, denn wir lieben die bunte Fülle des Eigenwüchsigen. Wir werden den andern Völkern ihre Grenzen nicht antasten, denn warum sollte das herrschende Volk eifersüchtig sein? Wir werden die Wirtschaft der andern Völker fördern, denn ihr Wohlergehen ist unsere Stärke. Eines aber fordern wir: das Imperium. Wo uns das Imperium nicht zugestanden wird, muss es errungen werden. Denn wir sind nicht andern ›gleich‹, sondern wir sind ›Deutsche‹.«[38]

Die Beteuerung des friedlichen Zusammenlebens und der Respektierung anderer Völker im »Imperium Teutonicum« war die idealistische Seite der Stapel'schen Vision, die durch die ganze Maßlosigkeit seiner völkischen Argumentation sofort dementiert wurde. »Wenn in ganz Polen nur zwei Deutsche wohnen würden, so wären sie mehr als die Millionen Polen; denn sie sind eben Deutsche.«[39]

Vom »Herrenvolk« zur »Herrenrasse« war es nur ein kleiner Schritt, auch wenn Stapel die NS-Rassenideologie ablehnte. Denn er argumentierte ebenfalls mit der hierarchisch abgestuften, im biologischen Volkstum begründeten Ungleichheit der Völker, um die deutsche Führungsrolle zu legitimieren: »Wie es in Wahrheit keine Gleichberechtigung der Menschen gibt, so gibt es in Wahrheit auch keine ›Gleichberechtigung der Nationen‹. Die Nationen sind in ihrer Beschaffenheit verschieden und darum auch in ihren Fähigkeiten und Leistungen. Wiederum, weil sie in ihren Fähigkeiten und Leistungen verschieden sind, so ist notwendig ihr Wert verschieden. [...] Der eine ist dem anderen keineswegs gleichwertig, nur weil er auch ›Menschenantlitz trägt‹.«[40] Für Stapel hatte die Rassereinheit keine sonderliche Bedeutung, wichtig war ihm das starke, zum Krieg bereite Volkstum.

36 Ebd., S. 253.
37 Ebd.
38 Ebd., S. 256.
39 Ebd., S. 255.
40 Ebd., S. 246 f.

## Antisemitismus

Mit der Volksnomoslehre begründete Stapel auch die Notwendigkeit eines »gesunden Antisemitismus«. Er verstand das Judentum nicht als Religionsgemeinschaft – wie es dem in der Weimarer Republik dominierenden jüdischen Selbstverständnis entsprach –, sondern in Übereinstimmung mit den Zionisten als Volk. Das Judentum verkörpere deshalb in Deutschland ein wesenhaft fremdes Volkstum, das auch andere geistige Werte vertrete: Liberalismus, Pazifismus, Internationalismus. In welch hohem Maß Stapels Antisemitismus von der politischen Radikalisierung im Gefolge des Ersten Weltkrieges geprägt war, lässt sich der 1928 erschienenen Schrift »Antisemitismus und Antigermanismus« entnehmen.[41] Im Vorwort dieser Sammlung verschiedener Aufsätze, die er seit 1919 im »Deutschen Volkstum« publiziert hatte, bekannte Stapel: Er habe, »durchdrungen von den Gedanken und Empfindungen der liberalen Gerechtigkeit«, die Universität als »ein Freund aller Juden« verlassen. Als Schriftleiter beim »Kunstwart« sei er dann durch Avenarius auf »den unterirdischen Kampf zwischen Deutschen und Juden« aufmerksam gemacht geworden. Die »Judenfrage« sei schließlich »infolge bestimmter Erscheinungen des Umsturzes von 1918« immer stärker in Erscheinung getreten, weshalb er im Juni 1919 den Aufsatz »Von der Fremdheit des deutschen und des jüdischen Volkstums« publiziert habe.[42]

In dieser ersten Stellungnahme betonte Stapel, es handele sich nicht um den »Gegensatz der jüdischen und christlichen Religion«, auch nicht von Rassen (da das deutsche Volk selbst aus verschiedenen Rassen bestehe), sondern »um verschiedenes Volkstum«.[43] Diese natur- und gottgegebene Verschiedenheit werde von vielen Juden jedoch nicht anerkannt: »Sie nehmen die logische Reihenfolge: Mensch, Volk, Menschheit zugleich als eine moralische Stufenfolge, nach der sich die Entwicklung zu richten habe: die Menschen sollten das Volkstum überwinden, um zur Menschheit zu gelangen. Welch wunderliches Fehldenken [...].«[44] Insbesondere den assimilierten Juden warf Stapel die »Durchsetzung und Zersetzung des deutschen Volkstums« vor. »Man fühlt Wesentliches und Bestes der deutschen Kultur bedroht dadurch, dass ein fremder Geist unter der äußeren Form deutscher Sprache und deutschen Gebarens sich aufdrängt und eindringt. Dass ein Jude deutsche Kunst und Dichtung anders empfindet als ein Deutscher, ist naturgegeben.«[45] Zudem hätten jüdische Politiker die Mitschuld des

41 Wilhelm Stapel, Antisemitismus und Antigermanismus. Über das seelische Problem der Symbiose des deutschen und des jüdischen Volkes, Hamburg 1928. Nachdruck im Bremer Faksimile-Verlag 2006.

42 Ebd., S. 6–8.

43 Ebd., S. 14.

44 Ebd., S. 16.

45 Ebd., S. 19.

Kaiserreiches am Ersten Weltkrieg bekannt. »Es ist mir unerträglich, die Geschicke meines Volkes von Juden geleitet zu sehen. Ich empfinde darin zwar keine staatliche, wohl aber eine völkische Fremdherrschaft.«[46] Zwar betonte Stapel, dass man im Privatleben jedem Juden die Achtung entgegenbringen solle, die er als Mensch verdiene; allerdings müssten auch die Juden jenen Takt aufbringen, »den sie meinem Volkstum schuldig sind. Es gibt nicht nur einen heiligen Bezirk der Persönlichkeit, sondern auch einen heiligen Bezirk des Volkstums. Wer da lärmend einbricht, wer da unbedingt herrschen will oder ihn mir gar beschmutzt, ist mein Feind.«[47] Als Paradebeispiel für jene Juden, »die instinktverlassen sich in die Dinge mischen, deren Verwaltung ihnen von der Natur nicht übertragen ist«, nannte er Theodor Wolff, den Chefredakteur des linksliberalen »Berliner Tageblatts«. Der Antisemitismus als Reaktion auf jüdische Grenzüberschreitungen sei deshalb »nichts anderes als ein Beweis dafür, dass die Volksseele noch gesund und widerstandsfähig ist«.[48]

In späteren Jahren nahm die Schärfe der Angriffe noch zu. So beschuldigte er 1928 das Judentum als Ganzes »antigermanisch« eingestellt zu sein. Quer durch alle jüdischen Richtungen im In- und Ausland habe sich »eine gemeinsame jüdische Front« herausgebildet, die dem deutschen Volk genuin jüdische Wertvorstellungen aufzwingen wolle: Liberalismus, Pazifismus, internationale Verständigung. »Ob Marxist oder Demokrat oder zionistischer Theokrat – immer verlegt der Jude den politischen Mittelpunkt aus dem deutschen Volk heraus in seine Lebens- und Menschheitsideale. Die Befreiung und Herrschaft einer ›Klasse‹, ein ›Völkerbund‹, ein ›Reich Gottes auf Erden‹ ist das Ziel, niemals aber das Deutsche Reich und Volk als solches. Das ist ihm bestenfalls ein Baustein in seinem Reich.«[49]

Zwar polemisierte Stapel in erster Linie gegen den »jüdischen Einfluss« im kulturellen Bereich, der zu einer Überfremdung der deutschen Kultur führe und damit das deutsche Volkstum bedrohe, doch handelte es sich dabei um keinen bloßen »Kulturantisemitismus«.[50] Denn Stapel argumentierte stets mit dem im unterschiedlichen Volkstum wesenhaft und unveränderlich begründeten Gegensatz zweier Völker und insofern biologistisch, auch wenn der Begriff »Rasse« erst spät Eingang in sein Schrifttum fand.[51] Die Lösung der »Judenfrage« sah Stapel

46 Ebd., S. 23.

47 Ebd., S. 25.

48 Ebd., S. 26.

49 Ebd., S. 103.

50 Dies übersieht Louis Dupeux, Der Kulturantisemitismus von Wilhelm Stapel. In: Kurt Nowak/Gérard Raulet (Hg.), Protestantismus und Antisemitismus in der Weimarer Republik, Frankfurt a.M. 1994, S. 167–176; ebenso Stefan Breuer, Anatomie der Konservativen Revolution, Darmstadt 1993, S. 91.

51 »Rasse« ist nach Stapel nicht »nur etwas Körperliches und Biologie ist nicht nur eine materialistische Wissenschaft. Rasse ist Seele und Geist, darum ist sie auch Blut und Körper. Denn der Rassengeist baut sich den Rassenkörper. Wie immer man das Phänomen Rasse deuten mag [...], Rasse

während der Weimarer Republik in einer Art Apartheidspolitik, in der strikten Trennung des jüdischen vom deutschen Volk. Da es eine Symbiose auf politischer und kultureller Ebene nicht geben könne, müsse auch die Assimilation gestoppt werden – eine Forderung, in der sich Stapel mit den Zionisten einig wusste. Mit Blick auf Stapel warnte Carl von Ossietzky schon 1932: »In dieser Zeit liegt viel Blut in der Luft. Der literarische Antisemitismus liefert nur die immateriellen Waffen zum Totschlag.«[52]

## Christentum und Nationalsozialismus

Nach dem großen Wahlerfolg der NSDAP im September 1930 veröffentlichte Stapel wenige Monate später eine kleine Broschüre mit dem Titel »Sechs Kapitel über Christentum und Nationalsozialismus«, die binnen Kurzem in 7. Auflage gedruckt wurde.[53] Wie nach den bisherigen Ausführungen nicht anders zu erwarten ist, begrüßte Stapel die NS-Bewegung als eine elementare, vom Instinkt geleitete Bewegung. »Sie ist eine noch ungeführte Bewegung, die mit ungeheurer Jähheit aus dem Volksinstinkt herausbricht und ihren Weg teils in den Parteien, teils außerhalb sucht.«[54] Hitler nehme sein katholisches Christentum ernst, und die NSDAP vertrete in Punkt 24 ihres Parteiprogramms »ein positives Christentum«, das seine Begrenzung nur am »germanischen Gefühl für Sittlichkeit und Moral« finde. »Eine Empfänglichkeit für christliche Mission darf also in der nationalsozialistischen Bewegung mit Grund angenommen werden, soweit es sich nicht um ein pazifistisches und marxistisch gewendetes Christentum handelt.«[55]

Auch der Antisemitismus und der Nationalismus seien für den Christen kein Hindernis. »Wer die Bergpredigt als die einzige verbindliche Sittlichkeit dieser Welt, die eine Kampfwelt zu sein bestimmt ist, erklären würde, der würde die Selbstbehauptung des Lebens und damit den Bestand der Schöpfung aufgeben, weil er den Kampf aufgeben würde. Er würde den widergöttlichen Versuch machen, die gefallene Welt durch Sittlichkeit« zu erlösen.[56] Für den Christen bestehe »weder ein sittlicher noch ein religiöser Grund, den Nationalismus mit

ist eine unbestreitbare Tatsache. Es gibt Rasse. Weil es sie gibt, bestimmt sie auch die Erscheinungsform der Religion.« So die gewundene Definition in: Der Christliche Staatsmann, S. 17.

52 Carl von Ossietzky, Antisemiten. In: Die Weltbühne vom 19.7.1932, S. 96 f.

53 Wilhelm Stapel, Sechs Kapitel über Christentum und Nationalsozialismus, Hamburg 1931; Gesamtauflage: 16 000 (Keßler, Stapel, S. 306). Der Druck einer 8. Auflage wurde von der Parteiamtlichen Prüfungskommission zum Schutze des NS-Schrifttums am 3.12.1935 untersagt, da die Schrift »gewisse Stellen enthält, die von Seiten der Partei nicht gebilligt werden können«. Zit. nach Keßler, Stapel, S. 253.

54 Ebd., S. 5.

55 Ebd., S. 12.

56 Ebd., S. 19.

seinen volk- und zeitgebundenen Gewissensentscheidungen zu verdammen«. Zu verdammen wäre der Nationalismus nur, wenn er die Nation über Gott, ihren Schöpfer, stelle.[57] Auch der Sozialismus der NS-Bewegung sei für den Christen kein Hindernis, denn er ziele auf die Herrschaft des Staates über die Wirtschaft ab. Der Nationalsozialismus wolle die »Kumulation der nationalen Macht«. »Er will einen herben, harten, militärisch disziplinierten Sozialismus, nicht einen Sozialismus, der den Genuss, das Lebensbehagen, die Kulturschlemmerei des Individuums fördert, nicht einen ›humanen‹ Sozialismus.«[58] Für Stapel waren, wie er seinen Lesern zeigen wollte, Nationalsozialismus und Christentum miteinander vereinbar, und so schloss er seine Broschüre mit dem Satz: »Aber wenn die Nation Gott vor Augen hat, so wird ihr Zorn Gott wohlgefällig und ihr Schwert gerecht, denn sie führt dieses Schwert mit Furcht und Zittern vor dem Allmächtigen, der es ihr in die Hand gegeben hat.«[59] Im Grunde war dies nichts anderes als die zeitgemäß aktualisierte nationalprotestantische Kriegstheologie des Ersten Weltkrieges.

## Apologie des nationalsozialistischen »Führerstaates«

Stapels Stellung zur Machtübernahme erschließt sich aus seiner Schrift »Die Kirche Christi und der Staat Hitlers«, die im Sommer 1933 erschien und auf drei Vorträge vor Theologischen Fachschaften zurückging.[60] In ihr rechnet Stapel zunächst in gewohnter Manier mit dem liberalen Rechtsstaat ab,[61] der auch das Bismarckreich geprägt habe: Staatsbürgertum aller, Gleichberechtigung aller, Geistesfreiheit aller und das Recht aller auf freie Persönlichkeit. Es sei eine Grenzüberschreitung, wenn aus der Gleichheit vor Gott aus dem Evangelium die Gleichheit von Menschen in das Staatsrecht übertragen werde.[62] Zutreffend und zustimmend formulierte Stapel: »Der nationalsozialistische Staat ist in allem Wesentlichen das Gegenteil des Bismarck-Staates.« Er greife »ohne Hemmungen in alle privaten Verhältnisse ein und nimmt alles Leben in seinen Dienst: Wirtschaft, Beruf, Familie, Vereine«. »Die Wirtschaft wird staatlich ausgerich-

57 Ebd., S. 23.

58 Ebd., S. 25.

59 Ebd., S. 29.

60 Wilhelm Stapel, Die Kirche Christi und der Staat Hitlers, Hamburg 1933; vier Auflagen: 12 000 (Keßler, Stapel, S. 306). Den Empfang eines Hitler gewidmeten Exemplars bestätigte Martin Bormann als Leiter der Privatkanzlei Hitlers am 25.7.1933. Faksimile in: Maaß, Starker Staat, S. 125. Zu Stapels publizistischen Äußerungen im »Deutschen Volkstum« unmittelbar nach der Machtübernahme Hitlers vgl. Keßler, Stapel, S. 177 ff.

61 Vgl. neben zahlreichen Aufsätzen Stapels vor allem seine Schrift: Die Fiktionen der Weimarer Verfassung. Versuch einer Unterscheidung der formalen und der funktionalen Demokratie, Hamburg 1928.

62 Stapel, Kirche Christi, S. 12.

tet, die Berufswahl wird staatlich beeinflusst, die Familie wird von Staats wegen der Rassenhygiene unterworfen, und die Vereine werden gleichgeschaltet. Diese totale Einbeziehung des Lebens in den Staat hat einen aktivistischen Sinn: die Bildung einer deutschen Macht.«[63] Der Staat gehe nicht mehr von einem allgemeinen und gleichen Staatsbürgertum, sondern vom »Führer« aus. Dieser sei »die Verkörperung des Staates«. »Von Gleichheit ist hier nicht mehr die Rede, sondern die Rechte sind hierarchisch abgestuft je nach der Stellung, die der Einzelne im Gefüge einnimmt. Was Recht ist, wird nicht vereinbart, sondern vom Führer bestimmt [...].«[64] Aus dieser Beschreibung des totalen Staates folgte für Stapel konsequenterweise, dass Opposition kein »moralisches Recht« mehr habe: »Opposition ist Staatsfeindschaft.« »Diese Verweigerung der Geistesfreiheit ist das, was den liberalen Menschen am heftigsten erschreckt; aber er wird sich daran gewöhnen müssen, dass es keine Geistesfreiheit im liberalen Sinne mehr gibt.«[65] Stapel bejahte ausdrücklich den totalen Machtanspruch der Nationalsozialisten und das Führerprinzip: »Das Volk weiß nicht, was es will, es hat nur den Instinkt. Der Führer aber weiß, was das Volk will. Das macht ihn zum Führer. Sofern er das Volk zwingt, zwingt er es zu seinem, des Volkes guten Willen, über bloße Launen und widersetzliche Stimmungen, die auch im Volke sind, hinweg.«[66] Nach Jahren der politischen und moralischen Dekadenz sah Stapel in der NS-Diktatur den verheißungsvollen Neuanfang auf dem Weg zum ersehnten »Imperium Teutonicum«.

Der neue Staat müsse, »um der Macht willen, nicht nur die administrative, sondern auch die moralische Einheit des deutschen Volkes wollen«. Erst sie gebe dem Staat »jene innere Festigkeit, die nicht mehr durch ›moralische Einflüsse‹ vom Feinde her gespalten« werden könne und somit »dolchstoßfest« sei.[67] Woraus sich für Stapel – im Einklang mit vielen kirchlichen Wortmeldungen des Jahres 1933 – die Schlussfolgerung ergab: »Der Hitler-Staat wäre vollkommen, wenn ihm zur Seite eine positiv-christliche Nationalkirche stünde.«[68] Die Existenz der katholischen Kirche sowie des reformierten und des lutherischen Bekenntnisses galt Stapel als ein historisch bedingtes Hemmnis, weshalb er dem Staat das Recht zusprach, »die sittliche Erziehung des Volkes in ganzem Umfang zu übernehmen. Darum hat er auch das Recht, über die Kirche zu wachen, dass nicht eine unziemliche Sittlichkeit in ihr gelehrt werde, die sich in ihren Wirkungen politisch gegen den Staat und seine Kraft richtet (Pazifismus, Gleichheitsmoral, Geistesfreiheit usw.).«[69] Prägnant

63 Ebd., S. 14.
64 Ebd., S. 15.
65 Ebd., S. 16.
66 Ebd., S. 17.
67 Ebd., S. 26.
68 Ebd., S. 29.
69 Ebd., S. 64.

postulierte Stapel: »Zum totalen Staat gehört alles, was das Recht, und alles, was die Sittlichkeit betrifft. Zur Kirche gehört alles, was das Himmelsreich betrifft.«[70] Deshalb unterstünden auch die Ordnung und das Recht der Kirche dem Staat. Im Kirchenstreit stellte sich Stapel deshalb konsequent auf die Seite des NS-Regimes und verteidigte als »notwendige Konsequenz des Staatsumbaus« auch die staatlichen Eingriffe und die Forcierung einer evangelischen Reichskirche. Diese Kirche müsse theologisch zu einem einheitlichen Bekenntnis finden, erst dann sei der äußere und innere Kirchenfrieden gewährleistet.

## Stellung im Kirchenkampf

Als diese Schrift erschien, war Stapel bereits den Deutschen Christen beigetreten (1. Juli 1933), denen er auch nach den Massenaustritten im Zuge des Berliner Sportpalast-Skandals im November 1933 die Treue hielt.[71] Insofern verwundert es nicht, dass Stapel im evangelischen Kirchenkampf vehement gegen die Bekennende Kirche um Martin Niemöller und Karl Barth polemisierte. In seiner 1934 publizierten Schrift »Volkskirche oder Sekte?« bezeichnete er die Barmer Theologische Erklärung, die das Fundament der Bekennenden Kirche bildete, schlicht als »die Privatarbeit von Schismatikern, deren Kirchenbegriff nicht in Ordnung ist«.[72] Privat wurde Stapel noch deutlicher: »Die Barmer sind politisch Staatsfeinde [...], sie sind theologisch Ketzer [...], sie sind kirchlich Verräter des Luthertums [...], sie sind moralisch ein hinterhältiges und verkniffenes und pharisäisches Pack.«[73] Verteidigte die Bekennende Kirche die Autonomie der Kirche, so führte Stapel in seiner Schrift abermals aus: Der Staat könne »Bischöfe ernennen, wen und so viel er Lust hat. [...] Er kann die Landeskirchen aufheben und eine Reichskirche organisieren, wie es ihm passt. Er kann Pastoren hin- und herversetzen [...]. Und kein Lutheraner darf dagegen die Fahne des Propheten entfalten [...].«[74] Ein öffentliches Urteil über das Wirken von Reichsbischof Ludwig Müller stehe »nur dem Führer, über seine Theologie nur Gott zu«.[75] Unantastbar seien nur die Sakramente und das Evangelium, nicht aber die äußere und innere Verfassung der Kirche. »Wäre die Revolution von 1933 ohne Auswirkung auf die Kirche geblieben, so wäre das für die Kirche das Allerschlimmste gewesen: ein Armutszeugnis, vielleicht ein Zeugnis des Todes.« Die evangelische Kirche müsse eine dem neuen Staat verbundene Volkskirche sein. Sollte sie sich zur »unstaatlichen Sekte«, zur »Bekenntnis-

70 Ebd., S. 65.
71 Vgl. Schmalz, Kirchenpolitik, S. 144 f.
72 Wilhelm Stapel, Volkskirche oder Sekte?, Hamburg 1934, S. 11.
73 Wilhelm Stapel an seinen Sohn Henning vom 15.7.1934. Zit. nach Schmalz, Kirchenpolitik, S. 160.
74 Stapel, Volkskirche oder Sekte?, S. 57.
75 Ebd., S. 58.

kirche« entwickeln, so würde sie das deutsche Volk nur anderen Mächten überlassen. »Diese anderen Mächte sind Rom und das Heidentum.«[76]

Die polemische Auseinandersetzung mit der Bekennenden Kirche prägte zahlreiche Artikel, die in den Folgejahren im »Deutschen Volkstum« aus der Feder Stapels und anderer Autoren erschienen.[77] Stapel verteidigte die Politik von Reichsbischof Ludwig Müller und setzte sich für die Einführung des Arierparagrafen in der Kirche ein: Allein durch die Taufe eines Juden ändere er »nicht sein Volkstum, auch nicht seine Moral«.[78] Die Judenchristen sollten sich in einer eigenen Kirche organisieren. Zugleich engagierte sich Stapel für die Kirchenpolitik von Reichskirchenminister Hanns Kerrl, dem er sich auch als Berater andiente.[79] Allerdings mit wenig Erfolg, wie er 1938 resigniert feststellte: »Ich habe auf Denkschriften zwar nette Antworten bekommen, aber nie hat man auf mich gehört. Hätte ich die Vollmachten, so würde ich binnen vier Monate aus der evangelischen Kirche eine treue Staatsgefolgschaft und Hitlergefolgschaft machen. Es ist soviel guter Wille da.«[80] Dass Stapel unbeirrt an der Synthese von Nationalsozialismus und (protestantischem) Christentum festhielt, zeigt seine Mitarbeit an der »Godesberger Erklärung«, einem Einigungsversuch von Kirchenführern der Deutschen Christen und Teilen der kirchenpolitischen »Mitte«, die Ende März 1939 verkündete: »Indem der Nationalsozialismus jeden politischen Machtanspruch der Kirchen bekämpft und die dem deutschen Volke artgemäße nationalsozialistische Weltanschauung für alle verbindlich macht, führt er das Werk Martin Luthers nach der weltanschaulich-politischen Seite fort und verhilft uns dadurch in religiöser Hinsicht wieder zu einem wahren Verständnis des christlichen Glaubens.« Diesem Bekenntnis folgte die Aussage: »Der christliche Glaube ist der unüberbrückbare Gegensatz zum Judentum.«[81]

## NS-Judenpolitik

Es überrascht nicht, dass Stapel die Judenpolitik des NS-Regimes wärmstens begrüßte. So schrieb er nach dem Boykott vom 1. April 1933 in dem Artikel »Die Juden und das neue Deutschland«: »Die Juden haben (erstens) eine frankophile

76 Ebd., S. 68.

77 Vgl. Schmalz, Kirchenpolitik, S. 142–211; Willi Keinhorst, Wilhelm Stapel – Ein evangelischer Journalist im Nationalsozialismus. Gratwanderer zwischen Politik und Theologie, Frankfurt a. M. 1993, S. 137–159.

78 Stapel an seinen Sohn Henning vom 28.5.1933. Zit. nach Schmalz, Kirchenpolitik, S. 155.

79 Vgl. Schmalz, Kirchenpolitik, S. 172 ff.

80 Stapel an Erwin Kolbenheyer vom 8.4.1938. Zit. nach Schmalz, Kirchenpolitik, S. 175.

81 Zit. nach Oliver Arnhold, »Entjudung« – Kirche im Abgrund, Band 1: Die Thüringer Kirchenbewegung Deutsche Christen 1928–1939, Berlin 2010, S. 437 f. Zur Mitarbeit und Unterzeichnung, die Stapel nach 1945 bestritt, vgl. Schmalz, Kirchenpolitik, S. 181 f.

Politik gemacht, (zweitens) eine pazifistische und internationale Gesinnung propagiert, (drittens) die immer stärker werdende nationale Bewegung geschmäht und verhöhnt.« Deshalb sei zur »Lösung der Judenfrage«, die in Deutschland nur über den »Weg der völkischen Abgrenzung« erfolgen könne, ein »Judengesetz« notwendig, »das die Beziehungen zwischen Deutschen und Juden korporativ regelt«. Die Judenfrage sei nur »durch Ausgliederung und Verselbständigung des Judentums im deutschen Lebensraum« zu lösen.[82]

Im Januar 1935 bekräftigte Stapel: »Die deutsche Judenpolitik ist nicht dadurch ins Unrecht gesetzt, dass hier einem guten Juden Schlimmes widerfuhr, dort eine unschuldige jüdische Familie weichen musste usw.« Das Unglück des Einzelnen könne kein moralischer Maßstab sein, denn bei der »Lösung der Judenfrage« handele es sich um geschichtliche Vorgänge, um »Biopolitik«, die sich einer solchen Betrachtung entziehe. »Im autoritären Staat der Deutschen« hätten die Juden »keine Mitherrschaft mehr«. Die Wiederherstellung der Ordnung verlange deshalb, dass jeder, der eine Mischehe mit einer Jüdin oder einem Juden eingehe, von der Teilhabe an der politischen Herrschaft und am Geistesleben ausgeschlossen werde. Die Juden sollten sich zwar wirtschaftlich betätigen können, doch müssten sie von der »öffentlichen Leitung der Wirtschaft« ausgeschlossen bleiben. Mit diesen Forderungen nahm Stapel den Geist der Nürnberger Gesetze vorweg. Diese Trennung sei auch im Interesse des Judentums: »Künftige jüdische Geschlechter werden das Jahr 1933 als die Rettung des jüdischen Volkes betrachten: indem die Assimilation unterlag, wurde das Volkstum (mitsamt dem Glaubenstum) mächtig. Es scheint uns schon heute deutlich zu sein, dass innerhalb des jüdischen Volksgefüges der Wert des Volksjuden gegenüber dem Zivilisationsjuden, der Wert des Charakterjuden gegenüber dem des Zersetzungsjuden steigt.«[83] Stapel verfocht seit 1919 das Prinzip der Segregation gegenüber den jüdischen Mitbürgern, die lediglich ein Gast- bzw. Fremdenrecht genießen sollten. Insofern begrüßte er auch den Zionismus, der zur Auswanderung nach Palästina aufrief.

Seit 1936 war Stapel auch Mitglied im Sachverständigenrat der »Forschungsabteilung Judenfrage«, die zu dem ein Jahr zuvor gegründeten »Reichsinstitut für Geschichte des neuen Deutschlands« gehörte. Den Institutsleiter Walter Frank kannte er schon seit Jahren aus der regelmäßigen Zusammenarbeit in der Zeitschrift »Deutsches Volkstum«. In diesem Kontext entstand 1937 Stapels Broschüre »Die literarische Vorherrschaft der Juden in Deutschland 1918–1933«, die zuerst in der Schriftenreihe des Institutes erschien und abermals eine gehässige Abrechnung mit der »deutsch-jüdischen Assimilantenliteratur« darstellte: »Als die deutsche Jugend im Mai 1933 überall die Feuer entzündete und in das

82 Deutsches Volkstum 1933, S. 478 f. Zu Stapels antisemitischen Äußerungen nach 1933 vgl. Keinhorst, Stapel, S. 226–234.

83 Wilhelm Stapel, Besinnungen zur Judenfrage. In: Deutsches Volkstum 1935, S. 71–73.

Feuer die Bücher der Juden und die Bücher der Hörigen der deutsch-jüdischen Welt warf, so wie einst Luther die Bannbulle und die Rechtsbücher des Papstes ins Feuer geworfen hatte, war dieser Akt ein schönes und notwendiges Symbol der Loslösung von einem fremden Geiste, der bei uns eingedrungen war und der uns unserer Väterwelt zu entfremden drohte.«[84] Manchen Nationalsozialisten ging diese Abrechnung allerdings nicht weit genug, wie eine Polemik in den von Alfred Rosenberg herausgegebenen »Nationalsozialistischen Monatsheften« deutlich macht: Stapel habe »kein Empfinden für die Wirklichkeit von Blut und Rasse«, weshalb ihm der Rezensent Matthes Ziegler »dringend« nahelegte, »auf den Ruhm eines Wissenschaftlers im Staate Adolf Hitlers zu verzichten«.[85] Andererseits lobte der »Völkische Beobachter« die Schrift als einen »ausgezeichneten Beitrag zur Klärung der Judenfrage«.[86]

Der Konflikt zwischen Rosenberg und Frank, der 1930 Rosenbergs »Mythus des 20. Jahrhunderts« unter einem Pseudonym im »Deutschen Volkstum« scharf kritisiert hatte, führte auch zu verschiedenen Versuchen Rosenbergs und Bormanns, Stapel aus dem Reichsinstitut zu entfernen, der seinerseits Unterstützung bei Rudolf Heß, dem »Stellvertreter des Führers«, fand.[87] Bereits 1935 war Stapel wegen seiner Kritik am »Neuheidentum«, insbesondere an der »Deutschen Glaubensbewegung«, wiederholt im »Schwarzen Korps«, der Wochenzeitschrift der SS, angegriffen worden.[88] Diese Querelen waren teils persönlicher Natur, spiegelten aber auch den Konflikt mit den weltanschaulichen Distanzierungskräften des NS-Regimes wider, die auch ein völkisch umgedeutetes, »arteigenes« Christentum verwarfen und stattdessen pagane bzw. im zeitgenössischen kirchlichen Sprachgebrauch »neuheidnische« Kulte propagierten.[89]

Die NS-Judenpolitik rechtfertigte Stapel grundsätzlich als Folge des nationalen Befreiungskampfes gegen das »Versailler Joch«, das im Interesse der Juden gewesen sei. »Unsere Schande brachte ihnen Vorteile.« Entsprechend resümierte er 1938 zustimmend: »Die Juden sind im Deutschen Reich unterlegen. Ihre Lage in Deutschland ist die Folge der Stellung, die sie gegen uns im Kampf

84 Sonderdruck mit einem Vorwort von Walter Frank, 1. und 2. Auflage Hamburg 1937, S. 42. Der im November 1936 gehaltene Vortrag Stapels erschien zuerst im Band 1 der »Forschungen zur Judenfrage«, die Franks Reichsinstitut in der Hanseatischen Verlagsanstalt herausgab.

85 Matthes Ziegler, Wilhelm Stapel und die Judenfrage. In: Nationalsozialistische Monatshefte, 8 (1937), S. 410–417, hier 412 f. Vgl. Schmalz, Kirchenpolitik, S. 82 ff.

86 Völkischer Beobachter (Münchner Ausgabe) vom 15.4.1937. Zur Rezeption vgl. auch Helmut Heiber, Walter Frank und sein Reichsinstitut für Geschichte des neuen Deutschlands, Stuttgart 1966, S. 952.

87 Vgl. Heiber, Frank, S. 946–963; Keßler, Stapel, S. 206 ff.

88 Vgl. Schmalz, Kirchenpolitik, S. 103 ff. Zu Stapels Auseinandersetzung mit der Deutschen Glaubensbewegung Wilhelm Hauers vgl. ebd., S. 192–205.

89 Vgl. Uwe Puschner/Clemens Vollnhals (Hg.), Die völkisch-religiöse Bewegung im Nationalsozialismus. Eine Beziehungs- und Konfliktgeschichte, Göttingen 2012.

um unsere Ehre eingenommen haben.«[90] Das Novemberpogrom dürfte wohl für Stapel die Scheidelinie zum mörderischen Antisemitismus des NS-Regimes dargestellt haben. An seinen langjährigen Freund, den völkischen Schriftsteller Erwin Kolbenheyer, schrieb Stapel am 15. November 1938, er habe seit einigen Nächten »nicht mehr ordentlich geschlafen, aus lauter Scham und Empörung. Dass Schaufenster kaputt geschlagen werden – kommt vor. Aber die Synagogenverwüstungen sind ekelhaft.«[91]

Auch wenn Stapel das Pogrom als gewaltsamen Übergriff verurteilte, so änderte dies doch nichts an seiner Bereitschaft, auch weiterhin an der pseudowissenschaftlichen Unterfütterung des Antisemitismus mitzuwirken. Er verblieb im Sachverständigenrat der Abteilung Judenfragen und erklärte sich 1939 auch zur Mitarbeit an dem neu gegründeten kirchlichen »Institut zur Erforschung und Beseitigung des jüdischen Einflusses auf das deutsche kirchliche Leben« bereit. Stapel nahm im Frühjahr 1940 zumindest an der ersten Arbeitstagung des Institutes in Wittenberg teil, wo er den Vortrag »Wilhelm Raabes Meinung über Juden und Christen« hielt.[92] Ebenso erweiterte er die 1942 erschienene 4. Auflage der »Volksbürgerlichen Erziehung« um wesentliche Teile seiner früheren Schrift »Antisemitismus und Antigermanismus«.[93] Und an den Erlanger Theologen Paul Althaus schrieb er im Januar 1942, als in Deutschland bereits die großen Deportationen eingesetzt hatten, den schrecklichen Satz: Das, was mit den Juden geschehe, sei ein Gericht Gottes. Aber es sei schrecklich, »das Werkzeug dafür sein zu müssen«. Auch wenn ihm »vor allen Grausamkeiten schaudere«, stehe er doch zu dem, was er einst zur »Judenfrage« geschrieben habe. Er wolle dies festhalten, »damit es später nicht verloren ist […], warum die Symbiose, wie die Juden sie betrieben, unmöglich war«.[94] In dieser privaten Äußerung zeigt sich die ganze Ambivalenz des Stapel'schen Antisemitismus: Als Bildungsbürger verabscheute er die brutale Gewalt und dennoch interpretierte er den Übergang zum Holocaust als das Gericht Gottes.

Ende 1938 legten Stapel und Albrecht Erich Günther unter dem Druck wiederholter Angriffe in verschiedenen NS-Organen die Herausgeberschaft des

90 Deutsches Volkstum 1938, S. 560 f.

91 Zit. nach Schmalz, Kirchenpolitik, S. 85.

92 Vgl. Oliver Arnhold, »Entjudung« – Kirche im Abgrund, Band 2: Das »Institut zur Erforschung und Beseitigung des jüdischen Einflusses auf das deutsche kirchliche Leben« 1939–1945, Berlin 2010, S. 601. Druck des Vortrages in: Walter Grundmann (Hg.), Christentum und Judentum. Studien zur Erforschung ihres gegenseitigen Verhältnisses. Sitzungsberichte der ersten Arbeitstagung des Instituts zur Erforschung des jüdischen Einflusses auf das deutsche kirchliche Leben vom 1.–3. März 1940 in Wittenberg, Leipzig 1940, S. 107–132. Stapel wurde in verschiedenen Listen als Mitarbeiter des Instituts geführt.

93 Diese Auflage erschien unter dem Titel: Volk. Untersuchungen über Volkheit und Volkstum, Hamburg 1942. Sie wurde auch um die frühere Schrift »Fiktionen der Weimarer Verfassung« erweitert.

94 Stapel an Paul Althaus vom 8.1.1942. Zit. nach Schmalz, Kirchenpolitik, S. 219.

»Deutschen Volkstums« nieder; hinzu kam, dass die Hanseatische Verlagsanstalt nach 1933 in den Besitz der Deutschen Arbeitsfront (DAF) übergegangen war und sich als nationalsozialistischer Großverlag neu positionierte. Verlag und Schriftleitung seien sich einig, so die Mitteilung im Dezemberheft 1938, dass die Zeitschrift »mit der nationalsozialistischen Revolution und der fortschreitenden geistigen Erneuerung« ihre Aufgabe erfüllt habe.[95] Finanziell wurde Stapel von der Hanseatischen Verlagsanstalt mit der Fortzahlung des Gehalts für zwei Jahre großzügig abgefunden;[96] auch durfte er weiterhin publizieren. So erschien 1939 die Aufsatzsammlung »Stapeleien« und 1941 die Arbeit »Die drei Stände«,[97] die die Entwicklung des deutschen Volkes im Kontext der »biologischen Entwicklungsstufen« seiner drei Stände – Bauerntum, Bürgertum, »Werkertum« – und ihres jeweils spezifischen Ethos – Treue, Rechtlichkeit, Kameradschaftlichkeit – darstellt. 1943 konnte Stapel noch die kleine Schrift »Das Gesetz unseres Lebens« publizieren.[98] 1941 hatte Stapel als »literarischer Berater« einen neuen Vertrag mit der Hanseatischen Verlagsanstalt erhalten, was ihm finanziell sein Auskommen sicherte, auch wenn er vom NS-Regime seit Ende 1938 kaltgestellt war und im öffentlichen Leben keine Rolle mehr spielte.

Er teilte damit das Schicksal auch anderer Vertreter der Konservativen Revolution, die den »Führerstaat« herbeigeschrieben hatten und im »Dritten Reich« Hitlers die bittere Erfahrung machen mussten, dass der »Führer« keine elitären intellektuellen Ratgeber brauchte. Statt der erhofften Rolle als verdiente Mentoren der »nationalen Revolution« wurden sie von wesentlich jüngeren NS-Funktionären und Literaten in eine zunehmend randständige Existenz gedrängt.[99] Dies führte bei Stapel schon Mitte der 1930er-Jahre zu einer gewissen Desillusionierung und bissigen Bemerkungen im privaten Kreis,[100] jedoch zu keiner grundsätzlichen Revision seines antiliberalen und irrationalen Politikverständnisses. Trotz aller persönlichen Enttäuschungen stand Stapel noch lange im Banne des Hitler-Mythos, zumal er für sich keine Alternative sah. »Es ist doch so«, schrieb er bereits im Oktober 1934 an Kolbenheyer: »Wenn ein Umschwung käme, so würde mein Kopf mit zuerst fallen. Denn wenige sind den Juden und dem Linkszentrum so verhasst wie ich, infolge meines vierzehnjährigen Kampfes. Mein persönliches Schicksal ist also existenziell mit dem Schicksal des Nationalsozialismus

95 Deutsches Volkstum 1938, S. 794. Unter der Leitung des Musikjournalisten Walter Abendroth erschien die Zeitschrift »Deutsches Volkstum« allerdings noch bis 1941.

96 Vgl. Schmalz, Kirchenpolitik, S. 212.

97 Untertitel: Versuch einer Morphologie des deutschen Volkes, Hamburg 1941.

98 Hamburg 1943.

99 Vgl. jetzt auch Thomas Vordermayer, Bildungsbürgertum und völkische Ideologie. Konstitution und gesellschaftliche Tiefenwirkung eines Netzwerkes völkischer Autoren (1919–1959), Berlin 2016, der diese Entwicklung am Beispiel der völkischen Autoren Wilhelm Stapel, Hans Grimm und Erwin Kolbenheyer anschaulich nachzeichnet.

100 Vgl. Keßler, Stapel, S. 214 ff.

verbunden.«[101] In späteren Jahren wuchs allerdings seine Verachtung und Abscheu, wofür diese verquere Tagebucheintragung von November 1944 typisch ist: »In jener nationalsozialistischen Welt, die nicht die alte deutsche, nicht die germanische, nicht die nordische, sondern die östliche und südöstliche Welt ist, verdient nicht der den Sieg, der edler, besser und anständiger ist, sondern der, der härter ist. Brutalität und Fanatismus, diese verabscheuungswürdigen Eigenschaften des Untermenschentums, werden zu Tugenden erhoben.« Es sei die Verleugnung all dessen, wofür einst die nationalsozialistische Partei eingetreten sei.[102]

Persönlich verbittert und häufig depressiv gestimmt, lebte er in diesen Jahren zusammen mit seiner Ehefrau Martha zurückgezogen in dem Hamburger Vorort Flottbek. Die Sorgen galten vor allem dem Schicksal des Sohnes, der als Theologiestudent zur Wehrmacht eingezogen worden war und erst 1947 aus amerikanischer Kriegsgefangenschaft zurückkehrte.[103]

## Nach der »Katastrophe«

Im März 1946 wurde Stapel auf Anordnung der britischen Militärregierung von der Hanseatischen Verlagsanstalt entlassen, die ihrerseits keine Lizenz mehr erhielt.[104] Weiterhin untersagte sie ihm die Berufsausübung als Schriftsteller und setzte alle seine Bücher (mit Ausnahme der Parsifal-Übersetzung) auf den Index.[105] Ebenso wurden seine Schriften in der sowjetischen Besatzungszone verboten. Im Entnazifizierungsverfahren erhielt Stapel, der vor der Spruchkammer beredt seine Konflikte mit dem NS-Regime vortrug[106] und diverse Persilscheine beibrachte, allerdings Ende 1948 im Berufungsverfahren die Einstufung als »entlastet«, womit er seine publizistische Tätigkeit wieder aufnehmen konnte.[107] Dieses Urteil würdigte mehr seine Nicht-Mitgliedschaft in der NSDAP als seine Rolle als propagandistischer Wegbereiter des »Dritten Reiches« und war ein typisches Resultat der Mitläuferfabrik.

Anders als anderen Publizisten der Konservativen Revolution gelang es Stapel jedoch nicht mehr, erneut beruflich Fuß zu fassen; zumal er als Mitglied der Deutschen Christen und Parteigänger des Reichsbischofs und des Reichskirchenministers nunmehr auch in protestantischen Kreisen diskreditiert war.

101 Stapel an Kolbenheyer vom 9.10.1934. Zit. nach Vordermayer, Bildungsbürgertum, S. 337.

102 Zit. nach Keßler, Stapel, S. 223.

103 Vgl. den von Lokatis edierten Briefwechsel mit Carl Schmidt, S. 81 ff. Henning Stapel wirkte zunächst als Lagerpfarrer für deutsche Kriegsgefangene in den USA und England, ab November 1947 als Pfarrer in Hamburg-Altona und von 1954 bis 1980 in Sülldorf.

104 Vgl. Lokatis, Hanseatische Verlagsanstalt, S. 168 ff.

105 Vgl. Schmalz, Kirchenpolitik, S. 232 f.

106 Vgl. Antrag des Schriftstellers Dr. Wilhelm Stapel auf Wiederherstellung seiner literarischen Ehre, o. D. (1947). In: Keßler, Stapel, S. 266–291; Faksimile: Maaß, Starker Staat, S. 159–178.

107 Vgl. Vordermayer, Bildungsbürgertum, S. 355.

Persönlich verbittert, beurteilte Stapel die Nachkriegsentwicklung als eine Art Super-Versailles; das deutsche Volk sei einer entwürdigenden Besatzungsherrschaft unterworfen und könne sich nur noch auf sein Volkstum und das Christentum besinnen. In verschiedenen (zumeist nicht publizierten) Ausarbeitungen befasste er sich mit der politischen und geistigen Entwicklung Deutschlands. »Hitlers Irrtümer« verortete er vor allem im Bereich der Außenpolitik, während der Völkermord an den Juden und die gewaltsame Unterdrückung der innenpolitischen Gegner nicht als expliziter Kritikpunkt erwähnt werden.[108] Stapels Auslassungen sind nicht sonderlich originell, sondern entsprechen der weitverbreiteten konservativen Apologetik der frühen Nachkriegszeit. Ebenso wenig finden sich tief greifende Reflexionen zur eigenen Rolle als Publizist und Wortführer eines völkischen Nationalismus – was man vielleicht auch nicht erwarten sollte. Stapel selbst sah sich vor allem als Opfer der NS-Herrschaft: »Bis 1945 wurde ich von den Nationalsozialisten diffamiert. Ich verlor meine Stellungen, ich konnte meine Bücher nicht veröffentlichen.«[109]

Mit der neuen Bundesrepublik konnte sich Stapel nicht anfreunden, weshalb er 1949 auch zum Boykott der Bundestagswahl aufrief; noch 1953 nannte er den Bundestag nur eine »Hilfseinrichtung zur Entlastung der Okkupationsmächte«.[110] Dieselbe Stoßrichtung besaßen auch verschiedene Artikel, die Stapel in der rechtsextremen Zeitschrift »Nation Europa« veröffentlichte.[111]

1951 publizierte Stapel die bereits während des Zweiten Weltkrieges verfasste Schrift »Über das Christentum. An die Denkenden unter seinen Verächtern«; sie erschien im Verlag des »Rauen Hauses« und war dem neu gewählten Bundespräsidenten und früheren Kollegen aus der Zeit des »Kunstwartes« gewidmet: »Theodor Heuss im Gedenken an Friedrich Naumann«.[112]

Von der Öffentlichkeit weitgehend unbeachtet, verstarb Wilhelm Stapel am 1. Juni 1954 im Alter von 71 Jahren in Hamburg.

108 Vgl. Wilhelm Stapel, Politische Irrtümer Hitlers, o. D. (ca. 1949). In: Keßler, Stapel, S. 262–266; Finis Germaniae. In: Maaß, Starker Staat, S. 147–153. Zu politischen Stellungnahmen Stapels nach 1945 vgl. auch Schmalz, Kirchenpolitik, S. 241 ff.; Keßler, Stapel, S. 225 ff.; Vordermayer, Bildungsbürgertum, S. 359 ff.

109 Wilhelm Stapel an seinen Sohn Henning vom 3.11.1946. Zit. nach Schmalz, Kirchenpolitik, S. 244.

110 Zit. nach Keßler, Stapel, S. 229.

111 Vgl. Vordermayer, Bildungsbürgertum, S. 386 f. Die Zeitschrift war von dem SS-Sturmbannführer Arthur Ehrhardt 1951 gegründet worden.

112 Hamburg, o. J. (1951): Agentur des Rauen Hauses. Nachdruck 2012 im Arnshaugk Verlag, Neustadt an der Orla.

Gerhard Meyer; Quelle: »Die Deutsche Kirche«, Nr. 9/10 von 1939

Hansjörg Buss

# »Für arteigene Frömmigkeit – über alle Konfessionen und Dogmen hinweg.« Gerhard Meyer und der Bund für Deutsche Kirche

Der Lübecker Pfarrer Gerhard Meyer ist heute weithin unbekannt. In der Kirchengeschichtsschreibung findet er, wenn überhaupt, nur regionale Beachtung. Selbst in seinem unmittelbaren Wirkungsfeld, der Luthergemeinde der Hansestadt Lübeck, wo er seit 1933 als Pfarrer wirkte, ist Meyer im kollektiven Gedächtnis nicht verankert.[1] Der entscheidende Grund dafür ist, dass die von ihm repräsentierten kirchlich-religiösen, eng an sein völkisch-rassistisches Weltbild angelehnten Vorstellungen für die Nachkriegskirche keinerlei Rolle mehr spielten. Warum lohnt es sich dennoch, die Biografie und das Wirken eines Pfarrers in den Blick zu nehmen, dessen Beitrag zur Geschichte des deutschen Protestantismus in der Tat gering war?

Erstens: In der zweiten Hälfte der 1930er-Jahre war Meyer der bedeutendste Propagandist des antisemitischen Bundes für Deutsche Kirche, der sogenannten Deutschkirche. In dieser Funktion war er für einen kurzen Zeitraum ein durchaus relevanter Akteur in Konflikten, die vor allem in den evangelischen Landeskirchen Lübecks und Schleswig-Holsteins Beachtung fanden. Zweitens: Im Gegensatz zur Mehrzahl der in diesem Band porträtierten Theologen war Meyer ein gewöhnlicher, im aktiven Dienst stehender Gemeindepfarrer, der in seiner Landeskirche jenseits seiner Bundeszugehörigkeit keine hervorgehobene Position bekleidete oder gar über einen direkten Zugriff auf landeskirchliche Ressourcen verfügte. Seine Bedeutung gründet sich auch auf seinem Selbstverständnis als

1 In der vollständig neu erarbeiteten Dauerausstellung »›... ich kann dich sehen.‹ Widerstand, Freundschaft, Ermutigung der vier Lübecker Märtyrer« zum Leben und Wirken von Karl Friedrich Stellbrink und der mit ihm am 10.11.1943 hingerichteten drei katholischen Kapläne in der Lutherkirche, die am 8.11.2014 der Öffentlichkeit vorgestellt wurde, ist Gerhard Meyer eine eigene Station gewidmet. Vgl. Karen Meyer-Rebentisch, Was macht Luther in St. Lorenz? Geschichte und Geschichten aus Kirchengemeinde und Stadtteil. Hg. von der Kirchengemeinde Luther-Melanchton, Lübeck 2014, S. 31.

Basisaktivist. Drittens: Sein Bezugsrahmen war die verfasste evangelische Kirche, ein Befund, der angesichts der von ihm vertretenen Grundüberzeugungen, aber auch angesichts des zunehmend deutlicher zutage tretenden Einflusses antikirchlicher respektive antichristlicher Kräfte innerhalb der NSDAP nicht selbstverständlich ist. Zugleich aber zeigt das Beispiel des Theologen Gerhard Meyer, mit welchen obskuren Einstellungen es Anfang der 1930er-Jahre möglich war, Pfarrer einer evangelischen Landeskirche zu werden und für längere Zeit zu bleiben.

Gerhard Meyer wurde am 28. Oktober 1907 als Sohn eines Oberstudienrates in Lübeck geboren.[2] Nach dem Abitur, das er am traditionsreichen Katharineum ablegte, studierte er mit finanzieller Unterstützung der Landeskirche in Tübingen, Kiel und Marburg Philologie, Theologie und Geschichte.[3] Einen prägenden Einfluss auf Meyer übten nach eigenen Angaben der Praktische Theologe Heinrich Rendtorff, eine Führungsfigur der Christlich-deutschen Bewegung und mecklenburgischer Landesbischof der Jahre 1930 bis 1934, und der liberale Kieler Systematische Theologe (ab 1935 nach Fakultätswechsel Religionsphilosoph) Hermann Mandel mit seiner Konzeption einer Wirklichkeitsreligion aus.[4] Am

2 Vgl. die biografischen Angaben in seiner Personalakte (LKA Kiel, 42.07, Nr. 265); Rolf Saltzwedel, Die Luthergemeinde in Lübeck während der Zeit des Nationalsozialismus. In: Der Wagen. Ein Lübeckisches Jahrbuch 1995/1996, S. 119–138; Hansjörg Buss, »Entjudete« Kirche. Die Lübecker Landeskirche zwischen christlichem Antijudaismus und völkischem Antisemitismus 1918–1950, Paderborn 2011, insbes. S. 305–310; ders., Völkisches Christentum und Antisemitismus. Der Bund für Deutsche Kirche in Schleswig-Holstein. In: ZSHG, 138 (2013), S. 193–239, hier 222–225.

3 Beschluss des Kirchenrates vom 16.5.1928 (LKA Kiel, 42.07, Nr. 265, Bl. 2).

4 Gesprächsnotiz Senior Evers vom 31.5.1928 (LKA Kiel, 42.07, Nr. 265). Die »Christlich-deutsche Bewegung« mit ihrem dezidiert volkskirchlichen Ansatz war eine frühe Schnittstelle zwischen Kirche und Nationalsozialismus. Der erste mecklenburgische Nachkriegsbischof Niklot Beste bezeichnete Rendtorff noch 1975 als einen »Vorkämpfer für das Zusammengehen zwischen Kirche und Nationalsozialismus«. Niklot Beste, Der Kirchenkampf in Mecklenburg von 1933 bis 1945. Geschichte, Dokumente, Erinnerungen, Berlin 1975, S. 54. Vgl. Christoph Weiling, Die »Christlich-deutsche Bewegung«. Eine Studie zum konservativen Protestantismus in der Weimarer Republik, Göttingen 1998. Hermann Mandel engagierte sich ab 1933 für den Bund für Deutsche Kirche, seit 1934 war er Mitherausgeber der Zeitschrift »Deutscher Glaube«. Vgl. Jendris Alwast, Die Theologische Fakultät unter der Herrschaft des Nationalsozialismus. In: Hans-Werner Prahl (Hg.), Uni-Formierung des Geistes. Universität Kiel im Nationalsozialismus, Kiel 1995, S. 87–138, hier 93–96; Matthias Wolfes, Hermann Mandel. In: Biographisch-Bibliographisches Kirchenlexikon XV, Hertzberg 1999, Sp. 930–937; Hansjörg Buss, Die Kieler Theologische Fakultät im NS-Staat. In: Christoph Cornelißen/Carsten Mish (Hg.), Wissenschaft an der Grenze. Die Universität Kiel im Nationalsozialismus, Essen 2009, S. 99–117, hier 102 f. Die Liste der akademischen Lehrer Meyers ist durchaus prominent. In Tübingen studierte er bei dem deutschnationalen Historiker Johannes Haller, der früh mit dem Nationalsozialismus sympathisierte, bei dem völkischen Erziehungswissenschaftler Oswald Kroh sowie den beiden Neutestamentlern Adolf Schlatter und Gerhard Kittel, in Marburg bei Rudolf Bultmann, Friedrich Heiler, Rudolf Otto und Georg Wünsch.

30. Oktober 1932 wurde der 25-jährige Meyer in Flensburg ordiniert.[5] Es folgten erste Beauftragungen als Hilfsprediger in Flensburg und Weddingstedt, bevor er in den Dienst der Lübecker Landeskirche trat. Am 17. September 1933 wurde Meyer als Pastor der Luthergemeinde eingeführt. Sein beruflicher Werdegang verlief also keinesfalls ungewöhnlich. Jedoch war er im Februar 1933 mit seiner Bewerbung auf die Pfarrstelle der prestigeträchtigen Flensburger Innenstadtgemeinde St. Marien gescheitert, trotz Unterstützung durch die lokale NSDAP. Eine nationalsozialistische Petition zugunsten Meyers unterzeichneten fast 1900 Unterstützerinnen und Unterstützer.[6]

## Engagement für die NSDAP und den Bund für Deutsche Kirche

Mit völkischem Gedankengut war Meyer bereits in jungen Jahren in Berührung gekommen. In Tübingen, wo er seit dem Sommersemester 1926 studierte, schloss sich der 19-Jährige dem antidemokratischen und stark antisemitisch eingefärbten Verein Deutscher Studenten (VdSt) an, im Jahr1929 der NSDAP und der SA.[7] In der sogenannten Kampfzeit beteiligte er sich beim »Kampf um die Straße« an gewaltsamen Auseinandersetzungen mit politischen Gegnern.[8] Seit 1933 trat er wiederholt als Redner auf, beispielsweise während des Reichstagswahlkampfes im März, beim Ostertreffen einer SS-Standarte oder zum propagandistisch umgedeuteten »Tag der nationalen Arbeit« am 1. Mai.[9] Als Hauptredner der ersten Großveranstaltung der Deutschen Christen (DC) in Flensburg sprach Meyer am 16. Mai 1933 über »Die Zukunft unserer Kirche – Der Kampf der Deutschen

5 Nach der Ersten Theologischen Prüfung (zu Ostern 1931) besuchte Meyer das Predigerseminar in Preetz und absolvierte sein Lehrvikariat in Rendsburg. Die Zweite Theologische Prüfung (Note »fast gut«) legte er am 27.10.1932 ab.

6 Vgl. Klauspeter Reumann, Kirche und Nationalsozialismus in Flensburg. Die Berufung Wilhelm Halfmanns nach St. Marien Flensburg im Februar/März 1933 – vorweggenommene Fronten des Kirchenkampfes? In: Erich Hoffmann/Peter Wulf (Hg.), »Wir bauen das Reich«. Aufstieg und erste Herrschaftsjahre des Nationalsozialismus in Schleswig-Holstein, Neumünster 1983, S. 369–390, hier 373–375.

7 Todesanzeige in: Lübecker Volksbote vom 20.9.1939.

8 Anton Frantzen, Ein Kämpfer für Deutschland. In: Die Deutsche Kirche [vor ihrer Umbenennung: Die Deutschkirche. Sonntagsblatt für das deutsche Volk], 9–10/1939, S. 3–16, hier 3 f. Vgl. Alexandra Gerstner/Gregor Hufenreuter/Uwe Puschner, Völkischer Protestantismus. Die Deutschkirche und der Bund für deutsche Kirche. In: Michel Grunewald/Uwe Puschner (Hg.), Das evangelische Intellektuellenmilieu in Deutschland, seine Presse und seine Netzwerke, Bern 2008, S. 409–435.

9 Vgl. Reumann, Kirche, S. 373. Vgl. ders., Das Ringen um den rechten Weg. Kirchliches Leben in Flensburg 1933 bis 1945. In: Zwischen Konsens und Kritik. Facetten kulturellen Lebens in Flensburg 1933–1945. Hg. vom Stadtarchiv Flensburg, Flensburg 1999, S. 59–100, hier 65 ff.

Christen, der Deutschkirche und anderer religiöser Bewegungen unserer Gegenwart.«[10] Dennoch legte der überzeugte Nationalsozialist seinen Schwerpunkt nicht auf die Parteiarbeit.[11] Vielmehr band er seine politischen Überzeugungen an seine religiös-kirchlichen Vorstellungen, die er in dem Programm des 1921 mit dem Ziel der völkischen Erneuerung der Kirche begründeten Bundes für Deutsche Kirche wiedererkannte.[12]

Das Eintrittsdatum Meyers ist nicht bekannt. Die deutschkirchlichen Vorstellungen wurden in der Verbandszeitschrift des VdSt wiederholt kontrovers diskutiert. Es ist indes wahrscheinlich, dass er während seiner Kieler Studentenzeit erstmals in direkten Kontakt mit dem Bund für Deutsche Kirche kam.[13] Eine erste, mit rund 120 Gästen gut besuchte deutschkirchliche Veranstaltung an der Universität Kiel hatte im Februar 1930 stattgefunden, im Juni desselben Jahres referierte mit dem Flensburger Hauptpastor Friedrich Andersen der Spiritus Rector des Bundes vor dem Kieler VdSt über »Das deutsche Gottesbild und die Deutschkirche«.[14] Mit Andersen, Vordenker des Bundes und Bundeswart auf Lebenszeit, stand Meyer spätestens seit Anfang der 1930er-Jahre in regelmäßigem Kontakt.[15] Auch in die deutschkirchlichen Zirkel seiner Heimatstadt Lübeck

---

10 Vgl. Reumann, Kirche, S. 377–381.

11 In diesem Sinne heißt es in einem Nachruf: »Nach dem Sieg der Bewegung suchte er nicht die Absicherung, sondern den Kampf, den Kampf um die deutsche Kirche«. Frantzen, Kämpfer, S. 6.

12 Der Bund gilt als einer der frühesten Vorläufer der DC. Er propagierte die kirchliche Bereinigung von »artfremden« Sinn- und Wortbeständen in Kult- und Bekenntnisfragen und die konsequente Ablösung des Christentums aus seiner jüdischen Geschichte, vor allem aber forderte er die Streichung des Alten Testaments aus dem Grundlagenkanon der Kirche. In der Gesamtbilanz blieb der Bund ein Zusammenschluss von theologischen Außenseitern, fand aber in der Weimarer Republik innerkirchlich vor allem als Bindeglied zwischen evangelischer Kirche und völkischer Bewegung durchaus Beachtung. Vgl. Hans Buchheim, Glaubenskrise im Dritten Reich. Drei Kapitel nationalsozialistischer Religionspolitik, Stuttgart 1953; Hans-Joachim Sonne, Die politische Theologie der Deutschen Christen. Einheit und Vielfalt deutsch-christlichen Denkens, dargestellt anhand des Bundes für deutsche Kirche, der Thüringer Kirchenbewegung »Deutsche Christen« und der Christlich-deutschen Bewegung, Göttingen 1982, S. 30–55; Olaf Kühl-Freudenstein, Evangelische Religionspädagogik und völkische Ideologie. Studien zum »Bund für deutsche Kirche« und der »Glaubensbewegung Deutsche Christen«, Würzburg 2003, S. 24–36; Kurt Nowak, Evangelische Kirche und Weimarer Republik. Zum politischen Weg des deutschen Protestantismus zwischen 1919 und 1932, Göttingen 1981, S. 247–250; Kurt Meier, Der »Bund für deutsche Kirche« und seine völkisch-antijudaistische Theologie. In: Kurt Nowak/Gérard Raulet (Hg.), Protestantismus und Antisemitismus in der Weimarer Republik, Frankfurt a. M. 1994, S. 176–198.

13 Vgl. die Diskussionsbeiträge der Jahre 1925/1926 und 1929/1930 in: Akademische Blätter. Zeitschrift des Kyffhäuser-Verbands der Vereine Deutscher Studenten, Marburg/Berlin.

14 Deutsche Kirche, 6/1930 bzw. 14/1930. Vgl. Buss, Christentum, S. 203 f.

15 Vgl. Gisela Siems, Pastor Friedrich Andersen. Bund für Deutsche Kirche. Ein Wegbereiter des Nationalsozialismus in der Stadt Flensburg. In: Klauspeter Reumann (Hg.), Kirche und Nationalsozialismus. Beiträge zur Geschichte des Kirchenkampfes in den evangelischen Landeskirchen Schleswig-Holsteins, Neumünster 1988, S. 13–34; Hauke Wattenberg, Friedrich Andersen.

war er offensichtlich früh eingebunden.[16] Es war der deutschkirchliche Pfarrer Ulrich Burgstaller, der Meyer als seinen Nachfolger an die Luthergemeinde vermittelte, nachdem er unter Aufgabe seines Pfarramtes zum 30. Mai 1933 in den nationalsozialistischen Senat der Hansestadt eintrat.[17]

Ein erster Hinweis auf den Standpunkt Meyers findet sich in einem Überblicksbeitrag zum Stand der theologischen Debatte in Deutschland, den der Student – noch vor seinem Ersten Examen – auf Anregung des Kieler Neutestamentlers Hans Windisch in der niederländischen Fachzeitschrift »Vox Theologica« veröffentlichte.[18] Durchaus kenntnisreich, aber in polemischer Zuspitzung wandte er sich gegen die Dialektische Theologie, die er als abgehoben und lebensfremd charakterisierte, und vor allem gegen deren Hauptvertreter Karl Barth:

> »Es ist natürlich viel leichter, gleichsam im Luftschiff zu sitzen und den drunten in Dreck und Not sich quälenden von oben zuzuwinken, als ihnen Rettungsleinen zuzuwerfen oder noch lieber das Luftschifffahren überhaupt aufzugeben und mit der Tat Elend bessern zu helfen. Es wird vielleicht eine Zeit kommen, wo das entscheidende Wort Gottes von der evangelischen Kirche die helfende Tat, die soziale Hilfe sein wird. Weniger das Rechtfertigungsdogma zu predigen als vielmehr den am Sinn des Daseins verzweifelnden Menschen wieder zu einem Sinnglauben zu verhelfen und ihn von der Wirklichkeit Gottes zu überzeugen, scheint mir ein Hauptanliegen unserer Predigt zu sein.«[19]

In einer Zeit, in der nach Meyer das »Wirtschaftsleben, das Staatsleben, das Gemeinschaftsleben, das Sexualleben« nach einer neuen »Jetztbegründung« und nach neuer Gestaltung geradezu schreien würden, sah er in der NSDAP eine Möglichkeit, sein Anliegen zu verwirklichen: »Wie viel echtes religiöses, ethisch hochwertiges Leben steckt z. B. in der Nationalsozialistischen Deutschen Arbeiterpartei! Welcher Geist der Hingabe, welches Kämpfertum für hohe Ziele ohne Selbstsucht und eigenen Vorteil, welche Opferfreudigkeit in einer opferscheuen Zeit, welches Dienen, wo freiwilliges Dienen heute als Dummheit gilt. Wie lebt

---

Ein deutscher Prediger des Antisemitismus. Flensburg 2004; Hansjörg Buss, Friedrich Andersen und der »Bund für Deutsche Kirche« in der schleswig-holsteinischen Landeskirche. In: Daniel Schmidt/Michael Sturm/Massimo Livi (Hg.), Wegbereiter des Nationalsozialismus: Personen, Organisationen, Netzwerke des völkisch-antisemitischen Aktivismus 1919–1933, Essen 2016, S. 179–191.

16 Vgl. Buss, Kirche, S. 158–167. Vgl. auch die Einladung zu einer »Besprechung völkischer Christen« am 14.5.1933 in Neumünster, gez. von Burgstaller, Andersen und Meyer (LKA Kiel, 39.01, Nr. 74).

17 Landeskirchenrat an Kirchenvorstand vom 23.6.1933 (LKA Kiel, 42.07, Nr. 265). Vgl. die entsprechende Korrespondenz in: Archiv der Luther-Gemeinde, Nr. 36.

18 Gerhard Meyer, Zur theologischen Lage in Deutschland. Teil 1 und 2. In: Vox Theologica. Interacademical Theologisch Tijdschrift, 4/1931, S. 14–17, und 5/1931, S. 11–14. Leicht verändert wurde der Text zum Jahresende auch in den »Lübeckischen Blättern« abgedruckt, zum Missfallen von Senior Evers. Vgl. Evers an Hans Windisch vom 15.12.1931 (LKA Kiel, 42.07, Nr. 265).

19 Meyer, Lage, Teil 2, S. 13 f.

diese Bewegung zutiefst von sittlich-religiösem Glauben! Und damit zusammenhängend ein neues Streben, unsere Kultur mit dem Christentum zu einer sinnvollen Synthese zu bringen.«[20]

Im Juni 1932 referierte Meyer vor der Lübecker NSDAP-Frauenschaft über »Christentum und Jugenderziehung im nationalsozialistischen Staat«. In den 15 Monaten seit der Abgabe seines Beitrages für die »Vox Theologica« hatte er sich inhaltlich und sprachlich radikalisiert. Zentrale Grundmotive deutschkirchlichen Denkens waren mittlerweile vollkommen ausgebildet:

> »Wir wollen eine deutsche christliche Kirche, ein Christusbild, das nichts mehr zu tun hat mit dem Lamm Gottes, sondern Christus als Held, mit einer Liebe, die auch hart werden konnte. Unser Christentum soll nur auf Jesus gegründet sein, es soll eine dienende Rolle spielen, wir wollen keine jesuitische Beherrschung [...], sondern es bedarf der Demut vor Gott, die Jugend soll aus dem Christentum den Wert des Märtyrertums erkennen lernen, den heute die SA-Leute erleben müssen und nachleben müssen. Im Kreuz soll der deutschen Jugend Kraft und Erhöhung gelehrt werden. Nur im Selbstopfer für den Dienst am Volk liegt das Glück. Wer sein Leben für das deutsche Volk opfern will, der kann hoffen, dass er sein Leben gewinnt. [...] Auch beim Wiederaufbau des Reiches, nicht nur in der Zeit der Begeisterung, müssen wir den Glauben haben, dass Gott unser Vater ist, wir brauchen den Glauben an Gottes Hilfe und Gottes Willen. Wir haben einen Heros, der uns das alles vorgelebt hat: Adolf Hitler. Seine Lebenserfahrungen wollen wir der Jugend einimpfen. Ihm soll sie nachleben mit seinem Kampfeswillen: Wehrwille, Kulturwille und Staatswille verkörpert sich in Adolf Hitler, der Jesus Christus als seinen Erlöser anerkennt.«[21]

Über Meyer als Person ist wenig bekannt, das vorhandene Quellenmaterial ist spärlich, dafür aber recht eindeutig. Er wird durchgängig als aktiver, fast ruheloser Tatmensch beschrieben, als ein soldatisch-rauer Draufgänger mit ausgeprägten Männlichkeitsidealen, kompromisslos und hart in der Sache, rücksichtslos gegenüber sich selbst und gegenüber anderen, als ein von seinen Ideen überzeugter Fanatiker, getrieben von der Suche nach Wahrheit und Wahrhaftigkeit. Zugleich aber galt er als hilfsbereit und nach ausgestandenen Auseinandersetzungen auch als versöhnungsbereit. Bei aller Härte sei er erfüllt gewesen von »tiefer und zarter Innerlichkeit«.[22] Gestützt werden diese Charakterisierungen durch die von Meyer verfassten Beiträge, beispielsweise für das »Evangelische Gemeindeblatt« oder die Bundeszeitschrift »Die Deutsche Kirche«. Sie sind durchzogen von einem inhaltlich festen, kämpferisch-schwärmerischen Idealismus, gepaart mit einer antibürgerlichen und antiaufklärerischen, fast antiintellektuell ausfal-

---

20 Ebd., S. 14.

21 Lübecker Anzeigen vom 21.6.1932. Folgerichtig lehnte er eigenständige kirchliche Jugendverbände ab, erst, so Meyer, »sollen die völkischen Werte berücksichtigt werden, dann als Krönung die kirchlichen«.

22 Frantzen, Kämpfer, S. 2. Vgl. die Charakterisierungen bei Gerhard K. Schmidt, In memoriam Pastor Gerhard Meyer. In: Lübeckischer Kirchenkalender 1940, S. 35–38, hier 36; Saltzwedel, Luthergemeinde, S. 132.

lenden Note. Die scheinbar bewusste Abgrenzung des Lübecker Gymnasiallehrersohns – Träger der Bürgermeister-Fehling-Medaille für die beste Deutschnote in seinem Abiturjahrgang – von seiner Klassenherkunft und auch von seinen Amtskollegen, die überwiegend dem akademisch-bildungsbürgerlichen Milieu zuzuordnen sind, ist auffallend. Sie korrespondiert mit der betonten Wertschätzung des Laientums durch die Deutschkirche und entsprach Meyers Sicht auf ein Tatchristentum als Dienst an der »Volksgemeinschaft«. So legte er Wert auf die Feststellung, dass er während des Studiums als Land- und Hafenarbeiter Geld verdient habe, »um den deutschen Arbeiter kennenzulernen«, wie er der Gemeinde verklärend mitteilte.[23] In einem Nachruf deutete sein Lübecker Amtskollege Gerhard Schmidt Meyers Tatchristentum schließlich als ein Konglomerat seiner christlichen Sozialethik, seines »inneren Verständnisses« mittelalterlicher Mystik und einer spirituellen Glaubens- und Lebenshaltung sowie seines rückhaltlos-kämpferischen Eintretens für eine deutsche Kirche, wonach »um des Evangeliums willen die Konfessionen überwunden werden sollen und alle jüdische Überfremdung auszuschalten sei«.[24] Aus dieser Überzeugung hatte er während des Studiums seine Pläne für das Lehramt aufgegeben und sich für den Pfarrberuf entschieden.[25] Seine Entscheidung für den Bund für Deutsche Kirche erscheint insofern als konsequent.

## Pastor der Luthergemeinde

In seinem neuen Amt ließ Meyer an seiner politischen und kirchlich-theologischen Haltung von Beginn an keinen Zweifel. Der Gemeinde teilte er in seiner Vorstellung mit: »Einzig und allein das rassisch-blutsmäßig gebundene, durch das Christentum mitgeprägte Volkstum ist der Gesundbrunnen der Nation.«[26] Amtshandlungen hielt er regelmäßig in SA-Uniform ab. Drei Monate nach seiner Einführung druckte er die Berliner Rede des DC-Gauobmanns Reinhold Krause, die den sogenannten Sportpalast-Skandal auslöste und in die evangelische

23 Ein feste Burg, 9/1933 (Oktober). Vgl. auch seinen Bericht über seine Studienzeit aus dem Jahr 1930, einschließlich des Hinweises auf drei Monate Landarbeit auf zwei Rittergütern in Mecklenburg-Schwerin (LKA Kiel, 42.07, Nr. 265).

24 Schmidt, Pastor, S. 37. Vgl. Hansjörg Buss, Entjudete Theologie. Der Lübecker Pastor Gerhard K. Schmidt und das Eisenacher Institut. In: Kirchen, Christen, Juden in Nordelbien 1933–1945. Die Ausstellung im Landeshaus. Hg. vom Präsidenten des Schleswig-Holsteinischen Landtags, Kiel 2006, S. 115–128.

25 Die Entscheidung fiel 1928. Vgl. Gesprächsnotiz Senior Evers vom 31.5.1928 (LKA Kiel, 42.07, Nr. 265). Dr. Frantzen bezeichnete es noch in seinem Nachruf als »fast unbegreiflich«, dass Meyer den Beruf des Seelsorgers ergriffen habe (Frantzen, Kämpfer, S. 3).

26 Ein feste Burg, 9/1933 (Oktober).

Kirchengeschichte einging, im »Evangelischen Gemeindeblatt« vollständig und zustimmend ab, was zu einem ersten Schlagabtausch mit den Lübecker Notbund-Pastoren führte.[27] Nur wenige Wochen später kam es auf der Abschlussveranstaltung einer Gebetswoche der Evangelischen Allianz mit dem gemeinschaftschristlichen Pfarrer von St. Matthäi, Gerhard Fölsch, der die Krause-Rede zu einer Generalabrechnung mit den Deutschen Christen nutzte und ihren Abdruck durch Meyer verurteilte, zu einem öffentlichen Disput mit tumultartigen Szenen. Die Veranstaltung wurde schließlich von einem Gestapo-Beamten, der Meyer begleitete, aufgelöst, der den Ausbruch einer Schlägerei für unvermeidbar hielt.[28]

Von solchen Vorfällen ließ sich Meyer, der sich zudem der wohlwollenden Haltung des Lübecker Senats sicher sein konnte, nicht beirren. Zusammen mit Karl Friedrich Stellbrink, ebenfalls ein Deutschkirchler, der im Juni 1934 an die Trave gewechselt war, baute er die Luthergemeinde planmäßig zu einer deutschkirchlichen Referenzgemeinde um.[29] Im Oktober 1935 beherbergte sie die Gautagung Schleswig-Holstein, die unter dem Motto »für arteigene Frömmigkeit – über alle Konfessionen und Dogmen hinweg – in einiger deutscher Kirche« stand sowie die parallel tagenden Bundesgremien.[30] Keine zwei Jahre später führten verbandsinterne Richtungskämpfe um die Neubestimmung des Verhältnisses von Christentum und »Rassegedanken« zu einer erneuten Aufwertung der Luthergemeinde. Meyer trug zur Beilegung des Konfliktes offensichtlich erheblich bei, sodass ihm Hauptpastor Andersen im Juni 1937 die Schriftleitung der Bundeszeitschrift übertrug.[31] Begleitet war dieser Wechsel vom Umzug der Berliner Hauptgeschäftsstelle und des organisationseigenen Verlages nach Lübeck, das Amt des Geschäftsführers übernahm der Leiter der Lübecker Ortsgemeinde.

27 Ein feste Burg, 12–13/1933 (Dezember). Der Lübecker Pfarrernotbund forderte den Kirchenausschuss am 14.12.1933 erfolglos auf, Meyer zu maßregeln (LKA Kiel, 49.01, Nr. 93).

28 Vgl. Karl Friedrich Reimers, Lübeck im Kirchenkampf des Dritten Reichs. Nationalsozialistisches Führerprinzip und evangelisch-lutherische Landeskirche 1933–1945, Göttingen 1965, S. 103–105.

29 Vgl. Buss, Kirche, S. 302–311, insbes. 303 f. Explizit als Deutschkirchler angesprochen, war Stellbrink im Januar 1934 das Seniorat angeboten worden, d. h. das Amt des Lübecker Kirchenführers. Er lehnte ab, bat aber um ein einfaches Pfarramt. Zu Stellbrink vgl. ebd., S. 223–239, 329–342; ders., Ein Märtyrer der evangelischen Kirche. Anmerkungen zu dem Lübecker Pastor Stellbrink. In: ZfG, 7–8/2007, S. 624–644; Peter Voswinckel, Geführte Wege. Die Lübecker Märtyrer in Wort und Bild, 3. Auflage Hamburg 2011, S. 75–110.

30 Programm in: Deutsche Kirche, 19/1935, S. 304; Bericht in: Deutsche Kirche, 21/1935, S. 340–341.

31 Deutsche Kirche, 13/1937, S. 1. Der Wechsel der Schriftleitung war mit einer vermehrten Schreibaktivität von Personen aus Schleswig-Holstein/Lübeck verbunden. 1935 war Pastor Stellbrink für die Ausgaben 10–19 verantwortlich gewesen.

Damit befanden sich zentrale Einrichtungen des Bundes in der Hansestadt. Meyer etablierte sich endgültig als einer der wichtigsten Propagandisten der deutschkirchlichen Sache.

Wie war der Bund zu diesem Zeitpunkt vor Ort aufgestellt? Unterstützung fand er bei Teilen des NS-Senats und beim Kirchenregiment, das unter der Führung des nationalsozialistischen Bischofs Erwin Balzer zu den radikalsten im Deutschen Reich zählte.[32] Mit Letzterem teilte man vor allem die Forderung zur Ausscheidung alles Jüdischen. So forderte Bischof Balzer am Reformationstag 1937 anlässlich der Einweihung der Lutherkirche, des einzigen Lübecker Neubaus einer Kirche im NS-Staat, die Ausgrenzung der Judenchristen:

»Darum kann in dieser Kirche den deutschen Volksgenossen kein Judenchristentum verkündigt werden. Eine solche Verkündigung könnte das deutsche Herz nicht in seinen innersten Saiten rühren. Wo ein Deutscher sich mühen würde, die judenchristliche Schau nachzuempfinden, da würden ihn diese Bemühung einengen und in seinem seelischen Wachstum verkrüppeln lassen anstatt ihn freizumachen, wie es Gottes Wille ist. [...] Um dieser von Christus verkündigten Wahrheit willen haben die Juden ihn gehasst und ihn ans Kreuz geschlagen, und sie hassen ihn als Todfeind, ja als den absoluten Widerpart alles jüdischen Wesens bis auf den heutigen Tag.«[33]

Im Vorfeld der geplanten, jedoch nicht durchgeführten Kirchenwahlen von 1937 kam es in dem lokalen Ableger des Bundes für deutsches Christentum sogar zu einer direkten Zusammenarbeit und gemeinsamen Kundgebungen.[34]

---

32 Noch unter dem beherrschenden Einfluss der beiden NS-Senatoren Dr. Hans Böhmcker und Burgstaller hatte der Bund eine direkte Anerkennung durch die Landeskirche erfahren. Entgegen seinen Zusagen bestätigte Bischof Balzer diesen Kurs, u. a. berief er Pastor Stellbrink als Beisitzer in den Kirchlichen Dienststrafhof (KABl. Lübeck, Nr. 10 vom 8.11.1934, S. 43). Im Mai 1936 teilte Balzer dem Reichskirchenministerium mit, dass einige Lübecker Senatoren der Deutschkirche angehörten bzw. dieser nahe ständen (LKA Kiel, 42.07, Nr. 26, Bl. 49/40). In einer Rechtfertigungsschrift (Januar 1947) schrieb Balzer ohne weiteren Beleg, dass der Kirchenrat im November 1936 die Aufforderung abgelehnt habe, dem Bund für Deutsche Kirche korporativ beizutreten (LKA Kiel, 42.07, Nr. 27). Vgl. Wolf-Dieter Hauschild, Kirche in Lübeck zwischen Anpassung und Widerstand. In: Reumann (Hg.), Kirche und Nationalsozialismus, S. 153–187; Stephan Linck, Zwei Wege. Aspekte der Entwicklung der Landeskirchen Eutin und Lübeck im Nationalsozialismus und in der Nachkriegszeit. In: Manfred Gailus/Wolfgang Krogel (Hg.), Von der babylonischen Gefangenschaft der Kirche im Nationalen. Regionalstudien zu Protestantismus, Nationalsozialismus und Nachkriegsgeschichte 1930 bis 2000, Berlin 2006, S. 61–78.

33 Erwin Balzer, Predigt zur Einweihung der Lutherkirche. In: Kirchenkalender 1938, S. 17–25, hier 20, 25. Vgl. Stephanie Endlich/Monica Geyler-von Bernus/Beate Rossié (Hg.), Christenkreuz und Hakenkreuz. Kirchenbau und sakrale Kunst im Nationalsozialismus, Berlin 2008, S. 66–69; Stephan Linck, Neue Anfänge? Der Umgang der Evangelischen Kirche mit der NS-Vergangenheit und ihr Verhältnis zum Judentum. Die Landeskirchen in Nordelbien, Band 1: 1945–1965, Kiel 2013, S. 86–90.

34 Entschließung vom 23.4.1937 (Archiv Luthergemeinde, Nr. 93). Vgl. Buss, Kirche, S. 265–267.

Eine inhaltliche Kritik an dem Gebaren Meyers gab es nicht.[35] Seitens der Landeskirche wurde er zwar mehrfach ermahnt, dass sein propagandistisches Engagement nicht zu Lasten seiner Gemeindearbeit gehen dürfe, ausdrücklich aber wurde anerkannt, dass er kirchlichen Dienst leiste, da »Menschen, die sonst aus der Kirche austreten würden, durch diese Bewegung noch die Möglichkeit eines Verbleibens in ihr sehen« würden.[36] Vor diesem Hintergrund fanden selbst seine Übergriffe auf das Gebiet der schleswig-holsteinischen Nachbarkirche die Rückendeckung der obersten Lübecker Kirchenbehörden.[37] Es verwundert nicht, dass die Lübecker Bekennende Kirche hingegen den Bund für Deutsche Kirche kategorisch ablehnte. Zumindest zeitweise wurden dessen Aktivitäten aufmerksam verfolgt, das öffentliche Auftreten der beiden Lutherpastoren scharf attackiert und wiederholt als Beleg für die Bekenntniswidrigkeit des landeskirchlichen Bischofsregiments angeführt. Zudem wurde Meyer vorgeworfen, dass er das Lübecker Konkordienbuch nur mit Vorbehalt unterzeichnet und damit die Bindung seiner Amtsführung an die Bekenntnisschriften verweigert und aufgehoben habe.[38]

Intern hatte der Bund gleichwohl harte Rückschläge hinnehmen müssen. Im August 1936 erklärte Pastor Stellbrink nach 15-jähriger Mitgliedschaft seinen Austritt.[39] Weitaus schwerer wog freilich das frühe Ableben von Senator Ulrich Burgstaller, der im August 1935 nach Konflikten mit Reichsstatthalter Friedrich Hildebrandt mutmaßlich Selbstmord begangen hatte.[40] Sein Tod bedeutete

35 Es ist für die Lübecker Verhältnisse bezeichnend, dass sich ein Konflikt zwischen Kirchenrat und Meyer an einer Polemik in der Bundeszeitschrift entzündete, in der das aus Bundessicht zögerliche Engagement des Lübecker Kirchenregiments zur »Entjudung« der Kirche ironisiert wurde. Vgl. Aktenvermerk vom 22.6.1939 (LKA Kiel, 42.07, 265, Bl. 142).

36 Aktenvermerk vom 22.6.1939; Kirchenrat am 12.7.1939 (LKA Kiel, 42.07, Nr. 265, Bl. 172 bzw. 179). Meyer erklärte 1936, dass die Deutschkirche eine Plattform für alle Deutschen biete, »die nationalsozialistische Weltanschauung und völkisches Lebensgefühl der Gegenwart verbinden möchten mit ehrfürchtigem Festhalten echt christlicher Werte in unserer deutschen Geschichte« und vor allem Parteimitglieder binde, die »wegen der unklaren Haltung der Kirche gegenüber dem jüdischen Alten Testament« Austrittsgedanken hegten, »um sich einer christentumsfeindlichen Bewegung anzuschließen«. Meyer an Balzer am »3. im Hornung« [Februar] 1936 (ebd.).

37 Vgl. die Korrespondenz in: LKA Kiel, 42.07, Nr. 265, Bl. 111–118.

38 Vgl. die Mitschrift über einen Vortrag Stellbrinks »Die deutsche Kirche im Kampf gegen das Judentum in jeder Form« (LKA Kiel, 39.01, Nr. 50 bzw. 98.86, Nr. 41). Vgl. u.a. Denkschrift des Lübecker Landesbruderrates vom 11.11.1935: »Antrag zur Neuordnung der Evang.-Luth. Kirche in der Freien und Hansestadt Lübeck«. In: Reimers, Lübeck, S. 187 ff., hier 188 f., 200 ff.

39 Stellbrink an Andersen vom 12.8.1936. Auszugsweise zit. in: Amtshilfeersuchen der Gestapo Lübeck an Gestapo in Gießen vom 29.4.1942 (BArch, R 3018/13778).

40 Vgl. Buss, Kirche, S. 304–305. In Anwesenheit von Hildebrandt geriet der Staatsakt in St. Marien dennoch zu einer Inszenierung nationalsozialistischer Propaganda. Als Hauptredner würdigte Meyer den Verstorbenen: »Vielmehr hat er als Anhänger und Mitkämpfer

eine erhebliche Schwächung der Deutschkirche in Lübeck. Der Umzug zentraler Bundesgremien in die Hansestadt vollzog sich also zu einem Zeitraum, als der Bund vor Ort mit erheblichen Schwierigkeiten zu kämpfen hatte. Es ist zu vermuten – die Quellenlage gibt hierzu fast nichts her –, dass sich die Arbeit auf einen Kern von wenigen Personen verteilte. Unzweifelhaft kam dabei Meyer, der für seine Überzeugung einen erheblichen zeitlichen Aufwand in Kauf nahm, eine Führungsrolle zu.

## Deutschkirchlicher Propagandist

Trotz der hohen Arbeitsbelastung wirkte Meyer auch außerhalb der landeskirchlichen Grenzen. Allein in der ersten Jahreshälfte 1937 hielt er, neben seiner Gemeindetätigkeit, Vorträge in Flensburg und Gettorf (Februar), Wahlkampfkundgebungen in Heide, Wesselburen, Weddingstedt, Lunden (Mai) und auf Einladung der radikalen Mecklenburger DC in Wismar, Rostock und Terow (Juni).[41] Ebenso beteiligte er sich in SA-Uniform an Propagandaaktionen wie zum Beispiel im holsteinischen Reinfeld, wo der Bund ohne Absprache mit dem örtlichen Pfarrer vor der Kirche Flugblätter verteilte – mit Titeln wie »Sei deutsch!«, »Was lehrt die Deutsche Kirche?«, »Nationalsozialismus und Deutsche Kirche« und »Laien heraus! Helft gegen den Judaismus in unserer Kirche kämpfen«.[42] Von zentraler Bedeutung aber war, dass er auf dem Gebiet der schleswig-holsteinischen Nachbarkirche regelmäßig Konfirmandengruppen betreute und dass er neben dem mittlerweile über 75-jährigen Hauptpastor Friedrich Andersen, Reichsbischof Ludwig Müller und dem Wandsbeker Pastor Heinrich Voth zu denjenigen Geistlichen gehörte, die deutschkirchliche Amtshandlungen vollzogen.[43] Damit war Meyer in einem der umstrittensten Konfliktfelder der dortigen Landeskirche engagiert, seit Ernst Szymanowski im

---

der deutschkirchlichen Bewegung an der Verwirklichung des einzig möglichen Hochziels gearbeitet, davon geträumt und es mit heißem Herzen ersehnt, dass wir Deutsche einmal eine einzige deutsche Kirche bekommen, frei vom Alten Testament, frei vom jüdischen und römischen Geist, in der bestes deutsches Wesen und Seelentum sich mit warmen Jesusgeist zu göttlicher Harmonie verbunden hätten.« Traueransprache von Meyer am 7.8.1935. In: Lübeckische Blätter 1935, S. 593–596.

41 Aufstellung in: LKA Kiel, 42.07, Nr. 265, Bl. 124 ff.

42 Vgl. die Korrespondenz (ebd., Bl. 111–118).

43 In der Bundeszeitschrift sind ab 1937 wiederholt deutschkirchliche Amtshandlungen (Taufen, Trauungen, Beerdigungen, Konfirmationen) Meyers aufgeführt, überwiegend auf dem Gebiet der schleswig-holsteinischen Landeskirche. Konfirmandengruppen betreute er u. a. in Flensburg und Itzehoe (Meyer an Kirchenrat vom 31.1.1939; LKA Kiel, 42.07, Nr. 265, Bl. 162). Zu den deutschkirchlichen Konfirmationen in Itzehoe 1939 (Meyer, Müller) und 1940 (Müller)

April 1935 die erste Konfirmation nach einem deutschkirchlichen Ritus abgehalten hatte.[44] Im Gegensatz zu den deutschkirchlichen Taufen, Trauungen und Beerdigungen handelte es sich hierbei um Massenereignisse, die innerkirchlich zu erregten und heftigen Auseinandersetzungen führten.[45]

Beispielsweise feierte Meyer am 12. März 1939 zusammen mit Reichsbischof Müller eine deutschkirchliche Konfirmation in der Itzehoer Kirche – vor 1300 Gästen. Christliche Elemente ließen sich hier kaum mehr identifizieren:

»Wir glauben, dass Gott, der ewige Urgrund unseres Lebens, die Kraft und der Halt unseres Kampfes und das Ziel und die Erfüllung all unseres Lebens ist. Wir glauben, dass Deutschland, das Land und die Gemeinschaft deutscher Brüder und Schwestern, die Lebensordnung darstellt, der wir allein mit Leib und Seele verpflichtet sind. Wir glauben, dass Ehre und Freiheit, selbstlose Liebe und hingebende Treue, tapferer Lebenskampf und dereinst, so Gott will, ein gefasstes Sterben die Lebenshaltung darstellt, die auch Jesus von uns fordert und die uns, gleich wie ihn, mit dem ewigen Vater eins werden lässt zu unser aller ewigem Heil.«[46]

Ein Jahr zuvor waren in der Lübecker Lutherkirche 122 Konfirmandinnen und Konfirmanden nach derartigen Formeln eingesegnet worden. Es handelte sich um die erste deutschkirchliche Konfirmation überhaupt, die je in einer Kirche stattfand.

## Deutschkirchlicher Vordenker

Auch wenn Meyer vornehmlich ein Mann der Praxis war, setzte er sich auch »theoretisch« und programmatisch mit religiösen und kirchlichen Fragen auseinander.[47] Sein Kirchenverständnis kulminierte in dem letzten Beitrag, den er vor seinem Tod veröffentlichte.[48] Die Aufgabe der Kindertaufe zugunsten einer freien

vgl. Ulrike Diek-Rösch, Deutschkirchliche Konfirmationen in Itzehoe. In: Hermann Schwichtenberg (Hg.), Kirche – Christen – Juden in Nordelbien 1933 bis 1945. Eine Ausstellung der Nordelbischen Kirche in der St. Laurentii-Kirche zu Itzehoe vom 14.2. bis 9.3.2003. Das Lokale Fenster des Kirchenkreises Münsterdorf, S. 16–23, auch: htpp://www.kirche-christen-juden.org/dokumentation/download.html (24.2.2013); Lokales Fenster Itzehoe. In: Hansjörg Buss/Anette Göhres/Stephan Linck/Joachim Liß-Walther (Hg.), »Eine Chronik gemischter Gefühle.« Bilanz der Wanderausstellung Kirche, Christen, Juden in Nordelbien 1933 bis 1945, Bremen 2005, S. 144.

44 Vgl. den Beitrag von Stephan Linck in diesem Band.

45 Vgl. Buss, Christentum, S. 225–230.

46 Gerhard Meyer, Deutschkirchliche Konfirmationen in Schleswig-Holstein. In: Deutsche Kirche, 3/1939, S. 9–15.

47 Vgl. z. B. Gerhard Meyer, Wohin marschieren wir? In: Deutsche Kirche, 13/1937, S. 7–12; ders., Protestantische Lebenshaltung. In: Deutsche Kirche, 16/1937, S. 2–4.

48 Gerhard Meyer, Unsere Stellung zur Taufe. In: Deutsche Kirche 3/1939, S. 10–14. Die folgenden Zitate ebd.

Willensentscheidung lehnte er mit einer rassistischen Begründung ab. Kinder, so Meyer, gehörten »schicksalhaft zum deutschen Volk«, weshalb über ihnen eine »überpersönliche, völkische Bestimmung« stehe, die eine freie Entscheidung in dieser Frage schlichtweg ausschließe. Seine Deutung des Taufsakraments bietet zugleich ein anschauliches Beispiel für seinen Wertekanon:

»In erster Linie sehen wir in einem neugeborenen gesunden Kinde deutscher Eltern die Unberührtheit, die Reinheit und Klarheit Gottes sinnbildlich durchscheinen. Sinn der Taufe ist: Aus dem heiligen Mutterschoß der Welt geschenkt, ursprünglich mit Gott verbunden, soll das Kind als Gottesmensch über deutsche Erde schreiten. Die mit dem Vollzug der Taufe gegebene Aufgabe der Eltern und Paten ist es, diese ursprüngliche Gottverbundenheit ihres Kindes in hingebender Erziehungsarbeit aufrechtzuerhalten und bei aufbrechender Schuld und Sünde, im Vertrauen auf die vergebungsbereite Güte Gottes, im Gebet und Fürbitte um neue Bindung an Gott zu ringen.«

In demselben Beitrag skizzierte Meyer seine Vision für eine zukünftige Kirche. Diese müsse auf der unbedingten, vorbehaltlosen Liebe zum deutschen Volk als einer heiligen Gottesschöpfung und dem unbedingten, unerschütterlichen Glauben an Gott gegründet werden. Für das »Dritte Reich« sei diese Kirche lebensnotwendig. Sie müsse sich des »geheiligten Gefäßes der ev.-luth. Kirche« bedienen, ansonsten werde nur die katholische Kirche gestärkt, zugleich aber müsse diese evangelische Kirche zu einer überkonfessionellen Glaubensgemeinschaft umgeformt werden.[49]

## Fazit

1938 nahm Gerhard Meyer mehrfach an militärischen Übungen teil, nach dem Münchner Abkommen war er Anfang Oktober am Einmarsch der Wehrmacht in die sudetendeutschen Gebiete der Tschechoslowakei beteiligt. Auch über diese »Pflichterfüllung« berichtete er ausführlich, begeistert und mit religiösem Pathos.[50] Im August 1939, kurz vor seiner Heirat, wurde er erneut eingezogen. Er fiel nur wenige Tage nach dem Beginn des deutschen Überfalls auf Polen am 10. September.[51] Für den Bund bedeutete sein Tod einen schweren Schlag. Er

49 Ähnlich hatte er bereits im März 1938 argumentiert. Die evangelische Kirche müsse organisch wachsen und umgewandelt werden, da ansonsten nur das religiöse Niemandsland bzw. Rom gestärkt werde. Gerhard Meyer, Kirchenaustritt? In: Deutsche Kirche, 3/1938, S. 14–15.

50 Gerhard Meyer, Die Befreiung des Sudetenlandes. In: Lübeckischer Kirchenkalender 1939, S. 35–38; ebenso in: Deutsche Kirche, 10/1938, S. 4–10; ders., Schicksalswende im deutschen Sudetenland für Volk und Kirche. In: Evangelisches Gemeindeblatt (Luther), Nr. 20 (1938).

51 Vgl. die Todesanzeigen (NEK-Archiv, 42.07, Nr. 265, Bl. 186ff.), abgedruckt in: Buss, Kirche, Abbildung Nr. 30. In der Oktoberausgabe, die als Doppelnummer zu Meyers Gedächtnis

entfaltete keine weiteren Aktivitäten mehr; nach der staatlich verordneten Einstellung der kirchlichen Presse im Mai 1941 verlieren sich seine Spuren endgültig.[52] In der Gesamtbilanz stellt die deutschkirchliche Episode der Jahre 1933 bis 1939 (bzw. mit seinen Vor- und Nachläufern von 1922 bis 1941) nicht mehr als ein Randphänomen dar, das innerhalb der Kirche keine nachhaltigen Wirkungen zeitigte. Selbst in den aufgeladenen Auseinandersetzungen des Kirchenkampfes war der Bund nur ein Aspekt unter vielen, lediglich in den Landeskirchen Lübecks und Schleswig-Holsteins kam ihm als Prüfstein für das Bekenntnis und als kirchenpolitischer Störfaktor eine bedeutendere Rolle zu. Allerdings war er einer der frühesten Stichwortgeber für die Ausgrenzung der Christen jüdischer Herkunft, die insbesondere in der zweiten Phase der antisemitischen Kirchengesetzgebung der Jahre 1939/1941 zum Tragen kam.[53]

Gerhard Meyer war, wie eingangs erwähnt, für den Gang der Kirchengeschichte eher unbedeutend. In einem Nachruf auf den 32-Jährigen heißt es: »Zugleich aber war er von der unerschütterlichen Überzeugung erfüllt, dass eine dauernde Genesung unseres Volkes von dem zersetzenden jüdisch-materialistischen Fremdgeist, von allen politischen und wirtschaftlichen Hader und nicht zuletzt von der gefährlichen konfessionellen Zwietracht nur von innen her aus den seelischen Kräften des deutschen Volkes erfolgen und dass der tragende Grund dieser seelischen Erneuerung und Einigung unseres deutschen Volkes nur eine alle umfassende wahre deutsche Volkskirche sein kann.«[54] Damit ist zu seinem Bemühen, den Gedanken der »Rasse«, die nationalsozialistische Weltanschauung und seinen undogmatischen und überkonfessionellen religiösen Idealismus

erschien, würdigte Dr. Frantzen auf 16 Seiten sein Lebenswerk und pries ihn als ersten »Blutzeugen« der »Deutschen Kirche«: »Du starbst für uns, wir alle wollen für Dich leben« (Frantzen, Kämpfer. In: Deutsche Kirche, 9–10/1939, S. 16). In einem Vorwort hieß es: »Als unermüdlicher Streiter war er uns in den Jahren des Kampfes immer ein Vorbild. Seine Liebe gehörte dem deutschen Volke, seine Arbeit galt der Befreiung der Kirche vom jüdischen Geiste, sein Ziel war eine deutsche Volkskirche. […] Das Leben unseres lieben Kameraden hat im letzten und höchsten Einsatz für die Freiheit der Nation seinen Abschluss und seine Krönung gefunden. Wir werden seiner stets in Ehren gedenken und ihn nie vergessen.« (Friedrich Andersen/Herbert Peckelhoff, ebd., S. 2). Noch 1941 vermeldete die Bundeszeitschrift, dass Ortsgruppenleiter Paul Böttcher, zugleich Kirchenvorsteher der Luthergemeinde, das Grab Meyers aufgesucht und im Auftrag des Bundes Blumen niedergelegt habe (Deutsche Kirche, 2/1941, S. 1).

52 Vgl. Gerstner/Hufenreuter/Puschner, Deutschkirche, S. 431 f.; Buss, Christentum, S. 228–233.

53 Vgl. Hansjörg Buss, Ein kirchlicher Beitrag zur Shoah: »Entjudung« der Kirche und die Ausgrenzung der Christen jüdischer Herkunft am Beispiel der ev.-luth. Kirche Lübecks. In: Julius Schoeps/Gideon Botsch/Christoph Kopke/Lars Rensmann (Hg.), Politik des Hasses. Antisemitismus und radikale Rechte in Europa, Hildesheim 2010, S. 141–152; Eberhard Röhm/Jörg Thierfelder, Juden – Christen – Deutsche, Band 4/I: Vernichtet (1941–1945), Stuttgart 2004, S. 102–120; Stephan Linck, Epilog. In: Wattenberg, Andersen, S. 51–58.

54 Frantzen, Kämpfer, S. 6 f.

zusammenzubinden, Wesentliches gesagt. Seine konzeptionellen Überlegungen für eine Transformation der evangelischen Kirche in eine rassistische Glaubensgemeinschaft, in der christliche Glaubensinhalte nur noch als Fassade vorkamen, gehörten dennoch mit zu den radikalsten Verformungen des Christentums, die in der Geschichte der evangelischen Kirche Lübecks jemals von einem landeskirchlichen Pastor öffentlich formuliert wurden.

Franz Tügel, 1920er-Jahre; Quelle: Privatarchiv Rainer Hering

Rainer Hering

# Franz Tügel – früher Nationalsozialist und Hamburger Landesbischof

»Ich kenne nur *einen* Feind: Wer diesen Staat Adolf Hitlers nicht will. Mit solchen werde ich sehr kurz fertig. Das bin ich nicht nur meiner Kirche schuldig, sondern meinem Staat, meinem Volk und meinem wunderbaren Führer. [...] Eine Losung: mit Luther und Adolf Hitler für Kirche und Volk, dass beide *ein* Herz und *eine* Seele werden!«[1]

Mit diesem Bekenntnis trat Franz Tügel in der braunen Uniform der NSDAP am 5. März 1934 nach seiner Wahl zum zweiten Hamburger Landesbischof vor die Synode. »Es war, als hätte er nicht bloß den Talar mit der braunen Uniform vertauscht, sondern auch den Theologen und Prediger mit dem Parteiredner, den Christen mit dem Gottgläubigen (wie man damals sagte)«, kommentierte Pastor Heinrich Wilhelmi, der Chronist des Hamburger Kirchenkampfes, rückblickend diese Ansprache. Obwohl Tügel schon sehr frühzeitig offen für die NSDAP eingetreten und 1931 Parteimitglied geworden war, wirkte seine Rede offenbar doch für viele überraschend. Sie gipfelte in dem im Konzept nicht vorgesehenen Satz: »Mein Programm bin ich selbst!«[2] Doch, wer war dieser Franz Tügel, und was war sein Programm? Um seine völkische und nationalsozialistische Ausrichtung erklären zu können, ist es wichtig, seinen Werdegang genauer zu betrachten.[3]

---

1 Franz Tügel, Mein Weg 1888–1946. Erinnerungen eines Hamburger Bischofs. Hg. von Carsten Nicolaisen, Hamburg 1972, S. 435, Hervorhebungen im Original. Vgl. auch Heinrich Wilhelmi, Die Hamburger Kirche in der nationalsozialistischen Zeit 1933–1945, Göttingen 1968, S. 144.

2 Wilhelmi, Kirche, S. 143 f.

3 Über Tügel gibt es bislang mehrere Arbeiten, darunter Erinnerungen seines Sohnes Peter W. Tügel, Gnade, Wille, Politik. Franz Tügel, Pastor an der Gnadenkirche 1919–1933. In: Gnadenkirche Hamburg 1907–1987. Festschrift zum 80jährigen Jubiläum, Hamburg 1987, S. 47–55. Wissenschaftlich haben sich mit Tügel beschäftigt: Rainer Hering, Die Bischöfe Simon Schöffel, Franz Tügel, Hamburg 1995; ders., Franz Tügel – Hamburger Landesbischof im »Dritten Reich«. In: Joachim Stüben/Rainer Hering (Hg.), Zwischen Studium und

## Nachhaltige Prägungen

Franz Eduard Alexander Tügel wurde am 16. Juli 1888 als ältester Sohn eines Kaufmanns in Hamburg-Hammerbrook geboren. Seine Brüder waren der als Schriftsteller bekannt gewordene Ludwig (1889–1972), der Maler, Musiker, Schauspieler und Schriftsteller Otto Tetjus (1892–1973) sowie der Schauspieler und Regisseur Hans Tügel (1894–1984).

Der Vater sei ein »glühender Patriot« gewesen, die Erziehung der Kinder war streng national und sehr konfessionsorientiert ausgerichtet. Das Betreten eines katholischen Gotteshauses war ihnen streng verboten. Der Familienalltag wurde sehr von der Mutter bestimmt, vor allem nach dem frühen Tod des Vaters im Jahre 1904. Für den damals 16-jährigen Franz war dies ein nachhaltiger Einschnitt: »Der eiserne Vorhang war gefallen, der das Land der Kindheit für immer abschloss. Der Tod meines Vaters war meines Lebens Wende«, erinnerte er sich. Als ältester Sohn musste er vielfach den Vater vertreten, »obwohl er selbst seiner vielleicht am meisten bedurft hätte«.[4] Diese Belastung, das Fehlen des Vaters in der Erziehung und die dominante Stellung der Mutter, die sich auch Jahre später noch zeigte, mögen eine Ursache dafür sein, dass Tügel später das Männliche, Soldatische in der Kirche immer stark hervorhob – ein Versuch, diese Erfahrungen und Verlustängste zu kompensieren. Möglich ist aber auch, dass Franz durch die frühe Übernahme der verantwortungsvollen Vaterrolle gegenüber seinen Geschwistern selbstsicher und überlegen wurde und sich daran gewöhnte, zu führen und zu befehlen. War das der Grund für sein späteres autoritäres Verhalten? Eine eindeutige Entscheidung wird man sicher nicht treffen können.

Wie bestimmend der Einfluss des Vaters gewesen ist, wird in Tügels Autobiografie deutlich: Immer wieder betonte er, wie sehr der Vater ihn geprägt habe.

Verkündigung. Festschrift zum hundertjährigen Bestehen der Nordelbischen Kirchenbibliothek in Hamburg, Herzberg 1995, S. 383–394; ders., Tügel, Franz Eduard Alexander. In: Biographisch-Bibliographisches Kirchenlexikon, Band XII Herzberg 1997, Sp. 687–711 (mit umfangreicher Bibliografie); ders., Tügel, Franz Eduard Alexander. In: Franklin Kopitzsch/ Dirk Brietzke (Hg.), Hamburgische Biografie. Personenlexikon, Band 1 Hamburg 2001, S. 319 f.; Werner Jochmann, Ein lutherischer Bischof zwischen politischen Hoffnungen und kirchlichen Zielen. In: ders., Gesellschaftskrise und Judenfeindschaft in Deutschland 1870–1945, Hamburg 1989, S. 282–297; Manuel Ruoff, Landesbischof Franz Tügel, Hamburg 2000. Vgl. zum Forschungsstand Zeitschrift des Vereins für Hamburgische Geschichte, 76 (1990), S. 223–225, und Auskunft, 20 (2000), S. 265–267. Zahlreiche Hinweise und Anregungen verdanke ich den Gesprächen mit Peter Willers (4.3. und 11.3.1993) und Walter Tügel (3.3.1993 und 6.10.1994), den beiden Söhnen Franz Tügels.

4 Tügel, Weg, S. 38.

An dessen Grab auf dem Ohlsdorfer Friedhof überkam ihn »das Bewusstsein, wie natürlich und unangekränkelt in meines Vaters Wesen und Leben die Treue zur Sippe und Heimat, zum Volk und Vaterland, zu Gott und seiner Kirche eine innere Einheit gewesen war, an die einfach nicht gerührt werden durfte. Ich darf bekennen, dass ich es nach meinem besten Willen ebenso gehalten habe [...].« Hier lagen die Wurzeln für Tügels Nationalismus und seine starke Betonung des Völkischen, die ihn zum Nationalsozialisten werden ließen.[5]

Eine Kritik an der Einheit von Volk, Staat und Kirche oder gar die Trennung von Staat und Kirche griffen fundamentale Überzeugungen, sein inneres Gleichgewicht an. Umso schärfer reagierte er darauf: Kirchenaustritte waren ihm als Pastor mehr als nur unsympathisch: »Ich musste jedes Mal zunächst einen inneren Ekel niederkämpfen, ehe ich sachlich persönlich Hand anlegen konnte.«[6]

Seine völkisch-antisemitische Anschauung kam ebenfalls in diesem Zusammenhang deutlich zum Ausdruck:

»Auch der Grundsatz, Religion sei Privatsache, ist ein gefährliches Stück aus der weltanschaulichen Rumpelkammer der Aufklärung und also der Auflösung. So wenig die Sippe, so wenig das Volk, so wenig das Vaterland Privatsache sind, so wenig ist es die Religion. Sie ist Volkssache. Wer also die Kirche privatisiert, untergräbt die Sippe und den Staat. Er zersetzt die ewige Grundlage des Volkslebens und bereitet dem kulturzerstörenden Bolschewismus oder dem Kultur unfähigen Amerikanismus die Bahn. Er ist ein Helfershelfer des internationalen Judentums und seiner Weltherrschaftspläne. Wie mein Vater bin ich stets ein scharfer Gegner der Mächte gewesen, die diesen Auflösungsprozess im deutschen Volke betrieben haben. Seine gesunden Ansichten sind mir früh in Fleisch und Blut übergegangen. Ihr tiefster Halt waren Glaube und Weltanschauung des deutschen Luthertums, wie es mir im späteren Ringen um die Wahrheit immer deutlicher geworden ist.«[7]

Tügel vertrat also noch Anfang der 1940er-Jahre beim Schreiben seiner Memoiren nachdrücklich Inhalte und Sprache des Nationalsozialismus und zeigte sich deutlich als Antisemit. Seine Angst vor den Ideen der Aufklärung, die er mit »Auflösung« gleichsetzte, führte zum Idealbild einer festgefügten Einheit von Volk, Staat und Kirche, an der nicht gerüttelt werden durfte. Theologisch sah er diese Verbindung, die ihm Sicherheit gab, im Luthertum repräsentiert. Fundierte theologische Reflexionen lagen Tügel nicht, vielmehr konzentrierte er sich auf die Predigt, die das zentrale Element in seinem Amtsverständnis darstellte.[8]

5 Ebd., S. 39 f.

6 Ebd., S. 40.

7 Ebd., S. 40 f.

8 Predigtverzeichnis (StAHH, 621-1 Familie Tügel, NL Franz Tügel); Franz Tügel, Brannte nicht unser Herz? Jesu Leidensweg in 40 Predigten und Ansprachen vergegenwärtigt, 3. Auflage Schwerin 1929; ders., Gottes Weg im Weltenjahr. Ein Jahrgang Predigten, Schwerin 1938; ders., Weg, S. 174-177.

## Kirchlicher Werdegang

Nach dem Abitur hatte Franz Tügel zum Wintersemester 1908/09 in Rostock das Theologiestudium aufgenommen.[9] Sein Bruder Hans erinnerte sich, dass es hauptsächlich der »energische Einfluss« der kirchentreuen Mutter war, der Franz zum Studium der Theologie bewogen hatte und ihn auch später prägte.[10] In Rostock hörte er bei Ernst Sellin Altes Testament, bei Alfred Seeberg Neues Testament, bei Wilhelm Walther Kirchengeschichte, bei Friedrich Hashagen Praktische Theologie und bei Richard Grützmacher Systematik. Das Jahr 1909 verbrachte er in Erlangen, wo er die Kollegs der Neutestamentler Theodor von Zahn und Philipp Bachmann, der Alttestamentler Wilhelm Lotz und Wilhelm Caspari sowie des reformierten Theologen Karl Müller besuchte. Während des Sommers 1910 studierte er in Tübingen, unter anderem Systematik bei Theodor Häring, anschließend drei Semester in Berlin, wo er die Vorlesungen des Kirchenhistorikers Adolf von Harnack, des Neutestamentlers Adolf Deißmann und des Systematikers Reinhold Seeberg hörte. Besonders beeindruckte ihn dort der vom schwäbischen Pietismus geprägte Kirchenhistoriker und Luther-Forscher Karl Holl. In Erlangen wurde er Mitglied der 1836 gegründeten Verbindung Uttenruthia, deren Gemeinschaftsleben, gemeinsame Wanderungen und Geselligkeit er sehr schätzte.[11]

Durch »einen theologischen Heißsporn« aus der Verbindung – wie Tügel rückblickend schrieb – wäre er beinahe zum Bruch mit der Orthodoxie gelangt. Für kurze Zeit »verschlang« er Schriften des theologischen Liberalismus: Er schwärmte für das »Wesen des Christentums« von Adolf von Harnack und die religionsgeschichtlichen Betrachtungen von Ernst Troeltsch, der das Christentum nur als eine von vielen Religionen innerhalb der Menschheitsgeschichte sah. Zeitweilig konnte er nicht mehr beten und fühlte sich dabei in tiefster Seele unglücklich, wie er in seinen Erinnerungen vermerkte.[12] Durch die intensive Lektüre des »Systems der christlichen Lehre« des Jenaer Systematikers Hans Hinrich Wendt habe er »die hoffnungslose Lage der liberalen Theologie« erkannt. In Berlin erlebte er dann in den Predigten von Pastor Paul Conrad an der Kaiser-Wilhelm-Gedächtniskirche die Stunde seiner endgültigen Bekehrung zur Orthodoxie und wandte sich wieder der »positiven« Theologie zu.[13] Scharf war

9 Zu einzelnen biografischen Details, auch des Studiums, siehe Landeskirchliches Archiv der Nordkirche, Kiel, 32.03.01: Personalakten Pastorinnen und Pastoren, Personalakte Franz Tügel.

10 Hans Tügel, Zeit der Unruhe. Ein Leben zwischen Buch und Bühne, Hamburg 1972, S. 44.

11 Tügel, Weg, S. 68–72.

12 Ebd., S. 67 f.

13 Ebd., S. 99 f., das Zitat S. 100.

seine Distanz zur sogenannten liberalen Richtung: »Den ›Liberalismus‹ habe ich gehasst. Ihm bitte ich nichts ab.«[14]

1912 beendete Franz Tügel sein siebensemestriges Studium mit dem Ersten Theologischen Examen in Hamburg. Zum Militärdienst war er nicht tauglich, was dazu beigetragen haben mag, dass Tügel später alles Militärische sehr betonte. 1914 legte er das Zweite Theologische Examen ab und verbrannte umgehend sein hebräisches Altes Testament. Zwei Jahre danach wurde er Pastor an der Hauptkirche St. Nikolai; 1917/18 diente er als Feldgeistlicher.

## Zäsuren

Um seine Frau und die vier Kinder kümmerte er sich kaum – und bemerkte ihre Veränderungen nicht, die zum Übertritt zur katholischen Kirche führten. Angesichts der damaligen patriarchalischen Strukturen war die Konversion einer Pastorenfrau ein emanzipatorischer Schritt von größter Tragweite, da sie die Eigenständigkeit ihrer Entscheidung gegenüber Person und Amt ihres Mannes behauptete. Seine Vorgesetzten übten Druck auf ihn aus, entweder sein Amt aufzugeben oder sich scheiden zu lassen. In der Konsequenz wechselte er an die Gnadenkirche in St. Pauli.[15]

Neben der Konversion seiner Frau bedeuteten für Franz Tügel auch das Ende des Kaiserreiches und die Novemberrevolution 1918/19 einen schweren Schlag. Der Weimarer Demokratie trat er von Anfang an sehr reserviert gegenüber, auch innerhalb der Kirche lehnte er die verfassungsmäßigen demokratischen Elemente ab. Theologisch engagierte er sich zeitlich parallel und wohl auch als Konsequenz aus den genannten Veränderungen in der Volkskirchenbewegung und gab 1919/20 – zunächst mit dem Pädagogen und Schulreformer Peter Petersen – die Zeitschrift »Die neue Kirche« heraus.[16]

An der Gnadenkirche bekämpfte er die liberale Tradition der Kirchengemeinde, sodass sein liberaler Kollege, Dr. Hermann Strasosky, sein Amt aufgeben musste. Hier wurde ein Wesenszug Tügels deutlich, den sein Sohn Peter rückblickend als zentral bezeichnete: Sein – zumindest äußerlich demonstriertes – Selbstbewusstsein, »das dort, wo es mit demonstrativer Betonung des Willens

---

14 Testament von 1927 (StAHH, 622–1 Familie Tügel, NL Franz Tügel).

15 Gespräche des Verfassers mit Peter und Walter Tügel. Adelheid Tügel (1895–1960) hatte den langen Entscheidungsprozess vor diesem Schritt und seine Ursachen später in dem 50-seitigen Manuskript »Warum ich katholisch geworden bin?« niedergelegt (StAHH, 622–1 Familie Tügel, NL Adelheid Tügel); P. W. Tügel, Gnade, S. 47.

16 Wilhelmi, Kirche, S. 11 f.

einherging, differenziertem Denken und selbstkritischem Abwägen schnell eine Absage erteilen konnte«.[17]

Möglicherweise haben ihn seine literarischen Ambitionen und die zahlreichen Vorträge zeitlich so in Beschlag genommen, dass die Bedürfnisse der Gemeinde zu kurz kamen. Mehrfach lehnte er Anfragen nach Beerdigungen aus Zeitmangel schroff ab, sodass es zu Kirchenaustritten kam. Franz Tügel war kein idealer Gemeindepastor, da er aufgrund seiner Distanz zum alltäglichen Leben mit den »kleinen Leuten« nicht gut zurechtkam. Er war eher für eine Personalgemeinde aus dem Bildungs- und Besitzbürgertum geeignet, die sich um seine Predigten sammelte, wie es später an St. Jacobi der Fall war.

Ende der 1920er-Jahre verschlechterte sich Tügels Gesundheitszustand. In den ersten Jahren von 1929 bis 1932 linderten mehrwöchige Badekuren in Bad Oeynhausen die Gelenkschmerzen und erhielten die Beweglichkeit. Im Winter 1932 und 1933 verschlimmerte sich seine gesundheitliche Verfassung drastisch, ab 1934 war Tügel körperlich erheblich eingeschränkt. Er war auf ständige Hilfe angewiesen, besonders morgens beim Anziehen, abends beim Entkleiden und beim Baden. Die Kanzel seiner Kirche konnte er schon lange nicht mehr besteigen, er musste von einer Notkanzel mit Sattel im Chorraum aus predigen. 1943 bezeichnete er sich selbst in einem Brief als »gänzlich bewegungsunfähig«. Wurde er als Bischof zunächst noch ins Landeskirchenamt gefahren, blieb er später völlig an seine Wohnung gefesselt. Dies trug dazu bei, dass sein ohnehin begrenzter Sinn für die Wirklichkeit weiter geschwächt wurde, was wiederum zur Idealisierung vor allem der politischen Situation führte.[18]

## Nationalsozialistische Politik

Noch 1929 forderte Franz Tügel als Geistlicher an der Gnadenkirche in einem Artikel die unbedingte politische Neutralität der Kirche. Er gehörte keiner Partei an und wählte deutschnational. Zwei Jahre später jedoch trat er in die NSDAP ein und bekannte sich offen »mit freudigem Bewusstsein« zur Partei Adolf Hitlers.[19] Tügel trug also selbst die Politik in die Kirche. Wie kam es zu dieser radikalen Wende?

»Im Grunde meines Wesens war ich zu allen Zeiten erzkonservativ«, skizzierte Franz Tügel seine politische Einstellung rückblickend. Im Sommer 1930

17 P. W. Tügel, Gnade, S. 47. Vgl. Rainer Hering, Orthodoxie versus Liberalismus in der Kirche: Der »Fall Strasosky«. In: Zeitschrift des Vereins für Hamburgische Geschichte, 83/2 (1997), S. 175–192.

18 Hering, Landesbischof, S. 389–392.

19 Tügel, Weg, S. 218, dort das Zitat; ders., Zur Kirchenvorsteherwahl. In: Das evangelische Hamburg, 23 (1929) Nr. 19, S. 291–294, Nr. 20, S. 307–310, Nr.21, S. 326–328; Ein Nachklang zur Wahl. In: Das evangelische Hamburg, 23 (1929) 23, S. 356–358.

besuchte er in Bad Oeynhausen eine Versammlung der NSDAP, in der ihr Fraktionsführer im preußischen Landtag, Wilhelm Kube, sprach. Der gefüllte Saal habe ihn gleich an die Kirche erinnert. Plötzlich sei ihm klar geworden, dass er »die Pflicht habe«, der NSDAP beizutreten, was er dann ein Jahr später, am 1. Juni 1931, auch tat (Mitgliedsnummer 575329).[20] Dadurch entstand in seiner Ehe nicht nur ein konfessioneller, sondern auch ein politischer Gegensatz, denn seine Frau stand der katholischen Zentrumspartei nahe. Sogar in der Gemeindearbeit hatte sein politisches Engagement Konsequenzen: Die Zahl seiner Amtshandlungen und seiner Gottesdienstbesucher sank signifikant, viele Menschen zogen sich von ihm zurück.[21]

Franz Tügel hatte sich nicht nur auf die Äußerungen Kubes verlassen, sondern sich in den Monaten bis zu seinem Parteieintritt gründlich mit der NSDAP auseinandergesetzt. Er las ihre Publikationen und »verschlang« ihre Zeitungen, insbesondere den »Völkischen Beobachter«. Seine Mutter schenkte ihm zum Geburtstag 1931 Hitlers »Mein Kampf«, den er Seite für Seite durcharbeitete und mit zustimmenden Anmerkungen versah. Tügel wusste also, welcher Partei er beitrat, er kannte ihre Zielsetzungen und ihr alltägliches Auftreten sehr genau. Er distanzierte sich später zwar von den Deutschen Christen (DC), nicht aber von der NSDAP.[22]

Mit voller Energie widmete er sich nunmehr der Parteiarbeit: Er besuchte alle großen Versammlungen ebenso wie die Treffen der Ortsgruppe Nord-St. Pauli und beteiligte sich an öffentlichen Aufmärschen. Für Hitler warb er, wo er nur konnte, wurde NSDAP-Gauredner, »Deutscher Christ« und fühlte sich schon bald als »alter Kämpfer«. »Den Rest meiner Gesundheit und ein gutes Stück meines kirchlichen Ansehens habe ich für die Sache Adolf Hitlers hingegeben, und es hat mich, da ich als glühender Idealist an die Zukunft des nationalen Sozialismus glaubte, nicht gereut«, bekannte er Anfang der 1940er-Jahre in seinen Memoiren, in denen er von den Nationalsozialisten in der ersten Person Plural (»uns«) sprach, sich also noch immer mit ihnen identifizierte.[23]

Tügel erhoffte sich durch die Nationalsozialisten eine Wiederbelebung der Volkskirchenbewegung. Neben der inhaltlichen Übereinstimmung mit den Zielen der NSDAP spielte bei ihm das Massenerlebnis, das er mit jenem zu Beginn des Ersten Weltkrieges im August 1914 verglich, wohl eine zentrale Rolle bei seinem politischen Engagement. Tügel erlag der Volksgemeinschaftsideologie und verzichtete – wie so oft – auf differenziertes Denken. Außerdem imponierte

20 Tügel, Weg, S. 218–220, hier 219.
21 Ebd., S. 223.
22 Ebd., S. 220; Hering, Landesbischof, S. 389 f. Tügels Exemplar von »Mein Kampf« befindet sich in seinem NL (StAHH, 622–1 Familie Tügel, NL Franz Tügel).
23 Tügel, Weg, bes. S. 220–226, hier 221.

ihm das Vitale, Kraftvolle, Robuste der »Bewegung«, das im Gegensatz zu seiner eigenen gesundheitlichen Situation stand. Er projizierte offenbar sein in diesem Punkt unzureichendes, schon durch die frühe Ausmusterung getrübtes Selbstbild als ›deutscher Mann‹ auf die Nationalsozialisten und suchte bei ihnen, was er selbst nicht leisten konnte.

Seine Werbung für die NSDAP setzte Tügel auch in schriftlicher Form fort. Noch im Jahr seines Eintritts verfasste er das 1932 publizierte Buch »Wer bist Du? Fragen der Kirche an den Nationalsozialismus«, mit dem er als »Pastor an der Gnadenkirche in Hamburg« in der Kirche Vorbehalte gegenüber dieser Partei abbauen wollte. Er charakterisierte sie als »ein gottgewolltes Wunder der deutschen Geschichte«.[24] Über Kritik am brutalen Vorgehen der Nationalsozialisten machte er sich lustig, ohne sie auch nur einmal ernsthaft zu reflektieren. Er sah darin die »Wehklageregister« der »jüdisch verseuchten Presse«. Tügel engagierte sich vehement für die Nationalsozialisten im vollen Bewusstsein ihres gewalttätigen, menschenverachtenden Vorgehens.[25]

Volkstum und Vaterland stellten für ihn hohe Gottesgaben dar, die die Kirche entsprechend fördern und um derentwillen sie die NSDAP begrüßen sollte. Für Tügel war dies die »Wiedergeburt der deutschen Nation« und damit verbunden die »Stunde der Kirche«.[26] Die Begriffe nationalsozialistisch und deutsch sowie deutsch und christlich waren für ihn identisch und damit in der Schlussfolgerung auch die Begriffe nationalsozialistisch und christlich. Das Führerprinzip wurde bei ihm zu einem christlichen Element, 1934 bezeichnete er es sogar als »eine gottgeschenkte Hilfe zur Herstellung bekenntnismäßiger Zustände in der Landeskirche«.[27] Aus einem allgemeinen Gottvertrauen, aus einem in der »nationalsozialistischen Bewegung« vorhandenen Glauben werde automatisch christlicher Glaube.[28]

Bedenken und vorsichtige Kritik am Nationalsozialismus tauchten bei Tügel nur im Zusammenhang mit der Abwertung des Alten Testaments auf. Die Rassenlehre und die Verfolgung der Juden durften aber, wie er meinte, nicht Gegenstand kirchlicher Kritik werden. Den Kampf gegen das Judentum, gegen die »jüdische Pest« hielt er für berechtigt, denn »durch den modern jüdischen Geist ist alles verseucht«, er sei »die große Gefahr«. Ihm ging es nicht um die Juden,

24 Franz Tügel, Wer bist Du? Fragen der Kirche an den Nationalsozialismus, Hamburg 1932, S. 24. Vgl. Tügel, Weg, S. 226–228.

25 Tügel, Wer, S. 20.

26 Ebd., S. 24, 31–38. Vgl. zur Wiedergeburtsideologie Rainer Hering, »Des Deutschen Volkes Wiedergeburt«. Völkischer Nationalismus und politische Erneuerungspläne. In: ZfG, 42 (1994), S. 1079–1084.

27 Zit. nach Wilhelmi, Kirche, S. 165.

28 Tügel, Wer, S. 29 f.

sondern um die christliche Wertschätzung des Alten Testamentes, das er als das »antisemitischste Buch« bezeichnete.[29] Die Bedeutung dieses Teils der Heiligen Schrift dürfe aus dogmatischen Gründen nicht angetastet werden. Er schloss das Heft »Wer bist Du?« mit der Bitte: »Der Herr sei gnädig und segne diesen Kampf! Der Herr segne unsern Führer und sein Volk!«[30]

Erwartungsgemäß begrüßte Franz Tügel die Machtübertragung an die Nationalsozialisten nachdrücklich auch in seiner Predigt am 5. Februar 1933: »Unsere Kirche, unser Christenvolk sieht die Entscheidung, und mit heißem Herzen haben wir fürbittende Hände für das, was jetzt geschieht.«[31]

Im August 1933 verfasste er eine theologische Auseinandersetzung mit dem Haupt der Dialektischen Theologie, dem reformierten Bonner Theologieprofessor Karl Barth. Nach dem Ende des Ersten Weltkrieges hatte dessen Kommentar zum Römerbrief, den Franz Tügel sehr geschätzt hatte, große Aufmerksamkeit erregt, da er die Jenseitigkeit Gottes und die Souveränität seiner Offenbarung betonte. Der Mensch könne nicht über Gott als den ganz anderen verfügen, zwischen Gott und Welt bestehe ein unendlich qualitativer Unterschied, den der Mensch allein von sich aus nicht überbrücken könne. Unter dem Titel »Unmögliche Existenz! Ein Wort wider Karl Barth« widersprach Tügel als Leiter der Glaubensbewegung Deutsche Christen im Gau Hamburg Barths im Juni desselben Jahres ausgearbeiteter Schrift »Theologische Existenz heute!«. Barth stellte sich mit ihr der »Versuchung dieser Zeit« entgegen und lehnte die Theologie der Deutschen Christen scharf ab. Die Einführung eines Reichsbischofsamtes bezeichnete er als »Nachahmung einer bestimmten ›staatlichen Form‹«. Tügel vertrat demgegenüber die deutschchristliche These, dass Gott nicht nur in seinem Wort wirke, sondern auch in der politischen Wiedergeburt des Volkes, »in dem lebendigen Wort des Allmächtigen auf der Straße«. Nicht die Theologie, sondern die Politik würde ihn von Barth trennen. Ein Zuendedenken von dessen Position würde politisch »den geraden Weg ins Konzentrationslager bedeuten«.[32] In seinen Erinnerungen distanzierte der Landesbischof sich 1944 allerdings von dieser Publikation. Sie sei »das einzige literarische Opus, das ich bereue, wenn ich nicht lieber sagen soll, dessen ich mich schäme«.[33]

Auch in diesem Werk wurde der wesentliche Kurzschluss der Theologie Tügels deutlich: die Vergötzung von Volk und Volkstum. Für ihn war die Entscheidung für den Nationalsozialismus die Entscheidung für den Glauben an das Evangelium; Blut, Rasse, Volk und Volkstum wurden zu Schöpfungsordnungen verklärt.

29 Ebd., S. 56.
30 Ebd., S. 68.
31 Tügel, Gottes Weg, S. 97; vgl. Tügel, Weg, S. 229.
32 Franz Tügel, Unmögliche Existenz! Ein Wort wider Karl Barth, Hamburg 1933, S. 17.
33 Tügel, Weg, S. 243.

Mit keiner Silbe ging er auf die brutale Verfolgung Andersdenkender ein. Er nahm die Ausgrenzung derer, die als nicht der »arischen Rasse« zugehörig definiert wurden, zustimmend in Kauf. In voller Kenntnis von Hitlers »Mein Kampf« und der Ereignisse des ersten Halbjahres nationalsozialistischer Herrschaft schrieb er: »Wir schulden *dem totalen Staat das totale Wort Gottes*. Wenn wir das sagen, wissen wir, dass wir das totale Bekenntnis halten und hüten.«[34]

Das Jahr 1933 brachte für Franz Tügel zahlreiche Veränderungen: Mitte Januar, zwei Wochen vor der Machtübertragung an die Nationalsozialisten, wurde er Vertrauensmann der Deutschen Christen für Hamburg, Ende April anstelle eines Staatskommissars für die Kirche Vertreter der Interessen des Bürgermeisters. Im Mai wurde ein erster Aktionsausschuss eingerichtet, der die Neuordnung der Hamburgischen Landeskirche vorbereiten sollte, dem Tügel angehörte. Am 2. Juni 1933 berief ihn der kurz zuvor ins Amt gelangte Landesbischof Simon Schöffel (1880–1959) in den vorläufigen Landeskirchenrat sowie in den aus drei Personen bestehenden (zweiten) Aktionsausschuss, der die Verbindung zum Staat und zur NSDAP halten und eine neue Kirchenverfassung ausarbeiten sollte. Einen Tag später wurde Tügel in »den unmittelbaren bischöflichen Dienst zur besonderen kommissarischen Verwendung« beordert. Tügel war aufgrund seiner engen Parteikontakte wichtig geworden, da diese dem Bischof selbst fehlten. Im folgenden Monat wurde Tügel zum Oberkirchenrat ernannt. Seine besonderen Aufgaben lagen nun in der Volksmission und der »Bearbeitung der aus der Berührung von Kirche und Volk erwachsenen Aufgaben der Gegenwart«. Damit hatte für ihn die (Kirchen-)Politik den endgültigen Vorrang gegenüber der Gemeindearbeit erhalten.[35]

Noch im Laufe des Jahres verschlechterte sich allerdings das Verhältnis zwischen Tügel und seinem Landesbischof. Er fühlte sich von ihm zum »Ausbügeln« von Schwierigkeiten mit der Partei missbraucht. Außerdem wollte er die von ihm geleiteten Deutschen Christen nicht Schöffel unterstellen. Sowohl auf Reichsebene als auch in Hamburg verschärften sich die Spannungen zwischen Schöffel und dieser kirchenpolitischen Gruppierung. Der Leiter der Deutschen Christen in Nordwestdeutschland, Hans Aselmann, forderte nachdrücklich, dass Schöffel als Bischof durch Tügel ersetzt werde. Nach längeren Auseinandersetzungen trat Schöffel schließlich zurück und Tügel wurde am 5. März 1934 zum Landesbischof gewählt und hielt in Parteiuniform die eingangs auszugsweise zitierte Ansprache.[36]

Unverzüglich änderte Tügel nach seiner Wahl die Struktur der Kirchenleitung und besetzte leitende Positionen mit ihm nahestehenden Personen. Tügel prakti-

---

34 Tügel, Existenz, S. 53, Hervorhebung im Original. Vgl. Wilhelmi, Kirche, bes. S. 86–93.

35 Vgl. Hering, Landesbischof, S. 390 f.

36 Wilhelmi, Kirche, S. 126–141.

zierte das Führerprinzip, alle wichtigen Angelegenheiten, so auch die Besetzung von Pfarrstellen, blieben ihm vorbehalten. In den Gemeinden wurde ein von ihm bestimmter Geistlicher Vorsitzender des Kirchenvorstandes.[37]

Die Gaugeschäftsstelle der Deutschen Christen verlegte Tügel in das Landeskirchenamt, was die Tendenz unterstrich, diese kirchenpolitische Gruppe stärker der landeskirchlichen Führung unterzuordnen. Tügel hielt diese allerdings nach einiger Zeit nicht mehr für erforderlich, weil er die Kirche im nationalsozialistischen Sinn führte. Daher legte er am 13. Juli 1935 sein Gauobmannsamt nieder und verließ Ende August die Deutschen Christen. Nun lehnte er die radikale Thüringer DC-Richtung ab, die stärker an Einfluss gewonnen habe. In seiner ihm eigenen Art erklärte er abschließend: »Meiner Kirche bin ich treu gewesen und werde ihr treu sein. Eine kirchenpolitische Gruppe bedeutet ihr gegenüber nichts. In das Amt, das ich nicht gesucht habe, sondern das mir zwar durch Menschen, aber schließlich doch durch Gott übertragen ist, bin ich als Lutheraner und als Nationalsozialist gerufen, nicht als ›Deutscher Christ‹. Meine Treue umfasst mit meiner Kirche zugleich auch mein Volk und seinen Führer. Dabei wird es bleiben.«[38]

In seiner Politik machte Tügel Zugeständnisse an Pastoren innerhalb der Bekenntnisgemeinschaft, um so die Landeskirche zu konsolidieren und seine eigene Position zu festigen. Die radikalen Kräfte innerhalb der Deutschen Christen wurden aus der Kirchenführung gedrängt. Dennoch gab es erhebliche Konflikte mit der Bekenntnisgemeinschaft, die er auch mit Drohungen einzuschüchtern versuchte: »Meine Gegner werden diejenigen sein, die durch kirchliche Machenschaften dem Dritten Reich Schaden zufügen wollen; sie werden in Kürze über die Vergänglichkeit alles Irdischen nachdenken können. Jeder Diener der Kirche muss die Kirche in den Dienst des Dritten Reiches stellen; sonst wird er gehen müssen.«[39] Die Spannungen mit der Bekennenden Kirche wurden durch die »Eingliederung« der Hamburger Kirche in die Reichskirche im Mai 1934 verschärft, die eine Unterstellung unter den Reichsbischof Ludwig Müller und eine Entmachtung der Synode bedeutete.[40]

Schon bald nach seiner Wahl zum Landesbischof bot ihm der Kirchenvorstand von St. Jacobi an, zum 1. Oktober 1934 das Hauptpastorenamt zu übernehmen, was Tügel gern annahm und bis 1940 ausübte. Am 4. November hielt er in St. Jacobi seine Antrittspredigt und führte sich zugleich selbst in sein Bischofsamt ein, um eine entsprechende Amtshandlung des Reichsbischofs zu vermeiden.

In seiner Bischofszeit versuchte er seine theologischen Überzeugungen in die Praxis umzusetzen: Wie bei seinem Amtsantritt 1919 an der Gnadenkirche

37 Hierzu und zum Folgenden Wilhelmi, Kirche, S. 142–203.

38 Zit. nach ebd., S. 202.

39 Zit. nach ebd., S. 155.

40 Ebd., S. 157–168.

wandte er sich auch als Bischof vehement gegen »die Reste des Liberalismus«. Tügel führte das apostolische Glaubensbekenntnis für alle Hauptgottesdienste verbindlich ein und verpflichtete die jungen Theologen auf Bibel und Bekenntnis. Sie mussten das Konkordienbuch, das die in der lutherischen Kirche geltenden Bekenntnisschriften enthält, jetzt in seinem Amtszimmer unterzeichnen, nachdem sie zuvor genau über ihre dogmatische Position befragt worden waren.

Auch für Frauen, die Theologie studiert hatten, verschlechterten sich die Arbeitsbedingungen erheblich. 1935 hob Tügel das 1927 verabschiedete Kirchengesetz auf, das ihnen nach Ablegung beider Examina eine Beschäftigung als »Pfarramtshelferin« ermöglicht hatte, und gestattete ihnen nur noch, die erste theologische Prüfung ohne Anspruch auf Anstellung zu absolvieren. Er verstand das geistliche Amt ausschließlich als »Mannes Amt«. Tügel setzte sein eigenes Bild von einer lutherischen, orthodoxen und von Männern geführten Kirche in die Praxis um, entgegen einer Hamburger Tradition, die mehr Toleranz kannte. Einen Pluralismus der Meinungen wollte er verhindern und nur eine einheitliche Kirche dulden, die ganz seinen persönlichen Vorstellungen entsprach.[41]

In den Jahren 1936/37 verschlechterten sich Tügels Beziehungen zum NS-Staat und zur NSDAP drastisch. Im April 1936 setzte er sich für den suspendierten und verhafteten Lehrer seines Sohnes Peter am Johanneum, Ernst Fritz (1891–1977), ein. Zuvor hatte er bereits die Hitlerjugend (HJ) kritisiert und seinen eigenen Söhnen oft durch Entschuldigungen den Dienst erspart, ja sogar verboten. In einer von der Geheimen Staatspolizei (Gestapo) überwachten Pastorenversammlung klagte Tügel über die Religionspolitik der NSDAP, was zum Parteiausschluss am 11. Januar 1937 führte, der jedoch aufgrund seines energischen Protestes wieder rückgängig gemacht wurde. Daraufhin wurde Tügel vorsichtiger, um seine Beziehungen zur Partei nicht noch einmal durch nonkonformes Verhalten und partielle Verweigerung zu gefährden. So hielt er ein Wort an die Gemeinden nach der Verhaftung Martin Niemöllers zurück und leitete eine Erklärung gegen Alfred Rosenbergs Buch »Protestantische Rompilger« nicht an seine Pastoren zur Abkündigung weiter.[42]

---

41 Rainer Hering, »Das geistliche Amt ist nach Schrift und Bekenntnis Mannes Amt«. Männlichkeitskonstruktionen evangelisch-lutherischer Geistlicher in Hamburg im 20. Jahrhundert. In: Zeitschrift des Vereins für Hamburgische Geschichte, 88 (2002), S. 179–203; ders., Frauen auf der Kanzel? Die Auseinandersetzung um Frauenordination und Gleichberechtigung der Theologinnen in der Hamburger Landeskirche. Von der Pfarramtshelferin zur ersten evangelisch-lutherischen Bischöfin der Welt. In: Rainer Hering/Inge Mager (Hg.), Kirchliche Zeitgeschichte (20. Jahrhundert). Hamburgische Kirchengeschichte in Aufsätzen, Teil 5, Hamburg 2008, S. 105–153, bes. 129–134.

42 Wilhelmi, S. 208–212. Vgl. die literarische Darstellung des Konfliktes um Ernst Fritz bei Ralph Giordano, Die Bertinis. Roman, Frankfurt a. M. 1982.

Privat hatte Franz Tügel in dieser Zeit literarische Ambitionen und wollte – wie seine Brüder – auch künstlerisch wirken. 1941 beantragte er die Aufnahme in die Reichsschrifttumskammer, um schriftstellerisch tätig sein zu können; als Herausgeber der »Hamburgischen Kirchenzeitung« war er bereits Mitglied der Reichspressekammer. In seinem Lebenslauf schrieb er: »Mein politischer Standpunkt war zu allen Lebenszeiten der gleiche: national, sozial, antisemitisch und christlich im Sinne des deutschen Reformators Martin Luther! Das bleibt so bis an mein Lebensende. [...] Eine Zeitlang habe ich die kirchenpolitische Gruppe der sogenannten Deutschen Christen in Hamburg geleitet. Als diese Gruppe im Reich sich hoffnungslos zersplitterte und in bedauernswerter Schwäche die Grundlagen der deutschen Reformation preisgab, verließ ich diesen Verein. Dem deutschen Volk die lutherische Volkskirche erhalten zu helfen, war und bleibt mein einziges Streben in meinem jetzigen Amt.«[43] Tügel wurde von der Mitgliedschaft in der Reichsschrifttumskammer befreit.

## Die Haltung zu den »Nichtariern«

An der Spitze der Hamburger Landeskirche befand sich mit Franz Tügel ein überzeugter Antisemit: »Ich stehe persönlich auf einem scharfen antisemitischen Standpunkt«, bekannte er 1939, und ein Jahr später: »Wenn der Staat unseres Führers heute die Juden ausschließt, so segnen wir ihn dafür [...].«[44] Im November 1941 schrieb er über die Deportationen von Juden: »In diese Dinge hineinzureden, sollte sich die Kirche, die in den Zeiten unerhörtester Bedrückung des deutschen Volkes durch die jüdische Weltherrschaft und Hochfinanz geschwiegen hat, lieber hüten. Ich habe zwar einmal in der Inflationszeit auf der Kanzel der Gnadenkirche gesagt, man sollte, um der brutalen Ausbeutung von Millionen sparsamer und arbeitstreuer deutscher Menschen ein schnelles Ende zu bereiten, die Bankhäuser schließen und die jüdischen Devisenspekulanten aufhängen. [...] Eine Verantwortung für die evangelischen Glieder der jüdischen Rasse habe ich nicht, denn die Getauften sind nur in ganz seltenen Fällen wirkliche Glieder der Gemeinde gewesen. Wenn sie heute mit in das Ghetto abwandern müssen, dann sollen sie dort Missionare werden. Nicht sie bedürfen der Seelsorge, sondern ihre unbekehrten Rassegenossen.«[45]

---

43 Lebenslauf Tügels vom 17.10.1941 (BArch Berlin, BDC, RKK 2100, Box 461, File 14). Dort auch Befreiungsscheine vom 9.12.1941 und Schreiben der Reichsschrifttumskammer vom 10.12.1941.

44 Zit. nach Jochmann, Bischof, S. 294.

45 Vgl. hierzu und zum Folgenden mit genauen Einzelnachweisen Rainer Hering, Bischofskirche zwischen Führerprinzip und Luthertum. Die Evangelisch-lutherische Kirche im

Angesichts dieses Befundes mag es auf den ersten Blick überraschen, dass die Hamburger Landeskirche auf Gesetze mit antijüdischen Inhalten verzichtete und den »Arierparagrafen« für Geistliche und Kirchenangestellte nicht einführte. Tügel setzte sich sogar für Pastoren und andere im Dienst der Kirche Stehende ein, die mit »nichtarischen« Frauen verheiratet waren. Hier spielten für ihn vor allem freundschaftliche Verbindungen eine große Rolle, beispielsweise beauftragte er den Wandsbeker Pastor Bernhard Bothmann, der wegen seiner Ehe mit einer Jüdin 1939 von der Schleswig-Holsteinischen Kirche in den einstweiligen Ruhestand versetzt worden war, zeitweise mit Pfarrvertretungen in der Hamburgischen Kirche.

Grundsätzlich war für Franz Tügel die »Judenfrage« eine Sache des Staates, nicht der Kirche. Staatliche Verwaltungsvorschriften führte er gewissenhaft und kritiklos aus, ergriff aber keine eigene Initiative. Das radikal antisemitische Eisenacher »Institut zur Erforschung und Beseitigung des jüdischen Einflusses auf das deutsche kirchliche Leben« wurde von ihm abgelehnt, da die Thüringer Deutschen Christen die Grundpositionen Luthers wie des Christentums aufgegeben hätten. Allerdings unterstützte die Landeskirche dieses Unternehmen durch die Verschickung von Verbandsmitteilungen und die Bewilligung von Reisekostenzuschüssen für Pastoren zur Teilnahme an Veranstaltungen.

## Nach dem Ende des Zweiten Weltkrieges

Im »Zusammenbruch« des Deutschen Reiches nach dem Ende des Zweiten Weltkrieges sah Tügel ein Gericht Gottes; die alleinige Schuld Deutschlands am Krieg wollte er in seinem Nationalgefühl nicht anerkennen. In einem »Wort zur Stunde« am Himmelfahrtstag 1945 rief er zwar zur Buße auf, lehnte aber die Stuttgarter Schulderklärung ab, weil er in ihr »ein Wort der gemeinsamen Schuld aller Völker« vermisste. In seinem letzten Rundbrief an die Geistlichen vom 11. August 1945 beklagte er das Vorgehen gegen Nationalsozialisten, die vielfach als die »Besten der Nation« sich »für ein Neues eingesetzt haben«, und meinte, dass ohne diese die Zukunft nicht gestaltet werden könnte. In einem Brief an einen Kirchenvorstand stellte er im September fest: »Aber es war nicht alles böse, was wir erleben durften, und dies bleibt auch heute gut und wahr. Die Kirche muss bei der Wahrheit bleiben. Dazu gehört aber auch die Einsicht, dass der

---

hamburgischen Staate und das »Dritte Reich«. In: Hering/Mager (Hg.), Kirchliche Zeitgeschichte, Teil 5, S. 155–200, bes. 183–187. Vgl. auch Victoria Overlack, Zwischen nationalem Aufbruch und Nischenexistenz. Evangelisches Leben in Hamburg 1933–1945. Hamburg 2007, S. 395–401.

Herr der Welt sich nicht mit den Siegern identifiziert, so wenig der Teufel mit den Besiegten in eins geschaut werden kann.«[46]

Einen Gedenkgottesdienst für die Opfer des Nationalsozialismus Anfang November 1945 lehnte er ab und stellte die millionenfachen Morde in den Konzentrationslagern auf eine Stufe mit dem Attentat auf Hitler am 20. Juli 1944; in den Lagern seien zumeist nur »Strolche« umgekommen.[47] Deutlich wird, dass Franz Tügel den Einschnitt des Jahres 1945 nicht als eine innere Wende empfunden hat, sondern dass er vielmehr in seinen politischen Überzeugungen verharrte und zu einer selbstkritischen Einschätzung seiner eigenen Rolle unfähig war.

Aufgrund des politischen Drucks des Hamburger Bürgermeisters und der Alliierten trat Tügel im Juli 1945 als Landesbischof zurück und wickelte noch laufende Geschäfte ab. Nicht freiwillig, aber »mit gutem Gewissen« schied er aus dem Amt.[48] Die Zeit des Ruhestandes ab dem 1. November 1945 verbrachte Franz Tügel ausschließlich im Krankenhaus. Am 15. Dezember 1946 starb er im Alter von 58 Jahren an den Folgen seines langjährigen schweren Gelenkrheumatismus. Da seine Frau und ihre beiden noch in der Ausbildung befindlichen Söhne zum Katholizismus übergetreten waren, standen ihnen formal keine Hinterbliebenenbezüge zu.[49]

Franz Tügel war ein extremer kirchlicher Exponent seiner Zeit, der vieles idealisierte, weil er es nicht an die Realität zurückkoppelte. Sein Weltbild war eingeschränkt, da er Differenzierungen ablehnte; obwohl er durchaus intellektuelle Fähigkeiten hatte, fehlte es ihm an kritischer Selbstreflexion und Gefühl für seine Außenwirkung. 1934 war er aus politischen Gründen in das Amt des Landesbischofs gelangt und musste es nach dem Ende der verbrecherischen NS-Politik, der er sich verschrieben hatte, wieder abgeben. Dabei hat er die Theologie dem Nationalsozialismus untergeordnet und dessen Herrschaft – trotz partieller Kritik – unterstützt. Auch nachdem das millionenfache Morden offenbar geworden war, fand er kein Wort des Bedauerns, vielmehr verharrte er bis zuletzt in seinen fatalen Ansichten. Die Sozialisation eines stark an seiner Karriere orientierten Theologen, seine psychische Struktur und völkische Weltanschauung sowie die (kirchen-)politischen Rahmenbedingungen der Zeit gingen bei ihm eine verhängnisvolle Verbindung ein.

46 Zit. nach Hering, Landesbischof, S. 393 f.

47 Tügel an Simon Schöffel vom 29.10.1945. Vgl. auch Schöffel an Tügel vom 31.10.1945 (StAHH, 622–1 Familie Tügel, NL Franz Tügel).

48 Franz Tügel, Denkschrift über den Gang der Dinge in der Hamburgischen Kirche seit der Besetzung Hamburgs am 3. Mai 1945 (ebd.).

49 Vgl. Hering, Landesbischof, S. 394; ders., Tügel, S. 84–87.

Martin Sasse im Gespräch mit Hitler beim Feldgottesdienst im Rahmen des NSDAP-Gauparteitages in Gera 1931; Quelle: Landeskirchenarchiv Eisenach

Gerhard Lindemann

# »All seine Sorge galt dem Gedanken, einen Einklang herzustellen zwischen dem Dritten Reich und der Kirche.« Der Thüringer Landesbischof Martin Sasse

## Anfänge im Kaiserreich und in der Weimarer Republik

Martin Sasse, ein Deutscher Christ im Bischofsamt, wurde am 15. August 1890 in Großdrenzig bei Guben (Provinz Brandenburg) als Sohn eines Lehrers geboren. Während seines dritten Lebensjahres verstarb seine Mutter.[1] Nach dem Abitur in Guben 1911 studierte er bis 1914 Evangelische Theologie in Tübingen, Halle, Berlin und Jena[2] und besuchte zusätzlich Lehrveranstaltungen in Philosophie, Geschichte und Germanistik.[3]

Nach dem Ersten Theologischen Examen, einer Notprüfung vor dem Brandenburger Konsistorium am 19. November 1914,[4] nahm Sasse bis 1918 als Freiwilliger am Ersten Weltkrieg teil. Nach dem Ende des Krieges stellte er sich wiederholt als Freikorpskämpfer gegen Spartakisten und Kommunisten zur Verfügung. Mit dem Lehrvikariat im märkischen Rheinsberg und der Predigerseminarszeit im Domkandidatenstift in Berlin 1919 und 1920 setzte Sasse seine theologische Ausbildung fort. Daneben beschäftigte er sich an der Berliner Universität mit Gesellschaftslehre und Fragen des Sozialismus. Hier prägte ihn besonders der Historiker Dietrich Schäfer,[5] Mitglied der Deutschnationalen Volkspartei (DNVP) und ein dezidierter Antisemit sowie Gegner der Weimarer Demokratie.[6] »So wurde er

1 Vgl. Lebenslauf Martin Sasse von September 1914 (LKA Eisenach, PA Sasse, Band I, Bl. 8–10, hier 8).

2 Vgl. Personal-Merk-Blatt (ebd., Bl. 3 f.); Lebenslauf Sasse von September 1914 (ebd., hier Bl. 9).

3 Vgl. Nachruf auf Landesbischof Martin Sasse. In: Thüringer Kirchenblatt und Kirchlicher Anzeiger. Gesetz- und Nachrichtenblatt der Thüringer evangelischen Kirche (ThKb) 1942, S. 53 f., hier 53.

4 Vgl. Martin Sasse, Mein Leben (1927) (LKA Eisenach, PA Sasse, Band I, Bl. 13–15, hier 22, 27). Die Teilprüfungen im Alten Testament und in Ethik waren »nicht völlig genügend« (ebd., Bl. 63).

5 Vgl. Nachruf auf Landesbischof Martin Sasse, S. 53.

6 Vgl. Karl-Ludwig Ay, Johann Heinrich Dietrich Schäfer. In: Neue deutsche Biographie, Band 22, Berlin 2005, S. 504 f.

bald in die Gedankenwelt und in das Lager der nationalsozialistischen Bewegung geführt«, hieß es in dem Nachruf der Thüringer Landeskirche aus dem Jahr 1942.[7]

Vor und nach der Zweiten Theologischen Prüfung im Juli 1920 war Sasse als Erzieher in den preußischen Provinzen Brandenburg und Schlesien tätig[8] und wurde am 2. Oktober 1921 im nordböhmischen Ort Haber ordiniert,[9] wo er seine erste Pfarrstelle übernahm. Ein entscheidendes Motiv für diesen Schritt war ganz offenbar der Wunsch nach einer aktiven Beteiligung am »völkischen« Kampf »der Auslandsdeutschen«.[10] Im gleichen Jahr heiratete er Käthe Kopka aus Guben.[11]

1923 wurde Sasse Oberpfarrer in Rothenburg in der Oberlausitz (Kirchenprovinz Schlesien).[12] Am 6. Mai 1930 beklagte sich der zuständige Landrat bei dem Regierungspräsidenten in Liegnitz, Sasse betreibe im Kriegerverein »Kriegshetze«. Zudem soll er sich in Predigten »die Befreiung Deutschlands mit Waffengewalt« gewünscht haben. »Sein ganzes Verhalten ist derartig, dass es selbst in den streng rechts gerichteten Rothenburger Kreisen als extrem bezeichnet wird.« Zur NSDAP bestünden sehr enge Verbindungen.[13] Sasses unmittelbarer kirchlicher Dienstvorgesetzter, Superintendent Richard Lindner aus Niesky, rechnete ihn zwar der politischen Rechten zu, glaubte jedoch nicht, dass er auf Seiten der NSDAP stehe.[14] Darin täuschte er sich, denn seit dem 1. März 1930 gehörte der Rothenburger Oberpfarrer der braunen Partei an.[15]

Im Herbst 1930 wechselte Sasse die Landeskirche und übernahm eine Pfarrstelle in Lauscha im Thüringer Wald.[16] Bereits 1927 hatte er sich mit der Begründung, er habe seit seiner »Studienzeit im lieben Jena die thüringischen Verhältnisse von Herzen liebgewonnen«, für den thüringischen Kirchendienst beworben.[17] Anziehend mag für ihn Artikel 3 der Thüringer Kirchenverfas-

7 Nachruf auf Landesbischof Martin Sasse, S. 53.

8 Vgl. Thomas A. Seidel, Im Übergang der Diktaturen. Eine Untersuchung zur kirchlichen Neuordnung in Thüringen 1945–1951, Stuttgart 2003, S. 355; Nachruf auf Landesbischof Martin Sasse, S. 54.

9 Vgl. Personalbogen Sasse (LKA Eisenach, PA Sasse, Band I, unpag.).

10 Nachruf auf Landesbischof Martin Sasse, S. 54.

11 Vgl. Erich Reichardt, Martin Sasse (1896–1942), Ms. 1966 (LKA Eisenach, zu PA Sasse, S. 5).

12 Vgl. Seidel, Im Übergang, S. 355.

13 Landrat Merz an Regierungspräsident in Liegnitz vom 6.5.1930 (LKA Eisenach, PA Sasse, Band I, Bl. 200).

14 »Von Staatsgefährlichkeit zu sprechen, erscheint mir lächerlich.« Superintendent Lindner an Konsistorium Breslau vom 25.6.1930 (ebd., Band I, Bl. 198).

15 Mitgliedsnummer 204010 (BArch, ehem. Berlin Document Center, NSDAP-Zentralkartei).

16 Dienstbeginn 1.11.1930, Amtseinführung am 16.11.1930. Vgl. Personalbogen (LKA Eisenach, PA Sasse, Band I, unpag.).

17 Vgl. Sasse an Landeskirchenrat Eisenach vom 28.12.1927 (ebd., Bl. 200).

sung von 1924 gewesen sein. Dort hieß es, die Landeskirche wolle »eine Heimat evangelischer Freiheit und Duldsamkeit sein«.[18] Oberpfarrer Ernst Thiem, Zella-Mehlis, erklärte 1942 in seiner Traueransprache für Sasse, diesen hätten völkische Motive nach Thüringen geführt, da er sah, dass sich dort »aus Sterbendem der Weg hinein in ein Neues [bahnte]«.[19] Das war eine Anspielung darauf, dass in Thüringen seit dem 23. Januar 1930 erstmals die NSDAP an einer deutschen Landesregierung beteiligt war.[20] Thüringen galt den Nationalsozialisten als ein »Modell« für eine künftige »Machtergreifung« auf Reichsebene.[21]

In der Folge trat Sasse der Thüringer Kirchenbewegung Deutsche Christen (KDC) bei.[22] Wie Sasse stand diese nicht nur für eine Synthese von Christentum und Nationalsozialismus, sondern strebte eine einheitliche deutsche Nationalkirche an.[23] Bald gehörte er zu den führenden Persönlichkeiten der Thüringer DC.[24] Bei dem Gauparteitag der NSDAP in Gera am 5. und 6. September 1931 hielt Sasse den »Feldgottesdienst«.[25] Dort kam es im Talar auch zu einer persönlichen Begegnung mit Hitler.[26] Gegen Ende des Feldgottesdienstes sprach Sasse das sogenannte Frick'sche Freiheits- oder Schulgebet:

---

18 Ernst Rudolf Huber/Wolfgang Huber (Hg.), Staat und Kirche im 19. und 20. Jahrhundert. Dokumente zur Geschichte des deutschen Staatskirchenrechts, Band IV: Staat und Kirche in der Zeit der Weimarer Republik, Berlin (West) 1988, S. 653. Vgl. auch Sasse, Mein Leben (1927), mit dem Schluss, er wolle der Gemeinde »dienen mit dem Bekenntnis zu Jesus Christus, freimütig und wahrhaftig« (LKA Eisenach, PA Sasse, Band I, Bl. 13–15, hier 15).

19 Vertraulicher Bericht über die Gedenkfeier für Herrn Landesbischof Martin Sasse in der Georgenkirche zu Eisenach am 31.8.1942 (LKA Eisenach, PA Sasse, Band II, Bl. 77–95, hier 80).

20 Günter Neliba, Wilhelm Frick und Thüringen als Experimentierfeld für die nationalsozialistische Machtergreifung. In: Detlev Heiden/Gunther Mai (Hg.), Nationalsozialismus in Thüringen, Weimar 1995, S. 75–96, hier 75–77.

21 Vgl. Fritz Dickmann, Die Regierungsbildung in Thüringen als Modell der Machtergreifung. Ein Brief Hitlers aus dem Jahr 1930. In: Vierteljahrshefte für Zeitgeschichte, 14 (1966), S. 454–464, hier 454, 458.

22 Vgl. Seidel, Im Übergang, S. 355. Vgl. auch Dr. Volk, Ansprache am 31.8.1942 zur Trauerfeier (LKA Eisenach, PA Sasse, Band II, Bl. 76).

23 Vgl. Kurt Meier, Der evangelische Kirchenkampf, Band 1: Der Kampf um die Reichskirche, Halle (Saale) 1976, S. 73 f.

24 Vgl. Kurt Meier, Der evangelische Kirchenkampf, Band 3: Im Zeichen des Zweiten Weltkrieges, Halle (Saale) 1984, S. 481; Susanne Böhm, Deutsche Christen in der Thüringer evangelischen Kirche (1927–1945), Leipzig 2008, S. 66 f.

25 Appell der Braunhemden. In: Der Nationalsozialist, Nr. 177 vom 8.9.1931.

26 Vgl. hierzu das Foto in: So sieht die »Neutralität« der evangelischen Kirche aus! In: Illustrierte Republikanische Zeitung, Nr. 38 vom 19.9.1931. Vgl. mit Datierung auf 1930 Ernst Koch, Nationalsozialismus in Thüringen in Staat und Kirche. In: Roland Deines/Volker Leppin/Karl-Wilhelm Niebuhr (Hg.), Walter Grundmann. Ein Neutestamentler im Dritten Reich, Leipzig 2007, S. 149–166, hier 153.

»Vater, in Deiner allmächtigen Hand
steht unser Volk und Vaterland.
Du warst der Ahnen Stärke und Ehr',
bist unsere ständige Waffe und Wehr.
Drum mach uns frei von Betrug und Verrat,
mache uns stark zu befreiender Tat,
schenk uns des Heilands heldischen Mut.
Ehre und Freiheit sei höchstes Gut!
Unser Gelübde und Losung sei:
Deutschland erwache, Herr, mach uns frei.«[27]

Das sozialdemokratische »Volksblatt« kritisierte daraufhin, die Thüringer Kirche habe wiederholt sozialistische Geistliche wegen ihrer Ansprachen auf politischen Versammlungen gemaßregelt, dulde jedoch, dass Sasse »das Evangelium offen in den Dienst der nationalsozialistischen Propaganda stellt«.[28]

Der Eisenacher Landeskirchenrat bat daraufhin Sasse um einen Bericht.[29] Dieser entgegnete Mitte Oktober 1931, er habe die Hörer auf die Bedeutung der Bibel und des Glaubens an Gott hingewiesen. Die Verwendung des Gebetes verteidigte er mit dem Hinweis, es sei in vielen protestantischen Familien in Gebrauch. Sein Text richte sich gegen »allgemeinen Abfall und Gottwidrigkeit«. Das habe ihm der ehemalige Thüringer Innenminister Wilhelm Frick in einem persönlichen Gespräch bestätigt.[30] Landesoberpfarrer Wilhelm Reichardt bat Sasse, dieses und ähnliche Gebete künftig nicht mehr zu verwenden. Seine Mitgliedschaft in der NSDAP beanstandete er nicht, doch dürfe das Volkstum nicht über dem Evangelium und Hitler nicht über Christus stehen.[31]

In der NSDAP war Sasse neben den beiden Hauptexponenten der Thüringer DC Siegfried Leffler und Julius Leutheuser bald Gaufachberater in Kirchenfragen für Thüringen. In dieser Funktion gewann er Vertrautheit mit modernen Methoden politischer Propaganda.[32] Überdies gehörte Sasse der NSDAP-Fraktion im Lauschaer Gemeinderat an.[33] Als Gaupropagandaredner hatte er »einen großen Anteil an der Eroberung Südthüringens durch den Nationalsozialismus«, wie die »Staatszeitung« am 11. Januar 1934 konstatierte.[34] Lauscha war von der Wirtschaftskrise besonders stark betroffen. Unter Sasses Pfarramtstätigkeit erfreuten

27 Appell der Braunhemden. In: Der Nationalsozialist, Nr. 177 vom 8.9.1931.

28 Die »heilige Sendung« der Nazis. In: Volksblatt. Beilage zu Nr. 211 vom 9.9.1931. Vgl. auch: So sieht die »Neutralität« der evangelischen Kirche aus! In: Illustrierte Republikanische Zeitung, Nr. 38 vom 19.9.1931.

29 Vgl. Landeskirchenrat an Sasse vom 28.9.1931 (LKA Eisenach, PA Sasse, Beiakten, Band I).

30 Sasse an Landeskirchenrat vom 16.10.1931 (ebd.).

31 Vgl. Reichardt an Sasse vom 28.12.1931 (ebd.).

32 Vgl. Böhm, Deutsche Christen, S. 64.

33 Vgl. Landesbischof Sasse. In: Thüringer Gauzeitung vom 30.8.1942.

34 Der neue Landesbischof als Nationalsozialist. In: Thüringische Staatszeitung vom 11.1.1934.

sich offenbar die Gottesdienste trotz unterschiedlichster parteipolitischer Orientierungen der Gemeindeglieder, unter denen es auch einen beträchtlichen Teil an KPD-Anhängern gab, eines starken Besuchs.[35] Auf der anderen Seite sorgte Sasses Parteitätigkeit für starke Polarisierungen im kommunalpolitischen Gemeinderat.[36]

## Machteroberung in der Thüringer Landeskirche

Im Januar 1933 zog Sasse für die Kirchenbewegung Deutsche Christen in den Thüringer Landeskirchentag ein – die KDC war mit nahezu einem Drittel der Wählerstimmen zur stärksten Fraktion aufgestiegen[37] und gehörte seit 1933 als Gau Thüringen zugleich der reichsweiten, von Joachim Hossenfelder geführten Glaubensbewegung Deutsche Christen (GDC) an.[38] Am 29. April 1933 wurde Sasse nebenamtliches geistliches Mitglied des Landeskirchenrates Thüringen.[39] In einer Art Ermächtigungsgesetz hatte die Synode den Landeskirchenrat bevollmächtigt, »Maßnahmen zu treffen, die zur Gleichschaltung mit dem nationalen Staat und der christlichen nationalen Erneuerungsbewegung erforderlich sind«.[40] In Folge der Kirchenwahlen vom 23. Juli 1933 wurde Sasse am 7. September 1933 hauptamtliches Mitglied des Landeskirchenrates.[41] Deshalb kam es nicht zu der eigentlich vorgesehenen Übernahme einer Pfarrstelle in Jena, auf die Sasse kurz zuvor gewählt worden war.[42] Im selben Monat wurde das zunächst befristet geltende landeskirchliche Ermächtigungsgesetz auf unbestimmte Zeit verlängert und damit die gesetzgebenden synodalen Kompetenzen auf den Landeskirchenrat übertragen.[43]

Im Landeskirchenrat übernahm Sasse unter anderem die Aufgabenbereiche Soziale Betätigung der Kirche, Innere Mission, Sittlichkeitsbestrebungen, Gottlosenbewegung, Heeres-, Polizei-, Strafanstalts-, Krankenhaus- und Taubstummenseelsorge, Jugend- und Auswandererfürsorge, Gemeinschaften und Sekten.[44]

---

35 Vgl. Nachruf auf Landesbischof Martin Sasse, S. 54.

36 Vgl. z.B. Der Gemeinderat gegen einen nationalsozialistischen Pfarrer. In: Jenaer Volksblatt vom 23.11.1931.

37 Vgl. Erich Stegmann, Der Kirchenkampf in der Thüringer evangelischen Kirche 1933–1945. Ein Kapitel Thüringer Kirchengeschichte, Berlin (Ost) 1984, S. 13; Gabriele Lautenschläger, Der Kirchenkampf in Thüringen. In: Heiden/Mai (Hg.), Nationalsozialismus, S. 463–486, hier 465.

38 Vgl. Oliver Arnhold, »Entjudung« – Kirche im Abgrund. Die Thüringer Kirchenbewegung Deutsche Christen 1928–1939 und das »Institut zur Erforschung und Beseitigung des jüdischen Einflusses auf das deutsche kirchliche Leben« 1939–1945, Berlin 2010, S. 78.

39 Vgl. LKA Eisenach, Pfarrerkartei.

40 Zit. nach Meier, Kirchenkampf, Band 1, S. 471.

41 Vgl. Arnhold, »Entjudung«, S. 92; Datum nach Personalbogen (LKA Eisenach, PA Sasse, Band I).

42 Vgl. Reichardt, Sasse, S. 46.

43 Vgl. Böhm, Deutsche Christen, S. 52.

44 Vgl. Reichardt, Sasse, S. 47.

Mit Ausnahme des Kirchenjuristen Otto Volk bestand der Landeskirchenrat seit Januar 1934 ausschließlich aus Deutschen Christen.[45]

Im November 1933 verselbstständigten sich die Thüringer DC wieder von der von Berlin aus geführten GDC.[46] Neue Richtlinien vom 11. Dezember 1933 akzentuierten erneut ihre nationalkirchliche Ausrichtung.[47] Nach dem Rücktritt von Landesbischof Wilhelm Reichardt am 28. Dezember 1933[48] – offiziell aus Gesundheitsgründen[49] – wählte der Landeskirchentag Sasse auf einer außerordentlichen Sitzung am 9. Januar 1934 mit 51 bei drei ungültigen Stimmen zum neuen Landesbischof.[50] Vorgeschlagen für das Amt hatte ihn der Landeskirchenrat,[51] auf der Synodaltagung eingebracht von Siegfried Leffler,[52] mittlerweile Regierungsrat in Weimar.[53] Vorausgegangen war in der heftig geführten Synodaldebatte ein Protest der oppositionellen Lutherischen Vereinigung gegen die Wahl eines dezidierten Nationalkirchlers in das Bischofsamt.[54] Ihr Sprecher Friedrich von Eichel-Streiber hielt den DC vor, nur mit Unterstützung der NSDAP die Macht in der Landeskirche übernommen zu haben. Nach einem Bericht der Sekretärin im Landeskirchenrat, Marie Begas, sollen im Anschluss einzelne DC-Synodale gefordert haben, den Redner in ein Konzentrationslager einzuweisen.[55] Einen Tag zuvor hatten die nebenamtlichen Mitglieder des Landeskirchenrats, Karl Günther und Franz Bonsack, mitgeteilt, aus Gewissensgründen und aus Verantwortung für die Kirche Thüringens den Personalvorschlag Sasse nicht mittragen zu können, und anschließend ihre Leitungsämter niedergelegt.[56]

Tatsächlich erklärte Sasse vor der Synode »die deutsche christliche Nationalkirche, in der das geeinte deutsche Volk in einer Weise zu einem Gott betet und Kraft empfängt«, zum Ziel seiner kirchenpolitischen Tätigkeit. Dazu »bekenne ich mich als Nationalsozialist und auch als Deutscher Christ, aus der Erkenntnis heraus, dass der Nationalsozialismus als Idee und Wirklichkeit diese Kirche erfordert«.[57] Hier wird deutlich, dass für Sasse der Nationalsozialismus dem Christsein mitt-

45 Vgl. Böhm, Deutsche Christen, S. 88.
46 Vgl. Meier, Kirchenkampf, Band 1, S. 474 f.
47 Abgedruckt in: Siegfried Hermle/Jörg Thierfelder (Hg.), Herausgefordert. Dokumente zur Geschichte der Evangelischen Kirche in der Zeit des Nationalsozialismus, Stuttgart 2008, S. 174 f.
48 Vgl. Reichardt, Sasse, S. 56.
49 Reichardt litt an einem Nierenleiden (vgl. Arnhold, »Entjudung«, S. 179), hinzu kamen Herzprobleme (vgl. Reichardt, Sasse, S. 56).
50 Vgl. Meier, Kirchenkampf, Band 1, S. 474. Die ungültigen Stimmen waren unbeschrieben (so Reichardt, Sasse, S. 59), können demnach auch als Enthaltungen gewertet werden.
51 Vgl. Reichardt, Sasse, S. 58 f.
52 Vgl. Arnhold, »Entjudung«, S. 179.
53 Vgl. Stegmann, Kirchenkampf, S. 125.
54 Vgl. ebd., S. 22 f.
55 Vgl. Arnhold, »Entjudung«, S. 179.
56 Text der Erklärung in: Reichardt, Sasse, S. 60.
57 Text der Rede in: ebd., S. 59 f.

lerweile vorgeordnet war. Im August 1942 resümierte Kirchenrat Volk: »Er [Sasse] trat in sein Amt als der Kämpfer des Führers, als sein getreuer Gefolgsmann.«[58]

Bereits im September 1933 waren die Kompetenzen des Bischofsamtes in Thüringen erweitert worden, indem dieses im Bereich der kirchlichen Verwaltung ein weitgehendes Vetorecht erhielt.[59] Schon bald nach Sasses Wahl gab es im Landeskirchenrat die Überlegung, in den Kirchen Thüringens Hitlerbilder aufzuhängen. Der neue Landesbischof bot sich an, die Angelegenheit persönlich bei Hitler vorzubringen.[60]

Offizieller Amtsbeginn Sasses war der 1. April 1934,[61] am 13. Mai 1934 führte Reichsbischof Ludwig Müller ihn in sein Amt ein.[62] Auf einer anschließenden »Volkskundgebung« auf dem Eisenacher Marktplatz beendete Sasse seine Ansprache »mit einem Heil auf den Führer und das Vaterland«.[63] Einen Tag nach dem Festgottesdienst erfolgte die innerhalb der Kirchenbewegung DC nicht unumstrittene Eingliederung der Thüringer evangelischen Kirche in die Reichskirche.[64] Im Landeskirchenrat war Sasse lediglich noch für das Ressort »Soziale Betätigung der Kirche« verantwortlich.[65] Offenbar war Sasse auch weiterhin für die NSDAP als Gauredner tätig.[66]

Bereits für die Passionszeit 1934 hatte Sasse als Landesbischof gemeinsam mit Leffler ein von diesem konzipiertes Flugblatt unterzeichnet.[67] Das Opfer galt hier als das »tiefste und wirksamste Geheimnis des Lebens« und wurde unter anderem verbunden mit den Kriegstoten und auch dem »Leidensweg der nationalsozialistischen Bewegung«. Diese Menschen seien »für uns« gestorben, ihr Leiden weise hin auf Christi Leiden und Sterben, »auf sein Kreuz«. Dieses sei »Opfer und Vorbild zugleich« und lehre, dass einem Sieg zwangsläufig Leiden voranzugehen habe. Deshalb sei es Aufgabe der Kirche, »die siegreiche Kraft dieses Opfers machtvoll hineinzustellen in den Lebenskampf des Einzelnen, in den Schicksalskampf unseres Volkes«. Der Aufruf endete unter anderem mit der

58 Dr. Volk, Ansprache am 31.8.1942 zur Trauerfeier (LKA Eisenach, PA Sasse, Band II, Bl. 76).
59 Vgl. Meier, Kirchenkampf, Band 1, S. 473; Böhm, Deutsche Christen, S. 89.
60 Vgl. Arnhold, »Entjudung«, S. 180.
61 Vgl. LKA Eisenach, Pfarrerkartei.
62 Vgl. Meier, Kirchenkampf, Band 1, S. 477; Ordnung des Gottesdienstes (LKA Eisenach, A 193-2, unpag.).
63 Thüringer Heimatkorrespondenz, 33/1934. Zit. nach Reichardt, Sasse, S. 108.
64 Vgl. Meier, Kirchenkampf, Band 1, S. 477. Am 25.9.1935 wurde sie als Folge des Scheiterns der Eingliederungspolitik auch in Thüringen wieder rückgängig gemacht. Vgl. Arnhold, »Entjudung«, S. 281.
65 Bereits seit dem 6.2.1934. Vgl. Reichardt, Sasse, S. 75. Vgl. auch Böhm, Deutsche Christen, S. 89, Anm. 26.
66 Vgl. seinen Hinweis im Schreiben an Oberregierungsrat a. D. Florschütz, Kassel, vom 8.4.1938 (LKA Eisenach, A 776-2, Bl. 100).
67 Vgl. Böhm, Deutsche Christen, S. 126.

Aufforderung, die Passionsgottesdienste zu besuchen.[68] An die Pfarrämter erging die Anweisung, die in einer Auflage von 300 000 Exemplaren gedruckten[69] Flugblätter an sämtliche Gemeindeglieder verteilen zu lassen.[70] Pfarrer Walter Korth (Probstzella) weigerte sich aus Glaubensgründen, der Anordnung nachzukommen, und wurde daraufhin in den Wartestand versetzt. Ein Jahr später erhielt er auch kein Wartegehalt mehr.[71] In der Folge wurde Korth auch von Sasse persönlich vernommen, der dem Pfarrer offensichtlich theologisch argumentativ unterlegen war.[72] In der von Sasse unterzeichneten Wartestandsverfügung hieß es, Korth habe mit seinem Verhalten »gegen die Disziplin« verstoßen, da er verpflichtet sei, ein »Wort des Landesbischofs« weiterzuverbreiten.[73]

Am 27. Juni 1934 entstand in Weimar die Lutherische Bekenntnisgemeinschaft Thüringen – da der Landeskirchenrat bislang gegen innerkirchliche Gegner keine größere Gewalt angewandt hatte, verzichtete man jedoch auf die Einberufung einer Bekenntnissynode.[74]

Zur Erweiterung des Einflussbereichs der Thüringer DC fand am 5. und 6. Mai 1935 eine Arbeitstagung statt, an der sich auch Vertreter weiterer DC-Kirchenleitungen beteiligten, darunter Reichsbischof Müller und Friedrich Werner, Präsident des Berliner Evangelischen Oberkirchenrats. Dort erklärte Sasse: »Wir wollen auf dieser Tagung einen guten neuen Anfang nehmen, auch über Thüringen hinaus. Es wird gebaut die mannhafte Kirche mit bergeversetzendem Glauben, aus dem heraus auch der Führer arbeitet. Die Kirche soll auf den Herzschlag des Volkes hören.«[75]

Sasse gehörte auch einem vierköpfigen Ausschuss an, den der Thüringer Landeskirchentag Ende September 1935 als Reaktion auf die Nürnberger Gesetze einsetzte. Das Gremium sollte »Beschlüsse zur Lösung der Judenfrage in der Kirche vorbereiten«.[76] Vorgeschlagen wurde dort auch die Einrichtung »judenchrist-

68 Titel: Volksgenossen, Glaubensgenossen! Mitten im Aufbruch der ganzen Nation, in der großen geistigen und seelischen Revolution unseres Volkes feiert die Kirche die Passion ihres ewigen Herrn (EZA Berlin, 1/1419, Bl. 126 f.).

69 Vgl. Böhm, Deutsche Christen, S. 126. Die Kosten sollten in der Regel auf die Ortskirchengemeinden umgelegt werden. Vgl. ebd., Anm. 86.

70 Vgl. Rundschreiben des Landeskirchenrats Thüringen vom 2.3.1934 (Abschrift, EZA Berlin, 1/1419, Bl. 125).

71 Vgl. Korth an Reichskirchenausschuss vom 9.1.1936 (EZA, 1/1419, Bl. 124); Korth an Landeskirchenrat mit Begründungen vom 8.3.1934 (Abschrift, ebd., Bl. 127–129).

72 Vgl. Korth, Zu den Vernehmungen (EZA, 1/1419, Bl. 133).

73 Landeskirchenrat an Korth vom 8.5.1934 (Abschrift, EZA, 1/1419, Bl. 139).

74 Vgl. Meier, Kirchenkampf, Band 1, S. 478 f.; insgesamt auch Minnamari Helaseppä, Die Lutherische Bekenntnisgemeinschaft und der Kampf um die Thüringer evangelische Kirche 1933/34–1939, Helsinki 2004.

75 Zit. nach Joachim Gauger, Chronik der Kirchenwirren, Teil 3: Von der Einsetzung der Vorläufigen Leitung der Deutschen Evangelischen Kirche im November bis zur Errichtung eines Reichsministeriums für die kirchlichen Angelegenheiten im Juli 1935, Elberfeld o. J. [1936], S. 558.

76 Junge Kirche, 3 (1935), S. 992. Vgl. auch Reichardt, Sasse, S. 164.

licher Gemeinden«.[77] Vermutlich aufgrund kirchenpolitischer Rücksichtnahmen gegenüber Berlin kam es zunächst zu keiner Realisierung dieser Vorschläge. Nach dem Beginn der Kirchenausschusspolitik von Reichskirchenminister Hanns Kerrl hatte sich Sasse nämlich am 26. September 1935 in einer gemeinsam mit Reichsbischof Müller und weiteren DC-Bischöfen verfassten Erklärung gegen eine drohende kirchenpolitische Entmachtung der DC ausgesprochen.[78]

Bereits auf einer Kundgebung am 24. Mai 1935 in Weimar, auf der Sasse eine Rede hielt, hatten sich die Thüringer DC mit der pagan-germanischen Deutschen Glaubensbewegung auseinandergesetzt. Diese Abgrenzung erfolgte vor allem deshalb, weil im deutschen Protestantismus bis in die Reihen der DC den Thüringern eine zu große Nähe zu den Deutschgläubigen vorgehalten wurde.[79] Die Veranstaltung in Weimar sorgte aber zugleich für erste Distanzierungen seitens der Thüringer NSDAP von den DC.[80] Am 28. Mai 1935 wurde ein Vortrag Sasses in Jena über die Deutsche Glaubensbewegung von einem Kriminalbeamten überwacht, worüber der Bischof sich empört beim Thüringer Innenministerium beklagte, zumal zwei Tage später auf einer Versammlung der Deutschen Glaubensbewegung in Eisenach Polizeikräfte nicht präsent waren, obwohl es dort zu heftigen Verunglimpfungen des Christentums und zu Schmähungen Sasses gekommen war.[81]

## Die Verschärfung des kirchenpolitischen Kurses in Thüringen seit dem Scheitern des Reichskirchenausschusses im Februar 1937

Neue Hoffnung bereiteten Sasse nach dem Rücktritt des Reichskirchenausschusses am 12. Februar 1937 die zunächst in Aussicht gestellten Kirchenwahlen. In diesem Zusammenhang erklärte er, die Kirche dürfe kein Störfaktor im Staat mehr sein und habe ihre »Ordnung und Verwaltung« dem NS-Regime treuhänderisch zu übergeben. Er stellte in Aussicht, selbst dann noch Hitler zu folgen, »wenn der Führer die Kirchentüren vor uns zuschließen sollte«. Überdies forderte Sasse die akademische Theologie auf, »der neuen Staatsethik« eine religiöse Fundierung zu geben.[82] Zu den Kirchenwahlen kam es nicht, doch bestätigte die 13. Durchführungsverordnung von Reichskirchenminister Hanns Kerrl vom 20. März 1937 die Legitimität des Kirchenregiments Sasse. In der Folge nahmen

77 Arnhold, »Entjudung«, S. 296.
78 Vgl. Kurt Meier, Der evangelische Kirchenkampf, Band 2: Gescheiterte Neuordnungsversuche im Zeichen staatlicher »Rechtshilfe«, Halle (Saale) 1976, S. 76.
79 Vgl. Arnhold, »Entjudung«, S. 301 f.
80 Vgl. ebd., S. 302 f.
81 Vgl. Sasse an Innenministerium Thüringen vom 6.6.1935 (LKA Eisenach, A 868–1, unpag.).
82 Joachim Beckmann (Hg.), Kirchliches Jahrbuch für die Evangelische Kirche in Deutschland 1933–1944, Gütersloh 1948, S. 162 f.

Dienstentlassungen von Vikaren und Hilfspredigern der Thüringer Bekennenden Kirche zu. Hinzu kamen staatspolizeiliche Redeverbote und zum Teil auch Ausweisungen von Geistlichen aus Thüringen.[83] Letztere gingen offenbar in nicht wenigen Fällen auf die Initiative Sasses zurück, der mittels des Oberregierungsrats Siegfried Leffler über eine direkte Verbindung zu Gauleiter Fritz Sauckel verfügte – anscheinend bewilligte der Gauleiter nicht einmal alle von dem Bischof in Vorschlag gebrachten Ausweisungswünsche.[84]

Seit 1937 gehörte Sasse dem Vorstand der Kirchenbewegung Deutsche Christen an und war einer ihrer Reichsgemeindeleiter.[85] Sasse war auch Vorsitzender der Prüfungskommissionen für die theologischen Examina in Thüringen – diejenige für die Zweite Theologische Dienstprüfung setzte sich ausschließlich aus Deutschen Christen zusammen.[86] Dabei kam es offenbar auch zu Einschüchterungen der Kandidaten. So soll Sasse im Dezember 1936 in einer Prüfungspause die jungen Theologen aufgefordert haben, sich »bedingungslos hinter den Führer« zu stellen. Wer dazu nicht bereit sei, möge »sich rechtzeitig nach etwas anderem umsehen«, fuhr der Bischof fort.[87] Zum Abschluss der Kurse im Predigerseminar hatten die Pfarramtskandidaten einzeln Sasse »unbedingten Gehorsam« zu geloben. Wer dies verweigerte, erhielt die bischöfliche Auskunft, für ihn gebe es in Thüringen keine weitere Beschäftigungsperspektive.[88]

Sasse wirkte auch an der Vertreibung des Jenaer Neutestamentlers Erich Fascher von seinem Lehrstuhl entscheidend mit.[89] Für Faschers Nachfolger Walter Grundmann, einen dezidierten DC aus Sachsen,[90] gab Sasse ein positives Votum ab.[91] Im Rahmen der von DC-Kirchenleitungen ausgehenden Kampagne, die Pfarrer zu einem Treueid auf Hitler zu verpflichten, machte Thüringen den Anfang[92] und erließ am 14. März 1938 ein entsprechendes Kirchengesetz, das am Folgetag in Kraft trat. Es forderte »unverbrüchliche Treue zu Führer, Volk und

83 Vgl. Meier, Kirchenkampf, Band 2, S. 347.

84 Vgl. Seidel, Im Übergang, S. 244 mit Anm. 443.

85 Vgl. Reichardt, Sasse, S. 160.

86 Vgl. Tobias Schüfer, Die Theologische Fakultät Jena und die Landeskirche im Nationalsozialismus. In: Thomas A. Seidel (Hg.), Thüringer Gratwanderungen. Beiträge zur fünfundsiebzigjährigen Geschichte der evangelischen Landeskirche Thüringens, Leipzig 1998, S. 94–110, hier 105.

87 Ebd.

88 Arnhold, »Entjudung«, S. 518.

89 Vgl. ebd., S. 253 f.

90 Vgl. den Beitrag von Oliver Arnhold in diesem Band.

91 Vgl. Arnhold, »Entjudung«, S. 257. Allerdings hatte Sasse Leffler am 11.7.1936 geschrieben: »Sei vorsichtig mit Grundmann!« Thomas A. Seidel, Die »Entnazifizierungs-Akte Grundmann«. Anmerkungen zur Karriere eines vormals führenden DC-Theologen. In: Deines/Leppin/Niebuhr (Hg.), Walter Grundmann, S. 349–369, hier 349.

92 Sasse erklärte später, Thüringen habe Widerstände beim Reichskirchenministerium und bei kirchlichen Stellen überwinden müssen. Vgl. Sasse an Ernst Graf zu Reventlow vom 11.5.1938 (LKA Eisenach, A 776-2, Bl. 117 f.).

Reich«.[93] Aufgrund der nicht zutreffenden Behauptung des Landeskirchenrates, der Staat wünsche diesen Akt, legten auch die meisten BK-Pfarrer Thüringens unter gleichzeitiger Berufung auf ihr Ordinationsgelübde den Eid ab.[94] Die Vereidigung fand vom 5. bis zum 7. April 1938 statt. Wie im staatlichen Bereich drohte Verweigerern die Entlassung.[95]

Insgesamt nahm nun der reichsweite Einfluss der Thüringer DC erheblich zu. Sasse beteiligte sich für Thüringen an der im Januar 1938 ins Leben gerufenen »Arbeitsgemeinschaft deutschchristlicher Kirchenregierungen«. Kirchlicher »Dienst an der Volksgemeinschaft« und die Verbindung von dezidiertem »Deutschtum« und einem ebensolchen Christentum waren die Ziele.[96] Am 15. März 1939 entstand daraus mit einer strafferen Organisation die »Arbeitsgemeinschaft nationalsozialistischer Kirchenführer«.[97]

Neben der Abkehr von einer zuvor noch vorherrschenden gewissen Toleranz gegenüber theologisch und kirchenpolitisch Andersdenkenden radikalisierte sich auch Sasses antisemitische Einstellung. Nach der Reichspogromnacht erging am 12. November 1938 ein von Sasse unterzeichneter Aufruf des Landeskirchenrats, verbunden mit der Anweisung, diesen in sämtlichen Bußtagsgottesdiensten zu verlesen. Den Text leitete die Feststellung ein: »Der feige Mord eines Juden an dem Gesandtschaftsrat vom Rath in Paris hat unser gesamtes deutsches Volk aufs tiefste empört.« Man stehe in einem »weltgeschichtlichen Kampf gegen den volkszersetzenden Geist des Judentums«, hieß es weiter. Der Nationalsozialismus habe diese »Gefahr am klarsten erkannt« und daraus praktische Konsequenzen gezogen. Die Kirche im Deutschen Reich habe aus christlichen und nationalen Motiven heraus den Kampf Hitlers »treu« zu unterstützen. Die thüringische Kirchenleitung habe stets »auf den unüberwindlichen Gegensatz zwischen Christentum und Judentum« hingewiesen sowie »den zersetzenden Geist des Judentums [...] und jegliche Verherrlichung des jüdischen Volkes aufs schärfste bekämpft.« Zugleich wandte man sich gegen eine »Verflechtung der christlichen Lehre mit jüdischer Dogmatik«. »Die Stunde gebietet, dem deutschen Volke die Quellen der ewigen Wahrheit neu und rein zu erschließen.« Das galt als eine »innere Erneuerung« der mit dem deutschen Volk verbundenen Kirche.[98] Damit war formal die Verbindung zum christlichen Bußgedanken hergestellt, dieser letztlich aber karikiert worden, da eine kritische Infragestellung der Pogromereignisse, die einen Zivilisationsbruch darstellten, unterblieb.

93 Zit. nach Meier, Kirchenkampf, Band 3, S. 44 f.
94 Vgl. Arnhold, »Entjudung«, S. 400.
95 Vgl. Meier, Kirchenkampf, Band 3, S. 44 f.
96 Ebd., S. 97.
97 Ebd., S. 98.
98 Thüringer Kirchenblatt 1938, B, S. 57; Entwurf LKA Eisenach, A 325–1, Bl. 32.

Die Eisenacher Pfarrer Moritz Mitzenheim und Erich Hertzsch baten vergeblich um eine Befreiung von der Verlesung der Kanzelabkündigung. Sie verwiesen offenbar auf die Vorgänge in ihrer Stadt. Ihnen wurde entgegnet, der Text thematisiere diese Ereignisse gar nicht. Ein Nichtbefolgen der kirchenleitenden Anordnung stelle ein Dienstvergehen dar, hieß es weiter.[99] Ob alle Thüringer Pfarrer der Anweisung folgten, bleibt ungewiss.[100]

Am 23. November 1938 veröffentlichte Sasse eine Sammlung von einschlägigen judenfeindlichen Zitaten des Wittenberger Reformators unter dem Titel »Martin Luther über die Juden: Weg mit ihnen!«.[101] In dem von Sasse verfassten Vorwort hieß es einleitend: »Am 10. November 1938, an Luthers Geburtstag, brennen in Deutschland die Synagogen.« Auch die von den Juden als »Sühne« für die Ermordung des deutschen Diplomaten Ernst vom Rath geforderte Geldabgabe begrüßte Sasse als eine endgültige Brechung der »Macht der Juden auf wirtschaftlichem Gebiete im neuen Deutschland« und sprach in diesem Zusammenhang von einem »gottgesegneten Kampf des Führers zur völligen Befreiung« des deutschen Volkes. Zugleich erwähnte er missbilligend christliche und säkulare Kritik aus dem Ausland an der »Judengegnerschaft« des NS-Staates. »In dieser Stunde« sei es notwendig, »die Stimme des Mannes« zu hören, »der als der Deutschen Prophet im 16. Jahrhundert aus Unkenntnis einst als Freund der Juden begann«, der in der Folge dank besserer Einsicht »der größte Antisemit seiner Zeit geworden ist, der Warner seines Volkes wider die Juden«.[102] Ebenso tendenziös waren die von Sasse gewählten Überschriften über den einzelnen Partien der einseitig zusammengestellten Luther-Textauszüge, z.B.: »Die Notwendigkeit der Judenbekämpfung«, »Die Synagoge – ein Teufelsnest«, »Jüdische Verbrecherliteratur«, »Die jüdische Gefahr« oder »Abschaum der Menschheit«.[103] Den schmalen Band sandte Sasse an eine Reihe von NS-Funktionären, verbunden mit der Bitte um Prüfung, ob er »als Kampfmittel in dem Weltkampf unseres Volkes gegen die Juden« einsetzbar sei.[104] Allerdings erhielt Sasse nach eigener Auskunft auch empörte Zuschriften, in welchen er als »Menschendiener, politische Windfahne, Mammonsknecht« beschimpft wurde.[105]

99 Vgl. Niederschrift vom 15.11.1938 (LKA Eisenach, A 325–1, Bl. 33).

100 Von einer vollständigen Befolgung der Anweisung spricht Sasse in einem Schreiben an Oberregierungsrat Dr. Dürr, Reichspropagandaministerium, vom 18.11.1938 (LKA Eisenach, A 325–1, Bl. 38). Gegen diese Erfolgsmeldung spricht die Sitzung des Landeskirchenrats vom 21./22.12.1938, Top 26: »Die Anfrage […], ob die Verlesung des Bußtagsaufrufs vom 12.11.1938 jetzt noch gefordert werden soll, wird verneint« (ebd., Bl. 49).

101 Martin Sasse (Hg.), Martin Luther über die Juden: Weg mit ihnen!, Freiburg im Breisgau 1938.

102 Ebd., S. 2.

103 Ebd., Überschriften, S. 3, 4, 7, 13, 14.

104 Rundschreiben Sasses vom 3.12.1938 (LKA Eisenach, A 920–1, Bl. 45).

105 Sasse an Karl Leopold Schubert, Wien, vom 2.1.1939 (ebd., Bl. 49).

Möglicherweise war Sasses Rechtfertigung der Gewaltakte am 9. November ein Grund, weshalb Hitler erstmals auf das jährliche Neujahrsfernschreiben des Eisenacher Bischofs – diesmal »am Ende eines der stolzesten Jahre Deutscher Geschichte« – persönlich telegrafisch und nicht, wie in den Jahren zuvor, durch Staatssekretär Otto Meißner in der Präsidialkanzlei reagierte.[106] In einem Rundschreiben an seine »Kameraden« urteilte Sasse über Hitlers Entgegnung: »Ich kann sie gar nicht anders deuten, als dass sie eine Anerkennung ist für unseren unentwegten Einsatz in der Judenfrage. In diesem Sinne vorwärts im neuen Jahre und noch besser gehandelt für Führer und Reich!«[107]

Auch dem Alten Testament erteilte Sasse nun eine endgültige Absage. In einem bischöflichen Brief sprach er dem ersten Teil der christlichen Bibel jegliche »kanonische Bedeutung für den christlichen Glauben« ab: »Es hat uns für unseren *christlichen Glauben* nichts zu sagen.«[108]

Am 10. Februar 1939 erließ der Landeskirchenrat wie auch andere DC-Landeskirchen, darunter Sachsen, eine Verordnung, nach der eine künftige Aufnahme von Juden in die Landeskirche untersagt war. Gleiches galt für die Benutzung von kirchlichen Räumen und Einrichtungen für Amtshandlungen an Christen jüdischer Herkunft, zu denen die Geistlichen der Landeskirche nicht mehr verpflichtet waren. Im Gegenzug wurden von getauften Juden keine Kirchensteuern mehr erhoben.[109]

Trotz dieser erneuten Anpassungsleistungen der Thüringer Kirchenleitung an die Politik der Nationalsozialisten und ihrer offensichtlichen Würdigung durch Hitler kam es zu weiteren Distanzierungen seitens der NSDAP. Nachdem mehreren Thüringer Pfarrern die Aufnahme in die NSDAP verweigert worden war und die Parteileitung andere Geistliche zum Austritt aufgefordert hatte, wandte sich Sasse Anfang Januar 1939 hilfesuchend an Reichsminister Hans Heinrich Lammers in der Reichskanzlei.[110] In einer gemeinsam mit seinem mecklenburgischen Bischofskollegen Walther Schultz unterzeichneten Denkschrift verwahrte sich Sasse im Frühjahr 1939 gegen die »Gefährdung der Gewissensfreiheit durch christentumsfeindliche Propaganda«. Der Partei wurde eine Duldung und aktive Unterstützung dieser Agitation vorgehalten.[111] In mindestens sechs

106 Vgl. Ernst Koch, Thüringer Wege im »Dritten Reich«. Aktionsschwierigkeiten in Landeskirchenrat, Landeskirchenregierung und deutsch-christlicher Bewegung nach 1933. In: Seidel (Hg.), Thüringer Gratwanderungen, S. 80–93, hier 86 f. Text des Telegramms (LKA Eisenach, A 193–2, unpag.).

107 Rundschreiben Sasses vom 4.1.1939 (LKA Eisenach, A 193–2, unpag.). Adressaten waren die Bischöfe Schultz und Balzer, die Präsidenten Wilkendorf (Dessau) und Klotsche (Dresden), das Landeskirchenamt Sachsen und Leffler. Vgl. auch Koch, Thüringer Wege, S. 87.

108 Sasse an Karl Leopold Schubert vom 2.1.1939 (LKA Eisenach, A 920–1, Bl. 49). Hervorhebung im Original.

109 In: Hermle/Thierfelder (Hg.), Herausgefordert, S. 492 f.

110 Vgl. Meier, Kirchenkampf, Band 3, S. 18 f.

111 Ebd., S. 19.

Kirchengemeinden, darunter Gera-Pforten, Holzthalleben[112] und Westerengel, mussten trotz eines Bittschreibens Sasses an Reichsstatthalter Fritz Sauckel im August und September 1939 auf eine Anordnung der Gestapo hin zuvor an den Kirchen angebrachte Hakenkreuze entfernt werden.[113]

Am 4. April 1939 unterzeichnete Sasse eine zustimmende Bekanntmachung deutschchristlicher Kirchenleiter[114] zur sogenannten Godesberger Erklärung, in der es auch hieß: »Der christliche Glaube ist der unüberbrückbare Gegensatz zum Judentum.«[115] Als eines der in Godesberg in Aussicht genommenen Projekte wurde in Eisenach das »Institut zur Erforschung und Beseitigung des jüdischen Einflusses auf das deutsche kirchliche Leben« gegründet, dessen Verwaltungsrat Sasse angehörte.[116] In dieser Funktion leitete Sasse im Januar 1940 auch eine verdeckte Zahlung des deutschchristlichen Präsidenten des Berliner Evangelischen Oberkirchenrats, Friedrich Werner, in Höhe von 1500 RM an den Schatzmeister des Instituts weiter, die an ihn als Landesbischof gegangen war.[117]

Am 26. August 1939 forderte Sasse die thüringischen Pfarrämter auf, die Oberpfarrämter über in oder an den Kirchen befindliche alttestamentliche »Symbole, Figuren, Bilder, Embleme, Sprüche oder sonstige Gegenstände (z. B. z-armiger Leuchter)« zu informieren.[118] In diesem Sinne verteidigte er auch gegenüber einem Einspruch seitens der Lutherischen Bekenntnisgemeinschaft und des Wittenberger Bundes Thüringen[119] das am 13. Juni 1941 in der Landeskirche eingeführte DC-Gesangbuch »Großer Gott, wir loben dich«, das im völkischen Zeitgeist umgeschriebene traditionelle Choräle enthielt.[120] Sasse sprach sich für eine »völlige Eindeutschung christlicher Glaubensinhalte schlechthin« aus. Das neu gestaltete Gesangbuch bezeichnete er als eine späte Reaktion auf »die stärkste

112 Dort befand sich das Hakenkreuz am Kirchendach. Vgl. Böhm, Deutsche Christen, S. 180.

113 Vgl. ebd., S. 180 f.

114 Text der Bekanntmachung in: Hermle/Thierfelder (Hg.), Herausgefordert. S. 467–469.

115 Text der Erklärung ebd., S. 466 f.

116 Vgl. Arnhold, »Entjudung«, S. 491 f., 508. Zum Eisenacher Institut vgl. ebenfalls ausführlich Susannah Heschel, The Aryan Jesus. Christian Theologians and the Bible in Nazi Germany, Princeton 2008, insbes. S. 67–166. Vgl. dazu Sasse an Karl Leopold Schubert vom 2.1.1939: »Es handelt sich nicht um die Frage nach dem Alten Testament heute, sondern um die Frage des Jüdischen in der Bibel überhaupt. Ich bin der Meinung, dass das am Alten Testament nicht Halt macht, sondern übergreift in das Neue Testament. Und darum bedarf es heute einer fundamental neuen Durcharbeitung der Bibel überhaupt.« (LKA Eisenach, A 920–1, Bl. 49).

117 Vgl. Arnhold, »Entjudung«, S. 499 f.

118 LKA Schwerin, Generalakten Oberkirchenrat II 5i, Bl. 18.

119 Vgl. Säuberlich/Stößner an Landeskirchenrat Eisenach vom 2.5.1941 (LKA Eisenach, A-316, Band I, Bl. 74 f.).

120 Vgl. auch bereits im Vorfeld Sasse an Oberpfarrer Kade vom 27.4.1941: »Mit Revision und Ausmerzung einzelner Worte und Begriffe ist nichts mehr getan. Es handelt sich in dieser Arbeit um eine neue deutsche Art in der Erfassung alter, heiliger christlicher Werte. Es handelt sich also um Geist und Wesen der Lieder.« (ebd., Bl. 69–73, hier 69 R).

Offensive der Zeit gegen das Christentum«.[121] Dieser sei zu begegnen durch die Herstellung einer »gesunden« Synthese zwischen tradierten Glaubenswerten und der NS-Ideologie.[122] Die Entscheidung zur Einführung des Buches in den Gemeinden überließ der Landeskirchenrat den örtlichen Kirchenvertretungen, bot jedoch an, die benötigten Exemplare bis auf die anfallenden Portokosten auch kostenlos zur Verfügung zu stellen.[123]

Allerdings setzte sich Sasse beim Reichskirchenministerium für den seit 1938 vom aktiven Pfarrdienst beurlaubten Pfarrer Heinrich Gottlieb in Dresden ein,[124] den er in Böhmen als »eine Erzstütze des Deutschtums überhaupt« kennengelernt habe.[125] Gottlieb galt nach den Nürnberger Gesetzen als ein »Volljude« und hatte sich vergeblich um eine Mitgliedschaft in der NSDAP bemüht.[126] Ein weiteres Mal bat Sasse, dass Kirchenminister Kerrl sich für Gottlieb bei Reichsminister Hermann Göring verwenden möge.[127] Zwischenzeitlich beschäftigte Sasse Gottlieb sogar in Eisenach im Bereich Kirchenarchiv und Kirchenbuchwesen.[128] Zwar befürwortete das Reichskirchenministerium eine Wiederaufnahme der Pfarramtstätigkeit Gottliebs, doch scheiterte diese an der Weigerung von Sachsens Reichsstatthalter Martin Mutschmann.[129]

Kurz vor Beginn des Zweiten Weltkrieges, am 29. August 1939, hatte Leffler, der mittlerweile bereits in der Wehrmacht Dienst tat, Sasse ermahnt: »Bitte, reiß Dich ja nicht darum, Soldat zu werden!« Im Unterbewusstsein der Menschen schwele »ein dumpfes Sorgen- und Notgefühl, das sehr leicht in kritischen Stunden missbraucht werden kann«. Ein weiteres Argument war: »Wir brauchen unbedingt klare und treue Wächter unserer Sache und müssen schon über die Krisis hinaus denken und hinaus sehen.« Er empfahl ihm, sich mit einem Wort an Pfarrer und Gemeinden zu wenden und dieses abschriftlich

121 Sasse an Oberpfarrer Stößner vom 12.6.1941 (ebd., Bl. 81). Vgl. auch Sasse an Oberpfarrer Kade vom 27.4.1941: »Wir haben keine Zeit mehr in der Kirche zu verlieren« (ebd., Bl. 69–73, hier 73).

122 Ebd., Bl. 81.

123 Von Sasse unterzeichnete Verfügung vom 23.7.1941: Neues Gesangbuch. In: Thüringer Kirchenblatt 1941, B, S. 111. Vgl. auch Sasse an Oberpfarrer Kade vom 27.4.1941: »Die Einführung des Buches wird in die Hand der Kirchenvertretungen gelegt. Der Landeskirchenrat führt das neue Gesangbuch nicht ein, sondern lässt es zu. [...] aber wird [...] darüber hinaus verlangen, dass das Buch jedem Mitglied einer Kirchenvertretung vorgelegt wird, auch dann, wenn der betreffende Pfarrer anders glaubt urteilen zu müssen« (LKA Eisenach, A 316-1, Bl. 69–73, hier 72 R und 73). Vgl. auch Sasse an Oberpfarrer Stößner vom 12.6.1941: »Das neue Gesangbuch wird niemandem aufoktroyiert. Es hat sich selbst zu bewähren« (ebd., Bl. 81).

124 Vgl. dazu Gerhard Lindemann, Heinrich Gottlieb. In: Hartmut Ludwig/Eberhard Röhm (Hg.), Evangelisch getauft – als »Juden« verfolgt. Theologen jüdischer Herkunft in der Zeit des Nationalsozialismus. Ein Gedenkbuch, Stuttgart 2014, S. 136 f.

125 Sasse an Reichskirchenministerium vom 25.8.1939 (LKA Eisenach, A 193-2, unpag.).

126 Vgl. Lindemann, Gottlieb, S. 136.

127 Vgl. Sasse an Stahn vom 25.1.1940 (LKA Eisenach, A 193-2, unpag.).

128 Vgl. Sasse an Reichskirchenministerium vom 25.8.1939 (LKA Eisenach, A 193-2, unpag.).

129 Vgl. Gottlieb an Sasse vom 29.12.1939 (LKA Eisenach, A 193-2, unpag.).

dem Staat und der Presse bekannt zu geben. Das werde den »Parteigenossen« verdeutlichen, welche positive Bedeutung die Kirche in der Krise und einem möglichen Krieg habe.[130]

Wohl nicht nur aufgrund von Lefflers Rat rechtfertigte Sasse am 1. September 1939, dem Tag des deutschen Überfalls auf Polen, in einem Aufruf den Krieg als Einsatz von Gegengewalt »für den Schutz deutschen Lebens«. Zugleich gehe es um »Lebensmöglichkeiten« auch für künftige Generationen des deutschen Volkes. In Anknüpfung an traditionelle nationalprotestantische Kriegsrhetorik galt »die weltgeschichtliche Stunde« als eine göttliche Herausforderung an »alle Deutschen zu ihrer Bewährung«. An die Kirchenglieder erging die Aufforderung zu einem »gläubigen, selbstlosen Einsatz alles dessen, was wir sind und was wir haben, für Deutschland«.[131] Interessant ist hier, dass trotz aller Adaptionen nationalsozialistischer Kriegsterminologie und Anknüpfungen an die Vorstellung von einem notwendigen Lebensraum in Ostmitteleuropa nur von Deutschland als übergeordneter Bezugsgröße die Rede war und nicht vom nationalsozialistischen Deutschland. Ebenso fehlt der Terminus »Volksgemeinschaft«. Das war ganz gewiss keine Veränderung in Sasses von der NS-Ideologie geleitetem Denken, sondern wohl eher der Versuch, der fehlenden Kriegsbegeisterung beträchtlicher Teile der deutschen Bevölkerung entgegenzuwirken.

Im April 1940 bezeichnete Sasse in einem an die im Heeresdienst stehenden Geistlichen gerichteten Rundbrief den Krieg als »gewaltiges deutsches Ringen gegen eine Welt krassester materialistischer Minderwertigkeit und Eigensucht«.[132] Während des Westfeldzuges sah er in den deutschen Soldaten »Mitgestalter der kommenden neuen Ordnung und Geschichte in Europa«.[133]

Am 28. August 1942 starb Sasse im Städtischen Krankenhaus in Eisenach an den Folgen eines Schlaganfalls sowie eines Nierenleidens.[134] Bereits 1940 hatte er für längere Zeit seine Amtsgeschäfte nicht ausüben können.[135] Im Dezember 1941 hatte er einen ersten Schlaganfall erlitten, an den sich eine Kur in Bad Gastein anschloss.[136] Zu seinem Vertreter wurde Kirchenrat Otto Volk bestellt.[137] Der Lan-

130 Leffler an Sasse vom 29.8.1939 (ebd.). Auch Kirchenrat und Landesjugendpfarrer Rönck hatte Sasse um ein »Wort« gebeten. Rönck an Sasse vom 28.8.1939 (ebd.).

131 Thüringer Kirchenblatt 1939, B, S. 103.

132 7. Rundbrief Sasses vom 23.4.1940 (LKA Eisenach, DC-267, unpag.). Auszugsweise abgedruckt in: Holger Weitenhagen, »Wie ein böser Traum…« Briefe rheinischer und thüringischer evangelischer Theologen im Zweiten Weltkrieg aus dem Feld, Bonn 2006, S. 350 f.; Zitat: 350.

133 8. Rundbrief Sasses vom 28.5.1940 (LKA Eisenach, DC-267, unpag.), auszugsweise abgedruckt in: Weitenhagen, Traum, S. 351.

134 Vgl. Meier, Kirchenkampf, Band 3, S. 681, Anm. 1345.

135 Vgl. ebd., S. 479.

136 Vgl. Ansprache vor der Gefolgschaft des Pflugensberges [Landeskirchenamt Eisenach] am 29.8.1942 (LKA Eisenach, PA Sasse, Band II, Bl. 73).

137 Vgl. Meier, Kirchenkampf, Band 3, S. 480.

desbischof sandte »vom Krankenlager« aus zum Jahresbeginn 1942 an die Thüringer Gemeinden am Silvestertag einen mit dem Text vom Vorjahr identischen Neujahrsgruß[138] »an der Schwelle eines neuen Lebensjahres unseres Volkes«. Der genuin universelle Gedanke des christlichen Neujahrsfestes wurde hier reduziert auf das Ergehen eines partikularen Volkes. Von den Christen forderte Sasse Bewährung »im Glauben an das Recht und den Sieg unseres deutschen Schicksalskampfes«. Dieser Glaube und nicht der christliche Glaube an Gott stand hier an erster Stelle. Auf den Einwand, dass der von ihm begrüßte Wehrdienst nicht weniger Pfarrer auf Kosten der »religiösen Versorgung vieler Gemeinden« gehe, entgegnete Sasse, man lebe »in einer Zeit, in der jeglicher Glaube zur Tat werden muss«. Glaube wurde hier rein aktivistisch verstanden, die nach Luther immer neu Glauben erweckende und schenkende Predigt oder auch die Trostbedürftigkeit vieler Gemeindeglieder traten dahinter zurück. Das Jahr 1941 bezeichnete Sasse als »ein Jahr von gewaltigem, sieghaftem Ausmaß«. Das Steckenbleiben der deutschen Wehrmacht im russischen Winter vor Moskau und der Kriegseintritt der USA, Ereignisse, welche nicht wenige der Thüringer Gemeindeglieder um den Jahreswechsel beschäftigt und beunruhigt haben dürften, blieben hier unberücksichtigt. Der Text schloss mit der dreifachen Bitte: »Herr, segne unseren geliebten Führer! Herr, segne unseren Kampf! Herr, gib uns Sieg und Frieden!«[139]

Die Kundgebung des Landeskirchenrates anlässlich »der Sondermeldungen von den überwältigenden Erfolgen unserer deutschen Wehrmacht im Kampf gegen den Bolschewismus« vom 6. August 1941 hatte Sasse wohl aufgrund von Urlaubsabwesenheit nicht unterzeichnen können. Der beginnende Holocaust erhielt hier eine religiöse Legitimation. Im Blick auf das Schicksal der Juden sprach man von dem »Augenblick, in dem Gottes Hand ausholt, eben dieses Volk zu vernichten«.[140] Allerdings unterschrieb Sasse am 28. Dezember 1941 ein Thüringer Kirchengesetz, das parallel zu weiteren DC-geleiteten Kirchen Träger des sogenannten Judensterns im Bereich der Landeskirche »von jeder kirchlichen Gemeinschaft« ausschloss.[141]

Überdies hatte Sasse Mitte September 1941 in einem Rundschreiben an die im Heeresdienst stehenden Thüringer Geistlichen die gegnerischen Soldaten, gemeint war vermutlich die Rote Armee, in der Sprache der NS-Propaganda als »Geschöpfe« bezeichnet, »die keine Menschen mehr sind, die vielfach nicht

138 Vgl. Neujahrsgruß. In: Thüringer Kirchenblatt 1941, B, S. 1.

139 Neujahrsgruß. In: Thüringer Kirchenblatt 1942, B, S. 1.

140 Kundgebung. In: Thüringer Kirchenblatt 1941, B, S. 114 f., hier 114. »Da die Zeit noch nicht reif ist, dass dem Inhalt dieser Kundgebung alle deutschen Menschen zustimmen«, sah der Landeskirchenrat davon ab, den Text in den Sonntagsgottesdiensten zur Verlesung kommen zu lassen. Kundgebung des Landeskirchenrats vom 6.8.1941. In: ebd., S. 118.

141 Thüringer Kirchenblatt 1942, A, S. 1.

einmal die natürliche Bezeichnung ›Tier‹ in Anspruch nehmen dürfen«.[142] Der Bischof verwies auf Eph. 6, 11 f.:[143] »Zieht an die Waffenrüstung Gottes, damit ihr bestehen könnt gegen die listigen Anschläge des Teufels. Denn wir haben nicht mit Fleisch und Blut zu kämpfen, sondern mit Mächtigen und Gewaltigen, nämlich mit den Herren der Welt, die in dieser Finsternis herrschen, mit den bösen Geistern unter dem Himmel.« Hier wurde in antibolschewistischen Stereotypen der Kriegsgegner, der unterhalb der Kategorie Mensch stand, mit dem Satan gleichgesetzt und damit zugleich die nationalsozialistische Kriegsführung im Russlandfeldzug legitimiert.

Die letzte Amtshandlung des Bischofs, der nach der Kur die Amtsgeschäfte wieder hatte aufnehmen können,[144] bevor ihn im Sommer 1942 ein Blutdruckleiden erneut ans Bett fesselte,[145] war ein Glückwunschtelegramm an den Thüringer Gauleiter und Reichsstatthalter Fritz Sauckel zur zehnjährigen Wiederkehr seiner Regierungsübernahme. Der mit dem Hitlergruß und der Bekundung »alter Verbundenheit« endende Text enthielt die Feststellung: »Gott wird mit dem Führer, seinen Soldaten und unserem ganzen Volke sein und auch mit unserer lieben thüringischen Heimat.«[146] Kirchenpolitisch sah Sasse es als zwingend an, dass nach einem Endsieg Hitler »den Oberbefehl« über die »evangelische Kirche in Deutschland« erhalten sollte. Über das konkrete Schicksal der Kirche und der Geistlichkeit nach einem solchen Schritt war sich Sasse unsicher, er war jedoch davon überzeugt, dass Hitler »religiös ein christliches Deutschland erhalten und neu schaffen würde«.[147]

In der Todesanzeige des Landeskirchenrates für Sasse hieß es: »Alle seine Sorge galt dem Gedanken, einen Einklang herzustellen zwischen dem Dritten Reich und der Kirche.«[148] In diesem Bestreben war, wie gezeigt, Sasse sehr weit gegangen. Die Tageszeitung, in der die Todesanzeige erschien, hatte allerdings

142 Vgl. dazu zuvor das Schreiben des Thüringer DC-Geistlichen R. E. an den Landeskirchenrat vom 9.7.1941 aus dem »Osten«: »Es ist interessant, die verschiedenen Rassen festzustellen, die in der russischen Wehrmacht vereint sind. Allein der Gedanke, dass diese primitiven Völker dazu bestimmt sein sollten, im Zeichen des Weltbolschewismus auch unser ordnungsliebendes deutsches Volk zu tyrannisieren, flößt einem Schrecken ein und lässt das Ziel dieses Kampfes nur noch klarer erkennen.« Auszug in: Weitenhagen, Traum, S. 406.

143 Rundschreiben Sasses vom 16.9.1941, auszugsweise abgedruckt in: Weitenhagen, Traum, S. 352 f. Zwei Monate später schrieb Sasse im Blick auf die Partisanen, der gegenwärtige Krieg unterscheide sich vom Ersten Weltkrieg darin, dass man es da »durchweg mit Menschen zu tun hatte, die immer noch Menschen waren und darnach sich verhielten. Heute ist das anders.« Schreiben vom 9.11.1941, Auszüge in: ebd., S. 354 f.; Zitat: 354.

144 Vgl. Ansprache vor der Gefolgschaft des Pflugensberges am 29.8.1942 (LKA Eisenach, PA Sasse, Band II, Bl. 73).

145 Vgl. Rundschreiben Sasses vom 3.8.1942 (LKA Eisenach, DC-267). Auszugsweise abgedruckt in: Weitenhagen, Traum, S. 355 f. (allerdings unter Auslassung dieser Information).

146 Letzte Amtshandlung des Landesbischofs Sasse. In: Thüringer Kirchenblatt 1942, B, S. 57.

147 Sasse an Pfarrer Johannes Dobenecker vom 12.6.1940; auszugsweise abgedruckt in: Weitenhagen, Traum, S. 371.

148 Todesanzeige (LKA Eisenach, PA Sasse, Band II, Bl. 68).

den Text gekürzt und die würdigende Benennung der kirchlichen Verdienste Sasses gestrichen, jedoch hinzugefügt, dass er »treu der nationalsozialistischen Bewegung diente«.[149] Reichsbischof Ludwig Müller, der bei der Trauerfeier für Sasse ebenfalls eine kurze Ansprache hielt, wies darauf hin, dass im Gegensatz zu Sasses Amtseinführung kaum eine Parteiuniform mehr in der Kirche zu sehen sei – »kein führender Nationalsozialist persönlich dankt [Sasse] für [s]eine Treue«.[150] Die Äußerungen Müllers stießen seitens der thüringischen Regierung auf Befremden,[151] weil er eine Entwicklung öffentlich ansprach, die für jeden Besucher, der zum Beispiel den Geraer NS-Feldgottesdienst unter demonstrativer Beteiligung Hitlers im September 1931 oder Sasses festliche Einführung in das Thüringer Bischofsamt am 13. Mai 1934 miterlebt hatte, offensichtlich war – die Distanzierung des NS-Parteiapparates von den Deutschen Christen.

## Fazit

Martin Sasse, ein zunächst deutschnational eingestellter Geistlicher, der sich nach dem Ersten Weltkrieg zunehmend den Anliegen und Zielen der völkischen Bewegung geöffnet hatte, kämpfte spätestens seit seinem Eintritt in die NSDAP im Frühjahr 1930 für ein enges Zusammenwirken von Christentum und Nationalsozialismus. In diesem Sinne war er dazu bereit, wesentliche tradierte Grundlagen des christlichen Glaubens und des kirchlichen Lebens der herrschenden Ideologie anzupassen oder sie gar gänzlich aufzugeben. Während die NSDAP Sasses Unterstützung bei der Zerstörung der Weimarer Demokratie und bei der Konsolidierung der braunen Herrschaft in Thüringen durch eine weitgehende Nazifizierung der Thüringer Landeskirche, der ein Großteil der dortigen Bevölkerung angehörte, begrüßte, ging sie wie auch auf Reichsebene seit 1935 im Sinne einer »Entkonfessionalisierung des öffentlichen Lebens« auch zu den Deutschen Christen auf Distanz. In der Biografie Sasses stellte lediglich Hitlers persönlich gehaltener Neujahrsgruß als Reaktion auf den bischöflichen Legitimierungsversuch der Novemberpogrome 1938 eine Ausnahme in dieser Entwicklung dar. Das dürfte damit zusammengehangen haben, dass der Zivilisationsbruch der Pogromnacht in der Bevölkerung nicht nur auf Zustimmung gestoßen war[152] und Hitler die kirchliche Unterstützung unter Berufung auf den Reformator Martin Luther sehr gelegen kam.

149 Eisenacher Tagespost, Nr. 202/1942 (ebd., Bl. 70). Vgl. auch Meier, Kirchenkampf, Band 3, S. 481.

150 Vertraulicher Bericht über die Gedenkfeier für Herrn Landesbischof Martin Sasse in der Georgenkirche zu Eisenach am 31.8.1942 (LKA Eisenach, PA Sasse, Band II, Bl. 77–95, hier 93 f.).

151 Vgl. Niederschrift vom 14.9.1942, Besprechung mit Ministerialdirektor Gerlach im weimarischen Volksbildungsministerium (ebd., Bl. 170).

152 Vgl. Saul Friedländer, Das Dritte Reich und die Juden. Die Jahre der Verfolgung 1933–1939, München 2000, S. 317–321.

Ulrich Peter

# Walther Schultz und Heinrich Schwartze – zwei deutsche Theologenkarrieren in drei Systemen

Am 10. Juni 1948 fand im Sitzungszimmer des Oberkirchenrates in Schwerin eine »Verhandlung der kirchlichen Spruchkammer« statt, in der es um den Fall des von 1934 bis 1945 amtierenden Landesbischofs Walther Schultz ging. Die Verhandlung hatte die Dienstentlassung, den Verlust der Pension und den Verlust der Amtsbezeichnung zum Ergebnis, wie sein Verteidiger dem Bischof, der selbst nicht anwesend war, schriftlich bedauernd mitteilte.

Der Verteidiger hieß Heinrich Schwartze und war zu diesem Zeitpunkt Pfarrer der mecklenburgischen Kirche, Abgeordneter der SED im mecklenburgischen Landtag, Funktionär des Kulturbundes und fungierte als Stiftspastor im Ludwigsluster Stift Bethlehem. Beide Theologen kannten sich seit 1934, als Schultz den arbeitslosen Studienabbrecher Schwartze in den mecklenburgischen Pfarrdienst aufnahm und ihn bis Kriegsende zu einem seiner engsten Mitarbeiter machte. So avancierte Schwartze zum Landespfarrer und Leiter der Nachrichtenstelle und damit zum Exponenten der NS-Pfarrer und zum Vortragsredner auf der Linie der thüringischen Deutschen Christen, der sogenannten Nationalkirchler (NK). Schwartze schrieb für Landesbischof Schultz viele Reden und formulierte für ihn Stellungnahmen vor. Nach 1945 konnte er völlig unbelastet weiterarbeiten.

Um dies verstehen zu können, ist der Blick auf die konkreten Biografien notwendig. Ein Zeitzeuge, Oberkirchenrat i. R. Gerhard Bosinski, schrieb 1982 über Schwartze: »Der Mann war eine faszinierende Persönlichkeit – von den damaligen drei Freunden: Schwartze, Kleinschmidt und Aurel von Jüchen – der wohl begabteste und in seinem Auftreten wirkungsvollste – gerade weil er etwas zu sagen hatte.«[1]

1 Gerhard Bosinski an Stiftspropst i.R. Hermann Eichler vom 8.3.1982 (ADW Berlin, Bestand A 50, Nr. GD IV 1).

## Vom religiösen Sozialismus zum Nationalsozialismus: Heinrich Schwartze

Emil Heinrich Schwartze wurde am 22. September 1903 in Düsseldorf als Sohn des Fabrikdirektors Emil Schwartze geboren.[2] 1924 absolvierte er das Abitur in Berlin und begann dann ein Studium der Theologie. Von 1924 bis 1928 war er an der Berliner Universität als Student der Theologie immatrikuliert. Schwartze war bereits in der ersten Etappe seines Studiums gescheitert, da er bei der für das Theologiestudium obligatorischen »griechischen Vorprüfung so völlig versagt [hat], dass seine Aufnahme in das Seminar nicht in Frage kommen konnte«.[3]

Er exmatrikulierte sich ohne Abschluss, war an der Universität in keiner Hochschulgruppe aktiv gewesen und auch sonst nicht in Erscheinung getreten. Das änderte sich im Sommer 1928 bei seinem Wiederauftauchen im Freistaat Lippe. In Lippe trat er dem Bund der religiösen Sozialisten Deutschlands (BRSD) und der SPD bei, gründete den Landesverband Lippe des BRSD und wurde dessen Vorsitzender. 1930/31 überführte er ihn in die religiös-sozialistische »Lippische Volkskirche«, eine Freikirche, die nie mehr als 300 Mitglieder hatte. Schwartze, selbst aus der Landeskirche ausgetreten, war ihr einziger bezahlter Prediger bis zu ihrem organisatorischen Zusammenbruch im Jahr 1932. Im Spätsommer 1932 siedelte Schwartze nach Berlin über und verdiente seinen Lebensunterhalt als Bestattungsredner beim »Volksfeuerbestattungsverein« Berlin, wo er 1933 entlassen wurde. Danach lebte er von Arbeitslosenunterstützung und von Zuwendungen seiner Mutter.

Heinrich Schwartze, SED-Wahlflugblatt »Bürger von Ludwigslust« zur Gemeindewahl am 15.9.1946; Quelle: Landeskirchenarchiv Schwerin

1935 wurde Schwartze von der mecklenburgischen Kirchenleitung in den Pfarrdienst übernommen. Dem war eine Anfrage beim Lippischen Landeskirchenamt vorausgegangen, dass der Vikar Schwartze sich um Verwendung im Pfarramt hiesiger Kirche bewerbe. »Der Oberkirchenrat bittet […] um Auskunft über die Persönlichkeit des Mannes, sowie darüber, ob er sich dort zum 1. theol. Examen gemeldet oder sonst einer Prüfung sich unterzogen hat.«[4] Die Informationen wurden

2 Zur Biografie Schwartzes vgl. Ulrich Peter, Christuskreuz und rote Fahne. Der Bund der religiösen Sozialisten in Westfalen und Lippe während der Weimarer Republik, Bielefeld 2002; ders., Möhrenbach – Schwerin – Workuta – Berlin. Aurel von Jüchen (1902–1991). Ein Pfarrerleben im Jahrhundert der Diktaturen, Schwerin 2006.

3 Evang. Oberkirchenrat Berlin an Lippisches Konsistorium vom 16.11.1929 (LKA Detmold, Rep. II-72/31, Bl. 66).

4 Evang. Oberkirchenrat Schwerin an Lippisches Konsistorium vom 10.1.1935 (ebd., Bl. 217).

gegeben, und dann geschah das Unerwartete. Die mecklenburgische Kirchenleitung mit DC-Landesbischof Schultz an der Spitze, wohl informiert über Schwartzes Nicht-Anstellungsfähigkeit, berief den exponierten religiösen Sozialisten in den Dienst der mecklenburgischen Kirche. Dies widersprach den Kirchengesetzen und der Tradition und konnte nur durch die Außerkraftsetzung der Synodalverfassung und durch Dekret des »Landeskirchenführers« geschehen.

Wie Heinrich Schwartze vom deutschchristlichen Kirchenregiment in Schwerin zweimal examiniert und anschließend ordiniert wurde, ist ein Lehrstück des autokratischen Verhaltens eines NS-Kirchenführers und des devoten Verhaltens seiner kirchlichen »Gefolgschaft«. Da wurden Prüfungskommissionen solange völlig neu zusammengesetzt, bis sie völlig aus »Hofschranzen« des Bischofs bestanden und sich niemand mehr weigerte, zugunsten des Kandidaten Schwartze die Prüfungsordnungen so flexibel und elastisch zu interpretieren wie nie zuvor. Und selbst in dieser Kommission gab es nur Abstimmungen mit drei zu zwei Stimmen, um den Kandidaten Schwartze bestehen zu lassen, der schon an der griechischen Sprache scheiterte. Die ordentlich gewählte ursprüngliche Prüfungskommission, die nicht einmal aufgelöst worden war und demzufolge weiter amtierte, erfuhr von diesen Examina aus der Presse.

Der Rostocker Theologieprofessor Helmut Schreiner wandte sich deswegen beschwerdeführend an den Kirchenausschuss in Berlin. »Die Mitteilung, dass Schwartze im Juni 1935 das 1. theol. Examen bestanden hat, ist erstaunlich. Die derzeitige amtliche Prüfungskommission der mecklenburgischen Landeskirche ist mit der Abnahme des Examens nicht betraut worden.«[5] Beim Zweiten Examen, mit dem die Ausbildung abgeschlossen und die theologische Reife unter anderem durch eine größere wissenschaftliche Arbeit nachgewiesen werden muss, gab es eine Wiedervorlage. Schwartze erhielt inhaltlich und umfänglich schwache Publikationen, die er in seiner Eigenschaft als landeskirchlicher Pressepastor erstellt hatte, kumulativ als Examensarbeit anerkannt und anschließend wurden ihm sogar die Jahre als Prediger der religiös-sozialistischen Freikirche in Lippe als Pfarrerdienstjahre angerechnet. Am 1. Mai 1938 wurde er »Landespastor für das kirchliche Pressewesen« und damit faktisch Pressereferent von Schultz, für den er viele Reden schrieb. Während seines Armeedienstes avancierte Schwartze zum Offiziersbewerber und wurde im Januar 1945 noch zum Fahnenjunker der Reserve ernannt.

Schultz und Schwartze hatten seit Beginn ihrer Bekanntschaft politisch und persönlich ein sehr enges Verhältnis. Am 3. Oktober 1934 bewarb sich Schwartze um Aufnahme in den Dienst der Mecklenburgischen Kirche und fügte seiner Bewerbung einen »Theologischen Entwicklungsgang« bei, aus dem die Motivation zur Bewerbung deutlich wurde. »Die nationalsozialistische Revolution hat die Gestalt

5 Schreiner an Konsistorialassessor Ranke vom 7.1.1936 (EZA Berlin, 1/A4/340).

der Evangelischen Kirche erheblich verändert. Die Gründe, die mich zur Trennung von der Lippischen Landeskirche veranlasst haben, zwingen mich heute, aus der für mich nun eingetretenen Isolierung herauszugehen. Bisher habe ich mich der Kirche nicht wieder angeschlossen. Ich wollte den falschen Eindruck nicht aufkommen lassen, als gehörte ich zu der Schar der über Nacht Bekehrten oder gedächte durch einen religiösen Akt billig materiellen Vorteil zu erringen. Ich sehe die Möglichkeit, heute in der Evangelischen Kirche an einer Stelle mitzuarbeiten, für die meine besondere Neigung und meine bisherige praktische Tätigkeit mich geeignet erscheinen lassen.«[6]

Als es 1935 in der Reichskirche massive Kritik an der Vorbildung vieler kirchlicher Amtsträger in Mecklenburg gab, nahm Schultz hierzu ausführlich Stellung und ging auch auf Schwartze ein: »Der nationalsozialistische Umbruch des Jahres 1933 bedeutete für ihn, in den Dienst der Deutschen Evangelischen Kirche zu treten. […] Er hat es verstanden, sowohl die altkirchlichen Kreise zu erfassen als auch in lebendige kirchliche Berührung mit den Männern der nationalsozialistischen Aufbruchsbewegung in Deutschland zu kommen und in seiner Gemeinde das zu erreichen, was das Ziel aller ehrlich Wollenden im kirchlichen Raum sein muss: Christliche Volksgemeinschaft im Dritten Reich zu bauen.«[7]

Wie ihn sein Dienstherr einschätzte, macht die Korrespondenz mit der Schweriner Gestapo deutlich. Als Schwartze zu Jahresbeginn 1937 in die Pressestelle des Oberkirchenrates wechseln sollte, wurde er routinemäßig von der Gestapo auf seine politische Zuverlässigkeit überprüft und die Landeskirche um Auskunft gebeten.[8] Schultz antwortete am 22. Dezember 1936: »Er gehörte in der Systemzeit zur SPD. […] Infolge des immer stärker werdenden, von der bolschewistischen Gottlosen-Bewegung beeinflussten atheistischen Kurses der SPD löste er sich im Herbst 1932 von ihr […]. Nach Mecklenburg kam er im Winter 1934/35, in der Zeit der schwersten Auseinandersetzungen zwischen der Bekenntnisfront und den nationalsozialistischen Kräften. […] hat Schwartze sich stets als grundanständig und bedingungslos treu und zuverlässig erwiesen. Er ist zu den Volksgenossen zu rechnen, die sich nach ehrlichem Kampf zur nationalsozialistischen Weltanschauung durchgerungen haben und heute, ohne Parteimitglied zu sein, nach besten Kräften ihren Beitrag zum Neubau von Volk und Staat zu liefern versuchen.«[9]

6 Schwartze an Landesbischof Schultz vom 3.10.1934 (LKA Schwerin, Bestand Personalakten, Nr. 5235).

7 Landesbischof Schultz an Kirchenkanzlei der Deutschen Evangelischen Kirche vom 16.12.1935 (EZA Berlin, 1/A4/340, Bl. SH1381).

8 Geheime Staatspolizei Schwerin an Oberkirchenrat vom 15.12.1936 (LKA Schwerin, Bestand Personalakten, Nr. 5235).

9 Oberkirchenrat an Geheime Staatspolizei Schwerin vom 22.12.1936 (LKA Schwerin, Bestand Personalakten, Nr. 5235).

Als ehemaliger Spitzenfunktionär der religiösen Sozialisten wurde er nach 1933 von seinen früheren Genossen als einer der Ihren angesehen und kontinuierlich mit illegalem Material beliefert. Schwartze lieferte dieses postwendend bei Landesbischof Schultz ab. Als der Berliner Pfarrer Arthur Rackwitz, die wichtigste Person des illegalen Netzes der religiösen Sozialisten, ihm vertraulich schrieb,[10] ging auch diese Post »zur geneigten Kenntnisnahme« weiter an Schultz.[11] Rackwitz hatte bereits vorher Schwartze aufgrund dessen Rolle als Berater von Schultz kritisiert. Im schon erwähnten Brief nimmt er auf ein Schreiben Schwartzes Bezug: »[…] schreibst Du den Satz: ›Kann man zugleich Nationalsozialist und Christ sein? Ich antworte: Ja!‹ Und nun fängt das Problem erst an. Dieses Ja! aus Deinem Munde ist mir unbegreiflich. Mit ihm hast Du Dich in der Tat von unserer bisherigen gemeinsamen Basis gelöst. […] Nach diesem Ja kannst Du natürlich da stehen, wo Du stehst, und unter dem Vorgeben völliger Neutralität die Sache Deines DC-Bischofs und damit die Sache des totalen Staates betreiben.«[12] Schultz informierte umgehend die Gestapo,[13] die Rackwitz' Korrespondenzpartner Aurel von Jüchen und Karl Kleinschmidt unter Beobachtung stellte.

Nach 1945 trat Schwartze in Schwerin als Widerstandskämpfer auf, wurde wieder SPD-Mitglied und durch die Vereinigung Mitglied der SED. Bei der Landtagswahl in Mecklenburg am 20. Oktober 1946 wurde er als SED-Abgeordneter gewählt.

Nach 1950 wurde Schwartze von seiner Vergangenheit eingeholt. In einem Konflikt machte Landesbischof Niklot Beste von seinem Insiderwissen Gebrauch. Die Zeitschrift »Junge Kirche« berichtete am 15. März 1951: »Der der SED angehörende Pastor Heinrich Schwartze, dessen unbotmäßiges Verhalten im Stift Bethlehem in Ludwigslust zu einem Konflikt zwischen dem mecklenburgischen Oberkirchenrat und der Landesregierung führte, hat sein Amt niedergelegt und wird aus dem Dienst der Landeskirche ausscheiden.«

Die SED sicherte ihn materiell ab und versorgte ihn mit der hauptamtlichen Stelle des Landesvorsitzenden der Gesellschaft für Deutsch-Sowjetische Freundschaft. Bis zum Juni 1954 amtierte Schwartze in dieser Funktion in Schwerin. Danach schlug er eine Universitätslaufbahn ein, wurde Assistent an der Universität Leipzig und mit der Wahrnehmung einer Dozentur beauftragt. In Leipzig wurde er Mitglied der SED-Parteileitung am Philosophischen Institut und beteiligte sich an der Zwangsemeritierung Ernst Blochs. Später wurde Schwartze zum

10 Rackwitz an Schwartze vom 10.3.1937 (LKA Schwerin, Bestand Handakten Schultz, Akte 155 »Schriftwechsel mit Domprediger Karl Kleinschmidt 1935–37«, Bl. 103).

11 Schwartze an Landesbischof Schultz vom 13.3.1937 (ebd., Bl. 105).

12 Rackwitz an Schwartze vom 10.3.1937 (ebd., Bl. 103).

13 Reichsministerium für die kirchlichen Angelegenheiten an Geheimes Staatspolizeiamt Berlin vom 3.4.1937 (EZA Berlin, Akte 743/81, Bl. 58).

Leiter des Instituts zur Ausbildung von Lehrern für Staatsbürgerkunde berufen.[14] Vom SED-Staat erhielt er mehrere Orden verliehen. Nach der Bloch-Auseinandersetzung wurde es ruhig um Heinrich Schwartze, der bis zu seinem Tod in Leipzig blieb. Er verstarb dort am 20. August 1967. Die Staatssicherheit war über seine reale Biografie umfassend informiert, sie traute ihm deswegen nicht und unterstellte ihm Aktivitäten für das Ostbüro der SPD.[15] Dass Schwartze jemals für das Ostbüro gearbeitet hat, ist angesichts seines Charakters höchst unwahrscheinlich.

## Ein gläubiger Nationalsozialist: Landesbischof Walther Schultz

Es ist auffallend, dass auch das nationalsozialistische Engagement von Landesbischof Schultz in der DDR verharmlost wurde. So schrieb etwa Bruno Theek, nach 1945 Mitbegründer der Vereinigung der Verfolgten des Nazi-Regimes, SED-Mitglied und bekannter »Friedenspfarrer«, der mehrere Jahre enger Gefolgsmann von Schultz im NS-Pastorenbund gewesen war: »Walther Schultz war seiner inneren Einstellung nach kein Nazi, wenn er der Partei auch als Mitglied angehörte. Er hatte nur das eine Bestreben, mit allen gebotenen Mitteln die Kirche vor dem Zugriff der Nazis zu bewahren, wenn er dabei auch manchmal Wege gegangen ist und vielleicht auch gehen musste, die andere nicht verstanden. […] Er stimmte mit einigen vertrauten Freunden in der Meinung überein, dass die extreme Gewaltherrschaft weder die großspurig verkündeten tausend Jahre noch auch nur ein Menschenalter dauern würde.«[16]

Im Landeskirchenarchiv Schwerin gibt es einen Vermerk über ein Gespräch Theeks und anderer mit der Besatzungsmacht über Schultz, in dem es u. a. heißt: »Wir wissen, dass der Landesbischof Nationalsozialist war, wir wissen aber auch von seinem heftigen Kampf gegen den Nationalsozialismus, den er besonders unterirdisch geführt hat, und ich erinnere an seinen Kampf gegen den Gauleiter Hildebrandt, der ja auch schließlich zu seinem Ausschluss aus der Partei geführt hat.«[17] Die Wirklichkeit war eine andere. Als es noch opportun erschien, seine lupenreine nationalsozialistische Biografie zu präsentieren, wurde »der stellvertretende Leiter der Reichsgemeinde« in der von ihm heraus-

14 Personalbogen und Kurzbiografie in der Leipziger Personalakte Schwartzes (BArch Berlin, Bestand Ministerium für Hoch- und Fachschulwesen, Akte DR-3-B/15189, S. 43, 51/52).

15 Die im Archiv der Bundesbeauftragten für die Stasi-Unterlagen befindliche Akte BStU II 3415 A.26 »Schwartze, Heinrich. Ermittlungen gegen den ehemaligen evangelischen Pfarrer wegen mutmaßlicher Tätigkeit für das Ostbüro der SPD« konnte leider nicht eingesehen werden.

16 Bruno Theek, Keller, Kanzel und Kaschott. Lebensbericht eines Zeitgenossen, Berlin (Ost) 1961, S. 124.

17 Vermerk Theek (Kopie für Schultz) über ein Gespräch mit Staatsminister Dr. Strathmann vom 6.6.1945 (LKA Schwerin, Bestand 03.06.02, Handakten Schultz, Akte Nr. 307 »Schriftwechsel mit Pastor Bruno Theek 1935–1945«, unpag.).

Bischof Schultz mit Amtskette und Bischofskreuz, etwa 1937;
Quelle: Landesarchiv Schwerin

gegebenen Wochenzeitung der »Deutschen Christen – Nationalkirchliche Einung« so vorgestellt:

»Unser K[amera]d Walther Schultz wurde am 20. August 1900 als Sohn des Gutspächters Heinrich Schultz und seiner Ehefrau Magdalene geb. Molt zu Hof Tressow bei Bobitz in Mecklenburg geboren. [...] Ostern 1920 bezog er die Landesuniversität Rostock, später die Universität zu Münster in Westfalen und Berlin. [...] 1926 Ostern bis Ostern 1927 Kandidat auf dem Predigerseminar in Schwerin. Ostern 1927 2. Examen vor der Prüfungskommission in Neustrelitz. [...] Frühjahr 1933 zum Führer des ›Bundes der nationalsozialistischen Pastoren Mecklenburgs‹ ernannt, führend in der ›Glaubensbewegung Deutsche Christen Mecklenburgs‹, am 8. August 1933 Hilfsarbeiter im Mecklenburgischen Oberkirchenrat, am 13. September 1933 durch die Mecklenburg-Schwerinsche Landessynode zum Landeskirchenführer gewählt, am 1. Februar 1934 Oberkirchenrat, am 23. Mai 1934 Landesbischof von Mecklenburg. Seit dem 6. Juni 1937 Stellvertreter des Leiters der Reichsgemeinde Deutsche Christen, Nationalkirchliche Einung.

Bereits mit 27 Jahren, während der Kriegszeit, war Schultz Mitglied des Alldeutschen Verbandes und hat seither neben seinen kirchlichen und religiösen Interessen die nationalen Fragen stark in den Mittelpunkt seines Denkens gestellt. Im Winter 1918/19 trat er dem Deutschvölkischen Schutz- und Trutzbund bei und war Mitbegründer der ersten nationalsozialistischen Jugendorganisation in den Stürmen der Novemberrevolte von 1918 im damaligen Mecklenburg-Strelitz. Zur Theologie kam er aus dem Erleben des nationalen Zusammenbruchs von 1918 und aus der Erkenntnis heraus, dass der damals auflodernde Klassenhass nur von Gott her, d. h. aus dem Geist und in der Kraft Jesu Christi zu überwinden sei. [...] Seit dem Auftreten der Nationalsozialistischen Deutschen Arbeiterpartei in Mecklenburg hat er innerlich zu dieser gehört und im Herbst 1930 auch äußerlich den Eintritt in sie vollzogen. Es sind nicht nur die nationalsozialistischen Gedanken, die ihn mit der Partei verbanden, sondern er sieht in ihr die edle Frucht wahrhaft geistlichen Denkens und den Versuch, der Lehre Jesu den Weg zu bahnen, nicht bloß in die Herzen und Hirne, sondern auch in die Wirklichkeit des Lebens unseres Volkes.«[18]

Eine Information fehlt. Als Gaureferent war er bereits seit 1931 Mitglied der mecklenburgischen NSDAP-Gauleitung.[19] Eine weitere Angabe ist wichtig, die von dem Kirchenhistoriker Jürgen Seidel tradiert wird: »Schultz war in diesen Jahren als religiöser Sozialist politisch aktiv.«[20] Schultz war in Berlin in Kontakt mit dem BRSD gekommen und später Mitglied der »Bruderschaft sozialistischer Theologen« geworden.[21] Dies blieb ein kurzes Intermezzo von einem Jahr, denn bereits die Mitgliederliste der Bruderschaft von 1931 verzeichnete ihn nicht mehr.

Die Mecklenburgische Landeskirche war erst am 1. Juli 1934 durch den Zusammenschluss der beiden Kirchen Mecklenburg-Strelitz und Mecklenburg-Schwerin entstanden. Nach den Ergebnissen der Volkszählung von 1939 hatte das Land Mecklenburg 900 593 Einwohner, von denen 89,2 Prozent zur evangelischen Kirche gehörten.[22] In dieser Kirche machte der junge Pfarrer Schultz eine steile Karriere. Am 13. September 1933 hatte die mecklenburgische Synode das Führerprinzip eingeführt und ihn zum Landeskirchenführer gewählt. Im Mai 1934 wurde er zusätzlich zum Landesbischof auf Lebenszeit gewählt.[23]

Wie wurde ein Theologe von 34 Jahren Landesbischof, was vor 1933 unmöglich gewesen wäre? Der 30. Januar 1933 und die beginnende Gleichschaltung

18 Deutsches Christentum, Wochenzeitung der Deutschen Christen – Nationalkirchliche Einung, Erscheinungsort Weimar, Nr. 17 vom 24.4.1938, S. 8.

19 Beate Behrens, Mit Hitler zur Macht. Der Aufstieg des Nationalsozialismus in Mecklenburg und Lübeck 1922–1933, Rostock 1998, S. 105.

20 J. Jürgen Seidel, Walther Schultz. In: Biographisch-Bibliographisches Kirchenlexikon, Band XXIX (2008), Sp. 1324–1326.

21 Die Mitgliederliste Nr. 2 vom 15.9.1929 weist unter der Nr. 32 Walther Schultz aus Neustrelitz/Mecklenburg aus (LKA Karlsruhe, Bestand Sammlung Pfarrer Kappes, Akte VKB Generalia 1929/II.).

22 Statistik des Deutschen Reiches, Band 450: Amtliches Gemeindeverzeichnis für das Deutsche Reich, Berlin 1939.

23 J. Jürgen Seidel, Die Evangelisch-Lutherische Landeskirche Mecklenburgs nach Kriegsende (Teil I). In: Kirche im Sozialismus, 11 (1985), S. 168–173, hier 169.

der evangelischen Landeskirchen veränderte alles. Schultz verstand sich selbst als nationalsozialistischer Führer auf dem Kampfplatz Kirche, wo die nationalsozialistische Revolution gegen die »deutschnationale Reaktion« durchzusetzen sei. Kirchliche Hauptaufgabe müsse die Beteiligung an der Entwicklung der »nationalsozialistischen Volksgemeinschaft« sein. Schultz war gläubiger Nationalsozialist und definierte auch Kirche und Religion von der NS-Ideologie her. Und dazu gehörte auch der Rassenantisemitismus, dem Schultz selbst anhing. Von seiner Tochter aus erster Ehe namens Marianne wurde allerdings kolportiert, »dass er in seiner Schweriner Wohnung zeitweilig jüdische Verwandte bis zum Kriegsende« verborgen habe.[24] In der ausgiebigen Überlieferung der Entnazifizierungs- und Dienstentlassungsverfahren von Schultz findet sich jedoch kein Hinweis auf diesen Vorgang, und es ist kaum vorstellbar, dass Schultz das angebliche Verstecken von Juden in seiner Wohnung nicht zu seiner Entlastung erwähnt hätte.

Schultz war kein profilierter Theologe und auch kein Intellektueller. Längere Manuskripte von ihm gibt es wenige, zu nennen wäre hier neben einer Vielzahl von Ansprachen und Verlautbarungen nur »Von der Freiheit eines Christenmenschen«, ein Vortrag, den er im Rahmen der 4. Reichstagung der Nationalkirchlichen Einung als stellvertretender Reichsleiter am 9. Oktober 1937 in Eisenach hielt. Er erschien 1937 sowohl als Einzelveröffentlichung wie als Teil einer Broschüre »Vom Werden deutscher Volkskirche«.[25]

Seine Reden und Schriften in nationalkirchlichen Publikationen atmen die genuine NS-Sprache von Kampf, unbeugsamem Willen und bedingungslosem Gehorsam.[26] Dieselbe Person, die sich den Gemeinden als Führer und Kommandeur präsentierte, hatte selbst allerdings nicht beim Militär gedient. Als schwerer Diabetiker war er dienstuntauglich und nahm deswegen weder am Ersten Weltkrieg noch an den Freikorpskämpfen danach teil. Mehr als seine Teilnahme am zivilen »vaterländischen Hilfsdienst« 1917 und 1918 hatte er nicht zu bieten. Auch realer SA-Dienst und Auseinandersetzungen, etwa mit den Kommunisten, fehlen in seinen NSDAP-Unterlagen. Dafür siegte er in der mecklenburgischen Kirche. Endlich sah Schultz, der aus der volksmissionarischen Arbeit kam, eine Möglichkeit, gegen die Trennung der Kirche von der Arbeiterschaft und anderen säkularisierten Bevölkerungsteilen zu wirken und die wichtige Funktion der Religion für die Schaffung der »deutschen Volksgemeinschaft« nachzuweisen

24 Matthias Burkhardt, Bischofstochter. Erinnerungsgeschichten zur Bewältigung einer schwierigen Vater-Tochter-Beziehung, Rostock 2013, S. 63.

25 Von der Freiheit eines Christenmenschen, Weimar 1937. Textidentisch in: Vom Werden deutscher Volkskirche. Grundsätzliche Äußerungen der nationalkirchlichen Bewegung Deutsche Christen (Texte der 4. Reichstagung), Weimar 1937.

26 So zum Beispiel: Unter der Gnade des Herrgotts. In: Deutsche Frömmigkeit, 1/1939; Um den Sinn des Kreuzes Christi. In: Deutsche Frömmigkeit, 3/1939.

und zu nutzen. Und dies musste auch symbolisch seinen Ausdruck finden: »In Mecklenburg ist den Geistlichen, die der SA oder SS angehören, gestattet, bei Feldgottesdiensten und anderen Gottesdiensten, die von der nationalsozialistischen Bewegung getragen werden, im Braunhemd oder ihrer Dienstuniform Gottesdienst zu halten.«[27]

Gegen den massiven Widerstand der Pfarrer der Bekennenden Kirche (BK) benötigte Schultz Unterstützung. Diese Rolle übernahmen die »Mitglieder des Bundes der nat.soz. Pastoren Mecklenburgs«.[28] Schultz berief ständig Theologen mit und ohne abgeschlossene Ausbildung nach Mecklenburg mit dem Ziel, durch diese Personalpolitik die Stellung der BK zu erschüttern.[29] Dieses Motiv hat er in einer Reihe von Briefen und Vermerken verdeutlicht, so etwa bei der Einstellung Heinrich Schwartzes in den mecklenburgischen Kirchendienst:

»Seine [Schwartzes] frühere sozialistische Betätigung ist mir bekannt. Vielleicht werden Sie es befremdlich finden, dass ausgerechnet ich als alter Nationalsozialist diesen Mann einstellte, ich hatte aber dafür meine guten Gründe. In den beiden Jahren, in denen ich im Brennpunkt des kirchenpolitischen Kampfes stehe, habe ich die Erfahrung machen müssen, dass es leichter ist, dass, um es biblisch auszudrücken, ein sozialistisches Kamel durch ein Nadelöhr geht, als dass ein reaktionärer, an stahlhelmerischer Theologie reicher Pastor alten Stils in das Dritte Reich kommt. Der alte Sozialist und Kommunist hat den Aufbruch des Nationalsozialismus auf allen Gebieten, von verschwindenden Ausnahmen abgesehen, begriffen. Der alte Deutschnationale dagegen wird ihn höchstwahrscheinlich niemals begreifen, es geschehe denn ein Wunder von Gott.«[30]

Wichtig ist die mecklenburgische Doppelstruktur von Deutschen Christen (DC) und NS-Pastorenbund, der bereits am 26. April 1933 in Schwerin gegründet worden war. »Zum Führer des Bundes« war von NS-Gauleiter Friedrich Hildebrandt Pastor Walther Schultz bestimmt worden. »Der NS-Pastorenbund trat geschlossen der Glaubensbewegung DC bei.«[31] Somit war zwar die Organisation korporativ Mitglied der DC, aber keinesfalls waren dies alle Mitglieder des Bundes. 1935 war es weniger als die Hälfte.

Die NS-Pastoren traten anlässlich einer Tagung in Bad Kleinen mit einer Erklärung von Pastor Schultz hervor, in der sie ihr Selbstverständnis formulierten. Diese Erklärung veröffentlichte die »Niederdeutsche Kirchenzeitung« in ihrer Ausgabe vom 29. Mai 1933:[32]

---

27 Die Christliche Welt, Nr. 7 vom 1.4.1934, S. 330.

28 Hierzu gibt es viele Belege in den Akten (LKA Schwerin, Bestand Nachlass Prag, Mappen Rundschreiben der Glaubensbewegung »Deutsche Christen, Gau Mecklenburg« und des Bundes der NS-Pastoren Mecklenburg 1935–1938).

29 Dass die DC oftmals mit diesem Impetus agierten, ist von der Kirchengeschichtsschreibung bisher weitgehend übersehen worden.

30 Schultz an Ministerialdirektor Bergholter vom 9.3.1935 (LKA Schwerin, Bestand Personalakten, Akte Schwartze 5235).

31 Kurt Meier, Der evangelische Kirchenkampf, Band 1, Halle 1976, S. 340 f.

32 Abgedruckt in: Kurt Dietrich Schmidt, Die Bekenntnisse des Jahres 1933, Göttingen 1934, S. 158.

»1. Unser Volk, soweit es vom Marxismus herkommt und in der nationalsozialistischen Bewegung steht, erkennt die alten kirchlichen Formen nicht an.

2. Darum geht es nicht an, diese alten kirchlichen, gottesdienstlichen und organisatorischen Formen, die zeitgebunden sind, beizubehalten. Wir fordern vielmehr ihre Beseitigung.

[…]

8. Es ist tatsächlich unmöglich, mit einer Kampffront von außen an die Menschen in unserem Lager heranzukommen. Es ist aber möglich durch uns, die wir uns auch in kirchlicher Hinsicht bedingungslos zur Bewegung bekennen, weil wir in Adolf Hitler den Beauftragten Gottes für unser Volk und unsere Zeit sehen. Wir allein können das Vertrauen unserer Parteigenossen gewinnen.

9. Sollte versucht werden, uns irgendwie an unserer Arbeit zu hindern, so stellen wir uns auf den Boden des Wortes: Man muss Gott mehr gehorchen als den Menschen.«

Dieser NS-Pfarrerbund war von einer beträchtlichen Größe. Selbst 1936, mitten im Kirchenkampf, hatte er eine Mitgliederzahl von 194 Personen. »Über die Hälfte der Geistlichen der Mecklenburgischen Kirche war damit im Bund der NS-Pastoren.«[33]

Der mecklenburgische DC-Gau zählte sich im Deutschen Reich zur radikalen Fraktion der DC. Der Gauobmann Ernst Hildebrandt erklärte am 23. Mai 1935, als er die Führung der DC in Mecklenburg übernahm: »Deutsch sein und Christ sein, also Nationalsozialismus und Christusglaube gehören zusammen und müssen sich finden. […] Der Kampf um deutschen Christusglauben […] ist der Seelenkampf eines Volkes, dem Gott im Fronterleben des Krieges, in der tiefen Erniedrigung und Not der Nachkriegszeit und vor allem in dem Wunder der Wiedergeburt und Erneuerung lebendig begegnet ist.«[34]

Und am 23. September 1935 hieß es im Grußwort von Bischof Schultz an die Reichstagung der DC, der Nationalsozialismus könne nur durch Christus zur letzten Vollendung kommen. »Treue zu Christus kann sich darum nur bewähren und sichtbar werden mit der Treue zu Führer und Volk. Von der Arbeit der deutschbewussten Christen bei den Deutschen Christen erwarten wir die Begegnung und die Vermählung des Evangeliums mit den ewigen Werten des deutschen Volkstums und der deutschen Seele.«[35]

Schultz und die mecklenburgische Führungsgruppe orientierten sich zusehends an der radikalen, »nationalkirchlichen« Thüringer Richtung der DC. Seit Sommer 1935 nahm der Einfluss nationalkirchlicher Gedanken zu, und im Herbst 1935 beteiligten sich erstmals Vertreter der mecklenburgischen DC

33 Die politische Ausrichtung der Evgl. Luth. Kirche Mecklenburgs – Handlangertum zu Faschismus und Krieg. Vermerk, o. D. (ca. 1949) (Mecklenburgisches Landeshauptarchiv Schwerin [MLHA], Bestand SED, Akte IV/L/2/14/643, Bl. 27).

34 Rundschreiben Deutsche Christen Gau Mecklenburg (EZA Berlin, 1/A4/96).

35 Joachim Gauger, Gotthardbriefe. 146. bis 158. Brief, Elberfeld 1935, S. 270.

an der Reichsgemeindetagung der Nationalkirchler. Diesen ging es wesentlich darum, gegen die jüdisch-christliche Tradition ein »artgemäßes Christentum« zu positionieren und als Voraussetzung dafür das Christentum zu »entjuden«. Diese radikalen DC waren geradezu klassische Antisemiten. 1935 forderte der Schweriner Oberkirchenrat dazu auf, »jüdische Geschäfte zu meiden und im Kampf gegen das Judentum mit gutem Beispiel voranzugehen«.[36]

1935 und 1936 wurde der gestiegene Thüringer Einfluss auch im »Bericht über die öffentlichen Veranstaltungen der Gautagung der Deutschen Christen Mecklenburgs in Güstrow vom 13. bis 15. Juni 1936« deutlich. Die Gemeinde sang mit Orgelbegleitung ein Lied des Jenaer DC-Theologieprofessors Wolf Meyer-Erlach: »Die Himmel zerreißen! Es braust der Sturm! Bald kündens die Glocken von Turm zu Turm: Ein Volk, eine Kirche, ein Führer, ein Gott, ein ewiges Reich, geschmiedet in Not: Ehre sei Gott in der Höh.«[37]

Später wurde sogar offiziell die Position vertreten, Jesus sei kein Jude gewesen, sondern vielmehr ein Judengegner. »Christus war kein Jude. Christus stammte [...] aus dem Gau der Nichtjuden und seine Eltern waren Zimmerleute. Man mag die ganze Welt ablaufen, aber man wird keinen Juden finden, der das Zimmermannshandwerk ausübt. Christus war also schon von seiner Herkunft nach kein Jude. Er war es auch nicht seinem Wesen nach. Wäre er Jude gewesen, dann hätte er jüdisches Wesen offenbart. Dann hätte er jüdisch gedacht, jüdisch gelehrt und jüdisch gehandelt.«[38]

Im August 1936 schließlich trat der Gau Mecklenburg dem DC-Führerring der Nationalkirchler bei[39] und übernahm damit quasi offiziell deren Positionen. Dies brachte im NS-Pastorenbund die Widersprüche zwischen der Mehrheit, die bereit war, dem Landesbischof bedingungslos zu folgen, und einer Minderheit, der es auch um den Bekenntnisstand der Kirche und ihre Zukunft ging, zum Ausbruch. Der »Lutherische Pfarrerkreis« spaltete sich ab. So konnte der Bruderratsvorsitzende Niklot Beste konstatieren, »dass nunmehr gegen 200 Pastoren in der Bekennenden Kirche und über 50 im Lutherischen Pfarrerkreis zusammengeschlossen sind«.[40]

Die Ereignisse des Jahres 1938 begannen mit der von der Landeskirche geforderten Eidesleistung der evangelischen Pfarrer auf Hitler am 9. April 1938. Der in Mecklenburg vorgesehene Text wurde von den Mitgliedern der BK abgelehnt. Das Kirchengesetz in Mecklenburg sah in § 1 vor: Wer im Bereich der evange-

36 Amtsblatt der Ev.-Lutherischen Landeskirche Mecklenburgs vom 15.8.1935.

37 Junge Kirche, Jg. 1936, S. 724. Zu Meyer-Erlach siehe auch den Beitrag von André Postert in diesem Band.

38 Karl Holz, Der große Judengegner Christus. In: Mitteilungsblatt der Glaubensbewegung Deutsche Christen Mecklenburg, Folge 1–2, Ostermond/April 1937.

39 Vgl. Kurt Meier, Der evangelische Kirchenkampf, Band 2, Halle 1984, S. 249.

40 Beste an Reichskirchenausschuss in Berlin vom 16.10.1936 (EZA Berlin, 1/A4/341).

lisch-lutherischen Kirche Mecklenburgs als Pfarrer amtieren will oder schon amtiert, »hat seine Treuepflicht gegenüber Führer, Volk und Reich durch folgenden Eid zu bekräftigen: ›Ich schwöre: Ich werde dem Führer des Deutschen Reiches und Volkes, Adolf Hitler, treu und gehorsam sein, die Gesetze beachten und meine Amtspflichten gewissenhaft erfüllen, so wahr mir Gott helfe.‹«[41]

Zwei Wochen nach dem Novemberpogrom, am 23. November 1938, gab Landesbischof Martin Sasse aus Eisenach Auszüge aus Luthers Schrift »Von den Juden und ihren Lügen« im Freiburger Sturmhut-Verlag neu heraus unter dem Titel »Martin Luther über die Juden: ›Weg mit ihnen!‹«. Einen Tag später folgte die Mecklenburgische Landeskirche. In Nr. 17 des Jahrgangs 1938 des »Kirchlichen Amtsblattes für Mecklenburg« erschien nach den üblichen Bekanntmachungen »Ein Mahnwort zur Judenfrage«. Diese Erklärung verdeutlicht, in welchem Maße rassenantisemitisches Gedankengut in einer offiziellen Verlautbarung einer damaligen evangelischen Landeskirche vertreten werden konnte. Von Mitleid mit den verfolgten Juden war keine Spur zu finden, es ging nur um die Legitimierung des Verhaltens der Täter.

»Ein Mahnwort zur Judenfrage. Seit einigen Tagen mehren sich beim Oberkirchenrat aus den Reihen des Kirchenvolks unserer Landeskirche Anfragen, die sich auf die letzten Maßnahmen des deutschen Volkes gegen das Judentum beziehen und vom christlichen und kirchlichen Standpunkt her eine klare Stellungnahme zur Judenfrage erwarten. Wer sich der Seelenhaltung weiter Kreise des deutschen Volkes aus den letzten Jahren des Weltkrieges noch zu erinnern vermag, weiß, dass sich damals das deutsche Volk in seiner Beurteilung militärischer und politischer Vorgänge weithin von Erwägungen leiten ließ, die einseitig den Standpunkt der Einzelpersönlichkeit als Maßstab gelten ließen. [...] Unter dem Motto: ›Nicht der Mörder, sondern der Ermordete ist schuldig‹ hat das Weltjudentum 1918 seinen Krieg gegen das Zweite Reich gewonnen, durch seine Gräuelpropaganda den Widerstandswillen der Nation untergraben und schließlich im deutschen Zusammenbruch alle politischen und kulturellen Kommandohöhen in Deutschland besetzt. Das an seiner Michelei zugrunde gegangene deutsche Volk aber wurde, weil es mit seinen Peinigern Mitleid gehabt hatte, mitleidlos erpresst und ausgesogen, bis es nach furchtbarsten Erfahrungen langer Jahre den Weg zu sich selber zurückfand. Es ist nötig, sich diese Tatsachen immer wieder vor Augen zu stellen. [...] Kein im christlichen Glauben stehender Deutscher kann, ohne der guten und sauberen Sache des Freiheitskampfes der deutschen Nation gegen den jüdischen antichristlichen Weltbolschewismus untreu zu werden, die staatlichen Maßnahmen gegen die Juden im Reich, insbesondere die Einziehung jüdischer Vermögenswerte bejammern. [...] Angesichts aller dieser Tatsachen und bitteren Erfahrungen kann nicht mehr zweifelhaft sein, dass unser christliches Mitgefühl denen, die unter die Räuber gefallen sind, zu gelten hat, den vom Judentum betrogenen und ausgebeuteten Völkern Europas, nie und nimmer aber ihren Ausbeutern und Henkern, den Juden. Darüber hinaus müssen wir aber auch das eine klar erkennen: Der Kampf gegen das Judentum ist zugleich eine Lebensfrage für die deutsche Seele. Das jüdische Gift der Zersetzung muss aus dem deutschen Volke restlos ausgeschieden werden, wenn anders das Reich seine Sendung erfüllen soll. [...] Im kirchlichen Raum wiederum erwächst uns die unabweisbare Pflicht, für die Entjudung des religiösen Erbes unseres Volkes alle Kräfte einzusetzen.

41 Zit. nach Junge Kirche, 1938, S. 386.

Hier gilt es, gegenüber dem Unwesen eines judenchristlichen Dogmatismus die Kräfte der christlichen Liebe freizumachen. Und dieses Ziel ist nur zu erreichen, wenn es gelingt, zuvor die Schranken klerikaler, im Grunde jüdischer Intoleranz niederzureißen. [...] Wie unser Herr Jesus Christus selbst ausdrücklich bestätigt hat, ist des Menschen Nächster der, der die Barmherzigkeit an ihm tat (Luk. 10, 29–37). An unserm deutschen Volk aber, mit dem wir als seine Glieder unlöslich verbunden sind, hat die Barmherzigkeit getan nicht der Jude, sondern Adolf Hitler. Dem Führer gilt daher unsere Liebe als unserem Nächsten, ihm unsere unverbrüchliche Gefolgschaft und Treue auch in dem dem deutschen Volke aufgetragenen Kampf gegen die Juden!

Schwerin, den 16. November 1938. Der Oberkirchenrat. Schultz«

Diese Erklärung wurde von der Nachrichtenstelle des Oberkirchenrates verbreitet und war nur von Schultz unterzeichnet. Wer aber hatte sie verfasst? Weite Passagen der Erklärung stammen offensichtlich aus der bereits genannten Schrift des thüringischen Landesbischofs Martin Sasse.[42] Über den vermutlichen Verfasser der Erklärung machte ein anonymer Sachbearbeiter der SED-Landesleitung Mecklenburg im Jahr 1949 eine interessante Aussage: »Das von dem Landesbischof Schultz am 16.11.1938 zur Judenfrage veröffentlichte Schriftstück stammte aus der Feder des Leiters der kirchlichen Nachrichtenstelle, Schwartze, [...]. In dieser konsequenten Verfolgung der rassepolitischen Gedanken der NSDAP liegt eine Verwerflichkeit, die sich wohl den nazistischen Grausamkeiten in der Praxis an die Seite stellen kann. Es ist ein Aufruf zur Brandstiftung, Gewalttat und Mord.«[43]

Im Februar 1939 veröffentlichte das »Kirchliche Amtsblatt für Mecklenburg« in der Nr. 1/1939 vom 21. Februar 1939 auf Seite 2 die neue Rechtslage für Juden in der Evangelischen Kirche:

»§ 1: Juden können nicht Angehörige der ev.-luth. Kirche Mecklenburgs werden.
§ 2: Zu Amtshandlungen für Juden, die vor dem Inkrafttreten dieses Kirchengesetzes Angehörige der ev.-luth. Kirche Mecklenburgs geworden sind, ist kein Geistlicher der ev.-luth. Kirche Mecklenburgs verpflichtet. Kirchliche Räume und Einrichtungen dürfen zu Amtshandlungen für solche Juden nicht benutzt werden. Amtshandlungen für sonstige Juden sind unzulässig.
§ 3: Kirchensteuern werden von Juden nicht mehr erhoben.«

Dass Mecklenburg 1939 bei der Einrichtung des Eisenacher »Entjudungsinstituts« beteiligt war, überrascht in diesem Zusammenhang nicht. Schultz gehörte zu den Unterzeichnern der Erklärung der nationalkirchlichen Kirchenführer vom 17. Dezember 1941, in der jegliche kirchliche Gemeinschaft mit Christen jüdischer Herkunft aufgehoben wurde.

42 Martin Sasse, Martin Luther über die Juden: »Weg mit ihnen!«, Freiburg 1938.
43 Vermerk zur Entnazifizierung, o. D. (MLHA, Bestand Landesleitung der SED Mecklenburg, Evangelische Kirchenfragen 1946-1950, Nr. IV/L/2/14/643, Bl. 105 f.).

Am 3. Mai 1945 endeten die Kämpfe in Mecklenburg, und die Engländer und Amerikaner zogen in Mecklenburg ein, aber Schultz amtierte weiter. Die Bekennende Kirche bat ihn, den Bischofssitz zu räumen – aber er blieb. Weiteres seitens seiner kirchlichen Gegner geschah nicht. Lutherische Pastoren mit annähernd 500 Jahren obrigkeitstreuer Tradition erwiesen sich als unfähig zu eigenständigen Aktivitäten, und vor diesem Hintergrund wäre die Absetzung des immerhin nicht legal ins Amt gekommenen NS-Bischofs offenbar schon zu viel an zivilem Ungehorsam gewesen.

Am 25. Juni verhaftete die Besatzungsmacht Schultz mit anderen Mitgliedern des Oberkirchenrats. In der Schweriner Haftanstalt sprachen Dr. Carl Clorius, Jurist im Oberkirchenrat, und Pastor Karl Kleinschmidt mit ihm, sicherten ihm vertraglich das Recht zur Wiedereinsetzung in eine Mecklenburger Pfarrstelle, ungekürzte Pension und das Recht, künftig als »Landesbischof a. D.« zu firmieren, zu. Am 27. Juni unterschrieb Schultz schließlich eine Verzichterklärung von seinen Aufgaben als Landesbischof und Landeskirchenführer. Als am 29. Juni »Frau Landesbischof« auch das »Amtskreuz« an Niklot Beste übergab, war in der mecklenburgischen Kirche die Normalität wiederhergestellt.

»Erklärung des Landesbischofs Schultz bei Übergabe der Kirchenleitung am 27. Juni 1945. Ich habe mein Amt als Landesbischof und Landeskirchenführer übernommen und geführt in der Überzeugung, dass Nationalsozialismus und Christentum vereinbar seien und ihre Verbindung sich zum Segen der Kirche und des deutschen Volkes auswirken würde. Wenn ich an diesem meinem Programm gescheitert bin, so nicht wegen des Widerstandes meiner kirchenpolitischen Gegner als vielmehr deswegen, weil seitens des Staates und der Partei jede Zusage gebrochen und jeder Programmpunkt verleugnet wurde. Ich habe mein Amt trotz dieser für mich fürchterlichen Enttäuschung weitergeführt, weil ich glaubte, durch meine Zugehörigkeit zur Partei die Kirche vor weiteren Zerstörungen schützen zu können. [...] Schwerin, den 27. Juni 1945 gez. Walther Schultz Landesbischof und Landeskirchenführer der Evangelisch-Lutherischen Landeskirche Mecklenburgs.«[44]

Schultz war spätestens seit 1936 mit einer NS-Kirchenpolitik konfrontiert, die er als NS-gläubiger Kirchenführer weder erwartet hatte noch verstand. Konnte der »Führer« davon wissen, was der Schweriner Kreisleiter und der mecklenburgische Gauleiter – erst sein Freund und Mitkämpfer und dann erbitterter Gegner – machten? In den Schweriner Akten finden sich viele Beispiele kirchenfeindlicher NS-Aktivitäten: vom Versuch, diakonische Einrichtungen wie das Ludwigsluster Stift zu beschlagnahmen, von Kirchenaustrittskampagnen lokaler NS-Gliederungen, von Auftritten der »Deutschgläubigen« bis hin zu Behinderungen und Drangsalierungen von DC-Aktivitäten. Aber das führte nicht dazu,

44 Niklot Beste, Der Kirchenkampf in Mecklenburg von 1933–1945, Berlin 1975, S. 324.

dass Schultz aufhörte, gläubiger Nationalsozialist zu sein. Als 1940 die Wehrmacht Frankreich besiegt hatte, sandte er folgendes Telegramm an Hitler:

»Unter dem überwältigenden Eindruck der Heimkehr des Deutschen Elsass bittet die Reichsgemeinde der Deutschen Christen (Nationalkirchliche Einung) Weimar den Führer, das Straßburger Münster, das ragende Sinnbild positiv christlichen Deutschen Geistes von der Überfremdung durch den politischen Katholizismus, der immer auf der Seite der Reichsfeinde stand, zu befreien, und ihm, das einst von der Zeit Martin Luthers bis zum Raub durch Ludwig XIV. ein Hort Deutscher Geistesfreiheit gewesen ist, dem gesamten deutschen Protestantismus wieder zu öffnen als nationale Andachtsstätte für alle, die einem Deutschen positiven Christentum des Glaubens und der Tat im Sinne des Nationalsozialismus im Reich zum Durchbruch verhelfen möchten.«[45]

Schultz verteidigte – so der Eindruck aus den Archivalien – in der Kirche und in der Auseinandersetzung mit dem NS-Staat den »eigentlichen Nationalsozialismus« gegen die praktische NS-Politik. Irgendwann muss er aber auch geahnt haben, dass das »Tausendjährige Reich« wesentlich kürzer dauern würde. Im Schweriner Archiv befinden sich mehrere sorgfältig geführte Mappen, die das Kirchenarchiv von seiner Tochter erhielt und in denen eine ganze Reihe von Konflikten mit NS-Gliederungen dokumentiert ist. Hier ist auch der »Sitz im Leben« der von Zeitzeugen geschilderten Entfernung von Bischof Schultz vom Nationalsozialismus. Es stimmt auch, dass er am 1. Oktober 1942 vom Kreisgericht Schwerin aus der NSDAP ausgeschlossen wurde, wie es in mehreren Darstellungen geschildert wird. Nicht genannt wird allerdings, dass Schultz dagegen Revision einlegte und dass das Schweriner Urteil am 19. Februar 1943 aufgehoben wurde. Seine Parteikennkarten vermerken eine ununterbrochene Mitgliedschaft seit dem 1. Januar 1931.[46]

Die britische Besatzungsbehörde überführte Schultz und weitere Mitglieder des Schweriner Oberkirchenrats in das Gefangenenlager Gadeland bei Neumünster. Nach der Lagerzeit war Schultz in einer Gärtnerei tätig. Am 10. Juni 1948 wurde er durch Entscheid der »landeskirchlichen Spruchkammer zur Reinigung der Kirche« aus dem Dienst der Landeskirche Mecklenburgs entlassen. Die Landeskirche stellte die Gehaltszahlungen ein und erklärte den »Vertrag« von 1945 für ungültig. Schultz bekam manchmal auf dem Gnadenweg und »aus christlicher Nächstenliebe« Geld überwiesen, ansonsten war er froh, dass er in Schleswig ausreichend Kartoffeln und Gemüse bekommen konnte. Erst als Schultz 1950 durch die Unterstützung des Hannoveraner Landesbischofs Hanns Lilje eine Anstellung als Pfarrhelfer in Niedersachsen fand – vorher musste er

45 Telegramm Schultz an den Führer und Reichskanzler vom 19.7.1940 (BArch Berlin, Bestand Reichskirchenministerium, Akte R 5101/21669).

46 Karteikarten Walther Schultz, Mitgliedsnummer 425117 (BArch Berlin, Bestand ehem. Document Center, NSDAP-Zentralkartei und NSDAP-Gaukartei).

die demütigende Prozedur eines erneuten theologischen Examens, einschließlich der Übersetzung des Neuen Testaments aus dem Griechischen, über sich ergehen lassen –, erhielt er wieder ein regelmäßiges Gehalt. In Fallingbostel und Schnackenburg fiel er einige Male durch Anklänge an nationalkirchliches Gedankengut und vermutlich unbewusste Aufnahme von DC-Liedgut bei Vertriebenentreffen auf. Er beteiligte sich allerdings nicht an Reorganisierungsversuchungen ehemaliger DC-Mitglieder.

In Schnackenburg verstarb Schultz im Alter von 57 Jahren am 26. Juni 1957.

Johannes Leipoldt; Quelle: Universitätsarchiv Leipzig

Dirk Schuster

# »Jesu ist von jüdischer Art weit entfernt.« Die Konstruktion eines nichtjüdischen Jesus bei Johannes Leipoldt

»Dankbar bin ich, dass ich gerade in diesen Tagen ein paar Vorträge für das Institut zu halten habe; am Montage sprach ich zweimal in Magdeburg.«[1] Diese Zeilen schrieb der renommierte Neutestamentler und Kenner der antiken Religionsgeschichte Johannes Leipoldt im November 1942 an Walter Grundmann, seinen vormaligen Studenten und nunmehrigen wissenschaftlichen Leiter des »Instituts zur Erforschung und Beseitigung des jüdischen Einflusses auf das deutsche kirchliche Leben«.[2] Leipoldt selbst engagierte sich seit der Gründung im Jahr 1939 in diesem Institut und gehörte nach Grundmann zu den produktivsten Kräften des Mitarbeiterstabes. Das Eisenacher Institut profitierte dabei nicht nur von den Forschungsarbeiten Leipoldts, die er innerhalb der Institutsschriftenreihe oder diversen Sammelbänden veröffentlichte. Zweifelsohne beförderte die nationale wie internationale Anerkennung Leipoldts als einer der bedeutendsten Kenner von Sprachen und Religionen des antiken Mittelmeerraumes zusätzlich das Renommee der Forschungsarbeiten des »Entjudungsinstituts«.

Johannes Leipoldt, geboren 1880 in Dresden als Sohn eines Gymnasiallehrers, entschied sich nach dem Ablegen des Abiturs am Königlichen Gymnasium Dresden 1899 zum Studium der evangelischen Theologie sowie Orientalistik an den Universitäten Berlin und Leipzig.[3] Bereits 1903 schloss er seine Studien in

1 Johannes Leipoldt an Walter Grundmann vom 26.11.1942 (LKA Eisenach, DC 213, unpag.). Das Zitat im Titel ist entnommen aus Johannes Leipoldt, Jesu Verhältnis zu Griechen und Juden, Leipzig 1941, S. 221.

2 Zu dem 1939 von protestantischen Landeskirchen initiierten Institut vgl. den Beitrag von Oliver Arnhold in diesem Band sowie Susannah Heschel, The Aryan Jesus. Christian Theologians and the Bible in Nazi Germany, Princeton 2008; Oliver Arnhold, »Entjudung« – Kirche im Abgrund, Band II: Das Institut zur Erforschung und Beseitigung des jüdischen Einflusses auf das deutsche kirchliche Leben 1939–1945, Berlin 2010.

3 Biografische Angaben nach Klaus-Gunther Wesseling, Johannes Leipoldt. In: Biographisch-Bibliographisches Kirchenlexikon, Band 4, Herzberg 1992, Sp. 1391–1395.

Leipzig mit einer Dissertation an der Philosophischen Fakultät über den Kopten Schenute von Atripe ab, die noch im selben Jahr als Druckschrift erschien.[4] Es war sein Doktorvater, der Ägyptologe Georg Steindorff, der seinen Hilfsassistenten Leipoldt in das Koptische einführte und der 1939 wegen seiner jüdischen Herkunft von den Nationalsozialisten zur Emigration gezwungen werden sollte.[5] Aufgrund der sprachlichen Komplexität der originalen Schenute-Texte aus dem 5. Jahrhundert waren diese Quellen bis dahin für die Forschung weitestgehend unerschlossen geblieben. Mit seiner Arbeit, die bis heute als Standardwerk zu Schenute gilt, stellte der erst 23-jährige Leipoldt sein Sprachtalent unter Beweis und machte ebenso mit den kurze Zeit später veröffentlichten Quellenarbeiten frühzeitig in der Wissenschaftswelt auf sich aufmerksam.[6] 1905, mit gerade einmal 25 Jahren, reichte Leipoldt seine Habilitationsschrift über den antiken christlichen Schriftsteller Didymus den Blinden ein, mit der er gleichzeitig im Fachbereich Theologie promoviert wurde. 1909 erhielt Leipoldt, bis dahin als Privatdozent in Leipzig und Halle tätig, einen Ruf auf den ordentlichen Lehrstuhl für Neues Testament der Kieler Universität, wo er unter anderem den späteren Neutestamentler und »Judenforscher« Gerhard Kittel habilitierte.[7] 1914 zog es ihn an die neue Münsteraner Theologische Fakultät, ehe er 1916 den Ruf aus Leipzig erhielt, um die Nachfolge seines Lehrers Georg Heinrici im Bereich des Neuen Testamentes der Theologischen Fakultät zu übernehmen. Bis zu seinem Rückzug nach Ahrenshoop an der Ostsee sollte Leipoldt durch drei politische Umbrüche hindurch und trotz seiner antisemitischen »Judenforschungen« der Alma Mater Lipsiensis bis 1954 ununterbrochen verbunden bleiben.

Der Errichtung der parlamentarischen Demokratie von Weimar schien Leipoldt zunächst durchaus aufgeschlossen gegenübergestanden zu haben, trat er doch 1919 der linksliberalen Deutschen Demokratischen Partei (DDP) bei.[8] Ein Merkmal Leipoldts in seinen frühen Jahren war, dass er versuchte, seine antiken Christentumsforschungen mit Problemen der Gegenwart zu verbinden. Gleichzeitig strebte er danach, seine Erkenntnisse mithilfe von öffentlichen Vorträgen sowie populärwissenschaftlichen Schriften auch einem breiteren Publikum

---

4 Johannes Leipoldt, Schenute von Atripe und die Entstehung des national ägyptischen Christentums, Leipzig 1903.

5 Hans-Werner Fischer-Elfert/Friederike Seyfried, Ägyptologie. In: Ulrich von Hehl/Uwe John/Manfred Rudersdorf (Hg.), Geschichte der Universität Leipzig 1409–2009, Band 4/1, Leipzig 2009, S. 325–344, hier 336.

6 Vgl. die Rezension von Hans Achelis, Leipoldt, Johannes. Saidische Auszüge aus dem 8. Buche der Apostolischen Konstitutionen. In: Theologische Literaturzeitung, 30 (1905), S. 627.

7 Zu Kittel vgl. Robert P. Ericksen, Theologian in the Third Reich. The Case of Gerhard Kittel. In: Journal of Contemporary History, 12 (1977), S. 595–622; Anders Gerdmar, Roots of theological anti-semitism. German biblical interpretation and the Jews, from Herder and Semler to Kittel and Bultmann, Leiden 2009.

8 Selbstverfasster Lebenslauf Leipoldts vom 19.10.1946 (UA Leipzig, PA 3308, Bl. 4).

zugänglich zu machen. Ab 1919 positionierte er sich beispielsweise auf diese Art gegen die Kirchenaustrittsbewegung und deren Angriffe auf das institutionalisierte Christentum. Bereits 1913 hatte Leipoldt in diesem Zusammenhang eine Monografie vorgelegt, in der er die zeitgenössischen Jesus-Darstellungen in Forschung, Antikirchenbewegung und Literatur dem Leser zusammenfassend präsentierte und bewertete. In diesem Buch finden sich erstmals Überlegungen Leipoldts hinsichtlich einer auf rassenkundlichen Gedanken basierenden nichtjüdischen Herkunft Jesu: Die »Eigenart des galiläischen Wesens« unterscheide sich gänzlich von der des Judentums. Die Einwohner Galiläas, zu denen Jesus gehörte, seien vielmehr am Ende des 2. Jahrhunderts v. Chr. »judaisiert« worden, aber eine »Bedeutung für die Eigenart des galiläischen Wesens hat diese Tatsache nicht«.[9]

Eine derartige Interpretation, dass die Galiläer trotz einer »Zwangsjudaisierung« ihre Eigenart behalten und somit nicht als Juden zu gelten hätten, sollte später im Rahmen des »Entjudungsinstituts« zentrale Bedeutung erlangen, allen voran in den Arbeiten Walter Grundmanns zur rassischen Herkunft Jesu. Gleichzeitig deutete Leipoldt 1913 »Jesu ganzes Auftreten« als einen »Kampf gegen die Pharisäer«.[10] Gerade bei Grundmann, in seiner Leipziger Studentenzeit Schüler Leipoldts, gehörte die Gleichsetzung der Pharisäer mit den Juden schlechthin zu einem der grundlegenden Beweisargumente, das gesamte Leben Jesu als einen Kampf gegen das Judentum zu deuten. Deshalb konnte im Umkehrschluss Jesus überhaupt kein Jude gewesen sein, wenn er doch die Pharisäer, sprich Juden, bekämpft habe, die ihn deshalb auch an das Kreuz nagelten.[11]

## Der christlich-jüdische Gegensatz

Auch wenn Leipoldt 1913 noch nicht der Frage der rassischen Herkunft Jesu nachging, so ist indes deutlich, dass er in dessen »Art« nichtjüdische Wesensmerkmale ausmachte. Die Frage nach der Rassenzugehörigkeit Jesu schien in den folgenden Jahren aber zunehmend Beachtung unter Wissenschaftlern und Laien gefunden zu haben. Zumindest gab Leipoldt dies 1923 als Grund an, warum er sich der Frage »War Jesus Jude?« in seinem gleichnamigen Buch widmen wollte. Denn diese Frage sei »in den letzten Jahren häufiger an mich gerichtet [worden], als irgendeine andere Frage aus dem Bereiche der neutestamentlichen

9 Johannes Leipoldt, Vom Jesusbilde der Gegenwart, Leipzig 1913, S. 268.
10 Ebd., S. 330.
11 Vgl. Torsten Lattki, »Das Bundesvolk kommt um im Gericht«. Der wenig verhüllte theologische Antijudaismus Walter Grundmanns in der DDR. In: Hans-Joachim Döring/Michael Haspel (Hg.), Lothar Kreyssig und Walter Grundmann. Zwei kirchenpolitische Protagonisten des 20. Jahrhunderts in Mitteldeutschland, Weimar 2014, S. 78–92, hier 91.

Wissenschaft«.[12] Zwar lehnte Leipoldt einerseits die Lehre von der Reinrassigkeit oder gar einer Kulturüberlegenheit bestimmter Rassen ab, andererseits stellte die Rassenlehre für ihn eine Wissenschaft dar, mithilfe deren vermeintlicher Nachweise Leipoldt zu argumentieren begann. Die Juden der Antike seien, so Leipoldt, als »Mischlinge« anzusehen, aber speziell die Juden Palästinas hätten versucht, sich der »Völkermischung« zu entziehen.[13] Bezogen auf Jesus bestritt zwar Leipoldt zu diesem Zeitpunkt nicht dessen Herkunft aus dem Hause Davids, stellte aber die rassisch intendierte Frage in den Raum, ob denn David überhaupt als »ein reiner Jude« angesehen werden könne.[14] Auch übernahm er die Deutung Reinhold Seebergs, der die nichtjüdische Herkunft der Jesus-Mutter Maria postulierte. Daraus schlussfolgerte Leipoldt zusammenfassend, dass Juden die Bewohner Galiläas einer religiösen »Zwangsjudaisierung« unterzogen hätten, aber »die Rassereinheit derer, die sich in Galiläa zum Judentum bekennen, ist eine zweifelhafte Sache«.[15] Wer sich als Galiläer der Antike zur jüdischen Religion bekannte, musste demnach noch lange kein Jude gewesen sein. Hierin zeigt sich, dass Leipoldt die Begriffe »Jude« bzw. »Judentum« nicht als eine religiöse, sondern als eine rassische Klassifizierung gebrauchte.

Jenen Ansatz projizierte Leipoldt wiederum auf Jesus. Leipoldt bestritt nicht, dass dieser der jüdischen Religion angehörte, stellte aber eine rassische Herkunft Jesu aus dem »Judentum« infrage. Dies meint, dass ein Angehöriger der mosaischen Religion in den Augen Leipoldts nicht als Jude zu gelten hatte, wenn er nicht der jüdischen Rasse entstammte und somit kein »jüdisches Blut« besaß. Jesus weiterhin als »Juden« zu bezeichnen, stellte Leipoldt vielmehr infrage, denn er vermerkte mehrere Anhaltspunkte, die angeblich darauf hinwiesen, dass dem nicht so sei. Dabei ging er vor allem auf geistige Eigenschaften ein, die nach Leipoldt rassenmäßig bedingt und somit unabänderlich seien. Wenn also Jesus Dinge völlig anders wahrnahm oder bewertete als seine jüdische Umwelt, so führte Leipoldt dies auf die unterschiedlichen rassischen Eigenschaften von Jesus einerseits und den Juden andererseits zurück, die trotz der Religionszugehörigkeit Jesu zum Judentum bestehen blieben, da er kein rassischer Jude gewesen sei.

12 Johannes Leipoldt, War Jesus Jude?, Leipzig 1923, S. 4.

13 Ebd., S. 4–6.

14 Ebd., S. 10.

15 Ebd., S. 12. An dieser Stelle muss Leonore Siegele-Wenschkewitz widersprochen werden, die für den Zeitpunkt des Zitates bei Leipoldt noch keine Relevanz der rassischen Herkunft Jesu erkennen möchte. Vgl. Leonore Siegele-Wenschkewitz, Ablösung des Christentums vom Judentum? Die Jesus-Interpretation des Leipziger Neutestamentlers Johannes Leipoldt im zeitgeschichtlichen Kontext. In: Georg Denzler/Leonore Siegele-Wenschkewitz (Hg.), Theologische Wissenschaft im »Dritten Reich«. Ein ökumenisches Projekt, Frankfurt a. M. 2000, S. 114–135, hier 125.

Als Faktum attestierte Leipoldt »dem Juden« eine schon immer vorhandene Eigenschaft des berechnenden Denkens, was dem gängigen antisemitischen Klischee der jüdischen Rationalität zugunsten des eigenen Vorteils entsprach.[16] Dazu im Gegensatz stand für Leipoldt die Lehre und Art Jesu, der »einen Ton angeschlagen« habe, »der die Seele der Griechen und anderer Völker arischer Zunge im Innersten berühren« musste.[17] Den rassisch intendierten negativen Eigenschaften »des Juden« stand nach Leipoldt ein dezidiert positives Auftreten Jesu gegenüber, wodurch er ihn zumindest seiner rassischen Herkunft nach aus dem Judentum herauslöste.

Dass Leipoldt einem antisemitischen Weltbild anhing, offenbarte er endgültig mit seiner Schrift »Antisemitismus in der alten Welt«, die 1933 erschien. Dieses Buch ist als eine der ersten Schriften der sogenannten Judenforschung zu verstehen. Dabei handelte es sich um Forschungen, »die während der nationalsozialistischen Herrschaft von nichtjüdischen Wissenschaftlern betrieben wurden und sich aus explizit antisemitischer Perspektive mit der Geschichte des Judentums und der sogenannten ›Judenfrage‹ beschäftigten«.[18]

In seinen Schriften vor 1933 wies Leipoldt »nur« des Öfteren auf die besondere Art »des Juden« hin, welche natürlich durchweg negative Eigenschaften hervorbrachte. Offenbar ermutigt durch die offizielle antisemitische Politik der Nationalsozialisten, ließ Leipoldt nach der Machtübernahme der Nationalsozialisten seinem antisemitischen Klischeedenken freien Lauf. Körperliche Alleinstellungsmerkmale,[19] Parasitentum und kühles Machtstreben[20] stellten nur einige jener rassenideologisch konnotierten Eigenschaften dar, die Leipoldt den Juden der Antike unterstellte und welche er überdies noch im zeitgenössischen Judentum erblickte. Er nutzte hierfür die antisemitischen Stereotype der Gegenwart und übertrug diese in seine Interpretation antiker Quellen. »Der Jude«, wie ihn die antisemitische Propaganda des frühen 20. Jahrhunderts zeichnete, wurde durch Leipoldt so bereits in der Antike »nachweisbar«. Dies bestärkte wiederum antisemitische Vorurteile der Gegenwart, da jene vermeintlich genuin jüdischen (sprich negativen) Verhaltensweisen bereits in der Antike existiert hätten. Eine typische

16 Leipoldt, Jesus Jude, S. 36.

17 Ebd., S. 74.

18 Dirk Rupnow, Judenforschung. In: Ingo Haar/Michael Fahlbusch (Hg.), Handbuch der völkischen Wissenschaften. Personen – Institutionen – Forschungsprogramme – Stiftungen, München 2008, S. 312–322, hier 312. Zur Judenforschung vgl. Horst Junginger, Die Verwissenschaftlichung der »Judenfrage« im Nationalsozialismus, Darmstadt 2011; Dirk Rupnow, Judenforschung im Dritten Reich. Wissenschaft zwischen Politik, Propaganda und Ideologie, Baden-Baden 2011.

19 Johannes Leipoldt, Antisemitismus in der alten Welt, Leipzig 1933, S. 17.

20 Ebd., S. 31.

Beweisführung von Leipoldt operierte mit für ihn feststehenden antisemitischen Tatsachen, denen er Eigenschaften von Jesus und anderen Vertretern des frühen Christentums gegenüberstellte, um hierdurch deren nichtjüdische »Artung« aufzuzeigen. So stand beispielhaft für Leipoldt fest, dass »der Jude« aufgrund seiner rassischen Eigenschaften über keinen Humor verfüge. Anhand einer neutestamentlichen Paulus-Überlieferung, in der Leipoldt Züge von Humor entdeckte, stellte er anschließend die Frage, ob denn die Vorfahren des Paulus überhaupt «reine Juden« gewesen sein könnten, wenn dieser doch des Humors fähig gewesen sei.[21]

## Leipoldts Engagement für das Eisenacher »Entjudungsinstitut«

Abgesehen von seiner mehrjährigen DDP-Mitgliedschaft zu Beginn der Weimarer Republik trat Leipoldt bis 1939 parteipolitisch oder kirchenpolitisch nicht mehr in Erscheinung. Er unterstützte Ende 1934 zwar die Forderung der Bekennenden Kirche nach Rücktritt des deutschchristlichen Reichsbischofs Ludwig Müller,[22] der Bekennenden Kirche oder den Deutschen Christen gehörte er aber zu keiner Zeit an. Den radikalen Thüringer Deutschen Christen um Siegfried Leffler und Julius Leutheuser scheint sich Leipoldt jedoch im Laufe der 1930er-Jahre ideologisch angenähert zu haben. Zumindest luden die Thüringer Deutschen Christen Leipoldt zu ihrer Dozententagung im Oktober 1937 ein, woraus sich zumindest eine gewisse inhaltliche Nähe vermuten lässt. Als Grundmann Anfang 1939 begann, Mitarbeiter für sein »Entjudungsinstitut« zu werben, rechnete er zudem fest mit der Zusage seines Lehrers, wie er diesem brieflich mitteilte.[23]

Leipoldt galt fortan als einer der engagiertesten Institutsmitarbeiter. Er hielt reichsweit Vorträge für das Institut, trat als Redner auf den jährlichen Arbeitstagungen auf und veröffentlichte diverse Aufsätze und Bücher. Ebenso besprach er wohlwollend Publikationen, welche im Rahmen der Institutsarbeit entstanden und führte diese hierdurch in den Wissenschaftsdiskurs ein.[24] Gleichzeitig plante er zusammen mit Grundmann und seinen beiden Schülern Siegfried Morenz und Rudolf Meyer eine Neuübersetzung des Talmuds.[25] Trotz einiger Vorarbeiten

21 Johannes Leipoldt, Gegenwartsfragen der neutestamentlichen Wissenschaft, Leipzig 1935, S. 99.

22 Flugblatt der Bekennenden Kirche von Ende 1934 (BArch, NS 15/530, Bl. 40).

23 Walter Grundmann an Johannes Leipoldt vom 19.4.1939 (LKA Eisenach, DC 218, unpag.).

24 Beispielhaft die Rezension Leipoldts zu Walter Grundmann, Jesus der Galiläer und das Judentum. In: Theologisches Literaturblatt, 61 (1940), Sp. 113–116.

25 Vgl. die Briefwechsel zwischen Grundmann, Meyer und Morenz aus dem Jahr 1940 (LKA Eisenach, NL Grundmann, Nr. 83, unpag.).

von Morenz fand dieses Projekt bis zum Zusammenbruch des »Dritten Reiches« keine Umsetzung mehr, sodass die wenigen Quellenüberlieferungen hierzu nur vage Hinweise auf Umfang und Ausrichtung dieses Projektes geben. Man benötigt aber wenig Fantasie, um sich das angestrebte Ergebnis einer solchen Übersetzung vorstellen zu können. Ein dezidiert antisemitisch ausgerichtetes Forschungsinstitut, welches 1940 eine »entjudete« Bibel veröffentlichte,[26] leitete eine solche Talmud-Übersetzung zur weiteren Beweisführung des eigenen antisemitischen Weltbildes in die Wege. Zweifelsohne hätte eine solche Übersetzung dazu beigetragen, das Judentum und »den Juden« abermals als Negativfolie gegenüber Jesus und dem Christentum zu präsentieren.

1941 veröffentlichte Leipoldt seine Monografie »Jesu Verhältnis zu Griechen und Juden« innerhalb der Schriftenreihe des »Entjudungsinstituts«. Es ist davon auszugehen, dass Leipoldt dieses Buch in seiner ursprünglichen Planung nicht für das Institut schrieb, sondern bereits vor seinem dortigen Engagement daran gearbeitet hatte.[27] Die antisemitische Ausrichtung sowie die forcierte Loslösung Jesu vom jüdischen Kontext passten jedoch genau in das Forschungsprofil des Eisenacher Instituts, was den Schluss nahelegt, dass deshalb die Schrift innerhalb der Institutsschriftenreihe erschien. Das antike Judentum deutete Leipoldt darin nicht als eine Religionsgemeinschaft, sondern ausschließlich als Rasse, das sich zwar an der vorherrschenden Rassenmischung beteiligte, aber dennoch versucht habe, rassische Mischehen zu unterbinden.[28] In dem gesamten Buch wird das Judentum durchgehend negativ porträtiert und mit gängigen antisemitischen Klischees versehen. So besäße mancher Jude »eine natürliche Begabung für den Beruf des Händlers und nutzte sie aus; auch in unlauterer Weise«.[29] Und gerade die Juden Palästinas hätten die Sinnhaftigkeit der religiösen Reinheitsgebote überhaupt nicht hinterfragt, sondern einfach, ohne darüber nachzudenken, vollzogen.[30]

26 Vgl. Birgit Jerke, Wie wurde das Neue Testament zu einem sogenannten Volkstestament »entjudet«? Aus der Arbeit des Eisenacher »Instituts zur Erforschung und Beseitigung des jüdischen Einflusses auf das deutsche kirchliche Leben«. In: Leonore Siegele-Wenschkewitz (Hg.), Christlicher Antijudaismus und Antisemitismus. Theologische und kirchliche Programme Deutscher Christen, Frankfurt a. M. 1994, S. 201–234; Jochen Eber, Das »Volkstestament der Deutschen«. Die »Botschaft Gottes« – ein deutsch-christliches Neues Testament im Dritten Reich. In: European Journal of Theology, 18 (2009), S. 29–46.

27 Darauf deutet ein Eintrag im Tagebuch Johannes Leipoldt 1939/40 hin (UA Leipzig, NL Leipoldt, Nr. 12, S. 86). Er beabsichtigte, seinen auf der ersten Institutstagung gehaltenen Vortrag inhaltlich anders zu strukturieren, als er dies in seinem fast fertiggestellten Manuskript getan habe. Bei diesem erwähnten Manuskript dürfte es sich um das Buch »Jesu Verhältnis zu Griechen und Juden« handeln, was sich aus dem Zeitkontext ergibt.

28 Johannes Leipoldt, Jesu Verhältnis zu Griechen und Juden, Leipzig 1941, S. 16.

29 Ebd., S. 12.

30 Ebd., S. 43.

Demgegenüber positionierte Leipoldt Jesus, welcher das jüdische Brauchtum abgelehnt und stattdessen die Menschen zum Denken aufgefordert habe.[31] Zuvor hatte Leipoldt bereits der Gattin eines antiken Rabbis attestiert, dass diese keine Jüdin im rassischen Sinn gewesen sein könne, da sie Bildung und die Fähigkeit zum kritischen Denken besessen habe.[32] Während Leipoldt das Judentum in Rasse und Religion durchweg selbstverliebt, überheblich, berechnend und mit dem Hang zur Weltherrschaft zeichnete, stellte er einem solchen Bild Jesus als Kontrast gegenüber: »Der Jude ist, wenn er über den Messias oder verwandte Gestalten nachdenkt, wohl zuweilen geneigt, sich nahe an Gott zu rücken. Aber es bleibt bei dem bloßen Gedanken. Wir hören von keinem der damaligen jüdischen Führer, dass sie die Empfindung besonderer Gemeinschaft mit Gott hätten. Aber unter Griechen ist die Empfindung lebendig. So kann Jesus von seinen letzten Erlebnissen nur auf griechische Weise reden.«[33] Während die gesamte Botschaft Jesu, gerade im Bezug auf die postulierte Nächstenliebe, ehrlich gemeint sei, hätten Juden Nächstenliebe nur für ihren eigenen Vorteil angewandt. Das Praktizieren eigentlicher Nächstenliebe, wie sie Jesus verkündigte, sei für das Judentum unmöglich, da dies der angeborene «jüdische Klassenhass« verhindere.[34]

Für Leipoldt stand zudem fest, dass Jesus in rassischer Hinsicht Galiläer gewesen sei, dessen Einwohner er in seinen vorhergehenden Schriften schon als nichtjüdisch eingeordnet hatte.[35] Und erst die Griechenchristen, deren völkische Zugehörigkeit zum Judentum Leipoldt grundsätzlich infrage stellte, hätten die wahre Botschaft Jesu verstanden und in die Welt getragen.[36] Deshalb schlussfolgerte Leipoldt am Ende seiner Ausführungen: »Jesus ist von jüdischer Art weit entfernt; er gewinnt deshalb nur wenige Juden, und die wenigen vermögen meist nicht, seine Gedanken rein zu erhalten und ihm wirklich nachzufolgen; aber das Griechentum fühlt eine innere Verwandtschaft mit Jesus, nimmt seine Predigt auf und führt sie weiter.«[37]

Die Beweisführung, die Leipoldt seinen antisemitischen Schriften zugrunde legte, ähnelte sich in allen seinen Publikationen ab 1933. Umfangreiche Quellen-

31 Ebd., S. 55.
32 Ebd., S. 20 f.
33 Ebd., S. 107.
34 Ebd., S. 182.
35 Ebd., S. 181. Leipoldt begründete dies mit der Art des Denkens Jesu. Dass er dennoch Grundmanns rassenanthropologische Deutung von der Abstammung Jesu als Galiläer und damit als »nichtjüdisch« teilte, wird in Leipoldts Rezension des Grundmann-Buches deutlich. Rezension Leipoldts zu Walter Grundmann, Jesus der Galiläer und das Judentum. In: Theologisches Literaturblatt, 61 (1940), Sp. 113–116.
36 Leipoldt, Jesu Verhältnis, S. 203.
37 Ebd., S. 221.

angaben suggerierten eine umfassende Kenntnis der zu behandelnden Materie, die Leipoldt zweifelsohne besaß. Er benutzte aber einzelne Textstellen und zog hieraus allgemeine Schlussfolgerungen, um seine eigenen antisemitischen Vorannahmen damit belegen zu können. Beispielsweise schloss er von einem jüdischen Händler auf das gesamte Judentum und bediente damit gängige antisemitische Stereotype über »den Juden« als raffgierigen und egoistischen Kaufmann. Im Gegensatz dazu porträtierte er Jesus und Vertreter des frühen Christentums genau gegensätzlich, mit durchweg positiven Eigenschaften.[38] Daraus schloss Leipoldt letztendlich, dass Jesus niemals ein rassischer Jude gewesen sein könne, sondern in der Hauptsache eine griechische Art in sich getragen habe. Den antiken Griechen attestierte er indes schon 1923, ein Volk mit »arischem« Hintergrund gewesen zu sein, wodurch letztendlich für Leipoldt Jesus eine »arische Artung« besaß. Gerade sein Renommee als international geachteter Kenner antiker Religionen brachte dem Eisenacher »Entjudungsinstitut« hierdurch einen immensen Prestigegewinn. Der angesehene Religionshistoriker bestätigte den von Deutschen Christen und dem »Entjudungsinstitut« propagierten jüdisch-christlichen Gegensatz mithilfe wissenschaftlicher Quellenarbeiten.

## Nachkriegskarriere

Nach dem Zusammenbruch des NS-Regimes 1945 kam es Leipoldt zugute, dass er nie den Deutschen Christen oder der NSDAP als Mitglied angehört hatte. Unmittelbar nach der Neueröffnung der Leipziger Universität nahm Leipoldt wieder seine Arbeit als Professor an der Theologischen Fakultät auf. Die zuständige Entnazifizierungskommission attestierte Leipoldt im Sommer 1947 keinerlei Fehlverhalten während der Zeit der nationalsozialistischen Diktatur und empfahl einstimmig seine Weiterbeschäftigung.[39] Nach derzeitigem Kenntnisstand nutzte Leipoldt nach Kriegsende nicht den gewaltsamen Tod seiner Frau Irmgard Käte Leipoldt aus, um sich beispielsweise vor staatlichen Stellen nachträglich als Opfer des NS-Regimes zu stilisieren.[40] Seit den 1920er-Jahren litt Käte Leipoldt an einer Geisteskrankheit, weshalb sie aus Selbstschutzgründen seit den 1930er-Jahren fast ausschließlich in geschlossenen psychiatrischen Anstalten untergebracht war

38 So auch Siegele-Wenschkewitz, Ablösung, S. 124.

39 Entnazifizierungskommission des Stadtkreises Leipzig vom 13.6.1947 (UA Leipzig, PA 3308, Bl. 3).

40 Nur ein Eintrag in einem selbstverfassten Lebenslauf nennt den gewaltsamen Tod seiner Frau. Selbstverfasster Lebenslauf Leipoldts, o. D. (wahrscheinlich nach 1949) (UA Leipzig, NS Leipoldt, Nr. 20, Bl. 11).

und 1941 dem Euthanasieprogramm der Nationalsozialisten zum Opfer fiel.[41] Es steht zumindest die Vermutung im Raum, dass Leipoldt als ein innerhalb kirchlicher Kreise gut vernetzter Theologe bereits 1941 von dem Euthanasieprogramm Kenntnis hatte und somit ahnte, dass seine Frau keines natürlichen Todes gestorben war.

Nach Kriegsende begann Leipoldt sich neben seinen wissenschaftlichen Arbeiten verstärkt politisch zu engagieren. In seinem Wohnort Großpösna bei Leipzig trat er bereits Anfang Juli 1945 dem antifaschistischen Block bei, gründete im Herbst gleichen Jahres die dortige CDU-Ortsgruppe und zog für diese ein Jahr später in das Gemeindeparlament ein.[42] Die Ost-CDU vertrat Leipoldt zwischen 1953 und 1963 zusätzlich als Abgeordneter der Volkskammer, dem Pseudoparlament der DDR. Die zweite deutsche Diktatur würdigte Leipoldt für seine Verdienste beim Aufbau des Sozialismus mit dem Vaterländischen Verdienstorden in Silber und Gold sowie der Deutschen Friedensmedaille. Überdies gehörte Leipoldt dem wissenschaftlichen Beirat für Theologie des Staatssekretariats für das Hoch- und Fachschulwesen der DDR an.[43]

Wissenschaftlich widmete sich Leipoldt nach 1945 weiterhin seinem Lieblingsthema, dem jüdisch-christlichen Verhältnis. Ließ er seinen vor 1933 schon angedeuteten Antisemitismus in der NS-Zeit gänzlich in seine Arbeiten einfließen, rückten nunmehr die neuen politischen Hauptthemen wie soziale Frage und Frieden in den interpretativen Mittelpunkt seiner antiken Christentumsforschungen.[44] Seine Deutungen von Jesus als »nichtjüdisch« blieben weiterhin Bestandteil seiner Arbeiten, womit er seine vormaligen Institutsarbeiten nach 1945 nahtlos fortsetzte.[45] Besonders deutlich tritt dies in seinem Beitrag zum Lemma »Antisemitismus« innerhalb des »Reallexikons für Antike und Christentum« zutage. Darin bescheinigt Leipoldt den Juden abermals, betrügerische Händler mit dem Hang zum Wucher gewesen zu sein, die zudem immer nach der Macht streben würden.[46] Darüber hinaus hätten sich die frühen Christen von den

41 Anne Losinski, »Ja, ich soll doch verbrannt werden«. Das Leben der Professorengattin Käte Leipold (1887–1941). In: Sonnenstein. Beiträge zur Geschichte des Sonnenstein und der Sächsischen Schweiz, 10 (2012), S. 49–56.

42 Selbstverfasster Lebenslauf Leipoldts vom 19.10.1946 (UA Leipzig, PA 3308, Bl. 4).

43 Christoph Haufe, Johannes Leipoldt. In: Helikon. Rivista di Tradizione e Cultura Classica Dell'Università di Messina, 8 (1968), S. 505–521, hier 517.

44 Siegele-Wenschkewitz, Jesus-Interpretation, S. 123.

45 Ebd., S. 133.

46 Johannes Leipoldt, Antisemitismus. In: Reallexikon für Antike und Christentum. Sachwörterbuch zur Auseinandersetzung des Christentums mit der antiken Welt, Band 1, Stuttgart 1950, Sp. 469–476, hier 472 f. Die Vorarbeiten zu dem Reallexikon begannen noch im »Dritten Reich«, doch scheint es Leipoldt nach der Wiederaufnahme der Arbeiten an dem Lexikon nicht für notwendig gehalten zu haben, seine antisemitischen Aussagen abzumildern.

Juden unterschieden, weshalb man sie zunächst überhaupt nicht als Juden wahrnahm. Die ersten Christen seien also überhaupt keine Juden gewesen. Als weiterführende Literatur zu diesem Thema benannte Leipoldt unter anderem seine eigene antisemitische Schrift »Antisemitismus in der alten Welt« aus dem Jahr 1933 sowie die Hetzschrift seines Schülers Carl Schneider »Das Frühchristentum als antisemitische Bewegung«.[47]

Einen besonderen Einfluss erlangte Leipoldt mit dem – zusammen mit Walter Grundmann – 1959 herausgegebenen dreibändigen Werk »Umwelt des Urchristentums«, welches bereits 1940 als Ausgabe des »Entjudungsinstituts« in Planung war. Die Bände, mehrfach aufgelegt, avancierten zum Grundlagenwerk innerhalb der theologischen Ausbildung über mehrere Generationen hinweg und finden sich teilweise noch heute in Verzeichnissen zur Standardliteratur für das antike Christentum.[48] Im dritten Band von »Umwelt des Urchristentums«, von Leipoldt allein konzipiert, zeigt sich wiederum eine starke Zentrierung auf die griechische Prägung des frühen Christentums, während jüdische Einflüsse kaum Beachtung finden.[49] Ebenso operierte Leipoldt abermals mit Verallgemeinerungen bezüglich des Judentums im Zusammenhang mit klassischen antisemitischen Stereotypen. Allein aus dem Bau neuer Synagogen schloss er: »Bauten der Juden in der Zerstreuung sind öfter nachgewiesen und beweisen die finanzielle Kraft des Judentums.«[50]

Leipoldt verbreitete – wenn auch in verklausulierter Form – sein antisemitisches Gedankengut nach 1945 nicht nur weiter, ebenso übernahmen Forscher bedenkenlos den Inhalt seiner im »Dritten Reich« entstandenen Schriften. So gab Christoph Haufe in seinem Wissenschaftsnachruf auf Johannes Leipoldt kritiklos dessen Ausarbeitungen aus den Zeiten des »Entjudungsinstituts« wieder: Kernelemente der Jesus-Lehre seien »als vollkommen unjüdisch« zu bezeichnen, das Evangelium des Matthäus unterliege in seiner Jesus-Darstellung jüdischen Einflüssen. Aber bei Matthäus seien ebenso noch Reste der wahren, also unjüdischen Botschaft Jesu zu finden usw.[51] Haufe würdigte ebenso Leipoldts spätere Ausarbeitungen über die Stellung der Frau in der antiken Welt. Leipoldt habe darin nachgewiesen, dass das Judentum die frauenfeindlichste Religion der

47 Carl Schneider, Das Frühchristentum als antisemitische Bewegung, Bremen 1940.

48 Beispielhaft bei Hans-Josef Klauck, Die religiöse Umwelt des Urchristentums II. Herrscher- und Kaiserkult, Philosophie, Gnosis, Stuttgart 1996, S. 14 f. Eine ausführliche Analyse zu den antisemitischen Denkmustern in den Bänden stellt bis heute ein Forschungsdesiderat dar.

49 Vgl. Siegele-Wenschkewitz, Jesus-Interpretation, S. 133.

50 Johannes Leipoldt/Walter Grundmann (Hg.), Umwelt des Urchristentums, Band 3: Bilder zum neutestamentlichen Zeitalter. Ausgewählt und erläutert von Johannes Leipoldt, 4. Auflage Berlin 1976, S. 47.

51 Haufe, Leipoldt, S. 512 f.

gesamten Antike gewesen sei. Frauenfeindliche Aussagen im Neuen Testament hingegen basierten auf nachträglichen jüdischen Einflüssen bzw. Verfälschungen, womit Haufe den von Leipoldt postulierten (und angeblich rassisch bedingten) jüdisch-christlichen Gegensatz kritiklos im Wissenschaftsdiskurs weiter gebrauchte.[52]

## Resümee

Johannes Leipoldt gehörte einer anderen Generation als Walter Grundmann und andere bekannte Vertreter der NS-»Judenforschung« wie Karl Georg Kuhn an. Er besaß bereits in den Anfangsjahren der Weimarer Republik ein hohes Ansehen in der Wissenschaftswelt und fungierte als Herausgeber diverser Schriftreihen und Zeitschriften. Neben Mitarbeitern des Eisenacher »Entjudungsinstituts« – wie Grundmann, Morenz, Meyer, Carl Schneider und anderen – gehörten ebenso einschlägig bekannte »Judenforscher« wie Gerhard Kittel zu seinen früheren Schülern. Inwieweit Leipoldts Antisemitismus deren intellektuelle Entwicklung geprägt hat, lässt sich nur spekulativ vermuten. Nicht unterschätzt werden darf aber Leipoldts Funktion als Multiplikator: Er vermittelte seine (antisemitische) Sicht der Dinge seinen Studenten, welche später – zumindest ein Teil von ihnen – dieses durchweg negative Bild des Judentums in ihren Pfarrgemeinden oder unter ihren eigenen Studenten weiter verbreiteten. Und Leipoldts Vorträge und kleinere Schriften, die sich explizit an ein Laienpublikum richteten, dürften einen ähnlichen Effekt gehabt haben.

Bereits 1923 finden wir bei Leipoldt rassische Argumentationsmuster, mithilfe derer er Jesus und das Christentum in einen Gegensatz zum Judentum zu stellen versuchte, das für ihn der Inbegriff des Schlechten war. Doch anders als Grundmann positionierte er sich nicht derart offen antisemitisch, sondern verbarg seinen Judenhass immer hinter wissenschaftlichen Beweisführungen. Einzelne Quellenüberlieferungen wertete er als Aussage über alle Juden in Geschichte und Gegenwart und untermauerte seine Interpretationen mit gängigen antisemitischen Klischees oder einer vermeintlich rassischen Bedingtheit von bestimmten Verhaltensweisen. Auch wenn solche Interpretationen in Teilen derart grotesk ausfielen, wie jene über den Humor des Paulus und dessen daraus abgeleitete

52 Ebd., S. 518 f. Noch 1984 wiederholte Haufe seinen Lobgesang auf Leipoldt, indem er abermals auf Leipoldts Institutsschriften einging und ihnen einen besonderen wissenschaftlichen Erkenntnisgewinn bescheinigte. Christoph Haufe, Johannes Leipoldt. In: Karl-Marx-Universität Leipzig (Hg.), Namhafte Hochschullehrer der Karl-Marx-Universität Leipzig, Band 5, Leipzig 1984, S. 20–30.

nichtjüdische Herkunft, blieb Leipoldt innerhalb der Theologie und Altertumsforschung stets ein angesehener Wissenschaftler, was vor allem auf seine umfangreichen Übersetzungs- und Quellenarbeiten zurückzuführen ist. Dies erlaubte es Leipoldt auch nach Kriegsende, seinen postulierten jüdisch-christlichen Gegensatz zu Lebzeiten Jesu ohne Einschränkungen weiter zu verbreiten. Selbst jene Arbeiten, welche in der Zeit seines Engagements für das »Entjudungsinstitut« entstanden, galten noch bis in die 1980er-Jahre hinein als zitationsfähig. Der antisemitische Inhalt schien gerade unter Theologen kaum Bedenken hervorgerufen zu haben, solange die formalen Regeln und die wissenschaftliche Beweisführung eingehalten wurden, was bei Leipoldt zumeist der Fall war.

Walter Grundmann, 1966; Quelle: Landeskirchenarchiv Eisenach

Oliver Arnhold

# Walter Grundmann und das »Institut zur Erforschung und Beseitigung des jüdischen Einflusses auf das deutsche kirchliche Leben«

Von den deutschchristlichen Professoren an der Universität Jena hat Walter Grundmann bisher in der zeitgeschichtlichen Forschung die größte Beachtung erfahren. Im Jahr 1982 machte Leonore Siegele-Wenschkewitz in ihrem Aufsatz »Mitverantwortung und Schuld der Christen am Holocaust«[1] als Erste auf dessen Werdegang und Rolle als Leiter des »Instituts zur Erforschung und Beseitigung des jüdischen Einflusses auf das deutsche kirchliche Leben«, kurz »Entjudungsinstitut«, besonders aufmerksam. Siegele-Wenschkewitz besprach in dem gleichen Aufsatz auch Gerhard Kittel und dessen Vortrag »Die Entstehung des Judentums und die Entstehung der Judenfrage«,[2] den dieser zur Eröffnung der »Forschungsabteilung zur Judenfrage« des Reichsinstituts für Geschichte des neuen Deutschlands, einem der antijüdischen Forschungsinstitute[3] in der Zeit des Nationalsozialismus, am 19. November 1936 gehalten hatte. Grundmann war von Oktober

1 Leonore Siegele-Wenschkewitz, Mitverantwortung und Schuld der Christen am Holocaust. In: Evangelische Theologie, 42 (1982), S. 171–190.

2 Gerhard Kittel, Die Entstehung des Judentums und die Entstehung der Judenfrage. In: Forschungen zur Judenfrage, Band 1: Sitzungsberichte der 1. Arbeitstagung der Forschungsabteilung Judenfrage des Reichsinstituts für Geschichte des neuen Deutschland, 19.–21.11.1936, Hamburg 1937, S. 43–63.

3 Neben der »Forschungsabteilung zur Judenfrage« des Reichsinstituts für Geschichte des neuen Deutschlands zählten dazu das »Institut zum Studium der Judenfrage« in Berlin, das dem Reichspropagandaministerium unterstand und 1939 in »Antisemitische Aktion« bzw. 1942 in »Antijüdische Aktion« umbenannt wurde, und das »Institut zur Erforschung der Judenfrage« in Frankfurt a. M., das als Außenstelle der »Hohen Schule der NSDAP« des Chefideologen der NSDAP Alfred Rosenberg gegründet wurde. Die Dienststelle Rosenberg unterhielt weiterhin das »Internationale Institut zur Aufklärung über die Judenfrage« in Frankfurt a. M. unter dem Namen »Weltdienst«, das mit dem Auswärtigen Amt in Verbindung stand und dem Amt »Überstaatliche Mächte« innerhalb der Dienststelle Rosenberg unterstand. Seit 1940 existierte in Krakau das »Institut für deutsche Ostarbeit«, das vom NS-Generalgouverneur in Polen, Hans Frank, kontrolliert wurde. Darüber hinaus wurde in Nürnberg eine weitere antisemitische Einrichtung unter der Bezeichnung »Antijüdische Weltliga« gegründet, deren Leiter Paul Wurm gleichzeitig für das antisemitische Hetzblatt »Der Stürmer« tätig war.

1930 bis März 1932 Assistent von Gerhard Kittel in Tübingen, wurde 1932 bei ihm mit der Arbeit »Der Begriff der Kraft in der neutestamentlichen Gedankenwelt«[4] promoviert und arbeitete an dessen Standardwerk zur exegetischen Forschung, das »Theologische Wörterbuch zum Neuen Testament«, mit, in das auch seine Doktorarbeit teilweise einging.[5] Grundmann wie Kittel sind für Siegele-Wenschkewitz »repräsentative Beispiele« dafür, wie Theologieprofessoren »das Christentum als antijudaistisch erwiesen« und wie »unter den Bedingungen einer totalitären Herrschaftsideologie« judenfeindliche »Argumentationsmuster« politisch relevant und »in die nationalsozialistische Judenpolitik integriert werden« konnten.[6]

Im Jahr 1994 erschien ein Aufsatz von Susannah Heschel, Professorin für Jüdische Studien am Dartmouth College, USA, und Tochter des berühmten Rabbiners Abraham Joshua Heschel, in dem von Siegele-Wenschkewitz herausgegebenen Sammelband »Christlicher Antijudaismus und Antisemitismus«,[7] eine Übersetzung ihrer im selben Jahr in englischer Sprache erschienenen Studie.[8] Heschel kommt darin zu dem Ergebnis, dass Grundmann und die »Institutsmitglieder darum wetteiferten, ein ›judenreines‹ Christentum für ein ›judenreines‹ Drittes Reich zu schaffen, um die Kirche dem Nazi-Regime dienstbar zu machen«.[9] Sie sieht ein »Versagen« in Bezug auf die Entnazifizierung der theologischen Fakultäten in Deutschland nach 1945 und darin einen »Hauptgrund für das Weiterleben antijüdischer und antisemitischer Stereotypen in der gegenwärtigen deutschen Theologie«.[10] Im Jahr 2002 veröffentlichte Peter von der Osten-Sacken in dem Sammelband »Das missbrauchte Evangelium« einen Aufsatz über Walter Grundmann,[11] in

4 Walter Grundmann, Der Begriff der Kraft in der neutestamentlichen Gedankenwelt. In: Albrecht Alt/Gerhard Kittel (Hg.), Wissenschaft vom Alten und Neuen Testament, 4. Folge / Heft 8, Stuttgart 1932.

5 Vgl. Theologisches Wörterbuch zum Neuen Testament, Band 2, Stuttgart 1935, S. 286–318.

6 Hier zitiert nach einem Nachdruck des in Anmerkung 1 angegebenen Aufsatzes in: Leonore Siegele-Wenschkewitz (Hg.), Christlicher Antijudaismus und Antisemitismus. Theologische und kirchliche Programme Deutscher Christen, Frankfurt a. M. 1994, S. 1–23, hier 20 f.

7 Susannah Heschel, Theologen für Hitler. Walter Grundmann und das »Institut zur Erforschung und Beseitigung des jüdischen Einflusses auf das deutsche kirchliche Leben«. In: Siegele-Wenschkewitz, Christlicher Antijudaismus, S. 125–170. Im besagten Sammelband befindet sich auch noch ein Aufsatz von Klaus-Peter Adam, der Grundmanns theologischen Werdegang bis zum Erscheinen der »28 Thesen der sächsischen Volkskirche zum inneren Aufbau der Deutschen Evangelischen Kirche« Ende 1933 untersucht (ebd., S. 171–199).

8 Susannah Heschel, Nazifying Christian Theology: Walter Grundmann and the Institute for the Study and Eradication of Jewish Influence on German Church Life. In: Church History, 63 (1994) 4, S. 587–605. Im Jahr 2008 legte Heschel eine erweiterte Studie zum Thema vor: The Aryan Jesus. Christian Theologians and the Bible in Nazi Germany, Princeton 2008.

9 Heschel, Theologen, S. 160.

10 Ebd., S. 161.

11 Peter von der Osten-Sacken, Walter Grundmann – Nationalsozialist, Kirchenmann und Theologe. In: ders. (Hg.), Das missbrauchte Evangelium. Studien zu Theologie und Praxis der Thüringer Deutschen Christen, Berlin 2002, S. 280–312.

dem er als Erster auch die Kontinuität von Grundmanns Sicht auf das Judentum für die Zeit nach 1945 nachwies. Auch die Theologische Fakultät in Jena beschäftigte sich 2007 mit einem Band über Walter Grundmann mit ihrer eigenen Geschichte, der zur nüchternen historischen »Aufarbeitung eines dunklen Kapitels der Theologie und Universität in Jena« beitragen sollte.[12] Meine eigenen jahrelangen Studien zu den Thüringer Deutschen Christen sowie zu Walter Grundmann und dessen Institut habe ich 2010 unter dem Titel »›Entjudung‹ – Kirche im Abgrund«[13] publiziert, und erst kürzlich erschien ein von der Evangelischen Akademie Thüringen herausgegebener Sammelband zu »Lothar Kreyssig und Walter Grundmann«, der sich zur Aufgabe gemacht hat, »die Irrwege und Schuld von Kirche und Theologie weiter aufzuarbeiten, gerade auch zu fragen, warum diese Schuld so lange beschwiegen wurde und deshalb fortwirken konnte«.[14]

## Grundmanns Lebensweg bis 1939 und seine theologischen sowie politischen Grundüberzeugungen[15]

Walter Grundmann wurde am 21. Oktober 1906 als Sohn des Reichsbahninspektors Karl Grundmann und seiner Frau Anna in Chemnitz geboren. Er beschrieb sein Elternhaus als einen Ort aufrechter christlicher Frömmigkeit, in dem die große deutsche Kultur- und Geisteswelt gepflegt worden sei. Grundmanns Vater hielt in einem von ihm gegründeten literarischen Zirkel Vorträge über Goethe und Schiller und war Schriftleiter des zentralen Chemnitzer Kirchgemeindeblattes. Zeitlebens litt er darunter, dass ihm trotz seines umfangreichen, selbst erworbenen Wissens über die deutsche Klassik kein akademischer Titel zuerkannt wurde. Das Vorbild des Vaters, den Grundmann als seinen ersten Lehrer und als prägend für sein eigenes geistiges Leben schildert, dürfte sein Streben nach einer wissenschaftlichen Karriere nachhaltig beeinflusst haben, ebenso wie dessen politische Einstellung, die völkisch-national ausgerichtet und im deutschen Kaiserreich verhaftet war: »Die Sozialdemokratie galt als die Partei vaterlandsloser Gesellen, ihr Internationalismus als Verrat am Vaterland und ihr Atheismus als

12 Roland Deines/Volker Leppin/Karl-Wilhelm Niebuhr, Walter Grundmann. Ein Neutestamentler im Dritten Reich, Leipzig 2007, S. 7.

13 Oliver Arnhold, »Entjudung« – Kirche im Abgrund, Band I: Die Thüringer Kirchenbewegung Deutsche Christen 1928–1939; Band II: Das »Institut zur Erforschung und Beseitigung des jüdischen Einflusses auf das deutsche kirchliche Leben« 1939–1945, Berlin 2010.

14 Hans-Joachim Döring/Michael Haspel (Hg.), Lothar Kreyssig und Walter Grundmann. Zwei kirchenpolitische Protagonisten des 20. Jahrhunderts in Mitteldeutschland, Weimar 2014, S. 12.

15 Vgl. auch Arnhold, »Entjudung«, Band I, S. 124 ff.

verabscheuungswürdig. In dieser inneren Haltung verliefen die eindrucksfähigen Jahre unserer Jugend.«[16]

Nach der Reifeprüfung entschloss sich Grundmann, der Zustimmung des Vaters gewiss, der selbst davon geträumt hatte, Pfarrer zu werden, zum Studium der Theologie in Leipzig, Tübingen und Rostock. Den Ausschlag zum Theologiestudium habe das Buch »Die Bergpredigt«[17] von Johannes Müller gegeben, der »die Reden Jesu verdeutschen« wollte, da »sie auf jüdischem Boden gewachsen und an Juden gerichtet« seien.[18] Grundmann ergänzte das theologische Studium durch die Fächer Kunst-, Literatur- und Philosophiegeschichte. Rückblickend betonte Grundmann besonders den Einfluss der Lehrer Adolf Schlatter, Gerhard Kittel, Karl Heim und Friedrich Brunstäd für seinen eigenen theologischen Werdegang: »Besonderen Dank schulde ich Adolf Schlatter und Gerhard Kittel, die mich durch ihre gediegene Auslegung des Neuen Testaments tief in die frohe Botschaft von Jesus Christus einführten, und Karl Heim und Friedrich Brunstäd, deren große Denkleistung mich wesentlich in der Fragestellung des Verhältnisses des christlichen Glaubens zum modernen Geistesleben förderte.«[19]

Schlatters und Kittels theologische Sicht des Judentums[20] dürften den jungen Grundmann nachhaltig beeinflusst haben, zu Kittels Haltung zum Judentum schreibt Grundmann: »Er, der große Kenner des Judentums, der mit vielen Juden in Verbindung stand und auch für seine Rabbinica-Studien und das Wörterbuch Juden zu Mitarbeitern hatte, war grundsätzlicher Judengegner.«[21]

Am 1. Dezember 1930 trat Grundmann der NSDAP bei. Daneben war er publizistisch für die Deutsche Christliche Studentenvereinigung tätig. Nach seinem 2. theologischen Examen im Frühjahr 1932 übernahm er am 1. April 1932 eine Stelle als Vikar in Oberlichtenau in Sachsen. Daneben arbeitete er ab Juli 1933 als Schriftleiter für die vom sächsischen DC-Bischof Friedrich Coch herausgegebene Zeitschrift »Christenkreuz und Hakenkreuz«. Im September 1933 wurde Grundmann zunächst kommissarisch, ab dem 1. November 1933 unter Ernennung zum Oberkirchenrat als theologischer Hilfsarbeiter im Landeskirchenamt

16 Walter Grundmann, Erkenntnis und Wahrheit. Aus meinem Leben. Unveröffentlichte Autobiographie aus dem Jahre 1969, S. 40 f. (LKA Eisenach, Ergänzung NL Grundmann, NA 92).

17 Johannes Müller, Die Bergpredigt, München 1906.

18 Ebd., S. 12.

19 Selbst verfasster Lebenslauf von Walter Grundmann, o. J. [etwa 1950] (LKA Eisenach, Akte DC III. 2a).

20 Zu Schlatter vgl. Leonore Siegele-Wenschkewitz, Adolf Schlatters Sicht des Judentums im politischen Kontext. Die Schrift »Wird der Jude über uns siegen?« von 1935, in: dies. (Hg.): Christlicher Antijudaismus, S. 95–110. Zu Kittel vgl. Volker Lubinetzki, Von der Knechtsgestalt des Neuen Testaments. Beobachtungen zu seiner Verwendung und Auslegung in Deutschland vor dem sowie im Kontext des »Dritten Reichs«, Münster 2000, S. 18 f.

21 Grundmann, Erkenntnis, S. 22.

der sächsischen Landeskirche angestellt. Seine Haupttätigkeit bestand in der Schulung kirchlicher Amtsträger und in der Durchführung volksmissionarischer Maßnahmen im Sinne der deutschchristlichen Ideologie. Grundmann veröffentlichte 1933 die Schriften »Gott und Nation«[22] sowie »Religion und Rasse«.[23] Am 8. November 1933 wurde er von DC-Bischof Coch zum stellvertretenden Leiter des »Nationalsozialistischen Pfarrerbundes« in Sachsen ernannt. Ende 1933 versuchte er mit Hilfe der »28 Thesen der sächsischen Volkskirche zum inneren Neuaufbau der Deutschen Evangelischen Kirche«[24] die durch die Berliner »Sportpalastkundgebung« angeschlagene deutschchristliche Bewegung wieder auf einen gemeinsamen Kurs festzulegen. Die Thesen, die am 10. Dezember 1933 einstimmig von der sächsischen Landessynode verabschiedet wurden, legten bis zum Jahr 1936 den theologischen und kirchenpolitischen Kurs der deutschchristlich geführten Landeskirche in Sachsen fest.

Am 1. April 1934 trat Grundmann als förderndes Mitglied der SS bei. Im gleichen Jahr gab er die Schrift »Totale Kirche im totalen Staat« heraus.[25] Einen Eindruck von seinem Wirken in dieser Zeit gibt der Bericht einer Dame, die 1934 eine Predigt Grundmanns in der Sophienkirche in Dresden hörte und hinsichtlich des offenen Antisemitismus in kirchlichen Äußerungen folgenden Unterschied feststellte:

> »Endlich möchte ich hierdurch noch schriftlich bestätigen, dass ich sehr erstaunt war, dass ein katholischer Geistlicher in meiner Heimat Dresden die Kühnheit hatte, in der kath. Kirche daselbst sich sehr missfällig über die heutige ›Judenverfolgung‹ zu äußern. Und das geschah vor über 1000 Menschen, ohne dass jemand eingeschritten hätte. Er verglich das ›Vorgehen gegen die Juden‹ mit der Christenverfolgung vor bald 1900 Jahren. Ein solches Vorgehen gegen die Juden, so meint der kath. Prediger, sei unchristlich. [...] Ein evangelischer Pfarrer, der Gleiches täte, würde mit Recht sofort suspendiert. Im wohltuenden Gegensatz zu jener katholischen Hetzpredigt stand die Predigt, die ich vorher in der evangelischen Sophienkirche von einem jungen sächsischen Kirchenrat, Herrn Dr. Grundmann, hörte. Wie zeitgemäß, wie männlich und kraftvoll waren diese Worte. Wie stellte der Prediger die Entscheidung für Hitler in gleiche Linie mit der Entscheidung für wahres Christentum.«[26]

Nach der Entmachtung des DC-Bischofs Coch Anfang des Jahres 1936 durch den sächsischen Landeskirchenausschuss bereitete Grundmann die Eingliederung der sächsischen Deutschen Christen in die radikale deutschchristliche Richtung der Thüringer Kirchenbewegung DC vor, die im Juli 1936 vollzogen wurde. Er wurde daraufhin umgehend in das Theologische Ressort der Thüringer DC berufen.

---

22 Walter Grundmann, Gott und Nation. Ein evangelisches Wort zum Wollen des Nationalsozialismus und zu Rosenbergs Sinndeutung, Berlin 1933.

23 Walter Grundmann, Religion und Rasse. Ein Beitrag zur Frage »nationaler Aufbruch« und »lebendiger Christusglaube«, Werdau 1933.

24 Walter Grundmann, Die 28 Thesen der Deutschen Christen, Dresden o. J. [1934].

25 Walter Grundmann, Totale Kirche im totalen Staat, Dresden 1934.

26 Hauptstaatsarchiv Weimar, Akte VBM, A 1397, Bl. 264.

Deren Leiter, Siegfried Leffler, und Wolf Meyer-Erlach,[27] deutschchristlicher Professor für Praktische Theologie und Rektor der Friedrich-Schiller-Universität in Jena, sorgten dafür, dass Grundmann, der vom sächsischen Landeskirchenausschuss 1936 beurlaubt worden war, einen Lehrauftrag für »Völkische Theologie« und Neues Testament an der Theologischen Fakultät in Jena erhielt. Am 5. Oktober 1938 wurde Grundmann ohne vorherige Habilitation zum ordentlichen Professor für Neues Testament auf Lebenszeit und zum Nachfolger des Neutestamentlers Erich Fascher berufen, der sich mit der zweiten Führungspersönlichkeit der Thüringer DC, Julius Leutheuser, überworfen hatte. Sowohl Grundmanns intellektuelle Fähigkeiten als auch seine politische Überzeugung hatten seinen beruflichen Aufstieg und seine wissenschaftliche Karriere maßgeblich befördert.

Grundzüge seiner Theologie, wie sie sich aus seinen bis dahin veröffentlichten Schriften ergeben, seien hier in aller Kürze skizziert: Entscheidend für seine Theologie ist die »Begegnung zwischen Evangelium [...] und der nationalsozialistischen Bewegung«,[28] die er im Jahr 1933 wie folgt definiert: »Nationalsozialismus ist die aus dem Erleben des Weltkrieges, durch den Begriff der Pflicht geformte Gegenbewegung gegen die französische Revolution und ihren Geist. [...] Der innere Begriff des nationalsozialistischen Menschen, den es nun als Mittelpunkt des Nationalsozialismus zu erkennen gilt, ist die Pflicht des in die urtümlichen Bindungen von Volk und Rasse durch göttlichen Willen hineingestellten Menschen, der diese Bindungen in letzter Pflichterfüllung bejaht.«[29] Der nationalsozialistische Staat führe demnach den Menschen zu seinen ursprünglichen schöpfungsgemäßen Bindungen von »Volk und Rasse« zurück: »Das nationalsozialistische Volkserleben greift immer weiter und formt einen neuen Menschen, der in der Hingabe an das Volk und im Erleben von Volkstum und Rasse Sinn und Inhalt seines Lebens findet.«[30]

Der Totalitätsanspruch des Nationalsozialismus wurde somit für Grundmann zum Ausdruck des göttlichen Willens am deutschen Volke zur Wiederherstellung der gottgegebenen Ordnung. Aufgabe des Staates sei es, nicht nur die schöpfungsgemäße, göttliche Ordnung wiederherzustellen, sondern auch gegen das zerstörerische Böse vorzugehen. Dieses Böse sah Grundmann im Judentum verkörpert, das Träger und Nutznießer der Individualisierung, des Materialismus und des Liberalismus sei und mithilfe des atheistischen Bolschewismus die eigene Weltherrschaft herbeiführen wolle: »Das Judentum ist nicht zuerst eine andere Religion, sondern eine fremde Rasse, die sich eindrängt, die Rassenchaos will, um selbst die Herrschaft ausüben zu können.«[31]

27 Zu Meyer-Erlach vgl. den Beitrag von André Postert in diesem Band.
28 Grundmann, Gott und Nation, S. 5.
29 Ebd., S. 24.
30 Grundmann, 28 Thesen, S. 3.
31 Grundmann, Religion und Rasse, S. 7.

Wenn die Kirche am »völkischen Geschehen« ihrer Zeit teilhaben wolle, so gebe es ekklesiologisch nur eine Antwort »auf das Bemühen des totalen Staates um eine Volksreligion«: »totale Kirche im totalen Staat«.[32] Dies bedeute, »dass innerhalb der Totalität des Staates die Totalität der Kirche zur Wirkung« komme,[33] was ein Verhältnis des völligen Vertrauens zwischen Staat und Kirche voraussetze. So hänge einerseits die »Erfüllung der geschichtlichen Aufgabe« des Nationalsozialismus von seiner Stellung zu Gott ab, an der sich letztlich »Aufstieg und Untergang eines Volkes« entscheide.[34] Andererseits müsse die Kirche den Staat als göttliche Ordnung bejahen, indem sie die Schöpfungsgegebenheiten von »Volk und Rasse« anerkenne und sich zu »Blut und Rasse als Schöpfungsgaben Gottes« bekenne.[35] Deshalb plädierte Grundmann für die Einführung des »Arierparagrafen« in der Kirche und erklärte, es könne nur Pfarrer sein, wer den nationalsozialistischen Rassekriterien entspreche. Ferner dürfe die Kirche in ihrem Reden nicht »artfremd« erscheinen. Deshalb forderte Grundmann auch neue Formen des Gottesdienstes, der Anbetung und der Verkündigung, die dem deutschen Volkstum und dem Rassegedanken entsprächen. Die »Bekenntnisse und die auf ihnen beruhende Lehre« sind für ihn demnach lediglich »zeitgebunden und erkenntnisbedingt«.[36] Sie bedürften einer Anpassung an die Zeit, damit sie für die Menschen heute noch verständlich blieben.

Das Gleiche gelte auch für die Schrift, innerhalb der zwischen der Bezeugung im Neuen und im Alten Testament unterschieden werden müsse. Die Norm für die Verkündigung der christlichen Kirche sei das Neue Testament, da in ihm Jesus Christus offenbart werde.[37] 1933 betonte Grundmann allerdings noch, dass mit der Frage der Rassezugehörigkeit das Geheimnis Jesu nicht erreicht werden könne, da dieser »als Gottes einzig geborener Sohn« und »Wort Gottes an alle Menschen« durch die Rassenfrage nicht berührt sei.[38] Später, ab 1939, unternahm er aber dennoch den Versuch, Jesus aus seinem jüdischen Kontext herauszulösen, worauf in diesem Beitrag noch eingegangen wird. Die Bedeutung des Alten Testaments sah Grundmann in der Vorbereitung auf das Christusgeschehen. Es werden zwei Linien im Alten Testament unterschieden: Einerseits die Propheten, die den wahren Gottesglauben zwar verkündet und damit die ersten »Strahlen der Gottesliebe« offenbart hätten, deren Vollendung allerdings erst durch das Christuswunder im Neuen Testament bewirkt worden sei; andererseits als zweite Linie

32 Grundmann, Totale Kirche, S. 22.
33 Ebd., S. 24.
34 Grundmann, Gott und Nation, S. 99.
35 Grundmann, 28 Thesen, S. 16.
36 Grundmann, Leben und Lehre. Zur Grundfrage der religiösen und kirchlichen Krise. In: Deutsche Frömmigkeit, 5/1937, S. 9 f.
37 Grundmann, 28 Thesen, S. 31.
38 Grundmann, Religion und Rasse, S. 16.

das jüdische Volk, das sich von Gott abgewandt habe und somit als Negativfolie für ein verfehltes Verhältnis zwischen Gott und Volk dienen könne. Diese zeige sich auch dadurch, dass sich Israel dem Christusbekenntnis gegenüber verweigere. »Von da her lastet der Fluch Gottes auf diesem Volke bis zum heutigen Tage.«[39] Aus den zwei Linien im Alten Testament ergibt sich für Grundmann die Differenzierung zwischen einem brauchbaren und unbrauchbaren Teil. Eine solche Aufteilung sollte dann, während der Institutszeit, auch auf das Neue Testament übertragen werden. Mit dem wissenschaftlichen Instrumentarium des Neutestamentlers ging Grundmann dann daran, ein »entjudetes« Neues Testament zu schaffen und damit eine entsprechende Anpassung der gesamten Heiligen Schrift an den nationalsozialistischen Zeitgeist zu erreichen.

## Das »Institut zur Erforschung und Beseitigung des jüdischen Einflusses auf das deutsche kirchliche Leben«[40]

Um seine Idee einer »Entjudung« von Theologie und Kirche voranzutreiben, nutzte Grundmann geschickt die antisemitische Stimmungslage in Volk und Kirche nach dem Novemberpogrom 1938 und verfasste am 21. November 1938 ein Exposé, in dem er detailliert die Arbeitsstrukturen eines solchen kirchlichen »Entjudungsinstituts« entwarf. Diese Strukturen finden sich auch in den Arbeitsschwerpunkten wieder, die er in seinem Institutseröffnungsvortrag »Die Entjudung des religiösen Lebens als Aufgabe deutscher Theologie und Kirche«[41] bei der symbolträchtigen Eröffnung des Instituts auf der Wartburg am 6. Mai 1939 benannte:

1. »Schaffung einer Ausgabe der 4 Evangelien, die die ältesten Traditionen ablöst von ihren Umformungen und Zusätzen von zweiter Hand«;
2. Ordnende Sichtung von Kultus, Liedgut und Liturgie, »um zu einer Gottesdienstordnung der Deutschen zu kommen und ein Feierliederbuch der Deutschen zu schaffen«, damit »aus Liturgie und Liedgut die Zionismen verschwinden«;
3. Untersuchungen, »wie weit das Kirchenrecht, auch des Protestantismus, von der Grundlage der Kirche als des geistigen Israels her entworfen ist«;
4. »Aufklärung der dt. Öffentlichkeit gegen die These, Christentum sei Fortsetzung des Judentums«.[42]

39 Grundmann, 28 Thesen, S. 32 f.

40 Vgl. Heschel, Aryan Jesus; Arnhold, »Entjudung«, Band II.

41 Walter Grundmann, Die Entjudung des religiösen Lebens als Aufgabe deutscher Theologie und Kirche. Vortrag zur feierlichen Eröffnung des »Instituts zur Erforschung und Beseitigung des jüdischen Einflusses auf das deutsche kirchliche Leben«, Weimar 1939.

42 Ebd., S. 17 ff.

Der unter 4. genannte Arbeitsschwerpunkt verdeutlicht ein besonderes Interesse, das Grundmann mit der Institutsarbeit verfolgte. Dieser richtete sich gegen die christentumsfeindliche Propaganda völkischer Gruppierungen, die der christlichen Kirche ihre jüdischen Wurzeln vorwarfen und die Abkehr vom Christentum propagierten.[43] Gegenüber diesen Konkurrenten, die eine Synthese von Christentum und Nationalsozialismus mit dem Argument ablehnten, Christentum sei nichts anderes als Judentum für Nichtjuden, versuchten sich die kirchlichen »Entjudaisierer« als die besseren Nationalsozialisten zu profilieren. Auch unter diesem apologetischen Aspekt ist der enorme Arbeitseinsatz des kirchlichen »Entjudungsinstituts« zu sehen, den die Protagonisten ungeachtet aller Schwierigkeiten während des Zweiten Weltkriegs entfalteten.

Für die wissenschaftliche Institutsarbeit gelang es Grundmann bis 1941, etwa 180 Mitarbeiter, darunter 24 Universitätsprofessoren von 14 evangelisch-theologischen Fakultäten sowie kirchliche Würdenträger und aufstrebende Gelehrte zur ehrenamtlichen Gemeinschaftsarbeit in Arbeitskreisen und an Forschungsaufträgen sowie zu Publikationstätigkeiten zu gewinnen. Insgesamt 46 Forschungsaufträge und Arbeitskreise zielten darauf ab, jüdische Elemente aus Theologie und Kirche zu entfernen, wobei der Gegensatz zwischen christlicher und jüdischer Religion sowie die Überlegenheit der »arischen« gegenüber der »jüdischen Rasse« betont wurde. Arbeitsschwerpunkte waren beispielsweise die Entwicklung einer »rassedifferenzierten« Religionstypologie, die Formulierung einer christlich-germanischen Religionsgeschichte, die an die Stelle des Alten Testaments treten sollte, sowie die Entwicklung einer »völkischen Theologie«, die Volkstum, Rasse, Blut und Boden als gottgegebene Schöpfungsvorgaben deklarierte und theologisch legitimierte.

Obwohl Grundmann noch 1933 betont hatte, dass Jesus als der Christus von der »Rassenfrage« ausgeklammert sei, versuchte er nun eine nichtjüdische Herkunft Jesu nachzuweisen. In der Institutsveröffentlichung »Jesus der Galiläer und das Judentum« heißt es dazu: »Die Unterwerfung der Galiläer unter die Juden erfolgte durch Zwangsbeschneidung und Zwangsannahme der jüdischen Religion. Wer sich weigerte, wurde von seinem Boden vertrieben. [...] Wenn also die galiläische Herkunft Jesu unbezweifelbar ist, so folgt auf Grund der eben angestellten Erörterung daraus, dass er mit größter Wahrscheinlichkeit kein Jude gewesen ist, vielmehr völkisch einer der in Galiläa vorhandenen Strömungen angehört hat. Dass er wie die meisten Galiläer von seiner Familie her jüdischer Konfession gewesen ist, die er selber restlos durchstoßen hat, hatten wir bereits festgestellt.«[44]

43 Vgl. als Überblick Uwe Puschner/Clemens Vollnhals (Hg.), Die völkisch-religiöse Bewegung im Nationalsozialismus. Eine Beziehungs- und Konfliktgeschichte, Göttingen 2012.

44 Walter Grundmann, Jesus der Galiläer und das Judentum, 2. Auflage Leipzig 1941, S. 169 ff. Vgl. auch Arnhold, »Entjudung«, Band II, S. 715 ff.

Mit der »Traditionsgeschichte und Genese« des von Grundmann während seiner Institutstätigkeit vertretenen antisemitischen Konstrukts »Jesus der Galiläer« beschäftigt sich auch der Beitrag von Roland Deines in dem von der Theologischen Fakultät in Jena herausgegebenen Band zu Grundmann.[45] Er zeigt darin, dass Grundmanns Behauptung einer nichtjüdischen Herkunft Jesu auf eine lange Traditionsgeschichte zurückblicken kann und dass »nahezu alle Argumente, die bei ihm auftauchen, bereits vorgebildet« waren.[46] Problematisch indes erscheint die Behauptung, dass es mit Aaron Kaminka ausgerechnet ein jüdischer Gelehrter im Jahre 1889 gewesen sein soll, der »erstmals das ›galiläische‹ Argument« gebraucht habe, »um daraus die Hypothese abzuleiten, dass Jesus nichtjüdischer Herkunft sei«.[47] Deines übersieht dabei, dass in den »Bayreuther Blättern«, dem Publikationsorgan Richard Wagners und seines Kreises, schon seit 1881 das Galiläa-Argument für Jesu vermeintlich »arische« Herkunft ins Feld geführt wurde.[48] Außerdem wäre es in diesem Zusammenhang nicht unwesentlich, darauf hinzuweisen, dass eine ganze Reihe jüdischer Schriftsteller und Gelehrte ebenfalls um 1900 in den »Mittheilungen aus dem Verein zur Abwehr des Antisemitismus« Jesus einen festen Platz im Judentum zuwiesen.[49] Auch die bei Karl-Wilhelm Niebuhr vertretene These, Grundmann habe mit der Aussage, dass Jesus »mit größter Wahrscheinlichkeit kein Jude gewesen« sei, »rein theologisch und religionsgeschichtlich und nicht rassebiologisch« argumentiert,[50] greift zu kurz, da Grundmann als Beleg für seine These bei Josef die Panthera-These und bei Maria die Stammbäume als Beleg heranzieht. »In der Sache«, so Berndt Schaller, diene Grundmanns Argumentation dazu, »die Distanz Jesu vom zeitgenössischen Kernjudentum hervorzuheben und darüber hinaus sogar seine jüdische Herkunft und Eigenart grundsätzlich«, auch rassebiologisch, »infrage zu stellen«.[51]

45 Roland Deines, Jesus der Galiläer: Traditionsgeschichte und Genese eines antisemitischen Konstrukts bei Walter Grundmann. In: Deines/Leppin/Niebuhr, Grundmann, S. 43–131.

46 Ebd., S. 44.

47 Ebd., S. 13, 58. Ebenso bei Karl-Wilhelm Niebuhr, Walter Grundmann: Neutestamentler und Deutscher Christ. In: Döring/Haspel, Kreyssig und Grundmann, S. 38.

48 Martin Leutzsch, Der Mythos vom arischen Jesus. In: Lucia Scherzberg (Hg.), Vergangenheitsbewältigung im französischen Katholizismus und deutschen Protestantismus, Paderborn 2008, S. 173–186, hier 176; ders., Karrieren des arischen Jesus zwischen 1918 und 1945. In: Puschner/Vollnhals (Hg.), Völkisch-religiöse Bewegung, S. 195–217.

49 Ebd., S. 184.

50 Niebuhr, Grundmann, S. 41.

51 Berndt Schaller, Programm »Entjudung«. Walter Grundmann – NS-Theologe und Mann der Kirche 1922–1945 und 1945–1976. In: Leqach. Mitteilungen und Beiträge der Forschungsstelle Judentum der Theologischen Fakultät Leipzig vom 11.1.2013, S. 31–66, hier 45.

Der Untermauerung der nationalsozialistischen Rasseideologie und des Antisemitismus dienten nicht nur die Forschungsaufträge, die die wissenschaftliche Grundlage für die »Entjudungsarbeit« schaffen sollten, sondern auch die Arbeitskreise des Instituts mit dem volksmissionarischen Ziel, praktische Veränderungen im kirchlichen oder religionspädagogischen Bereich zu erreichen. Anfang 1940 erschien ein »entjudetes« Neues Testament »Die Botschaft Gottes«,[52] im Juni 1941 wurde ein »entjudetes« Gesangbuch »Großer Gott wir loben dich«[53] sowie ein »entjudeter« Katechismus »Deutsche mit Gott«[54] herausgegeben.

Erklärtes Ziel Grundmanns war es, das »Entjudungsinstitut« zum führenden Forschungsinstitut der Deutschen Evangelischen Kirche zu machen. Allerdings wurde das kirchliche Institut von staatlichen Stellen trotz vielfältiger Anbiederungsversuche und Anstrengungen immer stärker abgelehnt. Die christlichen Kirchen und die Theologie sollten nach den Vorstellungen der maßgeblichen nationalsozialistischen Führungskreise keine Zukunft mehr haben, auch wenn es sich um eine deutschchristlich »bereinigte« und auf den Nationalsozialismus eingeschworene Kirche handelte. Dies führte bei Grundmann allerdings nicht zu der Einsicht in die Aussichtslosigkeit seiner Bemühungen. Interessant ist in diesem Zusammenhang ein Briefwechsel mit seinem Doktoranden Hans-Joachim Thilo, der aufgrund der sich abzeichnenden Haltung des Staates seinen Austritt bei den Deutschen Christen erwog. Grundmann schrieb ihm am 18. November 1942:

»Zuerst: ich kann ihren Schritt sehr gut verstehen. Ich sehe auch deutlich die Möglichkeit, dass es nur ein Entweder-oder gibt: alte Kirche oder eine freidenkerische Parteireligion, wie sie jetzt vielerorts von den Rednern der Partei als deutscher Gottglaube verzapft wird. Sie kennen mein Ringen um einen geschichtsmächtigen deutschen Gottesglauben für den ›Ein feste Burg‹ der klassische Ausdruck bleibt. In die alte Kirche kann ich nicht zurück; einem religiösen Nihilismus kann ich meinen guten Namen, den ich mir erhalte, nicht verschreiben, also bleibt mir nichts anderes, als mich bescheiden in die Ecke zu stellen und eine andere Arbeit als Germanist oder Historiker zu tun. Wie gesagt, ich sehe diese Möglichkeit nüchtern vor mir. Nur ist aber die Entscheidung noch nicht reif; und solange es das Entweder-oder noch nicht gibt, kämpfe ich, ihm eine andere Form zu geben. Dem dient die Arbeit im Institut. [...] Eines weiß ich nun ganz genau: es gibt in Deutschland eine stille Gemeinde von Menschen, die in gleicher Richtung auf den Weg gesetzt sind [...]. Dieser Gemeinde diene ich. Ich bekomme viele von ihnen in die Mitarbeiterschaft des Instituts. Daneben suche ich Verbindung mit den positiven Kräften in der Partei.«[55]

52 Die Botschaft Gottes. Das Volkstestament der Deutschen, Leipzig 1940. Vgl. Arnhold, »Entjudung«, Band II, S. 649 ff.

53 Großer Gott wir loben dich. Der neue Dom, Weimar 1941. Vgl. Arnhold, »Entjudung«, Band II, S. 682 ff.

54 Deutsche mit Gott. Ein deutsches Glaubensbuch, Weimar o. J. (1941). Vgl. Arnhold, »Entjudung«, Band II, S. 703 ff.

55 Grundmann an Hans-Joachim Thilo vom 18.11.1942 (LKA Eisenach, Akte DC III 2a).

In der »Entjudung« von Theologie und Kirche sah Grundmann den Schlüssel, die »positiven Kräfte in der Partei« auf seine Seite ziehen zu können. Im Jahr 1942, zu einem Zeitpunkt, als die Vernichtung jüdischer Menschen in den Vernichtungslagern in vollem Gange war, formulierte er in der Institutsveröffentlichung »›Die geistige und religiöse Art des Judentums‹ als eine Aufgabe deutscher Geisteswissenschaft«: »Was politisch, wirtschaftlich und biologisch sich als eine Notwendigkeit herausgestellt hat, erweist sich bei näherer Beschäftigung mit dem Judentum und bei eindeutiger Profilierung seines geistigen und religiösen Gesichts ebenso als eine kulturelle, geistige und religiöse Notwendigkeit: Der Jude muss als feindlicher und schädlicher Fremder betrachtet werden und von jeder Einflussnahme ausgeschaltet werden.«[56] Inwieweit Grundmann selbst Kenntnis »von den Massenmorden an Kindern, Frauen und Männern« gehabt hat, lässt sich anhand der Quellen nicht mehr herausfinden, allerdings habe er, wie die Historikerin Anke Silomon behauptet, »umfassende Kenntnisse von der Entrechtung, Ghettoisierung und ›Umsiedlung‹ der europäischen Juden« besessen.[57]

## Grundmanns Werdegang nach 1945

Obwohl Grundmann bereits 1940 auf Antrag der Thüringer evangelischen Kirche als unabkömmlich gestellt worden war, wurde er dennoch am 27. März 1943 zum Wehrdienst einberufen. Er blieb bis Kriegsende Soldat und geriet in sowjetische Kriegsgefangenschaft. Als er noch 1945 zurückkehrte, war das Institut auf Beschluss des neuen thüringischen Landeskirchenrates bereits aufgelöst und er selbst aufgrund der Entnazifizierungsmaßnahmen der Alliierten aus seinem Professorenamt mit Datum vom 13. September 1945 entlassen.

Doch Grundmanns Kampf um das Institut war noch nicht beendet. Bereits am 12. Dezember 1945 überreichte er dem thüringischen Landeskirchenrat eine Denkschrift, mit der er die Umwandlung des »Entjudungsinstituts« in ein theologisches Forschungsinstitut erreichen wollte.[58] Darin behauptete er, dass der Nationalsozialismus seit 1938 parallel zur Verschärfung des »antijüdischen Kampfes« auch die Vernichtung der christlichen Kirche geplant habe. Dieser Kampf sei vor allem mit der These vom jüdischen Ursprung des Christentums geführt

---

56 Walter Grundmann, Die geistige und religiöse Art des Judentums. In: ders./Euler, Karl Friedrich (Hg.), Das religiöse Gesicht des Judentums, Leipzig 1942, S. 51–162, hier 161. Die Thesen Eulers und Grundmanns finden auch heute noch Verbreitung in rechtsextremen Kreisen. Eine Faksimile-Ausgabe besagter Schrift ist 1997 im »Verlag für ganzheitliche Forschung« erschienen.

57 Anke Silomon, Lothar Kreyssig und Walter Grundmann. In: Döring/Haspel, Kreyssig und Grundmann, S. 13–27, hier 19.

58 Vgl. Arnhold, »Entjudung«, Band II, S. 750 ff.

worden. Dieser These zu begegnen und ihr volksaufklärerisch die enge Beziehung zwischen Christentum und abendländischer Kultur entgegenzuhalten, sei die Zielsetzung des Instituts gewesen. Als wissenschaftlicher Leiter des Instituts habe er sich als »Anwalt der Theologie« verstanden, der mutig gegen die Angriffe des Nationalsozialismus Stellung bezogen habe. Doch der neue thüringische Landeskirchenrat folgte nicht Grundmanns Argumentation: In einem Schreiben vom 14. Januar 1946 teilte man ihm mit, dass für ihn derzeit im Bereich der thüringischen Landeskirche keine Arbeitsmöglichkeit vorhanden sei. Das änderte sich im Mai 1946, als Grundmann eine Stelle im diakonischen Hilfswerk der thüringischen Landeskirche erhielt. Nach zwei theologischen Gesprächen über das Barmer Bekenntnis mit Professor Gerhard Gloege, in denen Grundmann allerdings weder Bereitschaft zeigte, seine eigene Schuld zu bekennen, noch das Barmer Bekenntnis vollständig anzuerkennen, befürwortete Gloege dennoch Grundmanns Wiedereinstellung als Pfarrer in der Thüringer Kirche, die dann auch im August 1949 erfolgte.[59]

Mit der neuen Anstellung war für Grundmann auch wieder die Rückkehr zur wissenschaftlichen Tätigkeit geebnet. Das theologische Oberseminar Naumburg bestellte ihn zu regelmäßigen Vorlesungen und wollte ihn schon als Dozent übernehmen, als ihn die thüringische Landeskirche 1954 zum Rektor des Katechetenseminars in Eisenach berief. Ab 1970 dozierte er zusätzlich im Theologischen Seminar in Leipzig. Auch publizistisch war Grundmann weiter erfolgreich tätig: Er veröffentlichte unter anderem wissenschaftlich anerkannte Kommentare zu den synoptischen Evangelien und zu neutestamentlichen Briefen sowie eine Geschichte Jesu Christi. Seine Bücher wurden sowohl von der Evangelischen Kirche in der DDR als auch von bundesdeutschen Verlagen herausgegeben. Zu seinen Hauptwerken nach 1945 zählte auch ein dreibändiges Werk zur »Umwelt des Urchristentums«, das er zusammen mit dem Leipziger Neutestamentler Johannes Leipoldt,[60] ebenfalls einem ehemaligen Institutsmitarbeiter, herausgab. In Anerkennung seiner Verdienste wurde Grundmann 1974, zwei Jahre vor seinem Tod, von der thüringischen Landeskirche zum Kirchenrat ernannt.

Auch politisch wusste sich Grundmann wiederum mit dem Staat zu arrangieren. Von 1956 bis 1969 arbeitete er als Inoffizieller Mitarbeiter für die Staatssicherheit. Wie Lukas Bormann, der Grundmanns Stasiakten untersucht hat, herausstellt,

59 Ebd., S. 773 ff.

60 Vgl. den Beitrag von Dirk Schuster in diesem Band sowie Leonore Siegele-Wenschkewitz, Ablösung des Christentums vom Judentum? Die Jesusinterpretation des Leipziger Neutestamentlers Johannes Leipoldt im zeitgeschichtlichen Kontext. In: Georg Denzler/Leonore Siegele-Wenschkewitz (Hg.), Theologische Wissenschaft im »Dritten Reich«. Ein ökumenisches Projekt, Frankfurt a. M. 2000, S. 114–135.

sind die Motive sowohl in der »Anerkennung der DDR als ›Obrigkeit‹« zu sehen, als auch durch die »starke Aversion (›Hass‹) Grundmanns gegen die führende Rolle ehemaliger Mitglieder der Bekennenden Kirche« innerhalb der Kirche der DDR bedingt.[61] Bormann sieht in Grundmanns Stasitätigkeit auch einen Beleg für die Kontinuität seiner theologischen und ekklesiologischen Positionen nach 1945: »Theologie ist für ihn Mittel zur Akkulturation christlicher Überzeugungen und kirchlicher Strukturen an die sich wandelnde gesellschaftliche, politische und kulturelle Umwelt. Dabei habe sich die Kirche von ›Selbstverständlichkeiten‹ zu verabschieden. […] Der Staat als vorgegebene Machtkonstellation hat nach Grundmann das Recht, vom Volk und von der Kirche eine loyale Haltung, die Bereitschaft zum Dienen und sogar ein Bekenntnis einzufordern. Für sich selbst sieht Grundmann dabei seinen Platz im Kreis der gesellschaftlichen Elite, die an oberster Stelle Verantwortung übernehmen und führen sollte.«[62]

Grundmann gelang es auch mit großem zeitlichem Abstand und Wissen um die Verbrechen an den Juden während der NS-Diktatur nicht, sein eigenes Tun selbstkritisch zu reflektieren. In seiner unveröffentlichten Autobiografie »Erkenntnis und Wahrheit« aus dem Jahr 1969 stellte er vielmehr heraus: »Können wir Christen bleiben oder ist die Stunde gekommen, dem christlichen Glauben in unserem Leben und in unserem Volke den Abschied zu geben? Unsere Antwort auf diese Frage war das ›Institut zur Erforschung des jüdischen Einflusses auf das deutsche kirchliche Leben.‹«[63] Und weiterhin: »Wenn man uns, die wir die notvolle Situation der Christenheit in Deutschland nach der Kristallnacht 1938 zum Ausgangspunkt unserer Arbeit nahmen, wie Bilderstürmer ansieht und als Konformisten beurteilt, so wird uns Unrecht getan und der innerste Grund unseres Bemühens nicht gesehen.«[64] Auch ein Vierteljahrhundert nach dem Ende der NS-Diktatur rechtfertigte Grundmann die Arbeit des Eisenacher Instituts als notwendige Abwehr gegenüber den kirchenfeindlichen Bestrebungen des nationalsozialistischen Staates. Zum aggressiven Antisemitismus, der im Holocaust kulminierte, fand er »kaum Worte«, »sein öffentliches Agieren als Nationalsozialist und Antisemit« wurde von ihm weder »kritisch in den Blick« genommen noch als eigene Schuld bekannt.[65] Die »Entjudungsarbeit« des Instituts, so behauptete Grundmann auch weiterhin, sei die einzige Möglichkeit gewesen, um überhaupt ein Überleben der Kirche während der NS-Zeit sicherzustellen.

61 Lukas Bormann, Walter Grundmann und das Ministerium für Staatssicherheit. Chronik einer Zusammenarbeit aus Überzeugung (1956–1969). In: Kirchliche Zeitgeschichte, 2/2009, S. 595–632, hier 616.

62 Ebd., S. 628 f.

63 Grundmann, Erkenntnis, S. 45.

64 Ebd., S. 47.

65 Tobias Schüfer, Walter Grundmanns »Zuwendung zu den Fragen der Gegenwart« in nationalsozialistischer Zeit. In: Döring/Haspel, Kreyssig und Grundmann, S. 66–77, hier 75.

Diese Apologie Grundmanns fand nach 1945 gläubige Abnehmer. Tobias Schüfer spricht sogar von einer »transgenerationellen Komplizenschaft«,[66] die eine sachgerechte Aufarbeitung der Rolle Grundmanns im Nationalsozialismus lange Zeit verhindert habe. So galt die Schoah als das Werk einer kleinen Bande von NS-Verbrechern, mit dem man selbst nichts zu tun gehabt habe, und sie wurde mit der Abkehr des NS-Regimes vom Christentum erklärt, was Grundmann und die Deutschen Christen gerade zu verhindern gesucht hätten. Eine Folge dieser »Komplizenschaft« sei auch, dass Denkweisen, die den nationalsozialistischen Staat zu stützen halfen, innerhalb der Kirche nicht nachhaltig revidiert wurden. So blieb der kirchliche Antisemitismus in den Köpfen vieler Theologen auch nach 1945 weiterhin präsent, auch wenn er nicht mehr so offen geäußert wurde. Somit stellt sich, wie Susannah Heschel zu Recht herausgestellt hat, die Frage nach Kontinuitäten der antijüdischen Denkmuster, die auch nach Kriegsende in Kirche und Theologie weiter tradiert wurden. Beispielsweise sind in Grundmanns Kommentaren auch nach 1945 die judenfeindlichen Konzepte nicht verschwunden, sie sind nur weniger offensichtlich, da nun der Bezug zur nationalsozialistischen Rasseideologie fehlt.[67] Weiterhin beschrieb Grundmann auch nach 1945 die Einzigartigkeit Jesu in seiner Gegensätzlichkeit zum Judentum. Das Judentum erscheint immer noch als Negativfolie, auf der das von ihm entworfene Jesusbild nur umso glänzender erstrahlt. Und Grundmanns Publikationen stehen nicht allein, sodass antijudaistische Denkstrukturen bis heute in kirchlicher Predigt und theologischen Schriften nicht verschwunden, sondern weiter subkutan wirkungsmächtig geblieben sind.[68]

66 Ebd., S. 77.

67 Vgl. Torsten Lattki, »Das Bundesvolk kommt um im Gericht«. Der wenig verhüllte Antijudaismus Walter Grundmanns in der DDR. In: Döring/Haspel, Kreyssig und Grundmann, S. 78–92.

68 So ergab eine Untersuchung im Auftrag der Friedrich-Ebert-Stiftung im Jahre 2010, dass bei Kirchenmitgliedern eher antisemitische Einstellungen festgestellt werden können als bei Nichtkirchenmitgliedern. Vgl. Oliver Decker/Marliese Weißmann/Johannes Kiess/Elmar Brähler, Die Mitte in der Krise. Rechtsextreme Einstellungen in Deutschland 2010, Bonn 2010, S. 88.

André Postert

# »Lieber fahre ich mit meinem Volk in die Hölle als ohne mein Volk in Deinen Himmel.« Wolf Meyer-Erlach und der Antiintellektualismus

Wolf Meyer-Erlach, geboren 1891, wuchs in Etwashausen bei Kitzingen am Main auf. Zunächst durch die Großmutter streng katholisch erzogen, ging er in frühester Jugend zur Religion auf Distanz, um später über die Beschäftigung mit protestantischem Schrifttum doch wieder zum Christentum zu finden.[1] Von 1911 bis 1914 studierte Meyer-Erlach Theologie in Erlangen und Tübingen.[2] Sein Verhältnis zur universitären Lehre war von Beginn an konfliktgeladen: »Wenn ich einst als Student in Erlangen die Nächte durcharbeitete und Geschichte las, [...] haderte [ich] mit Gott«, bekannte er später in verschiedenen Variationen.[3] Die intensive Beschäftigung mit Luthers Schriften geriet ihm zum persönlichen Erweckungserlebnis.[4] Allmählich reifte während seiner Studienjahre in ihm die Überzeugung, Gott könne »nicht in Hörsälen und Studierstuben« gefunden, sondern nur »draußen in der Zwiesprache mit Wald und Flur« erlebt oder in der Mühsal des Alltags erfahren werden.[5] 1914 meldete sich Meyer-Erlach als Kriegsfreiwilliger, begeistert wie viele seiner Generation. Durch den Einschlag einer Granate schwer am Kopf verwundet, folgte zwei Jahre später die Entlassung aus dem Militärdienst. Karl Barth, der Meyer-Erlach 1920 traf, konstatierte einen kriegsbedingten »Mangel an Konzentrationskraft« und »schwerste

1 Wolf Meyer-Erlach an Rudolf Meiser vom 4.3.1981 (Privatbesitz Familie Meiser).

2 Klaus Raschzok, Wolf Meyer-Erlach und Hans Asmussen. Ein Vergleich zwischen der Praktischen Theologie der Deutschen Christen und der Bekennenden Kirche. In: ders. (Hg.), Volk und Bekenntnis. Praktische Theologie im Dritten Reich, Leipzig 2000, S. 167–202, hier insbes. 171 f.; Susannah Heschel, Die Theologische Fakultät der Universität Jena als »Bastion des Nationalsozialismus«. In: Uwe Hoßfeld/Jürgen John/Oliver Lemuth/Rüdiger Stutz (Hg.), »Im Dienst an Volk und Vaterland«. Die Jenaer Universität in der NS-Zeit, Köln 2005, S. 165–191, hier 169 f.

3 Wolf Meyer-Erlach, Entscheidet sich die Kirche? Ein Vortrag, Weimar 1934, S. 19.

4 Ebd.

5 Wolf Meyer-Erlach, Das Evangelium der Arbeit. In: ders., Gott in uns. Sechs Rundfunkreden, Weimar 1938, S. 12.

Nervenerschütterungen«.[6] So 1916 unfreiwillig an die »Heimatfront« versetzt, bestand Meyer-Erlach im selben Jahr sein Erstes Theologisches Examen. Er trat in den Dienst der bayerischen Landeskirche ein und wurde 1917 Pfarrer in der Dorfgemeinde Fessenheim bei Nördlingen.

## Auf dem Weg ins völkische Milieu

Zur selben Zeit begann Meyer-Erlach, sich in völkischen Kreisen zu betätigen. Erste Traktate im völkischen Lehmann-Verlag (München) erschienen in der Nachkriegszeit, darunter 1922 »Das deutsche Leid« – ein Theaterstück, bei dem die Vergewaltigung einer deutschen Frau durch einen schwarzen französischen Soldaten im Mittelpunkt steht.[7] Sympathien für das völkisch-nationale Milieu führten in der unmittelbaren Revolutions- und Nachkriegszeit zum Engagement in der Freikorps-Szene und in der bayerischen Heimatschutzbewegung.[8] Weil seiner Ansicht nach der Geburtsname Wolfgang Meyer jüdische Wurzeln nahelegen konnte, begann er fortan, unter Pseudonym zu publizieren; 1935 ließ er seinen Namen auch offiziell in »Wolf Meyer-Erlach« ändern. Das Trauma der Kriegsniederlage verarbeitete er mittels revanchistischer Publikationen und in nationalistisch eingefärbten Bühnenstücken. Früh trat bei ihm ein antiintellektueller Affekt zutage, der sich in den folgenden Jahren zum Angelpunkt sowohl seiner politischen Ideologie als auch seines Verständnisses von praktischer Theologie entwickelte: »Am Scheinglauben der Schriftgelehrten […] sterben die Völker. Nur an der Glaubensverwegenheit der Propheten und Seher können sie genesen«, konstatierte Meyer-Erlach über Cromwell, den er 1927 – neben Dante, Dürer, Shakespeare und Carlyle – zu einem der großen »nordischen Seher und Helden« rechnete.[9] Angewidert vom politischen Chaos und der vermeintlichen Gottlosigkeit republikanischer Staatsordnungen, sah er Ende der 1920er-Jahre seine Aufgabe darin, »die ewige Wiederkehr des prophetischen Menschen« zu verkünden.[10]

Völkisches Engagement und missionarische Arbeit gingen stets Hand in Hand: 1929 übernahm Meyer-Erlach die Pfarrei in Würzburg-Heidingsfeld.

6 Eduard Thurneysen (Hg.), Karl Barth – Eduard Thurneysen. Briefwechsel, Band 1: 1913–1921, Zürich 1973, S. 428. Zum beiderseitigen Verhältnis vgl. Raschzok (Hg.), Volk und Bekenntnis, S. 172.

7 Susannah Heschel, The Aryan Jesus. Christian Theologians and the Bible in Nazi Germany, Princeton 2008, S. 211 f.; Raschzok (Hg.), Volk und Bekenntnis, S. 172.

8 Ebd.

9 Wolf Meyer-Erlach, Cromwell. Der Revolutionär (4. Teil). In: ders., Nordische Seher und Helden, München 1927, S. 57.

10 Vorwort. In: ebd., S. 4.

Durch seine volksmissionarische Tätigkeit und Sozialarbeit erarbeitete er sich Ansehen in der Gemeinde.[11] Ferner war Meyer-Erlach seit 1922 verschiedentlich als Redner auf Versammlungen der bayerischen Nationalsozialisten in Erscheinung getreten; später glaubte er, sich zu den »alten Kämpfern« der Bewegung zählen zu können.[12] Seine Deutung der lutherischen Lehre verbreitete Meyer-Erlach seit 1931 in Radio-Predigten des Bayerischen Rundfunks. Seine Reden wurden mehrfach nachgedruckt und fanden in den folgenden Jahren viele Abnehmer. Eine enge Freundschaft entstand zu dieser Zeit mit Hans Schemm, der – seit 1924 NSDAP-Mitglied – den Nationalsozialistischen Lehrerbund und den Nationalsozialistischen Evangelischen Pfarrerbund gegründet hatte, sich seit 1928 als Gauleiter von Oberfranken betätigte und im März 1933 zum bayerischen Kultusminister ernannt wurde. Schemm, ein naturwissenschaftlich ausgebildeter Lehrer, trat für eine Verbindung von Christentum und nationalsozialistischer Weltanschauung ein und warb durchaus erfolgreich um die Gunst protestantischer Geistlicher. Meyer-Erlach, von Schemm tief beeindruckt, erklärte ihn in seiner Totenrede von 1935 zum »glühenden Prediger«, der »nicht aus einer äußerlichen Gelehrsamkeit, sondern aus tiefer innerer Begnadung« und »mit Reagenzglas und Mikroskop […] zu den großen Fragen der Rasse und des Blutes« vorgedrungen sei.[13]

Bis 1933 allerdings war aus Meyer-Erlachs Engagement für völkische Gruppierungen und die Hitler-Bewegung keine nach außen sichtbare Spannung zur bayerischen Landeskirche entstanden, weder in seelsorgerischen noch in politischen oder theologischen Fragen. Der erste Landespfarrer der Inneren Mission, Hans Meiser, auf dessen Betreiben hin Meyer-Erlach für die bayerische Landeskirche im Rundfunk predigte, dankte ihm im Mai 1932 dafür, »die zentralen Gedanken unseres evangelischen Glaubens so ohne Abstrich und zugleich in einer auch den modernen Menschen packenden Sprache« darzubieten. Die Kirchenleitung trete für Meyer-Erlachs »neue Art, das Evangelium zu verkünden, mit Bewusstsein« ein.[14] Die Wertschätzung dankte Meyer-Erlach, indem er bei Kultusminister Schemm im Frühjahr 1933 für Meiser als neuen bayerischen Landesbischof warb.[15] Seine frühe

11 Raschzok (Hg.), Volk und Bekenntnis, S. 173 f.

12 Wolf Meyer-Erlach, Kirche. In: Briefe an deutsche Christen, 3 (Juli 1934) 7, S. 124: »Wie sind wir vor 11 und 10 Jahren durch das Land gefahren, wie haben wir bei unseren Versammlungen für Hitler immer wieder betont, wir sind keine Partei, wir sind Bewegung! Wir waren stolz darauf, dass wir alles Harte, Verengende einer Partei von uns stoßen konnten. […] Da kam der Führer und verkündete hart, eindringlich, dogmatisch scharf: die Nationalsozialistische Arbeiterpartei. […] Um der Bewegung Bahn zu brechen, musste sie Partei werden und sein.«

13 Wolf Meyer-Erlach, Gedächtnisrede für Hans Schemm. In: ders., Universität und Volk. Rektoratsrede über den Neubau der Deutschen Universität, Jena 1935, S. 9–11.

14 Hans Meiser an Wolf Meyer-Erlach vom 24.5.1932 (Privatbesitz Familie Meiser).

15 Der Staatsminister für Unterricht und Kultus, Schemm, an Wolf Meyer-Erlach vom 3.5.1933 (Privatbesitz Familie Meiser): »Das Bayer. Staatsministerium für Unterricht und Kultus setzt

Parteinahme für die völkische Bewegung hatte also wenig Anlass für kirchenpolitische Spannungen geboten. Später, als er sich mit der evangelisch-lutherischen Kirche und dem neuen Landesbischof Meiser längst überworfen hatte, bestand Meyer-Erlach darauf, »fast zwei Jahre lang in Bayern [...] durchaus bibel- und bekenntnismäßig gepredigt« zu haben.[16] Tatsächlich waren seine Predigten bis dahin von unmittelbar politischen Stellungnahmen frei. Allerdings verknüpfte er das lutherische Bekenntnis zunehmend mit einer Überhöhung des Alltäglichen, Natürlichen und Unmittelbaren; hier lag der Ausgangspunkt, der ihn vom Boden der Heiligen Schrift konsequent weg- und nach 1933 in die nationalsozialistische Ideologie hineinführte.[17]

## Engagement für die Kirchenbewegung Deutsche Christen

In der nationalsozialistischen »Machtergreifung« hörte Meyer-Erlach nicht weniger als die »Stimme Gottes« sprechen.[18] Gott selbst, so seine Überzeugung, habe der christlichen Glaubensgemeinschaft und dem nationalsozialistischen Staat gleichermaßen die Aufgabe gestellt, dem »Hexentanz der bolschewistischen Dämonen« entgegenzutreten und aus der Erkenntnis der »uralten Schöpfungsordnungen« – Volk, Rasse, Heimat und Boden – ein neues Reich zu errichten.[19] Für das Ziel, Christentum und nationalsozialistische Weltanschauung in Einklang zu bringen, war er bereit, nicht nur mit der lutherischen Kirche, sondern auch mit der theologischen Überlieferung zu brechen. Denn wenn die kirchliche Theologie sich »der Anerkennung göttlicher Gegebenheiten«, das heißt der Realität der nationalsozialistischen Revolution, verweigerte, dann schien sie herabzusinken »zu einem Gemächte des Studierzimmers«, lediglich ein Anwalt »der versinkenden liberalen, demokratischen, sozialdemokratischen Geisteswelt« zu sein.[20]

---

sich für Meiser ein und hat die Überzeugung, dass es gelingen wird, Ihren Wunsch zu erfüllen. Vielen Dank für die freundliche Mitarbeit und auf weiteres getreues Zusammenarbeiten. Heil Hitler!«

16 Wolf Meyer-Erlach, Entscheidet sich die Kirche, S. 7.

17 Wolf Meyer-Erlach, Der Schöpfergott. Sechs Rundfunk-Ansprachen, gehalten im Bayerischen Rundfunk Juni–November 1931 über den 1. Glaubensartikel, Nürnberg 1931; vgl. hier insbes. auch das Vorwort von Oberkirchenrat Hans Meiser.

18 Wolf Meyer-Erlach, Kirche oder Sekte. Offener Brief an Herrn Landesbischof D. Meiser, Weimar 1934, S. 14: »Es ist eine Lüge, so zu tun, als ob die Deutschen Christen, die behaupten, die Stimme Gottes in der nationalen Erhebung, im Erwachen unseres Volkes gehört zu haben, die reden von der Offenbarung Gottes, von seinem helfenden Erbarmen durch die nationale Revolution, es ist eine Lüge, von diesen Deutschen Christen deshalb zu sagen, sie seien Ketzer, die neben die Stimme der heiligen Schrift noch die Stimme der Geschichte als Offenbarung setzen.«

19 Wolf Meyer-Erlach, Der Pfarrer im Dritten Reich, Weimar 1933, S. 9, 12.

20 Ebd., S. 12, 11.

Am 1. Mai 1933 trat Meyer-Erlach in die NSDAP ein. Schon seit Februar war er Mitglied des NSLB. Im Juni wechselte er in das Lager der Deutschen Christen.[21] Die Glaubensbewegung Deutsche Christen (GDC) hatte in Bayern im Sommer 1933 Fuß gefasst. Von der Reichsleitung der GDC wurde Meyer-Erlach zum Führer für Mittel- und Unterfranken bestimmt. Da ihm die GDC allerdings zu moderate Positionen vertrat und er im Oktober an die Theologische Fakultät in Jena berufen wurde, schloss er sich im Herbst 1933 der ungleich radikaleren Kirchenbewegung Deutsche Christen (KDC) in Thüringen an, für die er nach seiner Übersiedlung nach Jena auch in der bayerischen Heimat werbend in Erscheinung trat.[22] Die Thüringer KDC – bereits seit 1930 unter der Leitung von Siegfried Leffler und Julius Leutheuser aktiv, aber in dieser Zeit vergleichsweise unbedeutend – erzielte bei den reichsweiten Kirchenwahlen am 23. Juli 1933 in Thüringen ihren größten Erfolg. Innerhalb kürzester Zeit war sie zu einem bedeutenden kirchenpolitischen Faktor avanciert. Nach dem Sportpalast-Skandal vom November 1933 prägten fragile Bündnisse und Namenswechsel die unübersichtliche Entwicklung der Thüringer Deutschen Christen (DC). Im kulturkämpferisch-religiösen Wettbewerb fanden sich die Deutschen Christen alsbald eingeengt zwischen der Bekennenden Kirche einerseits, führenden NS-Ideologen wie Rosenberg und Himmler sowie den »Deutschgläubigen« andererseits. In dieser Gemengelage erzielten die DC mit ihrem Versuch einer christlich-nationalsozialistischen Synthese nach 1935 nur begrenzte Erfolge.[23]

Meyer-Erlach hatte sich bewusst zum Anschluss an eine der radikalsten Gruppierungen innerhalb der deutschchristlichen Bewegung entschlossen. Zwar gab er die Leitung der KDC für Bayern im Oktober 1934 mit Hinweis auf seine universitäre Verpflichtung wieder auf. Aber er blieb den Deutschen Christen als kirchenpolitischer Verbindungsmann und als Propagandist ihrer Ideen erhalten.[24] In der Thüringer DC-Presse ergriff Meyer-Erlach regelmäßig das Wort, vor allem um gegen den von der Bekennenden Kirche mit beeinflussten Reichskirchenausschuss zu polemisieren.[25] Der eröffnete Feldzug gegen die Vertreter der lutherischen Kirchen, die sich zum neuen Staat nicht fanatisch genug zu bekennen

21 Heschel, Aryan Jesus, S. 211.

22 Kurt Meier, Die Deutschen Christen. Das Bild einer Bewegung im Kirchenkampf des Dritten Reiches, Halle (Saale) 1964, S. 79.

23 Manfred Gailus, Diskurse, Bewegungen, Praxis: Völkisches Denken und Handeln bei den »Deutschen Christen«. In: Uwe Puschner/Clemens Vollnhals (Hg.), Die völkisch-religiöse Bewegung im Nationalsozialismus. Eine Beziehungs- und Konfliktgeschichte, Göttingen 2012, S. 233–249; Ernst Piper, »Der Nationalsozialismus steht über allen Bekenntnissen«. Alfred Rosenberg und die völkisch-religiösen Erneuerungsbestrebungen. In: ebd., S. 337–355; Wolfgang Dierker, »Niemals Jesuiten, niemals Sektierer«. Die Religionspolitik des SD gegenüber »Sekten« und völkisch-religiösen Gruppen. In: ebd., S. 355–375.

24 Meier, Deutsche Christen, S. 79.

25 Ebd., S. 140–142.

schienen, führte ihn von theologischen Fragen weg und tiefer ins Unterholz völkischer Ideologie: Lieber stünde er, bekannte Meyer-Erlach schon 1934, »bei den Heiden […] als bei diesen Herren, die die rechte Theologie gepachtet haben«.[26] Insbesondere auf seinen einstigen Kirchenherrn Meiser konzentrierten sich 1933/34 die öffentlichen Angriffe, die mit viel Aggressivität, obendrein recht konfus, vorgetragen wurden.

Nachdem sich dessen anfängliche Hoffnung auf eine Zusammenarbeit zwischen Kirche und NS-Staat zerschlagen hatte, setzte sich Landesbischof Meiser gegen Gleichschaltungsbestrebungen durch Reichsbischof Müller zur Wehr; er unterstützte die Barmer Bekenntnissynode und suchte durch Zusammenschluss mit anderen lutherischen Kirchen der Intervention zu begegnen. Für Meyer-Erlach machte sich der bayerische Landesbischof indes der »theologischen Irreführung« und eines Vergehens »an der Bibel und am Bekenntnis, an der Haltung Luthers und des Luthertums« schuldig, um das Volk gegen die neue Staatsordnung zu mobilisieren.[27] Sein Brief an Meiser, gedruckt im Weimarer Verlag der Deutschen Christen, war gespickt mit wütenden Vorhaltungen, antiintellektuellen Ideologemen und verquasten Irrationalismen. Die Schrift fand viel Beachtung und veranlasste Vertreter der Bekennenden Kirche zur scharfen Gegenwehr.[28] Meyer-Erlach argumentierte, Gott offenbare sich nicht allein im geschriebenen Wort, sondern vielmehr im Volkstum, in den großen Tatsachen der Geschichte, in »Blut und Rasse«. Die Kirchen seien seit jeher Institutionen der Ewiggestrigen gewesen. Es habe der »germanischen Ketzer« bedurft, so wie Luther einer gewesen sei, um »die Sonne Gottes und das ewige Licht der Wahrheit […] in diesen Kerker des Geistes und der Seele« hineinzuleuchten.[29] Aus seiner Sicht versagte die Theologie der universitären Schriftgelehrten angesichts der Herausforderungen der Zeit: »Ein chemisch reines Christentum, eine chemisch reine Theologie gibt es nur in den Gehirnen der Theologen.«[30] Was Meyer-Erlach in Übereinstimmung mit der KDC forderte, war ein »artgemäßes Christentum«, Zulässigkeit von Kritik am jüdischen Alten Testament – wo »sehr üble Geschichten stehen, die ganz nah an widerliche Dinge grenzen«[31] – sowie die Schaffung einer Nationalkirche, in der sich das Christentum unter dem Symbol des Hakenkreuzes vereinen ließ.[32]

26 Meyer-Erlach, Entscheidet sich die Kirche, S. 8.

27 Meyer-Erlach, Kirche oder Sekte, S. 6 f., 14.

28 Vgl. z. B. Christian Stoll, Kirche oder Schwärmertum? Eine christliche Antwort auf den offenen Brief des Herrn Professor Wolf Meyer-Erlach (Jena) an den Herrn Landesbischof D. Meiser, München 1934, oder Gottfried Werner, Kirche oder Sekte (Sonderdruck: Lutherische Kirche, 16. Jg. Nr. 5), S. 1: »Die Schrift gehört zu den oberflächlichsten und konfusesten, die uns im bisherigen Verlauf der kirchlichen Auseinandersetzungen zu Gesicht gekommen sind.«

29 Ebd., S. 18, 20.

30 Ebd., S. 18.

31 Ebd., S. 12.

32 Ebd., S. 23.

Meyer-Erlachs Kirchenbegriff löste sich während der folgenden Monate in der Kette völkischer Argumente zusehends auf; mal forderte er den Aufbau einer »neuen Kirche«, ein anderes Mal verwarf er den Begriff ganz. Schon während der 1920er-Jahre war Kern der praktischen Theologie Meyer-Erlachs das alltägliche Gotteserleben gewesen. Diesen in seiner Zeit populären Grundgedanken mobilisierte er nun im Dienste des NS-Staates gegen die Theologen der Bekennenden Kirche. Während er die »Einpeitscher der Bekenntnisfront« – unter anderen Martin Niemöller, Hans Asmussen, Hans Meiser und Hugo Hahn – als die Ewiggestrigen charakterisierte, erklärte er die Arbeit für die Volksgemeinschaft zum wahren Gottesdienst. So wie Gott sich Christus und Luther offenbart habe, so spreche Gott nun durch Hitler. Einer Kirche, die anderes lehrte, bedürfe es nicht mehr: »Wir wissen, wer dem Führer dient, der dient Gott.«[33] Entsprechendes predigte Meyer-Erlach in mehreren Rundfunkreden in den 1930er-Jahren. Die von ihm und den Thüringer DC gegen die Bekennende Kirche und ihrer vermeintlich jüdischen »Buchstabenvergötzung« angeführte »unsichtbare Kirche« verlor dabei stets ein wenig mehr an theologischer Kontur: Jeder Einzelne solle selbst zum Priester werden, nicht der kirchliche Tempel, sondern Fabrikhalle, bäuerlicher Acker, heimischer Herd, Aufmarschplatz der SA oder Nürnberger Reichsparteitag seien gleichermaßen zum Haus Gottes geworden.[34] Dem mittelalterlichen Christentum der Kirche – angeblich alttestamentarisch-jüdischen Einflüssen erlegen – stehe nun ein modernes, lutherisches »Christentum der Tat« gegenüber.[35] Aus Nächstenliebe wurde demnach »Heldenliebe«, aus Christus – wo er noch Erwähnung fand – ein Prophet der Tapferkeit und des Mutes.[36] Je mehr Meyer-Erlach gegen Vertreter der Bekennenden Kirche polemisierte, desto intensiver trat sein antiintellektueller Affekt zutage. Der SA-Mann und Soldat, der für die vermeintlich göttlichen Tatsachen Volkstum, Rasse, Blut kämpferisch einzutreten bereit schien, repräsentiere das neue Ideal, nicht der Schriftgelehrte, der zum Glauben unfähig und im geistigen Kerker seiner lebensfremden Theorien gefangen sei.

## Universität Jena

Meyer-Erlach vertrat somit einen im schärfsten Maße ausgeprägten Antiintellektualismus, gepaart mit persönlicher Verachtung für die universitäre Lehre. Erstaunlicherweise stieg er dennoch zuerst zum Lehrstuhlinhaber und dann

33 Meyer-Erlach, Entscheidet sich die Kirche, S. 15–19.

34 Wolf Meyer-Erlach, Gewissensfreiheit. In: Glaubenstrotz. Acht Rundfunkreden von Prof. Dr. h. c. Wolf Meyer-Erlach, Weimar 1937, S. 3–9.

35 Wolf Meyer-Erlach, Gottesdienst im Alltag. In: ebd., S. 17–23.

36 Wolf Meyer-Erlach, Glaubenstrotz. In: ebd., S. 31–36; Auferstehung. In: ebd., S. 43–48.

zum Rektor der Friedrich-Schiller-Universität Jena auf. Meyer-Erlach hatte weder eine Promotion erlangt noch habilitiert; erst 1937 erhielt er nach einem Gastaufenthalt an der Universität Athen die Ehrendoktorwürde. Für seine Berufung an die Universität im Oktober 1933 waren politisch-ideologische Gründe ausschlaggebend. Leffler, Mitbegründer der KDC und nun Oberregierungsrat im Thüringer Volksbildungsministerium, setzte die Berufung seines Freundes Meyer-Erlach auf die Professur für Praktische Theologie durch, ohne zuvor die Fakultätsmitglieder konsultiert zu haben. Für das anvisierte Ziel, Vertreter der DC in universitären Schlüsselpositionen zu verankern, war Meyer-Erlach ein bestens geeigneter Kandidat.[37] Die Jenaer Universität galt als Prototyp einer politischen Hochschule. Insbesondere die Theologische Fakultät entwickelte sich während der 1930er-Jahre zu einer Bastion für überzeugte Nationalsozialisten. Meyer-Erlach, der diese Entwicklung bereitwillig vorantrieb, unterstützte die Berufung von weiteren DC-Theologen nach Jena: Walter Grundmann und Heinz Eisenhuth.[38] Seine spektakuläre, recht martialisch dargebrachte Antrittsvorlesung »Das neue Deutschland und die christliche Verkündigung« war eine kalkulierte Provokation: Das Christentum, so die einmal mehr vorgebrachte Forderung, habe sich den neuen Realitäten anzupassen, universitäre Theologie und kirchliche Institutionen müssten sich in die revolutionäre Entwicklung des Nationalsozialismus einordnen. Ausufernd würdigte Meyer-Erlach den »Rasseidealismus« Hitlers und den im neuen Staat angeblich verwirklichten »Sozialismus der Tat«, der eben nicht den universitären Studierstuben oder irgendeiner gelehrten Dogmatik entstamme, vielmehr im Ringen um die völkische Wiedergeburt gewonnen worden sei.[39]

Im April 1935 wurde er durch Reichsminister Rust und entgegen dem Mehrheitswunsch der Professoren zum Rektor der Jenaer Universität ernannt; bei der angesetzten Rektorenwahl waren die Stimmen nicht mehr ausgezählt, sondern lediglich »gewogen« worden.[40] Mit der Rektoratsrede »Universität und Volk«, die an seine Antrittsvorlesung programmatisch anknüpfte, unterwarf Meyer-Erlach nicht nur den Bildungsbetrieb dem nationalsozialistischen Totalitätsanspruch, er erteilte auch dem humanistischen Bildungsideal des 19. Jahrhunderts eine

37 Kurt Meier, Die Theologischen Fakultäten im Dritten Reich, Berlin 1996, S. 152; Heschel, Aryan Jesus, S. 211 f.

38 Heschel, Aryan Jesus, S. 201–241; dementsprechend wähnte sich Meyer-Erlach 1937 hauptverantwortlich »im Herzen des Trutzgaues der nationalsozialistischen Revolution«. So Wolf Meyer-Erlach, Vorwort. In: Meister Eckehart. Ein Künder deutscher Frömmigkeit. Rede gehalten zur Feier der akademischen Preisverleihung, Jena 1937, S. 6.

39 Wolf Meyer-Erlach, Das neue Deutschland und die christliche Verkündigung, Weimar 1934, insbes. S. 6–10, 19–23.

40 Senatskommission zur Aufarbeitung der Jenaer Universitätsgeschichte im 20. Jahrhundert (Hg.), Traditionen – Brüche – Wandlungen. Die Universität Jena 1850–1995, Wien 2009, S. 490; Horst Neuper, Drei Portraits der Macht. In: Akrützel, 10 (1999) 130, S. 10.

Wolf Meyer-Erlach, 1934; Quelle: Kustodie der Friedrich-Schiller-Universität Jena

Generalabsage. Die Autonomie der Universität, so führte der neue Rektor vor dem Auditorium aus, sollte »durch die Gewalt der nationalsozialistischen Idee zerbrochen« werden, um Bildung und Wissenschaft »mitten hinein in das Leben […] zu stellen«.[41] Der Wissenschaft schien ausschließlich dann ein Wert zuzukommen, wenn sie am Aufbau des Staates mitwirkte und zur Verwirklichung der nationalsozialistischen Volksgemeinschaft beitrug: »Ein Volk kann schließlich ohne Universität leben. […] Aber die Hochschule kann nicht ohne Volk leben.«[42]

41 Wolf Meyer-Erlach, Universität und Volk, S. 24 f.

42 Ebd., S. 25.

Bürgerlich-liberale Errungenschaften des 19. Jahrhunderts waren ihm nur »toter Gedächtniskram«, ohne Mehrwert für das völkische Gemeinschaftsleben. Indem sich die bürgerliche Universität des 19. Jahrhunderts angeblich ganz auf sich selbst zurückgezogen hatte, war die Grundlage zur nationalen Zerrissenheit und die Idee des Klassenkampfs geboren worden.[43]

Es lag in der Konsequenz dieser Argumentation, dass Meyer-Erlach von den Universitäten nicht mehr nur die allein geistige, vermeintlich unproduktive Arbeit forderte, sondern auch körperliche Zucht, Schulung des Instinkts und der Tatkraft.[44] Der Negativfigur des kraftlos-weltfremden Akademikers stand das Ideal des in Weltanschauungsfragen geschulten, opferbereiten Kämpfers von Langemarck gegenüber.[45] Die Sendung eines »gottgesandten Führers«[46] konnte daher keine Angelegenheit der Ratio sein. Einer Universität, die sich dem Mythos verweigerte, durfte keine Zukunft beschieden sein: »Es ist nicht gut, wenn der Glaube, der Berge versetzt, der Meere zerreißt und durch Wüsten eine Bahn schafft, wenn der Glaube eines Führers wie Hitler an den aufs höchste ausgebildeten Verstand verraten wird.«[47] Tugenden des Wissenschaftlers – Skepsis, Nüchternheit und Kritik – hatten ausgedient. Die von Meyer-Erlach beschworene Universität war nichts anderes als eine Schule des politischen Fanatismus.

Seine Agitation gegen die rein materialistische, vermeintlich »tote Wissenschaft«[48] paarte Meyer-Erlach stets mit übereifrigen Loyalitätsbekundungen gegenüber dem NS-Staat; selbst bei Kollegen, bei Gegnern ohnehin, galt er als Zungendrescher mit geradezu pathologischer Devotion. Insbesondere bei der Charakterisierung und gleichzeitigen Indienstnahme Hitlers für die Anliegen der DC war Meyer-Erlach um keine Verherrlichung verlegen.[49] Obwohl er seine

---

43 Ebd., S. 23.

44 Ebd., S. 23: »Die Charakterbildung als Hochziel der Universität zwingt uns, neben der Ausbildung des Geistes eine gründliche Durchbildung des Körpers zu verlangen. Nur der Zusammenklang von geistiger und körperlicher Ausbildung kann unsere akademische Jugend vor dem Fluch bewahren, dem oft genug die deutsche Intelligenz unterlegen ist: dass die Vertreter der Geistigkeit aus Mangel an Lebenskraft im reinen Wissen stecken blieben, statt, wie Fichte es fordert, durchzubrechen zum Können, zum Gestalten.«

45 Ebd., S. 26.

46 Ebd., S. 15.

47 Ebd., S. 18.

48 Ansprache des Rektors der Friedrich-Schiller-Universität Jena Professor Wolf Meyer-Erlach. In: Ansprachen zum Gedächtnis der Frau Dr. phil. h. c. Elisabeth Förster-Nietzsche bei den Feierlichkeiten in Weimar und Röcken am 11. und 12. November 1935, Weimar 1935.

49 Meyer-Erlach, Entscheidet sich die Kirche?, S. 7: »Ich muss immer sagen, wenn ich so den Führer vor mir sehe, wenn ich über ihn nachdenke, wundere ich mich immer und frage mich, was ist größer bei diesem Mann: Sein grenzenloser Glaube, seine tiefe Bescheidenheit, in der er jeden einzelnen von uns beschämt, oder seine grenzenlose Liebe, dieses endlose Werben um den deutschen Menschen, damit der deutsche Mensch, damit schließlich sogar die Pfarrer erkennen können, dass er geschickt ist von unserem Herrgott.« Vgl. ähnlich das Vorwort und

Rektorentätigkeit so bereitwillig in den Dienst des NS-Staats stellte, war seine Position nicht gefestigt. Zwar besaß er mit Walter Grundmann und Heinz Eisenhuth – deren Berufung er gefördert hatte – wichtige Fürsprecher, traf aber außerhalb der theologischen Fakultät auf Widerstände.[50] Insbesondere der Rassenforscher Karl Astel, seit Juni 1934 Professor der Medizinischen Fakultät mit besten Verbindungen zum Thüringer Gauleiter Fritz Sauckel und zu Heinrich Himmler, intrigierte gegen den »150%ig tönenden Nationalsozialisten«, um sich selbst als Nachfolger zu empfehlen.[51] Astel hoffte, die Universität Jena zur »SS-Universität« umbauen zu können.[52] Primär die Naturwissenschaften und hier besonders die Rassenlehre sollten zukünftig an Bedeutung gewinnen.[53] Die Tatsache, dass Meyer-Erlach als Pfarrer 1929 der Einweihung einer Synagoge im bayerischen Heidingsfeld beigewohnt hatte, musste er sich nun vorhalten lassen – und das, obwohl seine antisemitischen Traktate zunehmend vulgäre Töne anschlugen. Mehrere Gründe waren ausschlaggebend dafür, dass Meyer-Erlachs Stern innerhalb von nicht einmal zwei Jahren sank: der rapide Bedeutungsverlust der DC nach dem Sportpalast-Skandal, die staatliche Kirchenaustrittskampagne seit 1937 sowie Eingriffe Himmlers und Rosenbergs in weltanschaulich-religiöse Fragen. Ein Rektor, dessen Hausmacht hauptsächlich in der Abteilung christliche Theologie lag, schien nicht mehr tragbar. Zudem wies Meyer-Erlach die Forderung aus Astels Umgebung zurück, er solle aus der Kirche austreten. Versuche, sich im Amt zu halten oder zumindest einen genehmen Nachfolger zu finden, waren nicht von Erfolg gekrönt. Die Hoffnung, der »Stellvertreter des Führers« Rudolf

---

Geleitwort des Rektors Wolf Meyer-Erlach und des Gaustudentenbundführers Hans Eberhardt in der Schrift »Der SA.-Student im Kampf um die Hochschule« von Hans-Joachim Düning (Dok. Nr. 93). In: Jürgen John/Helmut G. Walther (Hg.), Wege der Wissenschaft im Nationalsozialismus. Dokumente zur Universität Jena, 1933–1945, Stuttgart 2007, S. 164.

50 Zur Unterstützung Meyer-Erlachs bei der Berufung Grundmanns und Eisenhuths vgl. sein Schreiben an das Thüringer Ministerium für Volksbildung vom 6.3.1937 (Universitätsarchiv Jena, Personalakten Meyer-Erlach, Nr. 910); Susannah Heschel, The Theological Faculty at the University of Jena as a Stronghold of National Socialism. In: Mordechai Feingold (Hg.), History of Universities, Oxford 2003, S. 143–169.

51 SD-Bericht vom 10.6.1936 (BArch, ZB II 1154/3, Bl. 58–65, hier 69), zit. nach Senatskommission (Hg.), Traditionen – Brüche – Wandlungen, S. 488.

52 Direktor der Universitätsanstalt für Menschliche Erbforschung und Rassenpolitik Karl Astel an Reichsführer SS Heinrich Himmler über eine rassisch orientierte Berufungspolitik an der Universität Jena (Dok. Nr. 54). In: Wege der Wissenschaft, S. 98 f. Vgl. außerdem Uwe Hoßfeld/ Jürgen John/Oliver Lemuth/Rüdiger Stutz. »Kämpferische Wissenschaft«: Zum Profilwandel der Jenaer Universität im Nationalsozialismus. In: dies. (Hg.), »Im Dienst an Volk und Vaterland«, S. 1–127, hier 77–81.

53 Uwe Hoßfeld/Michal Šimůnek, Die Kooperation der Friedrich-Schiller-Universität Jena und Deutschen Karls-Universität Prag im Bereich der »Rassenlehre« 1933–1945, Erfurt 2008, insbes. S. 15–39.

Heß würde eine schützende Hand über ihn halten, erwies sich als trügerisch.[54] Am 1. November 1937 wurde Meyer-Erlach durch Kultusminister Rust vom Amt entbunden. Der Physiker Abraham Esau wurde sein Nachfolger.[55]

Die Niederlage versuchte Meyer-Erlach viel später als Folge seiner angeblich oppositionellen Haltung umzudeuten. Tatsächlich war er nicht allein durch Astels Betreiben gestürzt worden, sondern auch beim sächsischen Gauleiter Martin Mutschmann in Ungnade gefallen. Im November 1938 erhielt er, nachdem bereits in Thüringen ein Redeverbot verhängt worden war, kurzzeitig ein Aufenthaltsverbot für den Bereich des Landes Sachsen.[56] Auch seine Rundfunk-Predigten konnte er nicht mehr halten. Meyer-Erlach sah sich als »Bekenntnisschwein« stigmatisiert und wie ein Verbrecher behandelt.[57] Zur Positionsveränderung oder gar einem Überdenken der eigenen Rolle und Haltung führten diese Vorfälle aber nicht; weiterhin glaubte er, dass antichristlichen Partei-Elementen entgegengesteuert werden könne, aber der Nationalsozialismus das Christentum nicht grundsätzlich infrage stelle. Meyer-Erlach bezog dementsprechend zu keinem Zeitpunkt regimekritische Positionen, nicht vor seiner Entbindung als Rektor und ebenso wenig danach. In seinem letzten Rundschreiben als scheidender Rektor erklärte er, stets mit Stolz als »Soldat des Führers« gehandelt zu haben.[58]

Meyer-Erlachs Angriffe auf die Bekennende Kirche, seine Positionen in weltanschaulichen Belangen und in Bezug auf die »Judenfrage« radikalisierten sich mit Kriegsbeginn. Während der Mitarbeit an Grundmanns »Institut zur Erforschung und Beseitigung des jüdischen Einflusses auf das deutsche kirchliche Leben«, gegründet im Mai 1939 in Eisenach, erreichte Meyer-Erlachs radikal-völkische Phase ihren Höhepunkt. Seine Tätigkeit während des Krieges führte ihn von der Bibel endgültig fort und war Konsequenz seiner Anfang der 1920er-Jahre gegenüber Karl Barth geäußerten Haltung: »Lieber fahre ich mit meinem Volk in die Hölle, als ohne mein Volk in Deinen Himmel.«[59]

54 Wolf Meyer-Erlach an Stellvertreter des Führers vom 7.3.1937. In: Hans-Joachim Sonne, Die politische Theologie der Deutschen Christen. Einheit und Vielfalt deutsch-christlichen Denkens, dargestellt anhand des Bundes für deutsche Kirche, der Thüringer Kirchenbewegung »Deutsche Christen« und der Christlich-deutschen Bewegung, Göttingen 1982, S. 232–237.

55 Senatskommission (Hg.), Universität Jena, S. 500.

56 Oberbürgermeister der Stadt Pirna an Nationalkirchliche Bewegung Deutsche Christen vom 12.11.1938. In: Sonne, Politische Theologie, S. 243.

57 Wolf Meyer-Erlach an Gauleiter Mutschmann vom 20.11.1938. In: ebd., S. 244.

58 Rundschreiben des scheidenden Rektors Wolf Meyer-Erlach (Dok. Nr. 114). In: Wege der Wissenschaft, S. 187 f.

59 Wolf Meyer-Erlach, Das neue Deutschland und die christliche Verkündigung, S. 9.

## Die Germanisierung des Christentums

Noch 1934 hatte Meyer-Erlach an der Seite Siegfried Lefflers mit einer gewissen Kritik auf das »Kunterbunt der religiösen Strömungen« und das »Mischmasch von Christentum und Heidentum« geblickt, das die erste Phase des Kirchenkampfs in der NS-Diktatur prägte.[60] Heftig wehrte er sich gegen Vorwürfe aus Kreisen der Bekennenden Kirche, den »Wotansglauben« der völkischen Bewegung in das Christentum einspeisen zu wollen.[61] Die Ideologeme der Völkischen hatten aber längst Eingang in Meyer-Erlachs Schriften gefunden; wahlweise begab er sich auf die Suche nach dem Wesen der »nordischen Seele« oder er beschwor den »Geist der Donnersöhne« gegen seine Gegner.[62] Angesichts solcher Semantik hatte die Kritik vonseiten der Bekennenden Kirche durchaus Berechtigung.

1933 vertrat Meyer-Erlach die Position, Pfarrer müssten – in Überwindung der kirchlichen Verkrustungen – Verkünder eines neuen »sieghaften nordischen Gottesglaubens« werden.[63] Luther mit seiner Reformation habe nicht nur gegen »falsches, lebensfremdes, sinnenfeindliches Christentum«[64] rebelliert, sondern noch dazu das Volk aus der römisch-jüdischen Knechtschaft geführt. Den Nationalsozialismus erhob Meyer-Erlach folgerichtig zu einer Art neuer Reformation und Hitler in den Rang eines christlichen Reformators: »Deshalb ist heute [die] große Zeit in Deutschland angebrochen, weil in der Glut der nationalsozialistischen Revolution die Werte wie in einem Schmelzofen durchglüht werden, also dass alles verbrennt, was alt und schwach und wertlos geworden ist, und was wert zu leben, zukunftsträchtig ist, geläutert und gestählt herauskommt.«[65] Mit dem Versuch, das Christentum zu »germanisieren« und so für die politische Ideologie gewisser nationalsozialistischer Kreise anschlussfähig zu machen, begann für Meyer-Erlach – ähnlich wie bei anderen Vertretern der DC – eine Absetzbewegung von der kirchlich-theologischen Überlieferung, um auf eine neopagane, allenfalls mit christlichen Versatzstücken angereicherte Weltanschauung konsequent zuzusteuern. Was zunächst als kalkuliertes Spiel mit germanisch-nordischem Vokabular begann, verselbstständigte sich, gewann immer mehr an Gewicht und rückte ins Zentrum der völkisch-christlichen Glaubensideologie.

---

60 So Lefflers Vorwort bei Meyer-Erlach, Pfarrer im Dritten Reich, S. 3; siehe ähnlich Wolf Meyer-Erlach, Vorwort. In: ders., Das neue Deutschland und die christliche Verkündigung, S. 4: »Wir können weder in syrische Wüsten noch in germanische Urwälder fliehen. Wir müssen dort kämpfen, wohin Gott uns stellt. Wir wissen, dass all unsere Verkündigung auch im neuen Deutschland, dass unser Kampf für Christi und Deutschlands Sache immer voller Spannungen sein wird.«

61 Wolf Meyer-Erlach, Entscheidet sich die Kirche?, S. 7.

62 Ebd.

63 Ebd.

64 Wolf Meyer-Erlach, Revolution der Ehe, Weimar 1938, S. 4 f.

65 Wolf Meyer-Erlach, Furchtlosigkeit (Bußtag). In: Gott in uns, S. 30–40, hier 30.

Im Rahmen des Eisenacher »Entjudungsinstituts« steuerte Meyer-Erlach 1941 in Zusammenhang mit einer Tagung zum Thema »Germanentum, Christentum und Judentum« – besucht von rund 600 Teilnehmern – einen Aufsatz unter dem Titel »Nordisches Christentum und das Reich« bei.[66] Seine Ausführungen belegen, wie weit er sich an der Seite führender DC-Vertreter inzwischen von der christlichen Überlieferung entfernt hatte. Kern der vorgetragenen Argumentation bildete die Unterscheidung eines Nord- und Südgermanentums. Während letzteres zu Zeiten des Mittelalters in den Bann der jüdisch-römischen Kirche geraten sei, habe sich der »nordische Geist« bei den skandinavischen Völkern am reinsten erhalten. Der dänische Literat des 19. Jahrhunderts Grundtvig diente Meyer-Erlach als Kronzeuge dafür, dass der »Germane […] auch als Christ nur germanisch, aber nicht südländisch […] glauben« könne, sonst würde »die Kirche zur Hölle seines Geistes«.[67] Mit dem Instrument der jüdischen Bibel sei das Südgermanentum einem artfremden, weil allein schriftmäßig fundierten Glauben unterworfen worden. Dadurch sei ein »furchtbarer Zwiespalt in die Seele unseres Volkes« gekommen.[68] So ließ sich der Nationalsozialismus mit seinen Anleihen beim Heidentum und dem Bestreben, christliche Feste zu regermanisieren, als historischer Beweis einer völkischen Wiedergeburt präsentieren: »Für den Germanen hat nur ein Christentum Wert, das ihn den Krist als Bruder Wodans und Thors sehen lässt.«[69]

Vor dem Hintergrund der staatlich geförderten Entkirchlichung fiel es dem Institut schwer, Einfluss zu generieren. Da Meyer-Erlach vom Rektorenamt verdrängt worden war, hatte auch eine eigentlich naheliegende Kooperation mit der Universität Jena kaum Chancen auf Verwirklichung.[70] Der Willfährigkeit der Akteure tat ihr bescheidener Einflussgrad keinen Abbruch. Noch 1943 forderte Meyer-Erlach: »Wir müssen heute bewusst den Mut haben, […] als Germanen unseren Christenglauben germanisch zu prägen und zu leben. Rasse ist alles.«[71] Dass Christus in der Kette zunehmend konfuser Argumente kaum mehr eine Rolle spielte und selbst die Bibel als Grundlage des Glaubens fragwürdig schien, war untrügliches Zeichen dafür, dass die Vertreter der DC in der Auseinandersetzung zwischen »altem« und »neuem« Glauben längst die Deutungshoheit verloren und sich bereitwillig zur Preisgabe christlicher Über-

66 Walter Grundmann, Vorwort. In: ders. (Hg.), Germanentum, Christentum und Judentum. Studien zur Erforschung ihres gegenseitigen Verhältnisses, Band 2, Leipzig 1942.

67 Wolf Meyer-Erlach, Nordisches Christentum und das Reich. In: ebd., S. 165–229, hier 220.

68 Ebd., S. 194.

69 Ebd., S. 221.

70 Horst Junginger, Die Verwissenschaftlichung der »Judenfrage« im Nationalsozialismus, Darmstadt 2011, S. 224.

71 Wolf Meyer-Erlach, Luther und Gustav Adolf. In: Walter Grundmann (Hg.), Die völkische Gestalt des Glaubens (Beiheft zu Germanentum, Christentum und Judentum. Studien zur Erforschung ihres gegenseitigen Verhältnisses), Leipzig 1943, S. 1–23, hier 21.

lieferung entschlossen hatten. Meyer-Erlach wischte Bedenken einmal mehr mit Antiintellektualismus beiseite: Das Festhalten der Gelehrten an überkommenen Dogmen sei »die ungermanische Vergötzung von Buchstaben«.[72] Der sogenannte nordisch-germanische Geist sollte heldisch und tatkräftig sein, sich aber nicht in komplexen Theorien oder im Logos verlieren. Der antirationale Reflex, der Meyer-Erlach seit Ende des Ersten Weltkrieges zu Angriffen auf die universitäre Zunft und das angeblich degenerierte Bürgertum veranlasst hatte, fand in seinen während des Zweiten Weltkrieges verfassten Schriften ihre vollkommene Ausprägung. Pathetische Metaphern ersetzten den wissenschaftlichen Beweis. Das durch die DC beschworene »Germanenchristentum«,[73] das langfristig die Auflösung des Christentums in der totalitären NS-Ideologie bedeutet hätte, ergab nur einen Sinn, solange man eine rationale Erklärung verweigern konnte.

## Antisemitismus

Überzeugt davon, dass die europäischen Völker durch das Judentum seit ältesten Zeiten ausgebeutet würden, galt Meyer-Erlach alles vermeintlich Hassenswerte als Produkt des sogenannten jüdischen Rassegeistes: Liberalismus, Marxismus, Parlamentarismus, Intellektualismus, römische Kirche und kirchliche Theologie genauso wie der Atheismus.[74] Im Gegensatz zu protestantischen Protagonisten im Spektrum der sogenannten Konservativen Revolution – wie beispielsweise Wilhelm Stapel –, die ihre antisemitischen Aufsätze in einen intellektuellen Mantel kleideten, äußerte sich Meyer-Erlach zumeist barsch, vulgär und aggressiv. Begriffe wie »Schweinejude« waren keine Seltenheit.[75] In der 1937 publizierten Schrift »Juden, Mönche und Luther« – gewidmet dem Thüringer DC-Bischof Martin Sasse – beschrieb er die Geschichte des Abendlandes als jahrhundertelangen Kampf der europäischen Völker gegen jüdische Einflussnahme mittels der römischen Kirche und gegen ihre wirtschaftliche Ausbeutung durch die Juden. Luther wurde einmal mehr zum Lehrmeister für das 20. Jahrhundert stilisiert: Nachdem Luther die Juden zuerst zum Christentum hatte bekehren wollen, war er in späteren Lebensjahren zum scharfen Antijudaisten geworden. Der Reformator, so die Deutung, hatte sich zu Beginn dem »Trugbild […] lebensferner

72 Wolf Meyer-Erlach, Nordisches Christentum und das Reich, S. 191.
73 Ebd., S. 225.
74 Die Wurzel lag, so deutete er später an, in frühen Jugendjahren; Wolf Meyer-Erlach an Oberkirchenrat Rudolf Meiser vom 4.3.1981 (Privatbesitz Familie Meiser): »Als mein Großvater gestorben war, war alles in Ordnung. Nur bei einem Juden war eine Darlehensschuld von 4000 M. Es war die Zeit der Güterschlächter, in der Juden wie die Raubritter vor allem Bauern plünderten. Meine Großmutter ging zu ihm und bat um Aufschub. Er wies sie ab!«
75 Wolf Meyer-Erlach, Entscheidet sich die Kirche?, S. 6.

Schriftgelehrten« hingegeben, um letztlich doch einzusehen, dass ein Werben um die Juden vergebens sein musste. Denn Juden ließen sich nicht bekehren, da hier Meyer-Erlach zufolge zwei unvereinbare Rassenanschauungen gegeneinander wirkten: »Luther hatte die Frage der Rasse kaum gekannt. [...] Aber mit oder ohne Anerkennung Luthers bleibt Rasse Rasse. Sie wirkt sich aus, allem frommen Eifer, aller schwärmerischen Hoffnung für die Bekehrung der Juden zum Trotz.«[76]

Dabei argumentierte Meyer-Erlach nahezu ausschließlich mit Biologismen; aus den vermeintlich natürlichen, gottgegebenen Tatsachen von Rasse und Blut ließ sich nicht ausbrechen. Seine Thesen waren weniger von religiösem Antijudaismus konnotiert, obgleich sich argumentative Anleihen finden. Vielmehr hatte er sich analog zu vielen anderen Vertretern der DC mittlerweile die rassistisch-biologistische Ideologie der Nationalsozialisten angeeignet. Mit schier endlosen Verweisen auf Luthers Schriften empfahl Meyer-Erlach noch vor den Novemberpogromen 1938 folgendes Vorgehen: »Der Jude ist der Tod, der zeitliche und ewige der Völker. Deshalb müssen die Synagogen mit Feuer verbrannt werden. [...] Und mit ihren Synagogen sollen die Bücher und Schriften, sogar die Bibel ihnen genommen werden. Jeder öffentliche Gottesdienst ist ihnen zu verbieten, ja, sie dürfen nicht einmal mehr den Namen Gottes vor den Ohren der Menschen nennen.«[77] Immerhin äußerte Meyer-Erlach Verständnis dafür, wenn dies Unbehagen bereite. Aber keinerlei Zweifel dürften bestehen, dass im »Aufbruch der Rasseerkenntnis« sämtliche »Hemmungen, die heute ein verkrampftes Christentum den Kämpfern gegen das Judentum gegenüber hat«, zu überwinden seien.[78] In mehreren deutschchristlichen Gemeinden, beispielsweise im sächsischen Pirna, verbreitete Meyer-Erlach dann unmittelbar nach den Novemberpogromen und im Frühjahr 1939 in Predigten seine Thesen über Luthers Verhältnis zum Judentum; das Aufenthaltsverbot, das Gauleiter Mutschmann über ihn verhängt hatte, war offensichtlich nur von kurzer Dauer gewesen.[79]

Primär während der Mitarbeit am Eisenacher Institut rückte die »Judenfrage« in das Zentrum von Meyer-Erlachs pseudo-wissenschaftlicher Betätigung. In seinem Buch »Der Einfluss der Juden auf das englische Christentum«, erschienen 1940 als Ergebnis einer Institutstagung, versuchte er den britischen Imperialismus als Folge einer »Judaisierung« der englischen Staatskirche zu deuten; der »judaistischen Empirekirche«, einer Waffe des Judentums im Kampf um die Weltherrschaft, stellte er den vom jüdischen Einfluss gereinigten »neuen Glauben« des Nationalsozialismus gegenüber. Meyer-Erlach scheute sich nicht, den

76 Wolf Meyer-Erlach, Juden, Mönche und Luther, Weimar 1937, S. 25.

77 Ebd., S. 55.

78 Ebd., S. 54, 56.

79 Pirnaer Anzeiger vom 10.11.1938, S. 2, und vom 6.1.1939, S. 5.

Vernichtungskrieg des NS-Staats zur Befreiungstat für die vom Judentum unterdrückten Völker des britischen Kolonialreiches zu erklären. Was nach einem gewonnenen Krieg gegen Großbritannien folgen sollte, deutete er mit einem Zitat Carlyles – einer seiner bevorzugten »nordischen Seher« – an: die endgültige »Reinigung der [englischen] Kirche und des [britischen] Staates von der gottlosen Schar«.[80] Dass diese »Reinigung« nur gewaltsam erfolgen konnte, war Meyer-Erlach wahrscheinlich bewusst. Es war sicher kein Zufall, dass sich seine antisemitischen Traktate so häufig auf die Pogrome des Mittelalters bezogen, um sie als »große Judenaustreibungen« aus »Hass der Völker, der Städte gegen ihre Quäler« zu begrüßen.[81] Eine deutsch-skandinavische Institutstagung, an welcher u. a. die schwedische Arbeitsgemeinschaft für germanische Kulturforschung teilnahm, bewarb Meyer-Erlach 1942 gegenüber dem Auswärtigen Amt als Beitrag zur »Befreiung [Skandinaviens] aus dem artfremden jüdischen Einfluss«.[82] Mit seinen Thesen reiste Meyer-Erlach durch die besetzten Gebiete, um sie im Rahmen antibritischer Propagandavorträge vor Wehrmachtsangehörigen auszubreiten.[83] Mit dieser Tätigkeit rückte Meyer-Erlach in allernächste Nähe zum Völkermord.

Das Personal des Eisenacher Instituts war in der Spätphase des Krieges möglicherweise nicht über die Details des Völkermords an den Juden unterrichtet; aber das Morden konnte einem Teil von ihnen nicht verborgen geblieben sein. Institutsleiter Grundmann, der 1944 als Soldat an der Ostfront eingesetzt war, betätigte sich noch in den letzten Kriegsmonaten als antisemitischer Scharfmacher.[84] Auch bei Meyer-Erlach ist – entgegen seiner späteren Darstellung – irgendeine Korrektur in seiner Haltung zur »Judenfrage« nicht ersichtlich. Noch 1943 interpretierte er die Geschichte des Abendlandes unverändert als »fortwährenden Aufstand germanischer Kräfte gegen die Mächte des Judentums«.[85] Offenbar geriet Meyer-Erlach in der letzten Kriegsphase jedoch abermals in das Visier

80 Wolf Meyer-Erlach, Der Einfluss der Juden auf das englische Christentum (hg. vom Institut zur Erforschung des jüdischen Einflusses auf das deutsche kirchliche Leben), Weimar 1940 (Sonderdruck aus dem im Verlag Georg Wigand in Leipzig erscheinenden Sitzungsbericht über die Wittenberger Arbeitstagung vom 1.–3. März 1940), hier S. 28–30. Zur Einordnung der Schrift vgl. Cornelia Weber, Altes Testament und völkische Frage. Der biblische Volksbegriff in der alttestamentlichen Wissenschaft der nationalsozialistischen Zeit, Tübingen 2000, S. 155.

81 Wolf Meyer-Erlach, Juden, Mönche und Luther, S. 19.

82 Wolf Meyer-Erlach an Auswärtiges Amt, Referat XII vom 8.8.1942. In: Institut für Zeitgeschichte (Hg.), Akten der Partei-Kanzlei der NSDAP, Teil 1, Band 1, München 1983, Dok. Nr. 16107.

83 Vgl. Saul Friedländer, Das Dritte Reich und die Juden (durchgesehene Sonderausgabe), München 2007, S. 541; Heschel, Aryan Jesus, S. 142.

84 Vgl. Susanna Heschel, Rassismus und Christentum. Das Institut zur Erforschung und Beseitigung des jüdischen Einflusses auf das deutsche kirchliche Leben. In: Uwe Puschner/Clemens Vollnhals (Hg.), Die völkisch-religiöse Bewegung, S. 249–265, hier 257.

85 Wolf Meyer-Erlach, Luther und Gustav Adolf, S. 7.

seiner Gegner. Im September 1944 wurde er zu Schanzarbeiten an den Westwall zwangsbeordert.[86] Der Antifaschistische Block Jena bescheinigte am 6. Mai 1947, Meyer-Erlach habe sich in »Verbindung illegal arbeitender Antifaschisten [...] an der Widerstandsbewegung im Kampfe gegen das Naziregime nachweisbar« beteiligt.[87] Wahrscheinlich hatte Meyer-Erlach zuletzt begonnen, nützliche Kontakte zu knüpfen und – in Voraussicht der militärischen Niederlage – Vorkehrungen für eine Zeit nach dem Untergang des NS-Regimes zu treffen.

## Fazit

Nach dem Zusammenbruch der NS-Diktatur rückte Meyer-Erlach von seiner Vergangenheit schlagartig ab, freilich ohne sich der eigenen Rolle im NS-Staat kritisch zu stellen. Durch Anweisung des stellvertretenden amtierenden Rektors Friedrich Zucker vom 26. Mai 1945 wurde Meyer-Erlach an der Seite anderer belasteter Professoren angewiesen, sich von der Universität Jena möglichst fernzuhalten. Das Ende der Laufbahn war absehbar. Durch Umdeutung und schlichte Verfälschung eigener Tätigkeiten im NS-Staat versuchte Meyer-Erlach in den folgenden Monaten seine Entnazifizierung zu erreichen und Anschluss an die politische Wirklichkeit der Nachkriegszeit zu finden: Er sei ein Gegner des Nationalsozialismus gewesen, zuletzt gar Widerstandskämpfer, und habe Juden zu schützen versucht. Die Strategie gelang zumindest zu Beginn nicht. Am 28. Juni 1945 wurde er von seiner Professur entlassen. Nachdem er aus der DDR geflohen war, erhielt er mit Unterstützung Martin Niemöllers, mit dem er wieder in Kontakt getreten war, im hessischen Wallrabenstein und Wörsdorf 1951 eine Anstellung als Pfarrverwalter.[88] Gegenüber dem früheren bayerischen Landesbischof Meiser wiederum gestand er ein, kirchenpolitische Fehler begangen zu haben, und bat um Verzeihung. Beide söhnten sich aus.[89] Kurz vor seinem Tod erklärte Meyer-Erlach: »Der Kirchenkampf war ein geradezu irrsinniger Hexentanz, bei dem keiner wusste, wohin er gehörte. [...] Wir alle wurden in den Hexensabbat des Kirchenkampfes hineingezogen. Keiner kam aus diesem Irrgang sauber heraus.«[90] Zu seiner Jenaer Rektoratszeit ging Meyer-Erlach öffent-

86 Heranziehung zum langfristigen Notdienst an Prof. Meyer-Erlach vom 29.9.1944. In: Sonne, Politische Theologie, S. 248.

87 Bescheinigung, Antifaschistischer Block – Universitätsstadt Jena, gez. Blocksekretär Schiller, vom 6.5.1947. In: ebd., S. 249.

88 Heschel, Theologische Fakultät, S. 184 f.

89 Sonne, Politische Theologie, S. 100.

90 Wolf Meyer-Erlach an Oberkirchenrat Rudolf Meiser vom 4.3.1981 (Privatbesitz Familie Meiser).

lich aber ebenso wenig auf Abstand wie zu seinen Schriften im »Dritten Reich«.[91] Publizistisch trat er nach 1945 nicht mehr in Erscheinung, aber politisch gelang ihm eine erstaunliche Rehabilitation. Weil er die Verschickung von Carepaketen in die DRR organisiert hatte, erhielt er 1962 das Bundesverdienstkreuz. In Idstein im Taunus starb Meyer-Erlach im November 1982. Die mutmaßlich von ihm selbst verfasste Todesanzeige weist ihn als Gegner des Nationalsozialismus aus.[92]

Der einstige DC-Protagonist Meyer-Erlach ist gewissermaßen der Musterfall eines deutschnationalen Theologen, der, durch den Ersten Weltkrieg radikalisiert, zunächst Anschluss an völkische Kreise suchte und schließlich im Nationalsozialismus seine politischen Anschauungen verwirklicht fand. Seine Schriften der 1930er-Jahre sind nicht, wie gelegentlich bemerkt wurde, die eines opportunistischen Karrieristen, obgleich seine Loyalitätsbekundungen zum Teil ins Groteske und Unglaubwürdige überzeichnet wirken. Meyer-Erlachs Motiv war Überzeugung. Mit Fanatismus, ganz im Glauben an die göttliche Sendung Hitlers, konzentrierte er alle Anstrengungen darauf, den deutschen Protestantismus in die Bündnisfähigkeit mit dem NS-Staat zu überführen. Von diesem Ziel ließ er selbst dann nicht ab, als er mit Funktionären der Partei zeitweilig in Konflikt geriet. Im Vergleich mit anderen Akteuren der DC hebt sich Meyer-Erlach insbesondere durch die Rohheit seiner Äußerungen hervor. Der direkte Weg von eher konservativen Positionen über die Aufnahme völkischer Ideologeme bis hin zur Preisgabe christlicher Überlieferung war begleitet, wenn nicht gar vorgegeben, von einem rigiden, stets exzessiv vorgetragenen Antiintellektualismus. Bei seinen barschen Attacken gegen Liberalismus, kirchliche Theologie, universitäre Geisteswissenschaft oder das Judentum geriet die antiintellektuelle Polemik zum konstitutiven Element; dass ihm im NS-Staat, trotz des Mangels an formaler Voraussetzung, zu Beginn eine universitäre Karriere ermöglicht wurde, heizte seine Agitation gegen Intellektuelle, Schriftgelehrte, Theorie und Theologie zusätzlich an. Das alles mündete in die Bereitschaft, das Christentum gegen eine totalitäre, freilich wenig klar konturierte Staatsideologie zu tauschen. Sicher findet sich bei nahezu allen Ideologen der völkischen Bewegung, auch unter den Theologen, jener – als Tat- und Lebensideologie verklärte – Hang zum Mystizismus und Irrationalismus, der auch die eklektische »Weltanschauung« der Nationalsozialisten prägte. Meyer-Erlach ist wie kaum eine zweite Figur im Lager der Deutschen Christen ein Hinweis darauf, dass völkische Ideologie und antiintellektuelles Ressentiment einander fast immanent bedingen.

91 Vgl. Raschzok (Hg.), Volk und Bekenntnis, S. 167.
92 Ebd., S. 175.

Ernst Szymanowski/Biberstein: Der Mensch nur schwer erkennbar: das einzig erhaltene Foto von Biberstein in SS-Uniform; Quelle: Bundesarchiv (BDC)

Stephan Linck

# Eine mörderische Karriere: der schleswig-holsteinische Theologe Ernst Szymanowksi/Biberstein

»Biberstein wirkte wie ein trauriger Clown. Seine Art, endlose Vorträge zu halten, erinnerte mich daran, dass er, ehe er zur SS und zum SD ging, ein evangelischer Geistlicher in irgendeinem norddeutschen Kaff gewesen war, dessen Bewohner anscheinend nichts dagegen hatten, dass ihr Pastor ein überzeugter Nazi war. Wahrscheinlich hatten sie auch nichts dagegen einzuwenden gehabt, dass er in Russland ein Mordkommando geführt hatte. Viele Protestanten hatten in Hitler Luthers rechtmäßigen Nachfolger gesehen. Vielleicht war er das ja. Ich glaubte, dass ich Luther genauso wenig hätte leiden können, wie ich Hitler leiden konnte. Oder Biberstein.«[1]

Ein Theologe und Verkünder des Christentums, der zur SS konvertiert und schließlich ein Mordkommando des Sicherheitsdienstes (SD) kommandiert, mutet absurd an, weshalb ihn wohl Philip Kerr in einem Kriminalroman auftreten ließ, so wie bereits 1978 die Fernsehserie Holocaust eine komische Nebenrolle für Biberstein fand.[2] Die eingehendere Beschäftigung mit seiner Person lässt Ernst Szymanowski bzw. Biberstein in einem weniger schillernden Licht erscheinen. Seine Entwicklung wirkt weniger absichtsvoll als vielmehr zufällig zur Beteiligung am Völkermord hinstrebend. Biberstein war kein Planer oder gar Vordenker der Vernichtung, sondern jemand, der – so die These – durch sein Karrierestreben zum Kommandeur von Gaswagen wurde. Gerhard Hoch zufolge war Biberstein »ein Zeitgenosse, der stets mit dem Trend zu schwimmen trachtete, eine Person, die den angestrebten oder zugeteilten Aufgaben nie ganz gewachsen war, der sich stets aufs Neue als Versager erlebte – merkwürdig hohl, eigentlich ›ohne Eigenschaften‹. […] Zudem waren bei ihm keine Spuren

1 Philip Kerr, Mission Walhalla, Reinbek 2013, S. 112.
2 Die Rolle wurde mit Edward Hardwicke besetzt. Holocaust. Die Geschichte der Familie Weiß, USA 1978.

einer fundierten und persönlich angeeigneten und verarbeiteten Theologie zu entdecken.«[3]

Sein Werdegang wirft vorrangig Fragen auf, die seine Kirche betreffen, sowohl was seinen Aufstieg angeht als auch den Umgang mit seiner Person nach 1945. Hier dürften die Ursachen liegen, dass seine Vita kaum thematisiert wurde.[4]

## Prägungen und Pfarramt

Ernst Szymanowski wurde 1899 in Hilchenbach, Kreis Siegen, geboren; seit 1906 lebte die Familie in Neumünster, wo Ernst das Humanistische Gymnasium besuchte.[5] Der Vater war bei der Reichsbahn als Beamter tätig, »Stationsassistent« vermerken die Kirchenbücher im März 1914 anlässlich der Konfirmation des Sohnes, die durch den Propst vorgenommen wurde.[6] Ernst Szymanowski hatte einen jüngeren Bruder, der ein lahmes Bein hatte, also für den Kriegsdienst untauglich war.[7] Dass seine Eltern besonderen Einfluss auf wichtige Lebensentscheidungen Ernst Szymanowskis nahmen, wie er noch vor dem Nürnberger Kriegsverbrecherprozess betonen sollte, erscheint plausibel:[8] Auf dem älteren Sohn ruhten die Hoffnungen und Wünsche der Eltern. Sofort nach dem Abitur 1917 schrieb sich Szymanowski an der Kieler Universität als Student der Theologie ein. Doch weit

3 Gerhard Hoch, Ernst Szymanowski-Biberstein. Die Spuren eines Kaltenkirchener Pastors. Gedanken zu einem in Deutschland einmaligen Fall. Neumünster 2009, S. 16, 19.

4 Vgl. u. a. Gerhard Hoch, Zwölf wiedergefundene Jahre: Kaltenkirchen unter dem Hakenkreuz, Bad Bramstedt o. J. (1980); Ernst Klee, Persilscheine und falsche Pässe. Wie die Kirchen den Nazis halfen, Frankfurt a. M. 1991, S. 142 ff.; Rainer Hering und Rafael Robert Pilsczek, Heilige Opfer für Hitler. Der Fall Biberstein und die evangelische Kirche. In: Die Zeit, Nr. 16 vom 13.4.2000. Dies änderte sich durch seine Thematisierung in der Wanderausstellung »Kirche, Christen, Juden in Nordelbien 1933–1945«, die im September 2001 eröffnet wurde. Vgl. Annette Göhres/Stephan Linck/Joachim Liß-Walther (Hg.), Als Jesus »arisch« wurde. Kirche, Christen, Juden in Nordelbien 1933–1945. Die Ausstellung in Kiel, Bremen 2003 (bzw. www.kirche-christen-juden.org).

5 Der folgende Beitrag basiert für die Darstellung bis 1945 auf Stephan Linck, Ernst Szymanowski alias Biberstein – ein Theologe auf Abwegen. In: Klaus-Michael Mallmann/Gerhard Paul (Hg.), Karrieren der Gewalt. Nationalsozialistische Täterbiografien. Darmstadt 2004, S. 219–230; in Langfassung erschienen unter dem Titel: Von der Kanzel ins Erschießungskommando. Der wechselvolle Werdegang des Ernst Szymanowski-Biberstein. In: Informationen zur schleswig-holsteinischen Zeitgeschichte (ISHZ), 44/2004, S. 30–49. Die Darstellung ab 1945 ist eine überarbeitete Fassung des Kapitels: Der Fall Ernst Szymanowski-Biberstein. In: Stephan Linck, Neue Anfänge? Der Umgang mit der NS-Vergangenheit und ihr Verhältnis zum Judentum. Die Landeskirchen in Nordelbien, Band I: 1945–1965, Kiel 2013, S. 140–151.

6 Eintragung in das Konfirmationsregister von 1914 (Archiv der Kirchengemeinde Neumünster).

7 Protokoll des Einsatzgruppenprozesses, S. 2736 (Staatsarchiv Nürnberg – StAN, KV-Prozesse, Fall 9 A 32–33), künftig zit.: Protokoll.

8 Ebd., S. 2738.

gedieh das Studium nicht: Noch im Sommer wurde er zur Reichswehr eingezogen und erlebte das letzte Kriegsjahr des Ersten Weltkriegs als einfacher Soldat an der Westfront. Dass Szymanowski mitten im Krieg seiner Ausbildung den Vorrang gab, steht im Gegensatz zu seiner Generation – zur Theologenschaft und vor allem zur späteren SS-Elite.[9] Es ist aber typisch für ihn: Auch später ging er dem Kampf gern aus dem Weg. Dennoch oder gerade deshalb dürfte der Weltkrieg für ihn eine existenziell prägende Erfahrung bedeutet haben.[10] Das 1919 wieder aufgenommene Studium zog er zügig und ohne Wechsel des Studienortes bis 1922 durch und wurde nach der Vikariatszeit 1924 Pastor in Kating auf Eiderstedt. Der festen Anstellung folgte die Heirat mit der gleichaltrigen Neumünsteranerin Anne, geb. Dahmlos, und neun Monate später das erste von drei Kindern.[11]

Dieser Lebensweg zeugt von stringenter Lebensplanung und markiert einen sozialen Aufstieg. Die meisten Kandidaten seines Abschlussjahrgangs 1924 waren Pastoren- und Lehrersöhne. Szymanowskis soziale Herkunft war eher unüblich. 1925 stammte die Hälfte der Pastoren der Landeskirche aus Pastoren- oder Lehrerfamilien. An dritter Stelle stand die Herkunft aus (wohlhabenden) Landwirtsfamilien. Die Pastorenschaft des Landes war also in der sozialen Herkunft recht festgelegt – wie auch in der regionalen Herkunft: Mehr als drei Viertel aller Pfarrer waren in Schleswig-Holstein geboren.[12] Üblicherweise wurde an den »großen« Lehrstühlen der Theologie studiert, und Kiel war nur einer von mindestens drei Studienorten.[13] Szymanowski hingegen hatte ausschließlich in Kiel studiert und war 1924 der jüngste Kandidat. Doch wird dies wohl auch den Krisenjahren geschuldet sein, brachen in seinem Kandidatenjahrgang immerhin vier von 13 mit der Studientradition.[14] Dennoch ist insgesamt festzustellen, dass er eher ein Außenseiter in der schleswig-holsteinischen Pastorenschaft war, und es ist zu vermuten, dass das Theologiestudium für ihn vorrangig durch den damit verbundenen sozialen bzw. gesellschaftlichen Aufstieg motiviert war.

---

9 Vgl. Volker Jakob, Die Evangelisch-Lutherische Landeskirche Schleswig-Holstein in der Weimarer Republik. Sozialer Wandel und politische Kontinuität, Münster 1993, S. 155 ff.; Manfred Gailus, Protestantismus und Nationalsozialismus. Studien zur nationalsozialistischen Durchdringung des protestantischen Sozialmilieus in Berlin, Köln 2001, S. 403 f.; Michael Wildt, Generation des Unbedingten. Das Führungskorps des Reichssicherheitshauptamtes, Hamburg 2002, S. 41 ff.

10 Protokoll, S. 2738 f. Vgl. auch Jens Banach, Heydrichs Elite: Das Führerkorps der Sicherheitspolizei und des SD 1936–1945, Paderborn 1998, S. 62.

11 StAN, KV-Prozesse Anklage Interrogations, B 75.

12 Jakob, Landeskirche, S. 289.

13 Bezeichnenderweise war die Theologische Fakultät der damaligen Zeit bekannt durch herausragende Vertreter der »liberalen Theologie« wie Otto Baumgarten. Diese stand am deutlichsten im Gegensatz zum völkischen Gedankengut. Vgl. Jendris Alwast, Geschichte der Theologischen Fakultät: vom Beginn der preußischen Zeit bis zur Gegenwart, Neumünster 1988 (Geschichte der Christian-Albrechts-Universität Kiel 1665–1965, Band 2, Teil 2).

14 Jakob, Landeskirche, S. 296.

Nach Szymanowskis Darstellung war es die Mutter – Abonnentin des »Völkischen Beobachters« –, die ihn und den Vater nach der Neugründung zur NSDAP führte. Dass sein Eintritt durch die Eltern initiiert wurde, ist wahrscheinlich: Als er 1926 in die Partei eintrat,[15] gab es zwar seit sieben Monaten in Neumünster eine Ortsgruppe, in der gesamten Provinz waren es aber gerade mal insgesamt lediglich 15 Ortsgruppen[16] und auf der Halbinsel Eiderstedt wurde erst zwei Jahre später die erste Ortsgruppe gegründet. Szymanowski war also vorerst nur Einzelmitglied. Zwar war er mit seinem Eintritt einer der ersten Pastoren, die sich offen zur NSDAP bekannten, einen Affront gegenüber der Landeskirche stellte dieser Schritt aber nicht dar. Diese zeichnete sich durch eine starke Affinität zur völkischen Bewegung aus. Die überwiegend politisch weit rechts stehende Theologenschaft sah keinen Widerspruch zwischen rassistischem Antisemitismus und dem evangelischen Bekenntnis.[17] Immerhin erkannte die erste Landessynode einstimmig die »Berechtigung und den Wert aller Bestrebungen an, die darauf hinzielen, das eigene Volkstum zu stärken und vor zersetzendem jüdischem Einfluss zu bewahren«.[18] Der größte Teil der Pastorenschaft stand der Deutschen Volkspartei (DVP) und Deutschnationalen Volkspartei (DNVP) nahe,[19] wobei sich bereits Anfang der 1920er-Jahre in den verschiedensten radikal-völkischen Gruppierungen des Landes Pastoren fanden. Allein der »Jungdeutsche Orden« soll 1925 18 Pastoren und fünf Pröpste der Landeskirche zu seiner Mitgliedschaft gezählt haben,[20] und zahlreiche Pastoren kannten den schleswig-holsteinischen NSDAP-Gauleiter Hinrich Lohse bereits seit 1920/21, als er Geschäftsführer der von ihnen unterstützten völkischen »Schleswig-Holsteinischen Landespartei« war.[21] Dennoch ist festzustellen, dass der offene kirchliche Zuspruch für die NSDAP erst einsetzte, nachdem sie infolge der Landvolkbewegung in Schleswig-Holstein zur Massenpartei geworden war. Nach der Neugründung der NSDAP im Jahr 1925 wurde zwar in Person des Hauptpastors Friedrich Andersen ein Pastor einer der

15 Der Eintritt erfolgte am 19.7.1926; ein Jahr zuvor war der Vater der Partei beigetreten (BArch Berlin, Bestände des ehemaligen Berlin Document Center [BDC], und Protokoll, S. 2741).

16 Rudolf Rietzler, »Kampf in der Nordmark«: das Aufkommen des Nationalsozialismus in Schleswig-Holstein (1919–1928), Neumünster 1982, S. 353 f.; Kay Dohnke, Nationalsozialismus in Norddeutschland. Ein Atlas, Hamburg 2001, S. 12.

17 Rudolf Rietzler, Von der »politischen Neutralität« zur »Braunen Synode«. Evangelische Kirche und Nationalsozialismus in Schleswig-Holstein (1930–1933). In: ZSHG, 107 (1982), S. 139–153; Stephan Linck, »…vor zersetzendem jüdischen Einfluss bewahren.« Antisemitismus in der schleswig-holsteinischen Landeskirche. In: Göhres/Linck/Liß-Walther (Hg.), Als Jesus »arisch« wurde, S. 132–146.

18 Verhandlungen der 1. Ordentlichen Landessynode der Evangelisch-Lutherischen Landeskirche Schleswig-Holsteins 1924/25, Kiel 1925, A. Nr. 78.

19 Rietzler, Kampf, S. 285 ff.

20 Jakob, Landeskirche, S. 155.

21 Rietzler, Kampf, S. 203 f.; Jakob, Landeskirche, S. 154.

ersten kommunalen Abgeordneten der Partei,[22] Andersen war aber (vor allem theologisch) ein Außenseiter.[23] Der nächst zu nennende Pastor, der zur NSDAP fand, Johann Peperkorn, zeichnet sich durch einige Parallelen zur Biografie Szymanowskis aus, auch wenn er neun Jahre älter war. Peperkorn war Sohn eines Postbeamten. Er trat zusammen mit seinem Vater der NSDAP bei.[24]

## Frühes Parteimitglied und Propstamt

1927 verließ Szymanowski die abgelegene Eiderstädter Halbinsel und wurde Pastor in Kaltenkirchen im Kirchenkreis Neumünster. Politisch gehört Kaltenkirchen zum Kreis Segeberg. Und hier hatte die NSDAP zu dieser Zeit nur eine einzige Ortsgruppe – in Kaltenkirchen.[25] Szymanowski führte als »SA-Pastor«[26] Feldgottesdienste, Fahnenweihen und dergleichen Zeremonien durch und beteiligte sich so am Aufbau der NSDAP in Ort und Kreis.[27] Die Anzahl der NSDAP-Wähler in Kaltenkirchen stieg von sieben bei der Reichstagswahl 1928 auf 387 (51,3 Prozent) zur Wahl vom September 1930. Auch wenn Schleswig-Holstein zu den frühen Hochburgen der NSDAP zählte, ist dieser Stimmenzuwachs eklatant.[28] Zwar war Szymanowski zeitweise Ortsgruppenleiter in Kaltenkirchen,[29] dennoch ist

22 Andersen war bereits Stadtverordneter des Völkisch-Sozialen Blocks, der sich in Flensburg 1925 in eine Ortsgruppe der NSDAP umwandelte. Vgl. Peter Heinacher, Der Aufstieg der NSDAP im Stadt- und Landkreis Flensburg, Flensburg 1986, zu Andersens politischem Engagement bes. S. 138–161.

23 Vgl. Hauke Wattenberg, Anticlericus. Friedrich Andersen. Ein deutscher Prediger des Antisemitismus, Flensburg 2004; Gisela Siems, Pastor Friedrich Andersen, Bund für Deutsche Kirche – ein Wegbereiter des Nationalsozialismus in der Stadt Flensburg. In: Klauspeter Reumann (Hg.), Kirche und Nationalsozialismus. Beiträge zur Geschichte des Kirchenkampfes in Schleswig-Holstein, Neumünster 1988, S. 13–34; Linck, Antisemitismus, S. 136–139; Hansjörg Buss, Völkisches Christentum und Antisemitismus. Der Bund für Deutsche Kirche in Schleswig-Holstein. In: ZSHG, 138 (2013), S. 193–240; ders., Friedrich Andersen und der »Bund für Deutsche Kirche« in der schleswig-holsteinischen Landeskirche. In: Daniel Schmidt/Massimo Livi/Michael Sturm (Hg.), Wegbereiter des Nationalsozialismus – Personen, Organisationen, Netzwerke der extremen Rechten zwischen 1919 und 1933, Essen 2016, S. 179–191.

24 Vgl. Christian M. Sörensen, Politische Entwicklung und Aufstieg der NSDAP in den Kreisen Husum und Eiderstedt 1918–1933, Neumünster 1995; Rietzler, Evangelische Kirche; Linck, Antisemitismus, S. 138–141.

25 Dohnke, Nationalsozialismus, S. 12–15.

26 So die nachträgliche Selbstbezeichnung Szymanowskis. Vgl. handgeschriebener Lebenslauf des Propst Ernst Szymanowski vom 31.3.1934. Bewerbung des Propst Szymanowski für das Amt des Bischofs (Stadtarchiv Lübeck, Neues Senatsarchiv IX 1).

27 Protokoll, S. 2755.

28 Hoch, Zwölf Jahre, S. 14.

29 Rietzler, Evangelische Kirche, S. 141.

unübersehbar, dass er in der Parteihierarchie unten blieb. Dies lag nicht an seinem Talar, im Gegenteil: Vor 1933 waren in Schleswig-Holstein Pastoren in der Partei hochwillkommen.[30] Pastor Johann Peperkorn – nach Szymanowski der Partei beigetreten – wurde in kürzester Zeit Propagandaredner und schließlich Abgeordneter der Landtage der Provinz und Preußens.[31] Selbst als die Partei 1932 begann, in die Kirche hinein zu agitieren und hierzu die Glaubensbewegung Deutsche Christen (GDC) gründete, wurde Szymanowski hinter Peperkorn zurückgesetzt.[32] Szymanowski war bei den Bemühungen der Partei, die Kirche für den Nationalsozialismus zu gewinnen, offenbar unerwünscht. Ob hier die Rivalität mit Peperkorn bestimmend war, oder ob man schlicht keine hohe Meinung von Szymanowskis Qualitäten hatte, lässt sich nicht eindeutig beantworten. Doch als 1933 die schleswig-holsteinische Landeskirche im Sinne der NSDAP neu geordnet wurde, spielte Szymanowski keine große Rolle. Immerhin wurde er nach der »Braunen Synode« von Rendsburg vom 12. September 1933 kommissarischer Propst seines Kirchenkreises Neumünster.[33] Als im Herbst 1933 die Propstämter der Landeskirche neu mit Parteigängern besetzt wurden, gelangte er allerdings nicht auf seine »Wunschstelle« in Neumünster. Selbst in jener Zeit wurde kaum mit der Tradition gebrochen, dass Pröpste aus Pastorenfamilien stammten.[34] Das angesehene Neumünsteraner Propstamt ging an den Nationalsozialisten und Propstsohn Pastor Richard Steffen. Seine »lokale« Verankerung in der Partei sicherte Szymanowski immerhin das Segeberger Propstamt, das er im November 1933 antrat.[35]

Binnen kürzester Zeit begann Szymanowski in der Segeberger Kirche scharfe Auseinandersetzungen mit der Pastorenschaft.[36] Hierbei bediente er sich der Unterstützung der örtlichen Parteiorganisation. Im Vorgehen gegen einen Pastor, der Mitglied des Pfarrernotbundes war, ließ Szymanowski ganze SA-Abteilungen in Zivil antreten, um den Gottesdienst zu stören.[37] Dass Szymanowski

30 Ebd.

31 Linck, Antisemitismus, S. 136–139.

32 Klauspeter Reumann, Der Kirchenkampf in Schleswig-Holstein 1933 bis 1945. In: Schleswig-Holsteinische Kirchengeschichte, Band 6.1: Kirche zwischen Selbstbehauptung und Fremdbestimmung, Neumünster 1998, S. 111–473, hier 159.

33 Zur Synode vgl. Gerhard Hoch, Die braune Synode: ein Dokument kirchlicher Untreue, Bad Bramstedt 1982; Reumann, Kirchenkampf, S. 149–165.

34 Zumindest die Hälfte der zehn neu eingesetzten DC-Pröpste stammte aus Pastorenfamilien (Dührkop, Hasselmann, Bestmann) bzw. waren Propstensöhne (Gottfriedsen und Steffen). Auswertung der Personalakten 12.03 im Landeskirchlichen Archiv Kiel (LKA Kiel).

35 Seine Ernennung erfolgte auf alleinigen Druck des Segeberger Kreisleiters Stiehr, der auch Mitglied der Landessynode war, und gegen die Proteste der Pastoren unter Übergehung der Deutschen Christen des Kirchenkreises (LKA Kiel, 98.12, Nr. 33) und Schreiben der Segeberger Pastoren vom 9.11.1933 (StA Reinfeld, NL Claasen). Vgl. auch Reumann, Kirchenkampf, S. 159 f.

36 Reumann, Kirchenkampf, S. 160.

37 LKA Kiel, 98.12, Nr. 69.

auch nationalsozialistische Pastoren verprellte,[38] überrascht nicht weiter. Bereits damals schätzte die Bekennende Kirche den Segeberger Konflikt so ein, dass die eigentliche Front gar nicht gegenüber den Deutschen Christen bestände, sondern »vielmehr gegen das Eindringen des Neuheidentums in die Kirche selbst«.[39] Diese Darstellung wirkt stimmig, immerhin stand Szymanowski dem bereits erwähnten und inzwischen emeritierten Flensburger Hauptpastor Andersen nahe, dessen völkisch-antisemitischem »Bund für Deutsche Kirche« er angehörte. Im Gegensatz zur evangelischen Kirchenmehrheit hatte Andersen schon früh den grundsätzlichen Widerspruch zwischen evangelischem Bekenntnis und völkischem Denken erkannt und in der Konsequenz ein »arteigenes«, deutsches Christentum entwickelt.[40] Die Theologie der sogenannten Deutschkirche war mit ihrer Ablehnung des Alten Testamentes und vor allem mit ihren Ansätzen, Jesus Christus zum »Deutschen Heiland« zu »arisieren«, dem Neuheidentum zumindest sehr nahe.[41]

Vielleicht war es gerade die Mitgliedschaft in der Deutschkirche, die Szymanowski bereits im April 1934 zum Favoriten für das neu geschaffene Bischofsamt der Lübeckischen Landeskirche machte. Dort war der einstige Pastor der Lutherkirche, Ulrich Burgstaller, Senator und Mitglied im Kirchenausschuss geworden. Burgstaller war Mitglied der Deutschkirche.[42] Der Lebenslauf, den Szymanowski zur Bewerbung für das Bischofsamt 1934 vorlegte, zeigt anschaulich sein Selbstbild. Immerhin beginnt er den Hauptteil des Lebenslaufes mit der Rechtfertigung seines »slawischen« Familiennamens: »Meine Familie ist durch und durch deutsch. Bei der Germanisierung des Ostens kam sie ursprünglich unter dem Namen von Biberstein um das Jahr 1000 nach Polen und wurde im Laufe der Zeit zum polnischen Uradel unter polnischem Namen gezählt, bis sie um 1700 ihres evangelischen Glaubens wegen aus Polen vertrieben wurde und wieder ins deutsche Vaterland zurückkehrte.«[43] Die Behauptung, die Familie derer von Biberstein sei bei der Ostkolonisation dem Deutschen Orden in Polen

38 Von den beiden Kontrahenten Szymanowskis in der Segeberger Kirchengemeinde war der eine, Pastor Dr. Seefeld, Referent für Auslandsdeutschtum in der Gauleitung der DC (Jakob, Landeskirche, S. 351), der BK-Theologe Karl Kobold war selbst in der SA (LKA Kiel, 98.12, Nr. 2).

39 Reumann, Kirchenkampf, S. 160.

40 Vgl. Wattenberg, Anticlericus. Hierbei griff Andersen auf zahlreiche Impulse vor ihm zurück. Vgl. hierzu Angelo Radmüller, »Zur Germanisierung des Christentums« – Verflechtungen von Protestantismus und Nationalismus in Kaiserreich und Weimarer Republik. In: Zeitschrift für junge Religionswissenschaft, 7 (2012), S. 100–122.

41 Zum Bund für Deutsche Kirche in Schleswig-Holstein vgl. Hansjörg Buss, Völkisches Christentum und Antisemitismus: Der Bund für Deutsche Kirche in Schleswig-Holstein. In: ZSHG, 138 (2013), S. 193–239.

42 Personalakte Burgstaller (LKA Kiel, 12.03, Nr. 160). Vgl. auch Karl Friedrich Reimers, Lübeck im Kirchenkampf des Dritten Reiches: Nationalsozialistisches Führerprinzip und evangelisch-lutherische Landeskirche von 1933 bis 1945, Göttingen 1965, S. 27.

43 Lebenslauf des Propst Ernst Szymanowski vom 31.3.1934 (StA Lübeck, NSA IX 1).

fast ein Vierteljahrtausend zuvorgekommen, löste keine weiteren Irritationen aus. Szymanowski gab auch freimütig im Lebenslauf an, Segeberger Propst auf Drängen seiner »NS-Kampfgenossen« geworden zu sein. Weder er noch die Adressaten nahmen wahr, dass diese Angabe den Umkehrschluss zuließ, dass die Landeskirche ihn nicht aus freien Stücken zum Propst gemacht hatte. Und dieses, obwohl die schleswig-holsteinische Landeskirche inzwischen klar nationalsozialistisch geführt wurde. Die Referenzen, die man aus Schleswig-Holstein für Szymanowski erbat, müssen derart zurückhaltend ausgefallen sein, dass der Lübeckische Kirchenausschuss gerade noch ein gutes Zeugnis über Szymanowskis »gute Predigtgabe« zusammenfassend festhalten konnte. Referenzgeber waren Landesbischof Adalbert Paulsen – ein »alter Kämpfer« der NSDAP – und die führenden Nationalsozialisten im Landeskirchenamt, darunter der Vizepräsident Dr. Christian Kinder, der ein Vierteljahr zuvor zum Reichsleiter der DC aufgestiegen war.[44] Dass Szymanowski Deutschkirchler war, hatte ihn zum Kandidaten werden lassen, es war aber auch der Grund seiner Niederlage: Es gab zu starken Widerstand gegen die deutschkirchliche Dominanz in der Lübecker Landeskirche.[45] So wurde die Entscheidung revidiert, und der Parteigenosse Erwin Balzer, Pastor in Altona-Othmarschen, zum Bischof gewählt.[46] Balzers Amtsführung belegt, dass ihn kirchenpolitisch wenig von Szymanowski unterschied: Er brachte die Lübeckische Landeskirche auf den antisemitischsten Kurs innerhalb der Deutschen Evangelischen Kirche.[47] Seine Amtsführung war dabei extrem polarisierend – im »Lübecker Singekrieg« Ende 1936 ließ er sich gar durch eine Polizeihundertschaft vor den aufgebracht demonstrierenden Anhängern der Bekennenden Kirche schützen.[48] So blieb Szymanowski vorerst Propst in Segeberg. Erinnerungen zufolge blieb er seiner »Kampfzeit« treu, trug SA-Uniform unter dem Talar und machte die von der vollzähligen Segeberger SA besuchten Gottesdienste zu NSDAP-Kundgebungen.[49] Da eine weitere kirchliche Karriere für ihn nicht mehr zu erwarten war, nahm er nun den Nationalsozialismus zum alleinigen Bezugspunkt.

44 Vorsitzender des Lübecker Kirchenausschusses an den Reichsbischof Ludwig Müller vom 3.4.1934 (StA Lübeck, Neues Senatsarchiv IX 1).

45 Vgl. Hansjörg Buss, Entjudete Kirche. Die Lübecker Landeskirche zwischen christlichem Antijudaismus und völkischem Antisemitismus (1918–1950), Paderborn 2011, S. 225–227.

46 Der 1901 (!) geborene Erwin Balzer war am 1.12.1931 der NSDAP beigetreten und seit 1933 in der SA (BArch Berlin, BDC).

47 Vgl. Buss, Entjudete Kirche.

48 Vgl. Reimers, Lübeck, S. 312 ff. Balzer wurde nach dem Krieg mit Wirkung vom 1.5.1945 in den Ruhestand versetzt, wogegen er prozessierte. In diesem Zusammenhang wurde ein Theologisches Gutachten eingeholt, das Balzers außergewöhnlichen Antisemitismus zum Inhalt hatte und ihm einen »überraschenden Eifer gegen das Judenchristentum« bescheinigte. Theologisches Gutachten Konsistorialrat P. Carl Brummack im Auftrag der Spruchkammer vom 16.1.1948 (LKA Kiel, 42.07, Nr. 25).

49 Torsten Mußdorf, Die Verdrängung jüdischen Lebens in Bad Segeberg im Zuge der Gleichschaltung 1933–1939, Frankfurt a. M. 1992, S. 94.

In den kirchenpolitischen Auseinandersetzungen der Landeskirche tauchte Szymanowski 1934 nicht auf.[50] Das sollte sich erst 1935 ändern, als die Deutschkirche in Schleswig-Holstein offensiv den Ausgleich zwischen den Deutschen Christen und der Bekennenden Kirche torpedierte. Die auf Reichsebene unbedeutende Gruppierung hatte in Schleswig-Holstein eine starke Basis. Ihre eigentliche Verankerung hatte sie allerdings nicht innerhalb der Kirche: die Theologen lehnten sie weitgehend ab. Vorrangig die Religionslehrer an Volksschulen unterstützten die Deutschkirche.[51] Nachdem im April 1935 auf einer großen Tagung ein deutschkirchlicher Lehrplan verabschiedet worden war, nahm Szymanowski eine Woche später die erste deutschkirchliche Konfirmation in Itzehoe vor.[52] Diese Amtshandlung, die sich im Ablauf an neuheidnische Initiationsriten anlehnte, führte zu scharfen innerkirchlichen Protesten der Bekennenden Kirche. Die Auseinandersetzungen, die Szymanowski durch seine Amtshandlung provoziert hatte, konterkarierten sämtliche Befriedungsbemühungen, die die gemäßigten Nationalsozialisten in der Landeskirche begonnen hatten. Ob er darüber zum »Bauernopfer« zu werden drohte oder ob ihm in dem Konflikt endgültig deutlich wurde, dass er in der Provinz keine Chance mehr auf einen beruflichen Aufstieg hatte, ist offen.[53] Nach eigener Aussage hatte er ein Gespräch mit dem Gauleiter Lohse, in dem ihn dieser unterstützte, sich um eine Anstellung im Reichskirchenministerium zu bemühen, das zu dieser Zeit neu entstanden war.[54] Um diesem etwas mehr innerkirchliche Akzeptanz zu verschaffen, suchte man dort nach evangelischen Theologen und stellte Szymanowski als Oberregierungsrat ein.

## Nach Berlin und zur SS

Mit seiner Zuständigkeit für Gestapo-Angelegenheiten bekam er eine zentrale Rolle. Doch schon bald fiel er in Berlin durch Unfähigkeit auf, und zugleich wurde sichtbar, dass Szymanowski für den Befriedungskurs des Kirchenministers Hanns

50 Der (unbestätigten) Darstellung des damaligen Landesbischofs Adalbert Paulsen zufolge trat Szymanowski in Veranstaltungen für den neuheidnischen »Deutschglauben« Rosenbergs ein. Daraufhin wurde ein Verfahren eingeleitet, ihn von seinem Propstenamt zu entfernen. Vgl. Paulsen an Bischof für Holstein, Wilhelm Halfmann, vom 19.11.1958 (LKA Kiel, 12.03, Nr. 1215, Bl. 18).

51 Nach einem Gestapobericht von Januar 1936 gehörten 10 000 der 12 000 Religionsvolksschullehrer der Provinz der Deutschkirche an. Vgl. Gerhard Paul, Staatlicher Terror und gesellschaftliche Verrohung. Die Gestapo in Schleswig-Holstein, Hamburg 1996, S. 384.

52 Vgl. Reumann, Kirchenkampf, S. 214 ff.

53 In Berlin soll Szymanowski »Lehrschwierigkeiten« als Grund für seine berufliche Veränderung angegeben haben. Vgl. Heike Kreutzer, Das Reichskirchenministerium im Gefüge der nationalsozialistischen Herrschaft, Düsseldorf 2000, S. 187. Vgl. Hansjörg Buss, Das Reichskirchenministerium unter Hanns Kerrl und Hermann Muhs. In: Manfred Gailus (Hg.), Täter und Komplizen in Theologie und Kirchen 1933–1945, Göttingen 2015, S. 140–170.

54 Protokoll, S. 2767 f.

Kerrl denkbar ungeeignet war. Im Mai 1937 entzog man ihm seine Zuständigkeiten. Der Hauptgrund ist denkbar trivial: Eine Revision im November 1936 ergab bei Szymanowski eine ausgesprochen nachlässige Bearbeitung von Vorgängen und »Schlampigkeit in der Aktenführung«.[55] Ein enger Mitarbeiter charakterisierte ihn als »bieder aber dumm«,[56] und es ist anzunehmen, dass er von seinen Aufgaben überfordert war, immerhin hatte er keine Verwaltungsausbildung. Ein weiterer Grund war der Verdacht des Ministers, dass Szymanowski für den SD spitzelte und mit ihm konspirierte. Seit Mai 1936 bemühte sich Szymanowski – anfänglich unterstützt vom Minister – um eine Aufnahme in die SS, die im September 1936 stattfand. Er trat aber nicht der allgemeinen SS bei, sondern vielmehr dem Sicherheitsdienst der SS, dem er künftig regelmäßig Berichte aus dem Reichskirchenministerium ablieferte. Dort war man zufrieden mit diesem Spitzel. Die Personalbeurteilungen in seiner SS-Akte loben die »klare weltanschauliche Haltung« und benennen ihn konkret als »Mitarbeiter bei [Amt] II und regelmäßiger Überbringer von Nachrichten aus dem Reichskirchenministerium«.[57]

Direkt nach seiner Aufnahme in den SD erfolgte seine Ernennung zum Untersturmführer, also SS-Offizier. Bis 1939 wurde er jedes Jahr befördert. In seiner dienstlichen Beurteilung 1938 begründete man seine Beförderung: »Da er im RKM bei Beförderungen bisher übergangen wurde, wird seine Beförderung zum SS-Sturmbannführer von hier aus für notwendig gehalten.«[58] Mit dieser SS-Beförderung, die 1939 vorgenommen wurde, bekleidete Szymanowski aber immer noch einen SS-Dienstgrad, der unter seinem Beamtenrang lag – dies entsprach einer Regelung für »Ehrenführer«.[59] Man beförderte ihn also aus Opportunitätsgründen nur bis zum üblichen Dienstrang, und dies auch erst nach drei Jahren SD-Mitgliedschaft.[60] Ein Bericht von 1937 benannte das Problem konkret und attestierte ihm Idealismus gepaart mit mangelnder Klugheit im Vorgehen.[61] An

55 Kreutzer, Reichskirchenministerium, S. 188.

56 Aussage Erich Ruppels. Zit. nach Kreutzer, Reichskirchenministerium, S. 190.

57 Personalbericht vom 30.1.1938 und undatierte Stellungnahme der vorgesetzten Dienststelle (BArch Berlin, BDC, SSO Szymanowski/Biberstein).

58 Ebd.

59 Der Dienstgrad eines SS-Sturmbannführers entsprach dem eines Regierungsrates, Szymanowski war aber bereits bei seinem Eintritt in den SD 1936 Oberregierungsrat (ebd.; sowie Protokoll, S. 2908).

60 Nach seiner Übernahme in den aktiven Dienst des SD ist Szymanowski/Biberstein nie weiter befördert worden, wie es sonst im Rahmen der »Dienstgradangleichung« üblich (nicht obligatorisch!) gewesen wäre. Vor diesem Hintergrund ist es nicht stimmig, von einer »steilen Karriere« zu schreiben, wie es Kreutzer tut. Vgl. Kreutzer, Reichskirchenministerium, S. 189. Die unübliche Diskrepanz zwischen seinem Beamtenrang und dem SS-Dienstgrad wird wohl die Ursache gewesen sein, weshalb er in den »Meldungen aus den besetzten Ostgebieten« 1942/43 durchgängig als SS-Obersturmbannführer bezeichnet wurde (BArch Berlin, BDC, Sonderakte 4 E.G. »Ost«).

61 Beurteilung vom 7.12.1937 (BArchBerlin, BDC, SSO Szymanowski/Biberstein).

seiner Loyalität war dennoch nicht zu zweifeln. Szymanowski lieferte mit großem Engagement zuweilen fast täglich Berichte ab, genauer: Er berichtete persönlich im SD-Hauptamt, das in so kurzer Entfernung vom Reichskirchenministerium lag, dass er bequem während der Mittagspause dort hingehen konnte.[62] Nach Wolfgang Dierker bezeugen aber Szymanowskis Berichte vielfach mehr seine Ressentiments als genauere Kenntnis der berichteten Vorgänge.[63]

Von weitergehender Relevanz war Szymanowskis Zuständigkeit für die Vorbereitung und Durchführung einer angekündigten Kirchenwahl im Frühjahr 1937, da der Staatssekretär Hermann Muhs die Abwesenheit des Ministers zu seiner Beauftragung genutzt hatte.[64] Insgesamt aber hatte seine Tätigkeit im Ministerium wenig Einfluss, da das Reichskirchenministerium Ende der 1930er-Jahre – mehr durch die allgemeinen kirchenpolitischen Entwicklungen als durch die Kirchenpolitik des SD – an Bedeutung verlor.[65] Immerhin war die Außenseiterrolle, die Szymanowski im Ministerium hatte, in eine »Subkultur ehemaliger Pfarrer und Priester«[66] eingebettet, die gemeinsam ihre alten Verbindungen zur Kirche beendeten und die Annäherung an die SS bzw. an den SD beschritten – Szymanowski selbst war im Dezember 1938 endlich aus der Kirche ausgetreten.[67]

Zu einer Zäsur in Szymanowskis Leben führte die Einberufung 1940, da er nicht uk. (unabkömmlich) gestellt worden war. Szymanowski nahm mit 41 Jahren als einfacher Schütze in einem Landesschützen-Bataillon am »Westfeldzug« teil und wurde nach dem Sieg im Westen für Verwaltungstätigkeiten in der Wehrmacht eingesetzt.[68] Am 22. Oktober 1940 erfolgte eine Uk-Stellung Szymanowskis durch das Reichssicherheitshauptamt (RSHA). Über diesen Vorgang liegen lediglich die Selbstzeugnisse Szymanowskis vor, in denen er sich als unbeteiligt und unwissend hierüber ausgab.[69] Glaubhaft erscheint, dass sich der Leiter des Kirchenreferates im RSHA, Albert Hartl, beim Chef des RSHA für Szymanowski eingesetzt und seine Verwendung dort beantragt hatte. Immerhin war er kurz zuvor von Heydrich beauftragt worden, den Bereich Politische Kirchen, bisher Amt II (SD), in das Amt IV (Gestapo) zu überführen, während im RSHA eine

62 Kreutzer, Reichskirchenministerium, S. 200 ff.

63 Wolfgang Dierker, Himmlers Glaubenskrieger. Der Sicherheitsdienst der SS und seine Religionspolitik 1933–1941, Paderborn 2002, S. 408 f.

64 Kreutzer, Reichskirchenministerium, S. 188.

65 Ebd., S. 322.

66 Gerhard Besier, Die Kirchen und das Dritte Reich. Spaltungen und Abwehrkämpfe 1934–1937, München 2001, S. 299.

67 Archiv der Kirchengemeinde Neumünster, Kirchenaustritte. In seiner SS-Offiziersakte war der Eintrag »ev.-luth.« ergänzt durch »gottgl[äubig]« (BArch Berlin, BDC, SSO Szymanowski/Biberstein).

68 Ernst Biberstein, Bericht über meinen Lebensweg, unveröff. Manuskript, Neumünster 1958, S. 4 f. (Landesarchiv Schleswig-Holstein, Abt. 352, Nr. 949).

69 Ebd. und Protokoll, S. 2793 f.

ausgesprochene Personalknappheit durch zusätzliche Einberufungen entstanden war.[70] Ob Hartl sich gegenüber Szymanowski durch dessen Zuträgerschaft beim SD verpflichtet fühlte, ob er nur aus Not auf Szymanowski zurückgriff oder ob er auf die besondere Loyalität von ihm hoffte – alles dies lässt sich nicht exakt beantworten. Es dürfte aber Hartls Ziel gewesen sein, Szymanowski als Mitarbeiter in die nun von ihm geführte Kirchenabteilung der Gestapo zu bekommen.

Wenn Szymanowski im Jahr 1958 schrieb, Hartl hätte mit Heydrich »über meine gar nicht meinen Fähigkeiten entsprechende Tätigkeit als Schütze bzw. Gefreiter bei den Landesschützen gesprochen«,[71] so deutet er wohl aber vor allem sein eigenes Selbstgefühl an, durch den Krieg deklassiert bzw. praktisch degradiert worden zu sein. Bei der engen Arbeitsbeziehung zwischen den beiden ist es sehr unwahrscheinlich, dass Hartl ohne Rücksprache oder Zustimmung Szymanowskis seine Versetzung ins RSHA initiierte. Da eine solche Aktivierung zum hauptamtlichen SD-Mann ohnehin eine Bewerbung voraussetzte, ist also davon auszugehen, dass Szymanowski vorrangig zum SD ging, um der subalternen Wehrmachtsstellung zu entgehen.

Szymanowski war etwa ein halbes Jahr im RSHA und hospitierte nach eigener Darstellung bei SD, Kriminalpolizei und Gestapo, gewissermaßen als Kurzlehrgang. Nach diesem Durchlauf wurde er mit Wirkung vom 1. Juni 1941 zum Chef der Gestapostelle Oppeln ernannt, musste also das RSHA verlassen. Auch wenn sich Szymanowski/Biberstein schon lange die Fama des »wahren« Familiennamens angeeignet hatte, so ist doch auffällig, dass er die Initiative zur Namensumwandlung während seiner Zeit im RSHA ergriff. Fast zeitgleich mit dem Antritt seines Amtes als Gestapochef von Oppeln wurde im Juni 1941 die Namensumbenennung rechtswirksam (und ist es bis heute geblieben).[72]

Über Bibersteins Tätigkeit als Gestapochef in Oppeln liegen wenige Informationen vor. In seine Verantwortung fiel die Deportation der ortsansässigen Juden in Vernichtungslager.[73] Die vorliegenden Monatsberichte der Gestapostelle in Oppeln, die er unterzeichnete, weisen eine größere Zahl Geistlicher auf, gegen die Strafanzeigen erstattet wurden, und zwei KZ-Einweisungen von Priestern.[74] Über Bibersteins Amtsführung und Dienstausübung liegen lediglich seine Selbstzeugnisse vor, denen zufolge die Gestapostelle funktioniert habe, ohne dass er imstande gewesen sei, die Geschäftsabläufe auch nur annähernd zu verstehen.[75]

70 Wildt, Generation, S. 373. Zu Hartl vgl. Dierker, Glaubenskrieger, S. 96–118.

71 Biberstein, Bericht, S. 5.

72 Befehlsblatt der Sipo und des SD, Nr. 27 vom 19.7.1941 (BArch Berlin, BDC, SSO) und LKA Kiel, 12.03, Nr. 1215.

73 Vgl. Raul Hilberg, Die Vernichtung der europäischen Juden, Frankfurt a. M. 1990, S. 302.

74 SD des RFSS SD-Hauptamt, Monatsberichte über Kirche und Maßnahmen. Monatsberichte der Gestapostelle Oppeln, Ernst Biberstein, vom 2.8.1941, 5.2.1942, 3.3.1942 und 2.4.1942 (BArch Berlin, ZA I. 1549).

75 Protokoll, S. 2804.

Nach Ablauf eines Jahres wurde Biberstein abkommandiert, um die Leitung des Einsatzkommandos 6 in Rostow zu übernehmen. Im Nürnberger Einsatzgruppenprozess wies er ausführlich auf Absprachen mit Reinhard Heydrich hin. Demnach sei er eigentlich für andere Verwendungen vorgesehen gewesen. Er machte Heydrichs plötzlichen Tod im Juni 1942 dafür verantwortlich, dass er – angeblich absprachewidrig – zur Einsatzgruppe abkommandiert worden sei. Sein Mentor Hartl hatte sich in ähnlicher Argumentation auf Heydrich berufen, nach dessen Tod er – knapp vor Biberstein – auch zur Einsatzgruppe C versetzt worden war.[76] Zusätzlich behauptete Biberstein, bereits bei seinem Dienstantritt den Chef der Einsatzgruppe C, SS-Gruppenführer Dr. Max Thomas, um Abberufung gebeten zu haben. Fakt ist aber, dass er seinen Dienst antrat und auch einige Monate als Chef des Einsatzkommandos tätig war und den Massenmord Tausender Menschen verantwortete. Zu widrigem Verhalten kam es erst, als Biberstein kurz vor seiner anstehenden Abberufung eine Abkommandierung des Einsatzkommandos zum Partisanenkampf verzögerte. Dies führte zu einem SS-Verfahren und zur Maßregelung Bibersteins. Am Ende stand – vermutlich nach einer Übergangszeit in Oppeln – seine Abberufung nach Italien, wo er bis Kriegsende in der Wirtschaftsverwaltung des Reichsstatthalters von Triest tätig war.[77] Bei Kriegsende floh er von Klagenfurt nach Neumünster, wo er von den Briten verhaftet wurde.[78]

## Nach Nürnberg

1948 schließlich wurde Biberstein im Nürnberger Einsatzgruppenprozess als Chef des Einsatzkommandos 6 des Mordes angeklagt. Seine Vernehmung als Beschuldigter wurde von der Presse als eine Offenbarung der Peinlichkeit beschrieben: »Selbst die übrigen Angeklagten in diesem Prozess hatten nur ein sarkastisches Lächeln für ihren Mitangeklagten, dem es vorbehalten blieb, eines der erbärmlichsten Kapitel in der daran gewiss nicht armen Geschichte der Nürnberger Prozesse gegen das unmenschliche Treiben der SS-Einsatzgruppen zu kennzeichnen.«[79]

76 Auf eine engere Bindung der beiden weist der Umstand hin, dass Hartl in Nürnberg als Kronzeuge auftrat, Biberstein aber entlastete. Vgl. Dierker, Glaubenskrieger, S. 112.

77 Nach eigener Aussage war Biberstein vom Juni 1943 bis Februar 1944 unbeschäftigt. Eidesstattliche Erklärung vom 2.7.1947 (StAN, KV-Prozesse, NO-4314). Dagegen spricht das Schreiben vom 16.2.1944 des RSHA, in dem er in das »Operationsgebiet Adriatisches Küstenland« kommandiert wird: Es ist adressiert an die Gestapostelle Oppeln (ebd.).

78 Ebd.

79 Unfassbare Aussagen in Nürnberg. Der Zynismus eines Geistlichen – Die »humanitären« Hinrichtungen. In: Telegraf vom 9.3.1948.

Biberstein bestand nämlich darauf, seine gesamte Lebensgeschichte aus seiner Sicht zu erzählen, auch wenn der Vorsitzende Richter Michael A. Musmanno die präsentierten Details als so erheblich hielt, wie eine Erzählung »über das Leben der Känguru in Australien«.[80] Auf Befragen erklärte sich der Angeklagte als Vertreter religiöser Toleranz, die auch für Juden gelte und von denen er nicht gewusst habe, dass sie in Konzentrationslager geschickt worden seien. Seinen Eintritt in die SS begründete er damit, dass diese »damals als die idealste selbstloseste Verkörperung des Nationalsozialismus« gegolten habe.[81] Da er als Christ und Theologe argumentierte, fragte ihn Musmanno, ob er sich mit seinem Kirchenaustritt 1938 vom Christentum abgewandt hätte. Biberstein: »Im Gegenteil, durch meinen Kirchenaustritt blieb ich meiner alten religiösen Einstellung, die ich von Jugend auf hatte, treu. Ich wies bereits einmal darauf hin, dass meines Erachtens ein großer Teil der evangelischen Kirchenbevölkerung mit Unrecht sich noch als Mitglied der Evangelischen Kirche bezeichnete, dass diese Menschen nicht christgläubig, sondern gottgläubig wären. Mir war klar, dass hier eine neue Organisation geschaffen werden müsse. Eine solche Organisation von gottgläubigen Menschen durfte meiner Vorstellung nach kein Dogma haben, keine Priester und keine Kulthandlung, wie z. B. die Sakramente. Ihre religiöse Betätigung hätte zu bestehen erstens in ständigem Bewusstwerden der unbedingten Gottverbundenheit durchs Gebet und durch die stille Betrachtung der Werte und des Lebens Jesu in gemeinsamen Feierstunden, und zweitens durch tätige Liebe im täglichen Leben gegenüber den Mitmenschen, ähnlich, wie es bereits in der Organisation der Quäker einmal verwirklicht worden ist.«[82]

Als schließlich die Rede auf die Mordtätigkeit seines Einsatzkommandos kam, erklärte er: »Aus meiner theologischen Entwicklung heraus empfand ich es nicht nur als höchst unangenehm, sondern geradezu als mir unzumutbar, dass unter meiner Leitung Todesurteile ausgesprochen und vollstreckt werden sollten. Schließlich bin ich für diese Aufgabe nicht erzogen worden. Ein Pfarrer hat die Aufgabe, den Seelen zu helfen, aber niemals zu richten.«[83] Darauf fragte ihn der Vorsitzende, ob er den Opfern geistlichen Beistand vor ihrer Ermordung gegeben habe. Bibersteins Antwort: »Es waren Bolschewisten und der Bolschewismus predigt und unterstützt die Gottlosenbewegung. Ich bin auch als Pfarrer nicht verpflichtet, Menschen zu bekehren. Es ist nicht meine Art, mich aufzudrängen. Außerdem muss ich hier ein Wort anführen, das vielleicht nicht ganz der Würde des Gerichts entspricht: ›Man soll nicht Perlen vor die Säue werfen.‹«[84]

80 Richter Michael A. Musmanno in der Zeugenvernehmung am 20.11.1947 in Nürnberg (Protokoll, S. 2776).
81 Protokoll, S. 2788.
82 Ebd., S. 2790 f.
83 Ebd., S. 2833.
84 »Der unaufdringliche Pfarrer – Vergasung angenehmer«. In: Der Spiegel, Nr. 50 vom 13.12.1947.

Es war nicht seine absurde Verteidigungsstrategie, sondern die seltsamen Äußerungen eines Theologen, die das öffentliche Interesse an seinem Fall weckten. Der leugnende SS-Scherge, der sich darauf berief, Theologe zu sein, war einzigartig und führte zu ausführlicher Presseberichterstattung. Das Gericht verurteilte ihn schließlich zum Tode. Grundlage hierfür waren seine eigenen Einlassungen: Biberstein hatte seine erste Zeugenaussage, der zufolge während seiner Zeit als Chef des Einsatzkommandos 2 000 bis 3 000 Menschen hingerichtet worden seien, bestätigt und seine Teilnahme an zwei Massenhinrichtungen seines Kommandos durch Erschießung und Vergasung beschrieben. Letztere Tötungsart sei »menschlich angenehmer« gewesen, da die Gesichter der Ermordeten, als man die Leichen aus dem Gaswagen schaffte, »einen durchaus friedlichen Eindruck machten«.[85]

Richter Musmanno bemerkte zu Biberstein in seinem Urteil: »Die Religion, die durch alle Zeiten die Schwachen gestärkt hat, den Armen geholfen, die Einsamen und Bedrückten getröstet, ist jedes Menschen eigene Bestimmung; dass aber ein Diener des Evangeliums auf dem Umweg über das Nazitum an Massenhinrichtungen teilnahm, ist eine Tatsache, die man nicht unbemerkt vorübergehen lassen kann. Als das Hakenkreuz das Kreuz ersetzte und ›Mein Kampf‹ die Bibel verdrängte, ging das deutsche Volk unvermeidlich dem Unheil entgegen. Als das Führerprinzip an die Stelle der Goldenen Lebensregel trat, wurde die Wahrheit zerschlagen, und die Lüge herrschte mit einem Absolutismus, wie ihn ein Monarch nie kannte. Unter dem despotischen Regime der Lüge verdrängte das Vorurteil die Gerechtigkeit, die Arroganz hob das Verständnis auf, der Hass erhob sich über die Güte – und die Kolonnen der Einsatzgruppen marschierten. Und in einer der vordersten Reihen schritt der Ex-Pfarrer Ernst Biberstein.«[86]

## Die Landeskirche und der Weg zur Begnadigung

Bibersteins einstige Landeskirche hingegen ließ die Tatsache, dass einer der ihren zum Massenmörder geworden war, sehr wohl unbemerkt vorübergehen. Mit Szymanowski/Biberstein beschäftigte man sich ebenso wenig wie mit der Theologie der Deutschkirche. 1947 wurde lediglich im Gesetz- und Verordnungsblatt bekannt gegeben, dass deutschkirchliche Amtshandlungen als christlich anerkannt würden, sofern diejenigen, an denen sie vorgenommen wurden, eine vom Pastor zu prüfende ausreichende Kenntnis des Evangeliums hätten.[87]

---

85 Protokoll, S. 2665.

86 Hier zit. nach Kazimierz Leszczynski (Hg.), Fall 9. Das Urteil im SS-Einsatzgruppenprozess, Berlin 1963, S. 139.

87 GVO-Blatt, Nr. 5 vom 28.3.1947, S. 23.

Am 1. November 1953 trat der in Landsberg inhaftierte Biberstein in seiner Heimatgemeinde Neumünster wieder in die Kirche ein.[88] Als ein Vierteljahr später der Landeskirchenamtspräsident Herbert Bührke starb, erhielt Bischof Wilhelm Halfmann ein Kondolenzschreiben von Biberstein: »In gehorsamster Ehrerbietung bin ich, der ich immer noch in der tiefsten Erniedrigung als Kriegsverurteilter leben muss, Eurer Magnifizenz ergebener Biberstein.«[89] Halfmann veranlasste, dass Abschriften des Briefes an die folgenden Personen verschickt wurden: »1) Bischof Wester, 2) an Pastor Thies Flensburg, 3) an Propst Steffen Neumünster, 4) Propst Sontag Segeberg. Nebenstehende Abschrift zur geflissentlichen Kenntnisnahme übersandt: ›Ich weiß nicht, was soll das bedeuten.‹ Halfmann.«[90]

In seiner Antwort schrieb Pastor Thies an den Bischof: »Trotz allem aber ist es menschlich wohl verständlich, dass er das vom ihm verfasste Beileidsschreiben zugleich zum Anlass nimmt, um auf seine gewiss nicht beneidenswerte Lage aufmerksam zu machen, und dass dieser Hinweis die unausgesprochene Bitte enthält, etwas für ihn zu tun. Aber was könnte von landeskirchlicher Seite für ihn getan werden? Er gehörte ja zur ›Gruppe Ohlendorf‹, die vor allem in der Ukraine an zahlreichen Vergasungen beteiligt war. Wie man hörte, war er zum Tode verurteilt. Dieses Urteil ist dann infolge eines Erlasses des Kontrollrates, der alle weiteren Hinrichtungen untersagte, offenbar nicht mehr vollstreckt worden.«[91] Diese Antwort ist insofern bemerkenswert, weil sie das einzige Schriftstück der innerkirchlichen Korrespondenzen der folgenden Jahre ist, in dem ausdrücklich die Mordtätigkeit Bibersteins benannt und als wahr angenommen wurde.

Offenbar kam es danach von dritter Seite zu einer Anfrage an die Landeskirche. Darauf beschloss die Kirchenleitung am 27. Oktober 1954 beim Tagesordnungspunkt »Rehabilitierungsverfahren Biberstein«: »Kirchenleitung rät den beiden Pröpsten, die um ihre Beteiligung bei dem Verfahren gebeten worden sind, sich nicht zu beteiligen.«[92] Nachdem man auf sein Schreiben nicht weiter reagiert hatte, suchte Biberstein 1955 wieder den Kontakt zu seiner alten Landeskirche und bat offen, ihn bei seinen Bemühungen um vorzeitige Haftentlassung zu unterstützen. Hintergrund war, dass die Amerikaner inzwischen vorzeitige Entlassungen der in Landsberg einsitzenden NS-Verbrecher im Rahmen

88 Archiv der Kirchengemeinde Neumünster, Wiedereintritte.

89 Biberstein an Halfmann vom 18.2.1954 (PA Herbert Bührke, LKA Kiel, 12.03, Nr. 158).

90 Ebd. Propst Kurt Sontag hatte das Segeberger Propstenamt inne, das einst von Szymanowski ausgeübt worden war; Propst Steffen war durch den Familienwohnsitz der zuständige Propst und Pastor Johannes Thies der ehemalige Kollege in Kaltenkirchen.

91 Thies an Halfmann vom 3.3.1954 (PA Herbert Bührke, LKA Kiel, 12.03, Nr. 158).

92 Protokoll der Kirchenleitung vom 27.10.1954 (LKA Kiel, 20.01 LK Schleswig-Holstein – Kirchenleitung, Nr. 131).

des »Parole«-Verfahrens zuließen. Danach war die Freilassung an den Nachweis einer Beschäftigung und eines ehrenamtlichen Bewährungshelfers gebunden.[93]

Soweit ersichtlich, waren Bibersteins Bemühungen bei der Landeskirche nicht sehr engagiert, und umgekehrt tat man sich bei der Kirche schwer mit ihm. Beispielhaft hierfür ist die Antwort des Direktors des Landesvereins für Innere Mission in Rickling an Propst Steffen auf seine Anfrage, Szymanowski/Biberstein im Raum des Landesvereins zu beschäftigen: »Wir können wohl sagen, dass wir im Laufe der letzten 10 Jahre meist ganz in der Stille versucht haben, manchem, der irgendwie gescheitert war, wieder eine neue Möglichkeit zu geben. Wir werden dazu auch immer bereit sein. Im Falle S. wird es mir allerdings doch etwas schwer, weil es sich hier nach meiner Auffassung nicht nur um ein Versagen, sondern um einen Verrat an der Kirche Jesu Christi gehandelt hat und weil man – jedenfalls nach dem Brief, den Sie mir vorlasen – nicht den Eindruck haben kann, dass hier ein grundlegender Wandel geschehen ist.«[94]

Im Oktober 1956 schließlich fuhr Propst Richard Steffen nach Landsberg, um Biberstein zu besuchen und sich ein Bild von ihm zu machen. Steffen war als Neumünsteraner Propst zuständig und offenbar bereits von Bibersteins Ehefrau kontaktiert worden. Der Bericht, den Steffen unmittelbar nach seiner Reise nach Landsberg abfasste, ist ein beeindruckendes Dokument des Zeitgeistes des Jahres 1956. Steffen hatte die Reise offenbar unvorbereitet angetreten. Im Gespräch mit Biberstein ließ er sich dessen Deutung seiner Karriere erzählen, ohne imstande zu sein, sie aufgrund anderer Informationen zu hinterfragen. Außer auf Bibersteins Erzählungen bezog sich Steffen lediglich auf den oben zitierten Spiegel-Artikel, dessen Wahrheitsgehalt er aber sichtbar infrage stellte:

»Im Staatssicherheitsdienst hatte er es zu tun mit russischen Saboteuren und Partisanen. Es sind auch in seiner Kommandostelle während seiner Zeit Erschießungen vorgekommen, aber Einzelerschießungen von Personen, die gerichtlich abgeurteilt waren. […] Um noch einmal auf die Erschießungen zu kommen, die ja in dem Zeitungsbericht eine große Rolle spielen, so ist noch einmal zu betonen, dass Massenerschießungen während seiner Zeit nicht vorgekommen sind. […] Erschießungen einzelner kriegsgerichtlich Verurteilter hat er nicht selbst ausgeführt, wohl aber gelegentlich teilgenommen. […] Im Augenblick der Erschießung sah B. in seiner Dienststelle in den ordentlich gerichtlich Abgeurteilten Saboteure und Partisanen, die die Schärfe des Schwertes des Staates traf. […] Aber gegen das Grundsätzliche seiner Haltung ist m. E. nichts einzuwenden. Das wird auch rechtlich anerkannt. Welche Not das bedeutet, weiß jeder, der als Pastor in militärischer Dienststellung in eine solche Situation hineingestellt wurde. Ich bin dankbar, dass sie mir persönlich erspart geblieben ist.«[95]

93 Das amerikanische Verfahren der Freilassung auf »Parole« meinte eine dauerhafte Beaufsichtigung und Betreuung der auf »Parole« Freigelassenen durch ehrenamtliche Bewährungshelfer, die hier als Bürgen bezeichnet wurden. Vgl. Norbert Frei, Vergangenheitspolitik. Die Anfänge der Bundesrepublik und die NS-Vergangenheit, München 1999, S. 295.

94 Direktor der Ricklinger Anstalten an Propst Steffen vom 28.12.1955 (Kirchenkreisarchiv Neumünster, Nr. 2534). Für den Hinweis danke ich Hansjörg Buss.

95 Bericht Steffen, S. 2 f.

In der Sache hatte Biberstein also Steffen gegenüber selbst die eigenen Aussagen vor Gericht geleugnet. Offenbar hatte Steffen keine Hintergrundkenntnisse, dies zu erkennen, aber auch kein Interesse, sich welche anzueignen. Steffen übernahm Bibersteins Darstellung, ohne zu hinterfragen. Einzig der Kirchenaustritt Bibersteins wurde ernsthaft problematisiert:

»Ein wunder Punkt ist natürlich sein Kirchenaustritt. Man muss ihn wohl im Zusammenhang mit der ganzen kirchlichen Lage damals sehen. […] Bezeichnend ist, dass er sagte: ›Leider bin ich nie zum Kirchenaustritt aufgefordert worden, dann hätte ich es bestimmt nicht getan.‹ Andererseits wäre ihm, wenn er in seiner Heimatkirche gewesen wäre, nie der Gedanke gekommen. B. nimmt aber für sich glaubhaft in Anspruch, dass er sich immer als Christ und Theologe gefühlt und gehalten habe und dass er auch Heydrich gegenüber immer betont habe, dass ihm nichts zugemutet werden könne, was dagegen verstoße. Und das sei ihm auch zugebilligt worden. Er sagte, und zwar nicht überheblich, sondern einfach als seine innere Überzeugung, dass es wohl gut wäre, wenn jedes Pastors persönliche Haltung im Leben so anständig sein würde, wie seine es war. Er ist sich, abgesehen von der Beurteilung seines Kirchenaustritts, bewusst, in allen äußeren Dingen vor Gott und Menschen ein gutes Gewissen zu haben. Er sagt es schlicht und überzeugt! Vielleicht vermisst man bei diesen und ähnlichen Äußerungen zu seiner Rechtfertigung ein deutliches Bekenntnis zur inneren Schuld, wie wir alle im Rückblick auf die ganze verwirrende Zeit mehr oder weniger um Schuld wissen. Solche Gedanken sind B. gewiss nicht fremd. Sie auszusprechen, mag ihm in dieser besonderen Lage wohl zu billig erschienen sein.«[96]

Die Wiedergabe Steffens lässt eine ähnliche Erzählstruktur vermuten, wie sie Biberstein im Einsatzgruppenprozess angewandt hatte. Da war er sichtbar geistig überfordert zu realisieren, dass er – statt seinen Kopf aus der Schlinge zu ziehen – sich um Kopf und Kragen redete. Hier zeigte sich ein Massenmörder, dessen Lügen frei von jeglicher Reflexion waren. Eine solch wirklichkeitsferne Selbstdeutung konnte nur Erfolg haben bei Menschen, die genau diese Sicht hören und glauben wollten. Wie kam nun Steffen zu einer derart naiv-apologetischen Übernahme der bibersteinschen Selbstdeutungen? Der 1896 in Lügumkloster als Sohn des späteren Propstes von Tondern, Wilhelm Steffen, geborene Richard Steffen war 1933 Mitglied der NSDAP und der DC geworden. Die vorbehaltlose Unterstützung der Nationalsozialisten war Voraussetzung, dass ihm Ende 1933 das Neumünsteraner Propstenamt übergeben wurde. Als er 1937 aus der NSDAP ausgeschlossen wurde – er hatte den Kreisleiter wegen dessen öffentlicher Ablehnung des Alten Testaments kritisiert –, schrieb er in einer Bittschrift an Gauleiter Hinrich Lohse: »Ich bin zwar erst 1933 Parteigenosse geworden. Aber ich habe versucht, mich dann als solcher zu betätigen. Anfang 1934 trat ich hier in den SS Motorsturm ein und habe dort in freudiger Dienstbereitschaft für meinen Führer und sein Werk gestanden. Als wir bei der traurigen Röhm-Affäre in Alarm lagen, da war ich selbstverständlich zum Einsatz bereit, wohin immer

96 Ebd.

wir gerufen worden wären, um das wahr zu machen, was wir so oft auf unsern Märschen sangen: ›Für Adolf Hitler kämpfen wir, das schwören wir aufs Neu.‹«[97]

Auch wenn Steffen sich von den DC zurückzog und kirchenpolitisch mäßigte, hatte er doch biografische Ähnlichkeiten mit Biberstein.[98] Das »Wissen um die Schuld« in der »verwirrenden Zeit«, von der Steffen schrieb, deutet diesen Hintergrund an. Steffens Wirklichkeit ausblendende Empathie erklärt sich wohl am ehesten in einer Übertragung: der Überlegung, wo er selbst stände, wenn er damals keine Grenzen gezogen hätte oder diese nicht von den Nationalsozialisten gezogen worden wären. Damit er dieses Bild aufbauen konnte, durfte er die Verbrechen Bibersteins in ihrer Dimension ebenso wenig wahrnehmen wie dessen Leugnen. Stattdessen gab er den Gefängnisseelsorger wieder: »Pastor Dreger lässt den verantwortlichen Herren unserer Kirche ausdrücklich sagen, dass unsere Kirche sich E. Bibersteins annehmen müsse. Einmal schon nach dem Wort der Schrift: ›So ein Bruder fällt, so helft ihm wieder zurecht, Ihr, die Ihr geistlich seid.‹ Dann aber auch, weil die Haltung Bibersteins das besonders nahe lege. Er betonte auch noch besonders, dass er ihn immer als einen demütigen Menschen kennengelernt habe. [...] Mich selbst hat all das, was ich so erfuhr, doch sehr bewegt. Und ich bin beschämt darüber, wie leicht man doch einem Bruder Unrecht tun kann und wie schnell man zu lieblosem aburteilendem Wort bereit ist.«[99] Steffen votierte für eine Anstellung Bibersteins durch die Kirche. Er hielt sogar eine spätere Beschäftigung im Dienst der Verkündigung für möglich und schloss seinen Bericht mit den Worten: »Vielleicht haben wir dabei doch auch etwas wieder gutzumachen, was wir bisher versäumt haben!«[100]

Steffens Bericht stieß aber nicht durchgängig auf die von ihm erhoffte Zustimmung. Die fantasievolle Darstellung von Szymanowski/Bibersteins kirchenpolitischer Entwicklung, die Steffen ungefiltert wiedergegeben hatte, war Anlass zu kritischer Reflexion. Während im Lauf des Jahres die Voraussetzungen geschaffen wurden, Biberstein zeitlich befristet in Neumünster anzustellen, schrieb Bischof Halfmann an den Pastor von Lohbrügge und ehemaligen nationalsozialistischen Bischof Adalbert Paulsen und bat ihn diesbezüglich um eine Stellungnahme. Paulsen korrigierte in seiner Antwort die Darstellung Bibersteins und wies darauf hin, dass Szymanowski einer der radikalsten Anhänger der Deutschkirche gewesen sei. Dennoch würdigte er es als einen »Akt christlicher Hochherzigkeit«, dass man ihm »in seinem Elend« helfen wolle.[101] Das Schreiben Paulsens wurde von Halfmann mit

97 Steffen an Hinrich Lohse vom 3.6.1937 (PA Steffen, LKA Kiel, 12.03, Nr. 1770). Aus der SS war Steffen 1936 aufgrund seiner Kirchenmitgliedschaft entlassen worden.

98 In seiner Selbstdeutung verwandelten sich die Ausschlüsse aus SS und NSDAP fast zu Belegen einer Verfolgung. Vgl. Steffen an Halfmann vom 12.3.1946 (LKA Kiel, 22.05, Nr. 740).

99 Bericht Steffen, S. 4.

100 Ebd., S. 5.

101 Paulsen an Halfmann vom 19.11.1957(LKA Kiel, 12.03, Nr. 1215: PA Szymanowski).

dem Vermerk »Vorsicht« ergänzt und darauf hingewiesen, dass man das Urteil kennen müsse. Hier wird eine Zurückhaltung gegenüber den Aussagen Bibersteins sichtbar.

Im Lauf des Jahres 1957 wurde vom Landeskirchenamt Geld bereitgestellt, das dem Kirchengemeindeverband Neumünster zur Verfügung gestellt wurde, um Biberstein ein halbes Jahr anzustellen.[102] Andere Anstellungsträger fanden sich nicht. Von einer längeren, gar unbefristeten Stelle war nicht mehr die Rede – das Nürnberger Urteil gelangte anhaltend nicht zu den Akten. Biberstein war unter den letzten Gefangenen, die 1958 in Landsberg freigelassen wurden.[103] Auf Bibersteins Freilassung reagierte der Pressedienst des schweizerischen Israelitischen Gemeindebundes, indem er eine Zusammenstellung von Zitaten Bibersteins aus dem Einsatzgruppenprozess unter dem Titel »Das war einst ein ›Pfarrer‹!« veröffentlichte.[104] Als diese im »Deutschen Pfarrerblatt« nachgedruckt wurde, antwortete Propst Steffen unter der Überschrift »Die Dinge liegen ganz anders«. Darin mahnte er Vorsicht in der Verwertung (der ihm weiterhin unbekannten) Nürnberger Prozessakten an und resümierte: »Nach meiner Überzeugung ist B. kein Verbrecher. Was übrig bleibt an Schuld vor Menschen und Gott, ist menschlich gestraft genug und geistlich in Gottes Vergebung gestellt. Sollten wir nicht auch vergeben können?«[105]

Während seiner befristeten kirchlichen Anstellung bemühte sich Biberstein um eine feste Anstellung bei der Kirche. Hierfür schrieb er im August 1958 einen 14-seitigen Bericht über seinen Lebensweg an die Kirchenleitung. Aber auch hier belog er die Kirche selbst in Teilen seiner Vita, über die die Kirchenleitung bestens Bescheid wusste.[106] Seine Beschäftigung endete nach einem halben Jahr. Bis zu seiner Pensionierung arbeitete Biberstein in wechselnden Arbeitsverhältnissen. Er starb am 8. Dezember 1986 in Neumünster.

---

102 Die Bürgschaft übernahm der Neumünsteraner Propst Richard Steffen in Rücksprache mit dem Präsidenten des schleswig-holsteinischen Landeskirchenamtes Dr. Epha und der schleswig-holsteinischen Kirchenleitung, deren Mitglied er war. Aufgrund dieser Absprachen wurde Biberstein befristet beim Kirchengemeindeverband Neumünster angestellt, die Finanzierung der Stelle erfolgte gemeinsam mit der schleswig-holsteinischen Landeskirche (LKA Kiel, 20.01, Nr. 130: Sitzungen der Kirchenleitungen; Nr. 192: Sitzungsprotokolle des Landeskirchenamtes; sowie Personalakte Szymanowski).

103 Zu den Begnadigungen vgl. Thomas Alan Schwartz, Die Begnadigung deutscher Kriegsverbrecher. John J. McCloy und die Häftlinge von Landsberg. In: Vierteljahrshefte für Zeitgeschichte, 38 (1990), S. 375–414; Norbert Frei, Vergangenheitspolitik. Die Anfänge der Bundesrepublik und die NS-Vergangenheit, München 1999, S. 266–306.

104 »Das war einst ein ›Pfarrer‹!« (Pressedienst des Schweiz. Israelitischen Gemeindebundes vom 16.6.1958). Abgedruckt in: Deutsches Pfarrerblatt, 16 (1958), S. 372 f.

105 Propst Steffen, Die Dinge liegen ganz anders. In: Deutsches Pfarrerblatt, 18 (1958), S. 420.

106 Bezeichnenderweise ist Bibersteins »Bericht über meinen Lebensweg seit meinem Ausscheiden aus dem Kirchendienst im Jahre 1935« vom 22.8.1958 in den Unterlagen der schleswig-holsteinischen Landeskirche nicht auffindbar, obwohl er an die »hohe Kirchenregierung« (S. 14) gerichtet ist (Landesarchiv Schleswig-Holstein, Abt. 352, Nr. 949).

Das kirchliche Engagement im Fall Biberstein war insgesamt überschaubar und auf landeskirchlicher Ebene nicht von Eigeninitiativen getragen. Von einem »massiven kirchlichen Einsatz« zugunsten Bibersteins kann nicht die Rede sein.[107] Gerade verglichen mit dem kirchlichen Engagement in anderen Fällen war man hier ausgesprochen zurückhaltend. Der Einsatz beschränkte sich im Wesentlichen auf den Neumünsteraner Propst Steffen, der aber auch zu nicht mehr als einer befristeten Anstellung Bibersteins bereit war. Dass das Engagement der Kirche im Fall Bibersteins begrenzt war, lag in seiner Person begründet. Biberstein war ein ausgesprochen schlechter Lügner. Die Darstellung seiner Einsatzgruppentätigkeit war schlicht unglaubwürdig. Zwar lässt sich die Frage, inwieweit seine Selbstdeutungen eines passiv agierenden SS-Mannes stimmig sind, kaum beantworten. Sollten bei ihm aber moralische Skrupel vorhanden gewesen sein, so hatten sie keine Konsequenzen auf sein Handeln. Raul Hilberg konstatierte hierzu: »Für Biberstein war es mit der moralischen Grenze wie mit dem zurückweichenden Horizont. Er ging auf sie zu, erreichte sie aber nie.«[108]

Vor diesem Hintergrund überrascht es nicht, wie Biberstein nach seiner Freilassung versuchte, sich der evangelischen Kirche aufs Neue anzunähern. Er erinnerte sich nicht daran, dass das Konzept christlicher Vergebung ein Eingeständnis der Schuld und darauf aufbauend die tätige Reue vor jede Vergebung gesetzt hat. Stattdessen war seine Darstellung selbst dort wahrheitswidrig, wo die Adressaten die Wahrheit kannten.[109] Dies Vorgehen bestätigt den Eindruck, den die Nürnberger Gerichtsakten erzeugen: Ihm überdurchschnittliche Intelligenz zu bescheinigen wäre abwegig. Die irritierende Tatsache, dass Biberstein studierter Theologe war, findet am ehesten ihre Erklärung darin, dass dies einen sozialen Aufstieg bedeutete, ohne ihm besonders hohe Intelligenzleistungen abzuverlangen. Seine Erfüllung fand er erst als Nationalsozialist,[110] zumal sich ihm hier Aufstiegschancen boten, die ihm wohl sonst kaum beschieden worden wären.

---

107 Rainer Hering, Die evangelisch-lutherischen Kirchen nördlich der Elbe und ihre nationalsozialistische Vergangenheit. In: Janina Fuge/Rainer Hering/ Harald Schmid (Hg.), Das Gedächtnis von Stadt und Region, Hamburg 2010, S. 90–109, hier 100; ders., »Einer antichristlichen Dämonie verfallen«. Die evangelisch-lutherischen Kirchen nördlich der Elbe und die nationalsozialistische Vergangenheit. In: Bea Lundt (Hg.), Nordlichter. Geschichtsbewusstsein und Geschichtsmythen nördlich der Elbe, Köln 2004, S. 355–370, hier 364; ders., Szymanowski, Ernst. In: Biographisches Lexikon für Schleswig-Holstein und Lübeck, Band 13, Neumünster 2011, S. 445–447.

108 Raul Hilberg, Die Vernichtung der europäischen Juden, Frankfurt a. M. 1990, S. 1098.

109 So blieb er auch später bei der Behauptung, die er Propst Richard Steffen gegenüber bei dessen Besuch in Landsberg am 2.10.1956 machte, er hätte die DC »wegen ihres radikalen Kurses verlassen«. Angesichts seiner Bekanntheit in der Landeskirche und der Tatsache, dass in der Kirchenleitung zum größten Teil in das einstige Geschehen involvierte Theologen saßen, waren derartige Behauptungen mehr als gewagt. Siehe Propst Steffen, Bericht über den Besuch bei Herrn Biberstein in Landsberg (LKA Kiel, 12.03, Nr. 1215, Bl. 5 ff.).

110 Noch in Nürnberg mussten die Ausführungen Bibersteins unterbrochen werden, weil die Staatsanwaltschaft es ablehnte, sich von ihm nationalsozialistische Propaganda anzuhören (Protokoll, S. 2744).

Hermann Wolfgang Beyer, Wehrmacht-pfarrer, 1941; Quelle: Nachlass H. W. Beyer, Privatarchiv Gisela Nauck, Wuppertal

Dagmar Pöpping

# Der schreckliche Gott des Hermann Wolfgang Beyer. Sinnstiftungsversuche eines Kirchenhistorikers zwischen Katheder und Massengrab

Hermann Wolfgang Beyer war ein evangelischer Theologieprofessor, der als Wehrmachtpfarrer im Krieg gegen die Sowjetunion zum Zeugen von Massenverbrechen wurde. Für die historische Forschung ist er ein Glücksfall, weil er sein Leben lang Tagebuch führte und als Divisionspfarrer bei der 6. Armee radikal ehrliche und hoch reflektierte Kommentare hinterließ – auch über die von Deutschen begangenen Verbrechen.[1]

Seit einigen Jahren beschreiben Historiker Geistliche, die als Wehrmachtseelsorger am Krieg gegen die Sowjetunion teilnahmen, schon wegen ihrer institutionellen und inhaltlichen Einbindung in die Kriegführung der Nationalsozialisten als »Propagandisten« und »Mittäter« des Vernichtungskrieges.[2] Fügt man noch hinzu, dass sich Beyer zur NSDAP bekannte[3] und bis zu seinem Tod 1942 wie nur wenige seiner Kollegen den Krieg bejahte, ließe sich dieser Theologe als weiteres Beispiel für das moralische Versagen der Kirchen im Nationalsozialismus heranziehen. Doch wäre es zu einfach, sich mit der Bloßstellung einer aus heutiger Sicht moralisch unakzeptablen Haltung zu begnügen. Vielmehr sollten die intellektuellen und emotionalen Motive deutlich werden, die es Theologen wie Beyer ermöglichten, den NS-Staat und seinen Krieg zu bejahen. Letztlich gilt es die Frage zu

1 Ich danke Irmfried Garbe, dass er mir das vollständig von ihm transkribierte Tagebuch Beyers für meine Forschungen überlassen hat. Ferner danke ich Hans (†) und Margareta Mommsen, die mich vor Jahren dazu ermutigt haben, über die Erfahrungen von Wehrmachtgeistlichen im Rasse- und Vernichtungskrieg gegen die Sowjetunion zu forschen.

2 Felix Römer, Der Kommissarbefehl. Wehrmacht und NS-Verbrechen an der Ostfront 1941/42, Paderborn 2008, S. 510 f.; Doris Bergen, »Germany is our Mission – Christ is our Strength!« The Wehrmacht Chaplaincy and the »German Christian« Movement. In: Church History. Studies in Christianity and Culture, 66 (1997), S. 522–536.

3 Das Eintrittsgesuch Beyers in die NSDAP vom 1.5.1937 wurde vermutlich abgelehnt, weil nach dem Ende der Mitgliedersperre 1937 Theologen in der Regel nicht mehr als »parteifähig« galten. Garbe, Theologe, S. 556, Anm. 4. Hinweise auf eine Parteimitgliedschaft lassen sich weder in der Orts- noch in der Zentralkartei der NSDAP nachweisen (BArch Berlin [ehem. BDC]).

beantworten, wie es eigentlich gelingen konnte, selbst Beteiligter eines Rasse- und Vernichtungskrieges zu sein und gleichzeitig den Krieg in subjektiver Unschuld zu erleben.[4] Dafür soll im Folgenden die intellektuelle und politische Entwicklung Beyers in der Weimarer Republik, den Friedensjahren des »Dritten Reiches« sowie in seiner Zeit als Divisionspfarrer der 6. Armee beleuchtet werden.[5]

## Jugend- und Studienjahre

Beyer zog als Jugendlicher in den Ersten Weltkrieg und kehrte traumatisiert, verletzt an Körper und Seele, in die zivile Gesellschaft zurück. Wie bei vielen anderen seiner Generation blieben die Erfahrungen des Krieges und der Niederlage für sein folgendes Leben maßgeblich. Beyer kann insofern exemplarisch für die intellektuelle Entwicklung deutschnational geprägter junger Intellektueller seit dem Ersten Weltkrieg stehen.

Geboren 1898 in Annarode (Harz) verbrachte Beyer seine Kindheit zwischen Aschersleben und Halberstadt, wo sein Vater Albert Beyer als evangelischer Pfarrer tätig war. 1908 zog die Familie nach Posen (Provinz Posen), 1912 in die westpreußische Hansestadt Elbing, wo Albert Beyer 1914 die Garnisonspfarrdienststelle übernahm.[6] Beyers Familie gehörte zum nationalliberalen kirchlichen Bürgertum. Man vertrat einen liberalen Protestantismus, für den die Namen Adolf von Harnack und Friedrich Naumann standen, und zeigte eine hohe Identifikation mit dem deutschen Nationalstaat.

Im Jahr 1916, im Alter von 18 Jahren, meldete sich Beyer nach einem Notabitur freiwillig zur Teilnahme am Ersten Weltkrieg. 1919 wurde er als Offiziersanwärter aus dem Heer entlassen. Alle seine Freunde waren im Krieg gefallen, und er kehrte als Pazifist in das zivile Leben zurück. In dieser Situation begriff Beyer die Weimarer Republik als Chance für eine friedliche und geordnete Zukunft Deutschlands. Zu Beginn seines Studiums an der Universität Greifswald, wo er seit 1919 in den Fächern Geschichte, Germanistik, Philosophie und Kunst eingeschrieben war, wählte Beyer die DDP, die liberal-demokratische Partei Friedrich Naumanns.

4 Antonia Leugers, »Opfer für eine große und heilige Sache«: Katholisches Kriegserleben im nationalsozialistischen Eroberungs- und Vernichtungskrieg. In: Friedhelm Boll (Hg.), Volksreligiosität und Kriegserleben, Münster 1997, S. 157–174, hier 160. Vgl. auch die These, Kriegspfarrer seien ungewollt zu Instrumenten des Vernichtungskrieges geworden bei Martin Röw, Militärseelsorge unter dem Hakenkreuz. Die katholische Feldpastoral 1939–1945, Paderborn 2014, S. 448.

5 Möglich ist dies, weil Beyers intellektuelle Entwicklung in den 1920er- und 1930er-Jahren außergewöhnlich gut durch seinen Biografen Irmfried Garbe erforscht ist: Irmfried Garbe, Theologe zwischen den Weltkriegen. Hermann Wolfgang Beyer (1898–1942), Frankfurt a. M. 2004.

6 Vgl. dazu und zum Folgenden: Garbe, Theologe, S. 44, 91, 105, 121, 140, 181 f., 209, 223, 226 ff.

Doch schon in seinem zweiten Semester – Beyer studierte mittlerweile in Freiburg i. Brsg. – wandte er sich von der DDP ab und wählte die nationalliberale DVP. Dies war zum einen auf den zufälligen Einfluss seiner Freiburger Quartierseltern zurückzuführen, zum anderen auf den Schock des Versailler Vertragsabschlusses am 28. Juni 1919, der seinen bisherigen Pazifismus erheblich dämpfte. In Reaktion auf Berichte über die Friedensverhandlungen im Mai 1919 notierte er in seinem Tagebuch: »Aber heute, heut Abend, da zuckte es durch alle meine Adern, da schoss ein Strom von Blut mir zu Häupten und färbte mich glühend rot, dass es in mir brannte, da ballten sich die Fäuste in stechendem Schmerz, in Zorn, in Scham, in tiefer, tiefer Trauer. Da ist mir wieder ein idealer Glaube zerbrochen. Darin hatte ich des furchtbaren Krieges letzten Sinn zu finden gehofft, dass es nach ihm Frieden werden würde auf Erden. Das ist nun dahin: Nun wissen wir: Unser ganzes Leben wird sein, was unsere Jugend war: Kampf, Kampf, Kampf!«[7]

Nach sechs Semestern Geschichtsstudium wechselte Beyer unter dem Einfluss des Jenaer Neutestamentlers Heinrich Weinel, eines Vertreters der »religionsgeschichtlichen Schule«, die den historischen Jesus zum sittlichen Vorbild erhob, zur Theologie. Inhaltlich begründete er diesen Wechsel mit einer Analyse der Kriegsniederlage Deutschlands: Verantwortlich für das Fiasko der Deutschen im Krieg sei die verbreitete Missachtung des Religiösen und die Überbewertung des Materialismus gewesen. Wer in dieser durchweg negativen geistigen Situation zum Hüter des Evangeliums werde, so glaubte Beyer, der werde zum »positiv Schaffenden« an einer neuen christlichen Reformation, die am Anfang des geistigen Wiederaufbaus der deutschen Nation stehen sollte. Letztlich wollte Beyer selbst in der Rolle des christlichen Erneuerers aktiv in die Geschichte eingreifen, um die historische Krise Deutschlands zu überwinden. Dieser Ansatz zielte auf die Übernahme politischer Verantwortung in Kirche und Staat, die Beyer bereits als Student wahrzunehmen suchte.[8] So engagierte er sich bei den »Freunden der Christlichen Welt«, einem Kreis von Lesern des liberal-protestantischen Wochenblatts, publizierte in weiteren liberal-protestantischen Blättern und betätigte sich in der Kirchenpolitik.

Im Mai 1923 erlangte Beyer an der Universität Jena zweieinhalb Jahre vor Abschluss seines Theologiestudiums mit einer Studie über den spätantiken »Syrischen Kirchenbau« den philosophischen Doktortitel.[9] Unmittelbar darauf wurde er Assistent bei seinem Doktorvater, dem Kirchenhistoriker Hans Lietzmann, mit dem er 1924 an die Theologische Fakultät der Berliner Friedrich-Wilhelms-Universität wechselte.

---

7 Ebd., S. 149 f.
8 Ebd., S. 226 ff.
9 Hermann Wolfgang Beyer, Der syrische Kirchenbau, Berlin 1925.

## Der Schüler Karl Holls

Beyers Suche nach christlicher Verantwortung im politischen Raum gewann an Richtung, als er 1924 auf seinen zweiten Doktorvater, den Kirchenhistoriker und Begründer der neuen Lutherforschung Karl Holl traf. In der Theologischen Fakultät der Berliner Universität stellte Holl zu diesem Zeitpunkt bereits den Gegenpol zu Adolf von Harnack dar, dem Exponenten des liberalen Protestantismus, mit dem Holl im Zuge von Weltkrieg, Niederlage und Revolution 1918/19 gebrochen hatte. Beyers theologisch geprägter Blick auf die Politik und seine zunehmende Empfänglichkeit für die politische Rechte basierte vor allem auf den Lehren Holls. Zentral waren dabei die folgenden, wesentlich auf Holl zurückgehenden Thesen:

Geschichte sei das Werk eines lenkenden Gottes, das auch auf Kosten des Glückes der Menschen akzeptiert werden müsse.[10] Danach beweise Gott auch im Schrecklichen die Liebe zu seinem Volk. Übertragen auf die politische Gegenwart bedeutete dies, dass die zahllosen Toten des Ersten Weltkrieges als sinnvoll zu betrachten und zu billigen seien. Daraus ergab sich für Beyer die Verpflichtung zur Verantwortung vor den »toten Brüdern«. Spätestens seit Ende der 1920er-Jahre forderte er deshalb einen neuen »Opfergang für das Vaterland«. Ebenso sei die Niederlage Deutschlands im Weltkrieg hinzunehmen, denn auch sie wurde als Werk des in der Geschichte handelnden Gottes begriffen. Für Beyer war die Niederlage die Strafe Gottes an den Deutschen, weil diese es an Christlichkeit hatten mangeln lassen. Daraus zog er die Schlussfolgerung, das Christentum sei im Sinne größerer Volksnähe zu reformieren, damit Deutschland wieder zu nationaler Größe aufzusteigen könne.

Ebenso ging das von Beyer vertretene Konzept der »Volkskirche« auf Holl zurück. Danach bildeten Volk und Kirche idealerweise ein unlösbares Bedingungsgefüge, in dem die christliche Gemeinde die geistige Substanz des Staatsvolkes lieferte und das Staatsvolk den bewaffneten Schutz der christlichen Gemeinde sicherte. Beyer sah die Aufgabe des Theologen darin, diese im Krieg zerbrochene Einheit neu zu vermitteln. Hier lag der tiefere Grund für das kirchenpolitische Engagement Beyers, der – wie auch der übrige Schülerkreis Karl Holls – schnell in hochschulpolitisch wichtige Positionen gelangte.

Beyer übernahm auch Holls Antwort auf die vermeintliche Schwäche von Staat, Kirche und Volk im Ersten Weltkrieg. Er propagierte die an Luther angelehnte Figur des »Starken«, des charismatischen Führers, der handelnd in die Geschichte eingreife. Diesen Führer, dem das Recht eingeräumt wurde, seinen Willen auch mit Härte durchzusetzen, meinte er später in Adolf Hitler zu finden.

Auch die Kriegstheologie Beyers knüpfte an zentrale Vorstellungen in Holls Lutherdeutung an. Danach war der Staat eine göttliche Stiftung, durch die Gott

10 Vgl. dazu und zum Folgenden: Garbe, Theologe, S. 277, 289, 351, 413, 554.

stellvertretend die Erhaltung der geistlichen Gemeinschaft der Gläubigen besorgen ließ. Jedes Volk habe das von Gott verliehene Recht der Selbsterhaltung und Expansion nach außen. Krieg sei daher immer gottgewollt und damit sinnvoll.[11] Vor diesem Hintergrund entwickelte Beyer ein starkes Ressentiment gegen Völkerbund und Pazifismus. In den Augen der Holl-Schüler waren die Völker vordefinierte Kollektive, die finalen Zwecken, sogenannten Sendungen, folgten. Der Kriegsausgang wurde zum Gottesurteil über den Wert eines Volkes, wobei das Urteil über Deutschland noch nicht feststand, da es – so sahen es die Theologen – nur auf einen späteren Zeitpunkt verschoben worden sei. Ethische Fragen der Kriegsführung oder eine Gewissensreserve gegen eine Kriegsbeteiligung waren in diesem Konstrukt absoluter Setzungen undenkbar.[12]

Beyers Dissertation bei Karl Holl, mit der er sich 1925 auf den Lizentiatstitel in der Theologie bewarb, beschäftigte sich mit der »Religion Michelangelos« und war zugleich eine Hommage an das Werk Karl Holls.

Über die Patronage Lietzmanns und Holls gelangte Beyer 1925 als Privatdozent an die Theologische Fakultät in Göttingen, wo er sich zwei Wochen nach dem erfolgreichen Promotionsverfahren in Berlin mit einer erweiterten Fassung seiner historischen Doktorarbeit habilitierte.[13] Nur ein halbes Jahr später – Beyer befand sich gerade auf einer archäologischen Forschungsreise in Italien – wurde er im Alter von nur 28 Jahren als Professor für Kirchengeschichte und Christliche Archäologie an die Universität Greifswald auf den Lehrstuhl seines Vorgängers Victor Schultze berufen.[14]

## Politisches und kirchenpolitisches Engagement

In Göttingen war Beyer eine enge Freundschaft mit dem dortigen Professor für Kirchengeschichte Emanuel Hirsch eingegangen, der ebenfalls ein Holl-Schüler war.[15] Hirsch machte Beyer mit der nationalrevolutionären Intellektuellenströmung bekannt, die Armin Mohler unter dem Schlagwort der »Konservativen Revolution« beschrieben hat.[16] 1928 trat Beyer in die nationalkonservative DNVP ein. Seit 1930 wirkte er zusammen mit den evangelischen Theologieprofessoren Paul Althaus,

11 Vgl. Heinrich Assel, Der andere Aufbruch. Die Lutherrenaissance, Göttingen 1994, S. 134.
12 Garbe, Theologe, S. 158.
13 Ebd., S. 309.
14 Ebd., S. 319 f.
15 Robert P. Ericksen, Theologen unter Hitler. Das Bündnis zwischen evangelischer Dogmatik und Nationalsozialismus, München 1986, S. 168. Zu Emanuel Hirsch siehe auch den Beitrag von Heinrich Assel in diesem Band.
16 Vgl. Armin Mohler, Die Konservative Revolution in Deutschland 1918–1932. Ein Handbuch, Darmstadt 1994.

Emanuel Hirsch und Heinrich Bornkamm in der neu gegründeten Christlich-deutschen Bewegung (CdB), einem stark von der DNVP beeinflussten Zusammenschluss, der vor allem die im nationalkonservativen und völkischen Lager gebundenen Parteien und Verbände für den Protestantismus gewinnen wollte.[17] Gleichzeitig engagierte sich Beyer konfessionspolitisch im Evangelischen Bund und im Gustav-Adolf-Verein, über den er 1932 eine Monografie veröffentlichte.[18]

Beyer begrüßte die Machtübernahme durch die Nationalsozialisten am 30. Januar 1933 aus vollem Herzen. Sein Freund Emanuel Hirsch hielt den Nationalsozialismus sogar für eine glückliche Koinzidenz von göttlicher und menschlicher Wahrheit.[19] Von nun an begannen und endeten die Greifswalder Vorlesungen Beyers mit den Worten »Heil Hitler«.[20]

Kirchenpolitisch verfolgte Beyer das Ziel einer evangelischen Nationalkirche unter einheitlicher Führung und die Evangelisierung der NSDAP, die in seinen Augen wesentlich von den Protestanten getragen wurde, wie die Wahlergebnisse vor 1933 gezeigt hatten, die aber zu seinem Missfallen mit Hitler und Goebbels unter süddeutscher katholischer Führung stand.[21]

Anfang Mai 1933 trat Beyer gemeinsam mit den evangelischen Theologen Emanuel Hirsch, Friedrich Karl Schumann, Hanns Rückert und Helmuth Kittel der Glaubensbewegung Deutsche Christen (GDC) bei, die seit 1932 sichtbar für eine evangelische Reichskirche kämpfte und eine Neuordnung der Kirche im nationalsozialistischen Sinne anstrebte.[22] Die Gruppe um Beyer bildete den theologischen Beraterstab für den im September 1933 eingesetzten Reichsbischof Ludwig Müller, einem in Ostpreußen amtierenden Wehrkreispfarrer und Vertrauten Hitlers, der den Ausgang der Kirchenwahlen im Juli 1933 durch massive Unterstützung des NS-Regimes zugunsten der Deutschen Christen mitentschieden hatte.[23]

Im November 1933 wurde Beyer anlässlich der Feiern des 450. Geburtstages Martin Luthers SA-Mitglied. Zugleich berief Reichsbischof Müller ihn in die

17 Vgl. Kurt Meier, Kreuz und Hakenkreuz. Die evangelische Kirche im Dritten Reich, München 1992, S. 26 f. Am 11.10.1931 schlossen sich die maßgebenden Gruppen der radikalen Rechten in Harzburg zur »Harzburger Front« zusammen. Vgl. Heinrich August Winkler, Der lange Weg nach Westen. Deutsche Geschichte vom Ende des Alten Reiches bis zum Untergang der Weimarer Republik, Band 1, München 2001, S. 500.

18 Garbe, Theologe, S. 605.

19 Friedrich Wilhelm Bautz, Hirsch, Emanuel. In: Friedrich Bautz (Hg.), Biographisch-Bibliographisches Kirchenlexikon, Band 2, Herzberg 1990, Sp. 893 f.

20 Garbe, Theologe, S. 362.

21 Ebd., S. 462.

22 Ebd., S. 478.

23 Die Deutschen Christen sahen in Rasse, Volkstum und Nation von Gott gesetzte Lebensordnungen, lehnten die Eheschließung zwischen »Deutschen und Juden« ab und machten sich schon früh für eine »Sterilisierungsgesetzgebung« stark, mit der die Fortpflanzung behinderter Menschen verhindert werden sollte. Vgl. Meier, Kreuz, S. 30.

Nationalsynode der Deutschen Evangelischen Kirche sowie in sein Geistliches Ministerium. Von Dezember 1933 bis Januar 1934, also für einen kurzen Zeitraum, war Beyer unierter Kirchenminister in Müllers »Reichskirchenregierung«.

Die diktatorische und gewalttätige Kirchenpolitik des Reichsbischofs führte schon nach wenigen Wochen zum Bruch mit Beyer und trieb ihn ins Lager der kirchlichen Opposition.[24] Im November 1934 vollzog Beyer den Wechsel zur Bekenntnisbewegung. An seinen Freund Karl Thom, den deutschchristlichen »Bischof von Cammin« (Pommern), schrieb er, die deutschchristliche Führungsriege sei gescheitert, daher müsse ein vollständiger Führungswechsel einsetzen. Die neue Volkskirche aber stehe auf der Seite der Bekenntnisfront. »Was wir im vorigen Jahre mit ganzer Seele erhofft und mit ganzer Kraft erstrebt haben, dass unsere deutschen Brüder und Schwestern wieder etwas ahnen möchten von der Wirklichkeit Kirche, dass sie sich zu ihr bekennen, dass sie sich von ihr leiten lassen möchten, das wird jetzt Wirklichkeit, wenn auch auf ganz anderem Wege, als wir damals gedacht haben.«[25]

Auch gegenüber den Kollegen und Studenten an der Universität Greifswald machte Beyer keinen Hehl aus seiner »kirchenpolitischen Bekehrung«. Seinen Studenten empfahl er, sich nicht der offiziellen Kirchenleitung, sondern dem Bruderrat anzuvertrauen.[26] In der Folge nahmen die Angriffe aus der NSDAP und der nationalsozialistischen Studentenschaft auf die Theologische Fakultät und den Kirchenpolitiker Beyer zu. Vor diesem Hintergrund orientierte sich Beyer nach Leipzig, wohin er 1936 als Professor für Kirchengeschichte und Direktor des archäologischen Seminars berufen wurde. Doch auch hier begann bald der Kampf gegen die Zerstörung der Theologischen Fakultäten durch die Nationalsozialisten.[27] Die Studentenzahlen brachen ein, nach Kriegsbeginn wurden Pläne zum Teilabbau der Ordinariate bekannt.

Beyers loyaler Haltung zum NS-Staat tat all dies jedoch keinen Abbruch.[28] Sein kirchenpolitischer Wechsel auf die Seite der Bekennenden Kirche zeigt aber, dass seine Loyalität trotz aller politischen Radikalisierung, die er in den vergangenen Jahren durchlaufen hatte, im Konfliktfall der Kirche gehörte. Dennoch konnte er sich nicht von der Illusion lösen, dass es möglich sei, eine »Bündnispartnerschaft« mit dem Nationalsozialismus einzugehen, wie sein Biograf Irmfried Garbe festgestellt hat.[29]

---

24 Garbe, Theologe, S. 522.

25 Zit. nach Garbe, Theologe, S. 531 f.

26 Vgl. dazu und zum Folgenden: Garbe, Theologe, S. 533 f., 548, 560.

27 Vgl. Eike Wolgast, Nationalsozialistische Hochschulpolitik und die theologischen Fakultäten. In: Leonore Siegele-Wenschkewitz/Carsten Nicolaisen (Hg.), Theologische Fakultäten im Nationalsozialismus, Göttingen 1993, S. 45–81, hier 66–70.

28 Elfseitiges Schreiben Beyers an Karl Thom vom 10.11.1934. Zit. nach Garbe, Theologe, S. 531 ff.

29 Ebd., S. 551.

## Kriegspfarrer

Vor dem Hintergrund der Auseinandersetzungen um den Erhalt der Theologischen Fakultät in Leipzig bewarb sich Beyer nach Kriegsausbruch bei der Wehrmacht um die Stelle eines Kriegspfarrers a. K., das hieß »auf Kriegszeit«. Zu Beginn des Frankreichfeldzuges wurde er Divisionspfarrer bei der 294. Infanteriedivision der 6. Armee. Sein Zuständigkeitsbereich umfasste etwa 15 000 Soldaten, ein Hinweis darauf, wie gering die Personaldecke der Wehrmachtseelsorge mit ihren insgesamt 1342 Planstellen im Zweiten Weltkrieg bemessen war.[30]

Die neue Position Beyers stellte sich vergleichsweise komfortabel dar, denn als Kriegspfarrer war er allen kirchenpolitischen Querelen mit einem Schlag entronnen. Zudem war er durch seinen Vater, den Elbinger Garnisonspfarrer, und durch seine Teilnahme am Ersten Weltkrieg vertraut mit dem militärischen Leben. Der mit dem Kriegspfarreramt verbundene Rang eines Stabsoffiziers verschaffte ihm eine gute Position innerhalb der Wehrmacht, die mit hohem Ansehen und einem guten Einkommen verbunden war.[31]

Zudem rückte das neue Amt Beyers altes kirchenpolitisches Ziel der »Wiederherstellung der Volkskirche« in greifbare Nähe. In der Wehrmacht hatte ein Geistlicher Zugang zu Zehntausenden jungen Männern, die der Kirche zumeist indifferent gegenüberstanden und die er im zivilen Leben niemals erreicht hätte.[32] Aus der seelsorgerischen Betreuung dieser Männer sollte ein religiöser Aufbruch entstehen, der der Kirche über den Krieg hinaus neuen Einfluss im Volk sicherte.[33] Vor diesem Hintergrund legte Beyer besonderen Wert darauf, die Vertreter des NS-Regimes für das Christentum zu gewinnen.[34] Ausführlich schilderte er in seinem Kriegstagebuch, wenn er in einer Diskussion mit nationalsozialistischen Offizieren über das Christentum gut abgeschnitten hatte.[35] »Er ist hauptamtlich in der Propagandaleitung der Partei im Gau Sachsen tätig und steht dem Christentum mindestens sehr kritisch gegenüber«, schrieb Beyer am 29. September 1941 über einen Kompaniechef, den er an der vordersten Infanterieli-

30 Schreiben des evangelischen und des katholischen Feldbischofs der Wehrmacht an Chef des OKW, Wilhelm Keitel, vom 9.3.1943 (Archiv des Katholischen Militärbischofs, SW 155). Dagegen verfügten allein die britischen Streitkräfte über 3692 Military Chaplains. Vgl. Michael Snape, The Royal Army Chaplains' Department 1796–1953. Clergy under Fire, Woodbridge 2008, S. 280.

31 Vgl. das unveröffentlichte Manuskript von Dagmar Pöpping, Kriegspfarrer im Ostkrieg, Kapitel IV.1.

32 Vgl. Manfred Messerschmidt, Aspekte der Militärseelsorgepolitik in nationalsozialistischer Zeit. In: Militärgeschichtliche Mitteilungen, 1 (1968), S. 63–105, hier 53.

33 Garbe, Theologe, S. 580.

34 Tagebucheintrag vom 29.9. und 26.10.1941.

35 Tagebucheintrag vom 24.10.1942.

nie besucht hatte. »Aber gerade darum habe ich es mir zur Aufgabe gemacht, ihn wenigstens vom Menschlichen her für die Anerkennung meines Amtes zu gewinnen.«[36] Der friedliche Disput mit den Vertretern des NS-Regimes war im zivilen Leben, wo Beyer gegenüber den politischen Machthabern mit dem Rücken zur Wand gestanden hatte, schon lange nicht mehr möglich.

Als Kriegspfarrer agierte Beyer in der Rolle eines »wehrpsychologischen Assistenten«[37] des Divisionskommandeurs, eine Position, die durch das 1939 erschienene »Merkblatt über Feldseelsorge« gedeckt war, das den Truppenführer aufforderte, im Feldseelsorger seinen Gehilfen bei der ihm obliegenden inneren Betreuung der Mannschaft zu erblicken.[38] Für den Kriegspfarrer war dies zum einen mit der Aufgabe verbunden, durch seine Ansprachen in den Gottesdiensten die psychische Kampfkraft der Truppe aufrechtzuerhalten und zu fördern, zum anderen, dem Kommandeur Auskunft über die Stimmung in der Truppe zu geben. Mit anderen Worten: Der Kriegspfarrer war im besten Falle eine Art Integrationsfigur in der Truppe, welche die innere Verbindung zwischen Truppenführung und Mannschaft gewährleistete.

## Antibolschewistische Sinnstiftung

Bereits in den letzten Jahren vor der Entfesselung des Zweiten Weltkrieges hatte sich Beyer dem Regime im »Weltanschauungskampf« gegen den Bolschewismus empfohlen.[39] Dies war sowohl in evangelischen als auch in katholischen Kreisen keineswegs unüblich. Das zeigen die Äußerungen von katholischen Bischöfen wie Michael von Faulhaber oder Conrad Gröber, aber auch die Publikationen evangelischer Schriftsteller wie August Winnig.[40] Der christliche Antibolschewismus war gleichsam das Pfund, das Theologen und Intellektuelle beider Konfessionen,

36 Tagebucheintrag vom 29.9.1941.

37 Garbe, Theologe, S. 588.

38 »Merkblatt über Feldseelsorge« (BArch, Militärarchiv, RW 12 I, Nr. 2). Das Konzept für das »Merkblatt« sowie für das evangelische Feldgesangbuch stammte von dem schlesischen Wehrmachtdekan Heinrich Lonicer, einem Vertrauten Beyers, der in der Wehrmachtseelsorge ein Laboratorium für eine künftige deutsche Nationalkirche sah. Garbe, Theologe, S. 594.

39 In einem Aufsatz aus dem Jahr 1937 beschwor Beyer die militärische Gefahr eines sowjetischen Angriffs gegen Deutschland und schürte die Angst vor der skrupellosen Intelligenz des Judentums, die er hinter den »bolschewistischen Terrorgruppen« vermutete. Hermann Wolfgang Beyer, Christenglaube in unserer Zeit. In: Glaube und Volk in der Entscheidung, 6 (1937), S. 9–21.

40 Vgl. Gerhard Besier, Die Kirchen und das Dritte Reich. Spaltungen und Abwehrkämpfe 1934–1937, Berlin 2001, S. 462; »Bolschewismus«. In: Conrad Gröber (Hg.), Handbuch der religiösen Gegenwartsfragen, Freiburg i. Brsg. 1937; August Winnig, Europa. Gedanken eines Deutschen, Berlin 1937, S. 50, 82 f.

die sich vom NS-Staat verkannt und missachtet fühlten und die um den Erhalt ihrer Kirchen fürchteten, in die Waagschale warfen, um die Nützlichkeit ihrer Kirche für das NS-Regime zu beweisen.

Der deutsche Angriff auf die Sowjetunion, der am 22. Juni 1941 begann, gab Beyer ausreichend Gelegenheit, auf sein großes Repertoire, das er sich für den »Weltanschauungskampf« gegen den Bolschewismus zugelegt hatte, zurückzugreifen. Die ihm von der militärischen Führung erteilte Aufgabe, den Feldzug als »Verteidigungs- und Befreiungszug« Europas gegen den »gottlosen Bolschewismus« christlich zu legitimieren, ging er mit Begeisterung an.[41]

Dabei griff er tief in die europäische Geistesgeschichte, die er im Sinne seines antiaufklärerischen Weltbildes auslegte. Für ihn verkörperte der Sowjetbürger den Anschlag der Aufklärung auf das christliche Menschenbild. Der Sowjetmensch sei ein Mensch der organisierten Masse, eine bloße Nummer, ein Rädchen im Getriebe, den machtgierigen, brutalen und mörderischen bolschewistischen Machthabern hilflos ausgeliefert. Ihm fehle die Unabhängigkeit, sich gegen seine Machthaber zu wehren, da er keinen Glauben an die höhere Macht Gottes habe.[42] Selbst in den Gesichtern der sowjetischen Kriegsgefangenen meinte Beyer, die Auswirkungen des bolschewistischen Atheismus zu erkennen: »Ein Dasein voller erstickender Einförmigkeit, voller Elend, Stumpfsinn, Hunger und Mord«, predigte er seinen Soldaten. »Wir sehen es an den trüben, stieren, erloschenen Gesichtern der Kriegsgefangenen, die an uns vorüberziehen. Der Mensch hat in dieser Welt aufgehört, ein wirklicher Mensch zu sein.«[43]

Beyers Rede über den Bolschewismus war eng verknüpft mit dem Topos vom »jüdischen Bolschewismus«, der seit dem Ende des Ersten Weltkrieges von christlichen Intellektuellen beider Konfessionen bemüht worden war, um eine kaum noch menschliche Abgründigkeit der atheistischen Sowjetunion zu belegen.[44] Da jüdische Intellektuelle in der bolschewistischen Revolution sowie in den revolutionären Regierungen der Münchener Räterepublik von 1918/19 sichtbar waren, hatte man den Schluss gezogen, dass die Ideologie des Bolschewismus unlösbar mit den Juden verbunden sei.[45]

41 Tagebucheintrag vom 1.8.1941, S. 227.

42 Tagebucheintrag Beyers vom 16.7.1941 über seine erste Predigt im Ostfeldzug.

43 Ebd.

44 So etwa im Handbuch des Freiburger Erzbischofs Conrad Gröber, das 1937 mit Empfehlung des deutschen Gesamtepiskopates erschien. Conrad Gröber (Hg.), Handbuch der religiösen Gegenwartsfragen. Freiburg i. Brsg. 1937.

45 Vgl. Joachim Schröder, Der Erste Weltkrieg und der »jüdische Bolschewismus«. In: Gerd Krumeich (Hg.), Nationalsozialismus und Erster Weltkrieg, Essen 2010, S. 77–96; Antonia Leugers, »Weil doch einmal Blut fließen muss, bevor wieder Ordnung kommt«. Erzbischof Faulhabers Krisendeutung in seinem Tagebuch 1918/19. In: Antonia Leugers (Hg.), Zwischen Revolutions-

Dabei ging Beyers Argumentation weit über den vermeintlich sichtbaren Konnex von Juden und bolschewistischer Revolution hinaus. Es waren theologische Argumente, mit denen er den Zusammenhang von jüdischer Religion und atheistischem Kommunismus begründete. Ausgehend von seiner Wahrnehmung, dass Gott von allen Menschen als »schrecklicher Gott« erfahren werde, erklärte er, dass Jesus Christus die Menschen mit diesem schrecklichen Gott versöhnt habe. Die Juden hätten zwar die schreckliche Majestät Gottes anerkannt, nicht aber den Erlöser Jesus Christus. Da kein Mensch – auch nicht die Juden – die schreckliche Majestät Gottes ertragen könne, so Beyer, habe das Judentum den »Kollektivmenschen« erfunden, der autonom und ohne Gott handele.[46] Die Konsequenz dieser »jüdischen Erfindung« sei, dass der bolschewistische Mensch seine Seele verloren habe. Denn nur der Bezug zu Gott galt als Garant für die Existenz der menschlichen Seele.[47] So war aus dem bolschewistischen Menschen – vermittelt durch die Juden – unversehens ein seelenloser Mensch geworden. Für die Zuhörer solcher Predigten legte sich der Schluss gleichsam von selbst nahe: Ein Mensch ohne Seele musste auch nicht mehr menschlich behandelt werden.

## Zeuge der Vernichtung

In der historischen Forschung geht man inzwischen davon aus, dass unter den Soldaten des Ostheeres die Massenverbrechen allgemein bekannt waren, spielten sie sich doch vor ihren Augen und unter Mithilfe der Wehrmacht ab.[48] Dies galt erst recht für die Kriegspfarrer, die durch ihre Zugehörigkeit zum Offizierskorps gut informiert waren, viele Gespräche mit Soldaten führten und das, was sie wussten, mit anderen Kriegspfarrern kommunizierten.[49] Mehrfach berichtete Beyer, wenn er Zeuge von Massenverbrechen wurde. Im November 1941 schilderte er den Mord an Insassen einer Anstalt für psychisch Kranke:

---

schock und Schulddebatte. Münchner Katholizismus und Protestantismus im 20. Jahrhundert, Saarbrücken 2013, S. 61–117, hier 72, 89, 92, 97; Angela Hermann, Im Visier der Diplomaten. Nuntiatur- und Gesandtschaftsberichte zur Münchner Revolutions- und Rätezeit. In: Leugers, Revolutionsschock, S. 31–61, hier 43 f., 53, 55 f.

46 Tagebucheintrag vom 18.7.1942.

47 Tagebucheintrag Beyers vom 16.7.1941 über seine erste Predigt im Ostfeldzug.

48 Vgl. Sönke Neitzel/Harald Welzer, Soldaten. Protokolle vom Kämpfen, Töten und Sterben, Frankfurt a. M. 2011, S. 148, 289.

49 Vgl. Hans Mommsen, Auschwitz, 17. Juli 1942. Der Weg zur europäischen »Endlösung der Judenfrage«, München 2002, S. 115–122.

»Dann hatte ich um 15 Uhr Feldgottesdienst beim III. Bataillon. Leider fehlte eine Kompanie. Sie hat einen scheußlichen Auftrag. In der Nähe befindet sich eine Irrenanstalt mit 400 Insassen. Die russischen Ärzte haben erklärt, dass sie nichts mehr zu essen für die Kranken hätten. Sie müssten sie laufen lassen. Das könnte natürlich zu allerlei üblen Zwischenfällen führen. So hat der General kurzerhand befohlen, die sämtlichen Geisteskranken zu erschießen. Das ist aber doch nicht so einfach ausgeführt, wie es aussieht. Die armen Kerle werden an Fliegerdeckungsgräben geführt, dort einzeln abgeschossen und dann in die Gräben geworfen. Schon das ist recht unerfreulich. Nun gibt es aber auch Kranke, die gar nicht aufstehen können. Sie müssen in ihren Betten erschossen werden. Zum Glück führen unsere Leute den Auftrag mit dem größten Widerwillen aus, ja manchem bereitet es offenbare Gewissensnot. Ich muss auch mit dem General darüber reden.«[50]

Beyer vermittelt hier einen interessanten Einblick in die Mentalität der Soldaten, die ihren Auftrag »mit dem größten Widerwillen« und »offenbarer Gewissensnot« ausführten. Er bezweifelte, dass sie moralisch und emotional mit solchen Aufträgen umgehen konnten und kritisierte die militärische Führung, die solche Aufträge erteilte: »Der Zwang des Tötenmüssens im Kampf wird schon manchen unserer Männer nicht leicht. Aber man verwirrt ihnen alle sittlichen Begriffe, wenn man die Grenze zwischen dem Kampf mit einem sich wehrenden Feind und das Abschlachten von kranken Menschen verwischt. Entweder macht das unseren Kerlen Spaß. Dann weckt man eine rohe Mordlust in ihnen, die man vielleicht nachher nicht wieder bändigen kann. Oder aber – und das ist zum Glück bei der Mehrheit der Fall – bekommen die Leute eine solche Abscheu vor dem Tötenmüssen, dass ihnen das gute Gewissen zum Gebrauch der Waffe überhaupt erschüttert wird. Und das ist auch wieder verhängnisvoll.«[51]

Die Verwirrung der »sittlichen Begriffe« – so scheint es – bedrohte nicht nur die Soldaten, sondern auch ihn selbst. Dennoch setzte Beyer alles daran, selbst für das offensichtliche Verbrechen noch legitimierende Erklärungen zu finden. Er zeigte Verständnis für die Täter und ihre perfide Behauptung, die Behinderten mit der Erschießung vor einem weitaus schlimmeren Tod bewahrt zu haben. »Ich sehe ein«, so schrieb er, »dass die armen Kerle getötet werden müssen. Frei herumlaufen lassen kann man sie nicht. Sie würden natürlich dabei auch zugrunde gehen. Und sie Hungers sterben zu lassen wäre gewiss die grausamste Form der Hinrichtung.«[52]

Für die Kriegspfarrer war schon früh klar, worauf die »Lösung der Judenfrage« im Ostkrieg hinauslief.[53] Der katholische Weihbischof Josef Maria Reuss,

50 Tagebucheintrag vom 24.11.1941.

51 Ebd.

52 Vgl. auch Hans Mommsen, Das NS-Regime und die Auslöschung des Judentums in Europa, Göttingen 2014, S. 176.

53 Röw, Militärseelsorge, S. 413.

der wie Beyer als Divisionspfarrer während des Zweiten Weltkrieges in der 6. Armee diente, erklärte 1963, er habe seit August 1941 von dem Sonderauftrag Hitlers an die SS gewusst, »der ja in der Ermordung der Juden« bestanden habe. Zudem habe ihm sein Küster erzählt, dass er die Erschießungen von jüdischen Männern und Frauen sowie von Kindern mit eigenen Augen gesehen habe.[54] Am 29. Juli 1941 berichtete auch Beyer über den Judenmord:

»Unter den Juden wird jetzt sehr aufgeräumt. Wo irgendein Sabotageakt verübt wird, wird sofort eine größere Anzahl von Juden, oft hundert zugleich, erschossen. In Z[wiahel] hat eine Jüdin, die ihr Haus zugunsten von Ukrainern räumen sollte, dies angezündet und sich erhängt. Daraufhin haben unsere Sicherungstruppen als Vergeltung 5 Juden und 5 Jüdinnen verhaftet, sie zusammen mit der Leiche der Selbstmörderin zu einer Grube geführt, hier erschossen und die 11 Toten gemeinsam begraben. Einer unserer Feldwebel hat sich das angesehen. Als ihn ein Offizier fragt, wie das denn gewesen sei, antwortet er: ›O, sehr nett!‹ Die Ostjuden sind ekelhafte Kerle. Aber dass ein deutscher Soldat zu solcher Antwort fähig ist, entsetzt mich doch.«[55]

Dieser Kommentar lässt ein eindeutiges Urteil vermissen. Beyer zeigte auf der einen Seite emotionale Zustimmung, die auf das negative Bild vom »Ostjuden« rekurrierte. Auf der anderen Seite distanzierte er sich von der allzu positiven Resonanz, welche die Morde bei einem Feldwebel ausgelöst hatten. Vier Monate später berichtete er erneut über Judenmorde:

»Auch sonst erzählten die Kameraden von ihren Erlebnissen. Einer hatte einige Tage bei einer deutschsprechenden jüdischen Familie im Quartier gelegen, hatte einer jungen Frau das Neue Testament zu lesen gegeben und gesehen, wie ihr dies zu einer ganz großen Entdeckung geworden war. Die Frau hatte einige Tage ganz in der Begegnung mit Christus gelebt, bis auch sie weggeführt worden war, um gleich vielen anderen Tausenden von Juden getötet zu werden. Der Kampf gegen das Judentum muss sein. Aber er hat furchtbar harte Formen angenommen. Und es gibt auch da im Einzelnen ergreifende Schicksale. Der Fluch, der auf diesem Volke liegt, erfüllt sich in einer schauerlichen Weise.«[56]

Hier äußerte der Kriegspfarrer Mitgefühl, denn schließlich ging es um eine Jüdin, die auf dem Weg war, zum Christentum zu konvertieren. Auch empfand er die Behandlung der Juden als »furchtbar hart«. Gleichzeitig aber zweifelte er nicht an der Notwendigkeit des Geschehens. Beyer suchte den Mord an der Frau und den anderen »Tausenden von Juden« theologisch zu erklären, indem er sich der Argumente des traditionellen christlichen Antijudaismus

54 Vernehmungsniederschrift Dr. Josef Maria Reuss' durch die Sonderkommission – Zentrale Stelle – beim Landeskriminalamt Baden-Württemberg vom 31.1.1963 (BArch Ludwigsburg, B 162/5644, Bl. 886).

55 Tagebucheintrag vom 29.7.1941.

56 Tagebucheintrag vom 8.12.1941.

bediente, nach dem die Juden ihre Schuld vor Gott sühnen müssten, weil sie die Bedeutung Christi als Sohn Gottes nicht anerkannt hätten.[57] Trotz der Ambivalenz Beyers zwischen Mitleid und Legitimationsbedürfnis, emotionaler Zustimmung und moralischen Zweifeln im Angesicht der Massenverbrechen, geriet seine Loyalität zum NS-Regime nicht ins Wanken.

## Empörung und Frustration

Es waren andere Entwicklungen, die den Kriegspfarrer sichtlich mehr empörten. So klagte Beyer über die immer kirchenfeindlichere Politik der Nationalsozialisten im Deutschen Reich:

»Wenn aber immer wieder aus der Heimat Nachrichten zu uns kommen, die berichten, dass der offene und der heimliche Kampf gegen das Christentum selbst im Kriege weitergeht, dass es einflussreiche Menschen gibt, die solchen Glauben den Herzen verwehren wollen, so kann ich nur sagen: Sie wissen nicht, was sie tun. Aber es wird mir schwer, für sie um Vergebung zu bitten. Ich möchte wohl, dass ab und an einer von den Männern statt in Volksversammlungen daheim aufzutreten oder vom kalten Schreibtisch seine knebelnden Verordnungen gegen die Lebensäußerungen des Christentums zu erlassen, einmal eine Woche lang jeden meiner Gänge ins Lazarett und zu den Gräbern mit mir gehen, jeden Brief mit mir schreiben oder lesen müssten.«[58]

Als Angriff auf die eigene Position innerhalb der Wehrmacht empfand Beyer die »Richtlinien des Oberkommandos der Wehrmacht für die Durchführung der Feldseelsorge«, die im Mai 1942 in Kraft traten. Sie setzten das »Merkblatt über Feldseelsorge«, das den Kriegspfarrern bis dahin eine zentrale wehrpolitische Rolle innerhalb der Truppe garantiert hatte, außer Kraft und drängten sie in die Nebenrolle von Dienstleistern, die sich ausschließlich um die seelsorgerischen Bedürfnisse konfessionsgebundener Soldaten zu kümmern hatten. Von nun an waren den Kriegspfarrern politische Reden verboten.[59] Damit war das Ziel Beyers, die nationale Volkskirche wenigstens unter den Soldaten zu ver-

57 Vgl. Eberhard Röhm/Jörg Thierfelder, Juden – Christen – Deutsche, Band 3/II: 1938–1941, Ausgestoßen, Stuttgart 1995, S. 28; Marikje Smid, Protestantismus und Antisemitismus 1930–1933. In: Jochen-Christoph Kaiser/Martin Greschat (Hg.), Der Holocaust und die Protestanten. Analysen einer Verstrickung, Frankfurt a. M. 1988, S. 40–66, hier 40.

58 Tagebucheintrag vom 21.3.1942.

59 Richtlinien für die Ausübung der Feldseelsorge vom 24.5.1942 (Anlage 2 zu Heeres-Dienstvorschrift 373: Bestimmungen für besondere Dienstverhältnisse der Kriegspfarrer beim Feldheer [Krpf. Best.] vom 18. Juni 1941). In: Dokumente zur Kirchenpolitik des Dritten Reiches, Band V: 1939–1945. Die Zeit des Zweiten Weltkriegs (September 1939–Mai 1945). Bearb. von Gertraud Grünzinger und Carsten Nicolaisen, Gütersloh 2008, S. 401–404.

wirklichen, in weite Ferne gerückt. Beyer aber machte nicht etwa Hitler oder die NSDAP für die neue, in seinen Augen prekäre Position der Wehrmachtseelsorge verantwortlich, sondern die katholische Wehrmachtseelsorge, die sich in seinen Augen mit ihrer Ablehnung der überkonfessionellen Feldgottesdienste von Anfang an gegen die Idee einer konfessionsübergreifenden Soldatengemeinde gewandt hatte.[60]

Beyer ließ sich jedoch nicht davon abhalten, auch weiterhin – gedeckt durch seinen Divisionskommandeur – politische und militärische Reden vor den Soldaten zu halten. Am 30. Mai 1942 notierte er: »Heute früh habe ich zunächst das III. Bataillon an einer Mühle über dem Ort um mich gesammelt. Da so viel Ersatz gekommen war, hielt ich es für richtig, nicht gleich einen Gottesdienst zu halten, sondern erst einmal ganz frei zu den Leuten zu sprechen. Ich ging von der großen Aufgabe, die so viel Opfer Mühsal und Entbehrungen von uns verlangt, aus. Wir müssen jetzt den Leuten, die nur noch ihre harte persönliche Lage sehen, immer wieder klarmachen, worum es geht und was auf dem Spiele steht. Ich schilderte ihnen die Kriegslage.«[61]

Als Beyer auch noch erfahren musste, dass die NS-Führung die Verleihung des Eisernen Kreuzes an Kriegspfarrer untersagte, verletzte ihn das so sehr, dass er eine ganze Woche lang nichts mehr in sein Tagebuch schrieb. Selbst er konnte die offensichtliche Missachtung seines Berufsstandes nicht mehr rechtfertigen. Er notierte:

»Was mich an der ganzen Sache so bewegt, ist die Erkenntnis, wie wenig man an maßgebender Stelle unseren Dienst versteht. Und es ist doch wohl keine Einbildung, wenn ich ihm mit jedem neuen Kriegsjahr erhöhte Bedeutung zumesse. Das Schwerste, was von unseren Männern gefordert wird an Einsatz und Entsagung und Selbstüberwindung, steht doch erst noch bevor. Wir werden noch sehr lange unter härtesten Bedingungen aushalten müssen, bis der Sieg errungen ist. Da sollte man sich doch jedes Mittels bedienen, das die Herzen stark macht. Und was tue ich denn als Soldatenpfarrer anderes, als meine Leute immer wieder zur unbedingten Treue zum Führer, zum Volk und zur Pflicht aufzurufen und ihnen die ewigen Kräfte nahezubringen, die sie dafür fähig machen!«[62]

60 Garbe, Theologe, S. 596. Vgl. auch Georg May, Interkonfessionalismus in der Deutschen Militärseelsorge von 1933 bis 1945, Amsterdam 1978.

61 Daran schloss sich eine ausführliche Beschreibung der gescheiterten Angriffsstrategie der Sowjets und der siegreichen Gegenangriffe von Einheiten der 6. Armee an. Tagebucheintrag vom 30.5.1942.

62 Tagebucheintrag vom 10.11.1942.

## Siegesglaube und Tod

Je mehr Tote der brutale Ostkrieg bei der eigenen Mannschaft forderte, umso größeren Raum nahmen die Beerdigungen im Leben der Kriegspfarrer ein. Der Kriegspfarrer, so Irmfried Garbe, wuchs im Laufe des Jahres 1942 in die »Aufgabe einer routinierten Leichenentsorgung« hinein.[63] Beyer war entsetzt über das, was er erlebte. Als er Ostersamstag 1942 das Totenhaus neben einem Friedhof besuchte, notierte er: »Etwas Erschütternderes habe ich noch nie gesehen. [...] Kein Totentanz von noch so schonungsloser mittelalterlicher Sachlichkeit reicht an diese Wirklichkeit heran.«[64] Dennoch wollte er nicht am Sinn des Krieges, geschweige denn an dessen siegreichem Ausgang zweifeln. Einem Regimentskommandeur, der Ende 1942 offen den Sieg der Wehrmacht infrage stellte, antwortete er, dass er diesen Gedanken »auch nicht von Ferne an sich heranlassen« dürfe. Schließlich gehöre es zu seinem Amt, »unsere Männer stark zu machen gegen jede innere Schwäche«. »Nein«, so schrieb er gleichsam sich selbst beschwörend, »sie [diese Frage] darf nicht an uns heran! Wir müssen, wir müssen siegen!« Für ihn konnte der Sieg allerdings nur mithilfe des christlichen Glaubens errungen werden.[65]

Es hat den Anschein, als habe Beyer das massenhafte Sterben unter den deutschen Soldaten in seinem Bemühen, dem Geschehen einen Sinn zu verleihen, sogar noch beflügelt. In seinem Tagebuch hielt er fest, was er einem Soldaten auf dessen verzweifelte Fragen antwortete: »Ich konnte ihm als Antwort nur vom Christenglauben sprechen, der jeden schwächlichen Pazifismus ausschließt und vom Frieden Gottes als der Aufgabe spricht, die wir erringen müssen im Kampf mit den dunklen Mächten in der Welt und mit der eigenen Schuld.« Und er fügte hinzu: »Dies äußerste Suchen eines Sinns in allem Geschehen bricht jetzt in unseren Leuten auf, wo die dunklen Rätsel der Welt wieder schmerzhaft sichtbar werden unter dem Firnis allzu rascher Lösungen.«[66]

Für Beyer war die zunehmend hoffnungslose Lage der Wehrmacht und insbesondere der 6. Armee die Fortsetzung dessen, was er im Ersten Weltkrieg erlebt hatte. Inmitten des Massensterbens deutscher Soldaten hatte sein Trauma begonnen, die »eigentliche Wirklichkeit«, die alle wichtigen Entscheidungen in seinem späteren Leben bestimmt hatte: den Entschluss zum Studium der Theologie, die Deutung der Geschichte im Sinne der lutherischen Ordnungstheologie, die einer Vergöttlichung der Nation gleichkam, und nicht zuletzt sein kirchenpolitisches Engagement im Sinne einer »Wiederverchristlichung« des deutschen Volkes.

63 Garbe, Theologe, S. 634.
64 Tagebucheintrag vom 4.4.1942.
65 Tagebucheintrag vom 29.11.1942.
66 Tagebucheintrag vom 20.12.1942.

Die letzte Konsequenz aber, die Beyer aus dem Ersten Weltkrieg zog, war die Akzeptanz des eigenen Kriegstodes: Als die 6. Armee im November 1942 vor Stalingrad eingekesselt wurde, soll er das Angebot abgelehnt haben, sich im Hinterland absetzen zu lassen.[67] Schon im vorangehenden Kriegswinter 1941/42 hatte er sich in einem »Rechenschaftsbericht« dazu bekannt, dass er sich im Ernstfall vom Leben verabschieden werde, um seinen Soldaten ein Vorbild an Tapferkeit zu sein.[68]

In seiner Silvesterpredigt 1941 hieß es: »Habt ihr, meine jungen Kameraden, es nicht alle erst in diesem Jahre gelernt, was uns Älteren vor 25 Jahren in den Trommelfeuern des Ersten Weltkrieges widerfahren, habt Ihr nicht erst jetzt zu ahnen begonnen, was das eigentlich heißt: Leben.«[69] Im Kern definierte sich dieses »Leben« durch die ständige Nähe des Todes und die Bereitschaft, den eigenen Tod willig hinzunehmen. In diesem Sinne endete das Leben Hermann Wolfgang Beyers konsequent. Weihnachten 1942 geriet er in ein Sperrfeuer der Roten Armee und fiel in die Arme jenes Gottes, den er den »Schrecklichen« genannt hatte.[70]

67 Garbe, Theologe, S. 609.
68 Ebd., S. 608.
69 Tagebucheintrag vom 3.1.1942.
70 Garbe, Theologe, S. 607.

Isabella Bozsa

# Eugen Mattiat. Vom völkischen Pfarrer zum NS-Funktionär und wieder zurück ins Pfarramt

Das Leben Eugen Mattiats war geprägt von den politischen Umbrüchen des 20. Jahrhunderts, die sich in auffälligen Wandlungen seines christlichen Weltbildes niederschlugen. In der Weimarer Republik engagierte er sich als Pfarrer für den Nationalsozialismus und machte sich so bei der NSDAP verdient. Dem folgte eine beachtliche Karriere als NS-Funktionär und Professor während des »Dritten Reiches«. In der Nachkriegszeit nahm er schließlich wieder seinen früheren Beruf des Pfarrers auf. Wie verband Mattiat seinen christlichen Glauben mit der antisemitischen Ideologie des Nationalsozialismus? Welche berufliche Position nahm er während der nationalsozialistischen Herrschaft ein, und wie verhielt er sich zu dem totalitären Machtanspruch und der Rassenpolitik des Regimes? Und wie gelang es ihm schließlich in der Nachkriegszeit, wieder als Pfarrer angestellt zu werden?

Eugen Mattiat wurde am 28. April 1901 in Köln als Sohn eines Versicherungsangestellten geboren.[1] Seine Kindheit und Jugend verbrachte er in Köln, Düsseldorf und Hamburg. Nach der Reifeprüfung entschied er sich zunächst für ein Studium der Rechtswissenschaften, wechselte aber bald zu dem Fach Evangelische Theologie. Ab 1922 studierte er in Göttingen und lernte dort seine Frau kennen, mit der er fünf Kinder bekommen sollte. Nach dem Theologieexamen erhielt er zunächst eine Anstellung als Hilfsprediger in Hamburg, dann in Bad Lauterberg (Harz) und ab 1928 eine Pfarrstelle in dem kleinen Ort Kerstlingerode in der Nähe von Göttingen, der seit dieser Zeit sein Wohn- und politischer Wirkungsort wurde. Bereits im Jahre 1931 trat Mattiat der NSDAP bei und vertrat als Geistlicher seine nationalsozialistische Überzeugung auch in der Öffentlichkeit.

1 Vgl. Isabella Bozsa, Eugen Mattiat (1901–1976): Vom »Deutschen Christen« zum Volkskundeprofessor und wieder zurück ins Pastorat. Fallstudie einer Karriere im Nationalsozialismus. Göttingen 2014. Hier auch die folgenden Angaben.

## Völkischer Enthusiasmus 1928 bis 1933

In Zeitungsartikeln, einer Publikation und Vorträgen zum Thema »Christentum und Nationalsozialismus« tat er sich als Agitator der NSDAP in protestantischen Kreisen besonders hervor und warb dafür, sich der nationalsozialistischen »Bewegung« anzuschließen. Im »Göttinger Tageblatt«, das schon in den 1920er-Jahren antisemitische Parolen druckte[2] und als »rechtsradikal«[3] einzuordnen war, erschienen regelmäßig Artikel von Mattiat zu religiösen Themen, die aber mit völkisch-nationalsozialistischer Ideologie aufgeladen waren. Die Überschriften lauteten »Deutsche Weihnacht«,[4] »Freiheit«,[5] »Berufen«[6] oder »Wendung!«[7] und lassen nicht unmittelbar auf die nationalsozialistische Haltung des Autors schließen. Die kritische Analyse im Kontext der steigenden Akzeptanz von völkischer Ideologie in der Theologie und des Aufstiegs der NSDAP aber machen eine politische Lesart unumgänglich.[8] Im Artikel »Wendung!« beispielsweise kommt Mattiats völkische Religiosität zum Ausdruck: Zunächst rief er zur Hinwendung zu »Gott« auf, die er dann im weiteren Verlauf seiner Ausführungen mit der Hinwendung zum »Volk« gleichsetzte.[9] Die Stilisierung des Volksbegriffs in Verbindung mit einer Gläubigkeit an den Nationalsozialismus hielt in der Zwischenkriegszeit Einzug in protestantische Kreise: »Die religiös verbrämte Verheißung des nationalen Aufstiegs und die Beschwörung der Volksgemeinschaft in der NS-Propaganda entsprach der deutschnational geprägten Gefühlswelt der Pfarrerschaft und ihrer Sehnsucht nach nationaler Größe und autoritärer Führung.«[10] Auch Pfarrer Mattiat ergriff die Faszination für den Nationalsozialismus, von dessen Verwirklichung er sich die Erlösung in einem »erneuerten deutschen Volk« erhoffte.[11] In religiös-pathetischer Manier verkündete er solche und ähn-

2 Bereits im »Göttinger Tageblatt« vom 13.5.1920 war die Zeile zu lesen: »Der Jude ist ein Fremdkörper des deutschen Staates und Volkselements, das unbedingt zu entfernen ist.« Zit. nach Gerhard Lindemann, »Typisch jüdisch«. Die Stellung der Ev.-luth. Landeskirche Hannovers zu Antijudaismus, Judenfeindschaft und Antisemitismus 1919–1949, Berlin 1998. S. 108.

3 Eckhard Sürig, Göttinger Zeitungen. Ein pressegeschichtlicher und bibliographischer Führer mit Standortnachweis, Göttingen 1985, S. 43.

4 Göttinger Tageblatt vom 9.10.1932.

5 Ebd. vom 30.10.1932.

6 Ebd. vom 2.10.1932.

7 Ebd. vom 16.10.1932.

8 Bemerkenswerter Weise kam der Entnazifizierungsausschuss zu einer völlig gegensätzlichen Deutung: »Diese Aufsätze enthalten Ausführungen über religiöse Themen, irgend ein politischer Anklang ist darin nicht enthalten.« Entnazifizierungsausschuss zu Mattiats Zeitungsbeiträgen vom 6.5.1949 (Niedersächs. Landessarchiv, Nds. 171 Hildesheim, Nr. 20039, Bl. 27).

9 Göttinger Tageblatt vom 16.10.1932.

10 Clemens Vollnhals, Evangelische Kirche und Entnazifizierung 1945–1949. Die Last der nationalsozialistischen Vergangenheit, München 1989, S. 276.

11 Göttinger Tageblatt vom 15.1.1933.

liche NS-Parolen: »Diese Wandlung aber ist Wendung zum lebendigen Gott! Sie muss bei Dir anfangen! Irren wir uns nicht; das ›Deutschland erwache!‹ ist heute wichtiger denn je!«[12] In zahlreichen Artikeln verband Mattiat auf ähnliche Weise christliche Glaubenssätze mit der NS-Ideologie. In »Bereitet dem Herrn den Weg« setzte er Jesus Christus mit einem totalitären Führer gleich: »Er kommt als *Dein Heiland* [...]. Vor allem kommt er als der *Führer* im Kampf gegen Schuld, Sünde, Tod und alle Schatten dieser Zeit, im Kampf besonders gegen das Gottlosentum, das sich so breitmachen will auf dieser Erde. Er duldet keinen anderen König neben sich und er wird diesen Kampf um seine Alleinherrschaft siegreich zu Ende führen.«[13] Die totale Herrschaft eines »Führers« wurde hiermit als heilbringend propagiert und religiös legitimiert. Der Bezug auf das NS-Führerprinzip ist evident, ebenso kann der Artikel als Verehrung von Adolf Hitler[14] und Verheißung von dessen zukünftiger Herrschaft gelesen werden.

Eine kleine Publikation aus dem Jahr 1932 gibt weiteren Aufschluss über Mattiats theologische Ansichten in Verbindung mit der NS-Ideologie und Rassenlehre. Nach Vorträgen in protestantischen Kreisen, die von der NSDAP organisiert worden waren, verfasste er die Schrift »Kennst Du überhaupt den Nationalsozialismus? Kannst Du als Christ Nationalsozialist sein?«. Als Pfarrer und Nationalsozialist war er überzeugt von der Vereinbarkeit von Nationalsozialismus und Christentum, die sich gegenseitig bedingten. Er berief sich auf Punkt 24 des Parteiprogramms der NSDAP, in dem sich die Partei zu einem nicht näher definierten »positiven Christentum« bekannte, und gab nationalsozialistische Grundansichten wieder, die er christlich begründete: Analog zum Blut und Boden-Theorem ordnete er dem Konstrukt des »deutschen Volkes« das »deutsche Vaterland« zu und stellte die Nation als das höchste Gut heraus, weil sie »gottgewollt« sei.[15] Die Erkenntnis, dass die Nation Gottes Schöpfung darstelle, verpflichte einen jeden dazu, sich mit bedingungsloser Hingabe für sie einzusetzen. Dementsprechend sei jeder Christ der deutschen Nation dem »Kampf um das Dritte Reich« und damit dem Nationalsozialismus verpflichtet, weil nur dieser das deutsche Volk befreien könne. Seine Argumentation stützte sich im Wesentlichen auf die Ausführungen Wilhelm Stapels, der sich in seiner Schrift »Sechs Kapitel über Christentum und Nationalsozialismus« zum Nationalsozialismus bekannte und die rassistische und antisemitische Weltanschauung mit der Schöpfungsordnung des christlichen Gottes gleichsetzte. Beide, Mattiat und Stapel, folgten dem Verständnis eines

12 Ebd. vom 16.10.1932.

13 Ebd. vom 9.12.1932, Hervorhebung im Original.

14 Mattiat ehrte Hitler im Namen seiner Gemeinde und beglückwünschte den »heiß geliebten Führer« zu dessen Geburtstag. (Eugen Mattiat an Adolf Hitler vom 17.4.1933, Privatarchiv Gudo Mattiat, unpag.).

15 Eugen Mattiat, Kennst Du überhaupt den Nationalsozialismus? Kannst Du als Christ Nationalsozialist sein?, Kerstlingerode 1932, S. 17. Hier auch die folgenden Zitate.

Christentums, welches Pazifismus, »jüdisch-materialistischen Geist« und den Sozialismus ablehnte.[16] Mattiat formulierte deutlich seine antisemitischen Ansichten in Anlehnung an die nationalsozialistische Propaganda: »Zu einer Zeit, da ein Volk sich auf seine Wurzeln, auf seine tiefsten Gründe und Eigenarten besinnt, ja besinnen muss, um nicht verloren zu gehen, ist die Rassenfrage gegeben und verlangt radikale Entscheidung. Dabei bilden die ›netten Juden‹ die größte Gefahr, weil man ihnen gegenüber in Versuchung kommt weich und inkonsequent zu werden.«[17] Seine judenfeindliche Einstellung gipfelte in der Forderung nach einem »fachlichen Judenhass, der aber bis zur letzten Konsequenz« verfolgt werden sollte. Äußerungen wie diese zeigen nicht bloß Mattiats Verinnerlichung der NS-Ideologie, sie legitimierten darüber hinaus die bald darauf einsetzende systematische Verfolgung und Vernichtung der europäischen Juden aus religiöser Sicht. Die Schrift endet mit dem Appell: »Ja, du sollst als deutscher Christ Nationalsozialist sein! Und als Nationalsozialist sollst du Christ sein. *Heil Hitler!*«[18] Dieses doppelte Bekenntnis Mattiats zum Nationalsozialismus und gleichzeitig zum Christentum belegt seinen missionarischen Anspruch, andere Personen und insbesondere die Christen vom Nationalsozialismus zu überzeugen und sie für die NS-»Bewegung« zu gewinnen. Der fettgedruckte nationalsozialistische Gruß markiert zudem seine Zugehörigkeit zur NSDAP und seine Gefolgschaft Hitlers, noch bevor dieser an die Macht gekommen war.

Als wichtige Referenz für Mattiats völkische Theologie sei noch Emanuel Hirsch erwähnt, der als Dekan an der Evangelisch-Theologischen Fakultät der Georg-August-Universität Göttingen wirkte. Ähnlich wie Mattiat und Stapel erklärte er das »Volk zum Inbegriff des Heiligen« und den »Volksnomos zur göttlichen Schöpfungsordnung«.[19] Hirsch galt als »prominentester und scharfsinnigster Vertreter der völkischen Theologie«, seine faschistoide Gewissenslehre war sogar international wissenschaftlich anerkannt. Die öffentliche Kontroverse um Mattiats nationalsozialistische Haltung als Pfarrer zog sich in einem Streitgespräch über mehrere Ausgaben zwischen der links ausgerichteten »Göttinger Zeitung« und dem rechten »Göttinger Tageblatt« hin, bis Hirsch als theologische Autorität zum Schluss ein Machtwort sprach. Die »Göttinger Zeitung« verurteilte Mattiats nationalsozialistische Überzeugung als Pastor und kritisierte ihn für seine pathetische Äußerung während eines Vortrags, in dem er konstatiert hatte: »Wir sehen im Nationalsozialismus *die* deutsche Freiheitsbewegung, zu

16 Wilhelm Stapel, Sechs Kapitel über Christentum und Nationalsozialismus, Hamburg 1931, S. 11. Vgl. auch den Beitrag von Clemens Vollnhals in diesem Band.

17 Mattiat, Kennst Du überhaupt, S. 9. Hier auch das folgende Zitat.

18 Ebd., S. 23, Hervorhebung im Original.

19 Martin Honecker, Volk. In: Gerhard Müller u. a. (Hg.), Theologische Realenzyklopädie, Band 35 (Vernunft III – Wiederbringung aller), S. 191–209, hier 203. Hier auch die folgenden Zitate. Vgl. auch den Beitrag von Heinrich Assel in diesem Band.

der wir uns bekennen würden, selbst wenn sie im Namen des Teufels geführt würde.«[20] Nach mehrmaligem Schlagabtausch zwischen den beiden Zeitungen erklärte Hirsch Mattiats »grundsätzliche Haltung für christlich zulässig«[21] und beendete damit die Debatte.

## NS-Karriere 1933 bis 1938

Im Zuge der nationalsozialistischen Machtübernahme formierte sich unter den Protestanten die NSDAP-nahe »Glaubensbewegung Deutsche Christen« (GDC),[22] welche die Synthese der NS-Ideologie mit dem Christentum anstrebte und darüber hinaus die Gleichschaltung der evangelischen Landeskirchen vorantreiben sollte. Als exponierter Verfechter des Nationalsozialismus in der Pfarrerschaft sowie stadtbekannter Publizist und Redner für die »nationale Freiheitsbewegung«[23] hatte sich Mattiat bei der DC-Reichsleitung hervorgetan, die ihn dazu anhielt, eine Ortsgruppe in Göttingen zu gründen. Mattiat setzte die Aufforderung in die Tat um und fungierte ab Mai 1933 als Bezirksleiter für Süd-Hannover der DC.[24] Als er in einem Zeitungsartikel mit dem Titel »Deutsche Christen an die Front!« die Gleichschaltung der evangelischen Kirche und die Übernahme der Ämter durch DC-Angehörige forderte,[25] sorgte er für Empörung in der hannoverschen Landeskirche.[26] Als Folge musste er einen Entschuldigungsbrief an den Landesbischof August Marahrens schreiben, in dem er ihn seiner Loyalität versicherte und versprach, vorerst weitere Propaganda für die Deutschen Christen zu unterlassen. Obwohl Mattiat in dem Brief den Nationalsozialismus als »von Gott gesandt« bezeichnete[27] und von seinen vorherigen Aussagen und Handlungen kaum Abstand nahm, veranlasste Marahrens keine weiteren Schritte gegen Mattiat und gegen seinen bald darauf wieder einsetzenden DC-Aktivismus.[28] Die

---

20 Göttinger Zeitung vom 30.4.1932, Hervorhebung im Original.

21 Göttinger Tageblatt vom 9.5.1932.

22 Vgl. allgemein Kurt Meier, Die Deutschen Christen. Bild einer Bewegung im Kirchenkampf des Dritten Reiches, Göttingen 1967.

23 Mattiat an Landesbischof Marahrens vom 12.5.1933 (LKA Hannover, L2 Nr. 8b).

24 Göttinger Tageblatt vom 3.5.1933.

25 Ebd.

26 Vgl. Hans Otte, Die Geschichte der Kirchen. In: Rudolf von Thadden/Ernst Böhme/Dietrich Denecke (Hg.), Göttingen. Geschichte einer Universitätsstadt. Göttingen 1999, S. 591–673, hier 626.

27 Mattiat an Landesbischof Marahrens vom 12.5.1933 (LKA Hannover, L2 Nr. 8b).

28 Landesbischof August Marahrens positionierte sich nicht eindeutig gegen den NS und die DC. Sein Verhältnis zum NS ist umstritten und wird in der Literatur kontrovers diskutiert. Vgl. Detlef Schmiechen-Ackermann, Vom »alten Kämpfer« zum kirchlichen Opponenten. Die gebrochene Lebensgeschichte des Pastors Paul Jacobshagen in der Zeit des Nationalsozialismus. In: Hannoversche Geschichtsblätter, 43 (1989), S. 179–198.

Kirchenleitung sah die Deutschen Christen und ihren Vorsitzenden Mattiat in Göttingen zwar durchaus kritisch,[29] ebenso war man sich der engen Verbindung zwischen den DC und der NSDAP bewusst, aus taktischen Erwägungen gegenüber der NSDAP wurde aber nicht interveniert.[30] Im Wahlkampf für die bevorstehenden Kirchenwahlen im Sommer 1933 flammte Mattiats politischer Einsatz für die Deutschen Christen bei einer Kundgebung und im »Göttinger Tageblatt« wieder auf.[31] Als DC-Untergauleiter rief er in einem Rundschreiben die Pfarrer der Göttinger Kirchenkreise dazu auf, sich an die Ortsgruppenleiter der NSDAP zu wenden und mit der Partei zusammenzuarbeiten.[32] Die von der NSDAP manipulierten Kirchenwahlen fielen zum Erfolg der Deutschen Christen aus und damit auch für Mattiat, der als DC-Untergauleiter zum Kirchenrat aufstieg.[33] Qualifiziert war Mattiat für diese Stelle nicht, stattdessen hatte seine Beförderung politische Gründe: Als »alter Kämpfer« und zuverlässiger »Parteigenosse« der NSDAP sollte er nun im Landeskirchenamt in Hannover an der Gleichschaltung der evangelischen Kirchen mitwirken.

Im Landeskirchenamt war Mattiat von lokalen NS-Größen umgeben, die er bereits aus früherer Zusammenarbeit kannte: Gerhard Hahn, zuvor DC-Landesleiter und Protagonist bei der Verbreitung des Nationalsozialismus im niedersächsischen Protestantismus, war ebenfalls zum Kirchenrat aufgestiegen. Weiterhin saß Hermann Muhs als DC-Mitglied im Kirchensenat, vormals Fraktionsvorsitzender der NSDAP und stellvertretender Gauleiter im Gau Süd-Hannover-Braunschweig.[34] Einschlägiges Ereignis während Mattiats Zeit als Landeskirchenrat war eine Feier anlässlich des »deutschen Luthertages«, wo er gemeinsam mit Muhs in SS-Uniform auftrat und die »religiöse Erneuerung des deutschen Volkes« mit Hilfe des Nationalsozialismus und Adolf Hitler pries.[35] Mattiat war 1933 der Schutzstaffel (SS) beigetreten, nach eigenen Aussagen aber 1934 aufgrund seines Pfarrberufes wieder gestrichen worden.[36] Ein erneuter Versuch im Jahr 1937, wieder aufgenommen zu werden, bewirkte, dass

29 Superintendent Peters beurteilte Mattiats Artikel als »ohne Frage eine höchst bedenkliche Entgleisung«. Martin Peters an Landesbischof Marahrens vom 5.5.1933 (LKA Hannover, L2 Nr. 8b).

30 Vgl. ebd.

31 Vgl. Otte, Geschichte der Kirchen, S. 628.

32 Mattiat an die Pfarrer der Göttinger Kirchenkreise vom 19.7.1933 (Kirchenkreisarchiv Göttingen, Kirchenkampf unsortiert).

33 Vgl. Meier, Deutsche Christen, S. 52.

34 Vgl. Bozsa, Mattiat, S. 72.

35 Rede Hermann Muhs zum Luthertag 19.11.1933 (Kirchenkreisarchiv Göttingen, Kirchenkampf unsortiert).

36 Mitgliedschaft in NSDAP-Organisationen (Niedersächs. Landesarchiv, Nds. 171 Hild. 20039, Bl. 4).

Eugen Mattiat, ca. 1937;
Quelle: Privatarchiv Gudo Mattiat

er »ehrenhalber« in den Sicherheitsdienst (SD) der SS übernommen wurde, wo er bis 1940 den Rang eines Hauptsturmführers erlangte.[37]

Mattiat wirkte nur kurze Zeit im Landeskirchenamt, denn im August 1934 nahm er eine Stelle als Referent für Geisteswissenschaften im Reichserziehungsministerium in Berlin an. Dieser Karrieresprung vom Kirchenamt in ein Ministerium des NS-Staates kann auf politische Korruption und Klientelpolitik zurückgeführt werden, die als Strukturmerkmale der nationalsozialistischen Herrschaft gelten.[38] Parteimitglieder wurden begünstigt und mit Privilegien ausgestattet. Besondere Zuwendung bekamen die »alten Kämpfer«, denen das NS-Regime verpflichtet war und die es vorzugsweise in Ämtern des NS-Staates einsetzte. Darüber hinaus konnte Mattiat in seiner Laufbahn von seinem Netzwerk aus NS-Kameraden profitieren, das sich während der Weimarer Republik im NSDAP-Gau Süd-Hannover-Braunschweig gebildet hatte.[39] Mattiat kannte seinen späteren Vorgesetzten im Reichserziehungsministerium, den Minister Bernhard Rust, bereits aus der

37 Ebd.

38 Vgl. Gerhard Hirschfeld/Tobias Jersak (Hg.), Karrieren im Nationalsozialismus. Funktionseliten zwischen Mitwirkung und Distanz, Frankfurt a. M. 2004, S. 11.

39 Vgl. Bozsa, Mattiat, S. 84.

NS-Kameradschaft des Gaues, dem Rust von 1928 bis 1940 als Gauleiter vorstand.[40] Ein Gutachten aus dem Entnazifizierungsverfahren belegt, dass Mattiats persönliche Beziehung zu Rust seiner NS-Karriere förderlich war.[41] Aufgrund der Cliquenstruktur innerhalb der NSDAP hingen Stellung und Aufstiegschance des Einzelnen überwiegend von dessen persönlicher Beziehung zum nächsthöheren »Führer« sowie der weiteren »Einbindung in parteiinterne Beziehungsgeflechte« ab.[42] Neben Rust waren an Mattiats Aufstieg noch Hermann Muhs und Rudolf Mentzel beteiligt, beide exponierte Vertreter des Nationalsozialismus in Göttingen und dem Gau Süd-Hannover-Braunschweig.[43] Muhs empfahl Mattiat für die Stelle im Reichserziehungsministerium, nachdem Mentzel bei seinem »alten Kameraden« nach »geeigneten Persönlichkeiten« nachgefragt hatte.[44] Die Karriere resultierte somit aus der Patronage einer NS-Herrschaftsclique: Direkte und indirekte Beziehungen im NS-Kameradennetzwerk verhalfen Mattiat zu seiner neuen Stellung im Ministerium.

Das Reichserziehungsministerium war ein wichtiges Organ des NS-Staates, das maßgeblich an der Umsetzung der nationalsozialistischen Bildungs- und Wissenschaftspolitik beteiligt war. Verfolgt wurde eine »Reinigung der deutschen Universitäten von volksfremden Elementen«,[45] die sich in Massenentlassungen von unliebsamen, vor allem jüdischen Professoren niederschlug und deren Positionen von strammen Nationalsozialisten eingenommen wurden. Dies galt auch für die theologischen Fakultäten, für die Mattiat als Referent im Hochschuldezernat des Ministeriums zuständig war.[46] Neben Personalfragen erstreckte sich Mattiats Einflussbereich über die Verleihung bzw. Entziehung von Bildungstiteln bis hin zu der Regelung von Prüfungsordnungen der Fakultäten. Beispiele für die Gleichschaltung des Lehrkörpers, an denen Mattiat beteiligt war, sind die

40 Rust war seit 1925 NSDAP- und SA-Mitglied; als Reichserziehungsminister trug er wesentlich zur Verbreitung der NS-Ideologie sowie zur nationalsozialistischen Durchdringung der Wissenschaft bei. Vgl. Michael Grüttner, Biographisches Lexikon zur nationalsozialistischen Wissenschaftspolitik, Heidelberg 2004, S. 143.

41 Hans Wiesenfeldt an Entnazifizierungsausschuss vom 19.4.1949 (Niedersächs. Landesarchiv, Nds. 171 Hild. 20039, Bl. 41).

42 Frank Bajohr, Parvenüs und Profiteure. Korruption in der NS-Zeit, Frankfurt a. M. 2001, S. 17.

43 Mentzel war Kreisleiter der NSDAP in Göttingen von 1930 bis 1933. Vgl. Ulrich Popplow, Die Friedensjahre: Göttingen 1933–1939. Machterwerb und -teilung. In: Jens-Uwe Brinkmann/Hans-Georg Schmeling (Hg.), Göttingen unterm Hakenkreuz. Nationalsozialistischer Alltag in einer deutschen Stadt – Texte und Materialien, (Städtisches Museum) Göttingen 1983, S. 59–80, hier 61.

44 Gutachten Hermann Muhs vom 10.4.1949 (Niedersächs. Landesarchiv, Nds. 171 Hild. 20039, Bl. 54).

45 Hans Maier, Nationalsozialistische Hochschulpolitik. In: Die Deutsche Universität im Dritten Reich. Eine Vorlesungsreihe der Universität München, München 1966, S. 71–102, hier 83.

46 Vgl. Kurt Meier, Die theologischen Fakultäten im Dritten Reich, Berlin 1996, S. 113.

Berufungen der NS-Theologen Walter Birnbaum in Göttingen und Johannes Witte in Berlin.[47] Was die Entlassung von Professoren in Folge der antisemitischen Personalpolitik angeht, so wurde in Mattiats Entnazifizierungsverfahren ein Fall zu seiner Entlastung vorgebracht, bei dem er sich gegen die Entlassung von Wolfgang Stechow eingesetzt habe, der als »Halbjude« stigmatisiert wurde.[48] Dabei handelte es sich jedoch um einen Einzelfall, denn im Allgemeinen vertrat Mattiat die Linie des NS-Staates. Bei dem Bestreben, die Fakultäten unter nationalsozialistische Kontrolle zu bringen, arbeitete Mattiat mit den Dekanen zusammen, die nationalsozialistisch gesinnt waren. Gemeinsam mit Emanuel Hirsch versuchte er die Anhänger der Bekennenden Kirche (BK) an der Göttinger Fakultät einzuschüchtern. Mithilfe von Erich Seeberg verfasste er den reichsweiten »Maulkorberlass«, der es den Theologieprofessoren verbot, sich im Kirchenkampf zu äußern, und sie somit zur Konformität mit dem NS-Staat zwang.[49] Bei der Verkündung eines Erlasses zur Änderung der Prüfungsmodalitäten, der die Verlegung des ersten theologischen Examens von den Kirchen an die Fakultäten vorsah,[50] übte Mattiat sichtlich Druck auf die Dekane aus, denen er mit der Schließung von Fakultäten drohte, wenn sie nicht zu »positiver Mitarbeit« im NS-Staat bereit seien.[51] Von einigen NS-Dienststellen wurde die Schließung von theologischen Fakultäten oder deren Umwandlung in religionswissenschaftliche Lehrstühle angestrebt.[52] Um dieser Gefahr zu entgehen, entwickelte die Theologische Fakultät in Berlin eine kreative Strategie. Sie richtete 1935 ein zusätzliches Extraordinariat für Praktische Theologie ein und berief Eugen Mattiat auf dieser Stelle zum Professor an die Friedrich-Wilhelms-Universität Berlin.[53] Durch die Mitgliedschaft des Ministerialreferenten in der Fakultät wollte man den »feindlichen Gewalten im Kultusministerium« entgegenwirken und damit den Erhalt der Fakultät sichern.[54] Dabei war es unerheblich, dass Mattiat weder eine Dissertation noch eine Habilitation vorweisen konnte. Mattiat übte sein Amt

47 Vgl. Berufungserlass Johannes Witte vom 25.7.1935 (UA Humboldt Universität, UK W 240, Bl. 51).

48 Vgl. Robert P. Ericksen, Die Göttinger Theologische Fakultät im Dritten Reich. In: Heinrich Becker (Hg.), Die Universität Göttingen unter dem Nationalsozialismus, München 1998, S. 75–101, hier 81.

49 Vgl. Meier, Theologische Fakultäten, S. 328.

50 Die neue Regelung bedeutete eine entscheidende Beschneidung des kirchlichen Einflusses. Vor allem die Vertreter der BK, die sich als Gegner der DC den Gleichschaltungsbestrebungen widersetzten, wehrten sich gegen diesen Erlass.

51 Sitzungsprotokoll im REM vom 12.2.1937 (BArch, R 5101/23104, Bl. 18).

52 Vgl. Meier, Theologische Fakultäten, S. 444.

53 Berufungserlass Eugen Mattiat vom 31.07.1935 (UA Göttingen, Kur PA Mattiat, Bl. 24).

54 Leonhardt Fendt an den niedersächsischen Kultusminister Richard Voigt vom 17.2.1949 (UA Göttingen, Kur PA Mattiat, Bl. 134). Hier auch die folgenden Informationen.

an der Universität aber auch nicht aus; er war für die gesamte Zeit beurlaubt und ging weiterhin seiner Tätigkeit im Reichserziehungsministerium nach.[55] Zudem wirkte er ab 1936 in der Reichsgaudozentenschaft und dem NS-Dozentenbund in Berlin an der Gleichschaltung der Dozenten mit.[56] Die Berufungspraxis im Nationalsozialismus war insgesamt von Korruption und Begünstigungen von Parteimitgliedern geprägt, trotzdem ragt die Berufung Mattiats bei der Umgehung der akademischen Standards heraus.

Anfang 1938 nahm Mattiats berufliche Situation eine überraschende Wendung und offenbart abermals die nationalsozialistische Durchdringung der Wissenschaftspolitik und der Universitäten: Diesmal veranlasste Reichserziehungsminister Rust, dass Mattiat zum Professor für »Deutsche Volkskunde« an die Universität Göttingen berufen wurde.[57] Da das Fach an der Georg-August-Universität bis dahin noch nicht existierte, ernannte er Mattiat gleichzeitig zum Direktor eines noch zu errichtenden volkskundlichen Seminars. Mattiats Professur wurde von der Theologischen Fakultät Berlin an die Philosophische Fakultät in Göttingen »verlegt«[58] und in eine Professur für Volkskunde umgewandelt, sodass er seine Bezüge weiterhin aus dem Berliner Extraordinariat erhielt. Hatte er bereits die Berliner Professur ohne die obligatorischen Qualifikationen einer Dissertation oder Habilitation erhalten, so erscheint die Berufung nach Göttingen noch willkürlicher, da Mattiat keinerlei Fachbezug zur Volkskunde vorweisen konnte. Ermöglicht wurde seine Berufung durch politische Korruption im NS-Wissenschaftsapparat, dem Eingriff in die Autonomie der Universitäten durch das »Führerprinzip« und die Instrumentalisierung des Faches der Volkskunde. Weiterhin trugen Selbstgleichschaltungsbestrebungen der Universität Göttingen und die Hilfe alter Seilschaften zur Berufung Mattiats bei: Rektor Friedrich Neumann sprach sich für die Einrichtung einer weiteren völkischen Wissenschaft beim Reichserziehungsminister aus und erwähnte Mattiat dabei explizit.[59] Neumann hatte sich bereits für die Berufung anderer exponierter Nationalsozialisten an die Göttinger Universität eingesetzt, wie beispielsweise Hans Heyse oder Artur Schürmann. Über Neumanns Motiv für sein Engagement sowie Mattiats eigene Beweggründe, seine komfortable Position in Berlin zu verlassen, geben spätere Dokumente Aufschluss: In zwei Gutachten aus der Nachkriegszeit wurde auf Probleme von Mattiat mit seinem Vorgesetzten Otto Wacker hingewiesen, die dazu geführt haben sollen, dass er das

55 Beurlaubung von September 1935 bis März 1936; Verlängerung der Beurlaubung von März 1936 bis März 1937; Verlängerung der Beurlaubung von Februar bis Dezember 1937 (UA Humboldt Universität, UK M 95, Bl. 5, 6, 7).

56 Mitgliedschaften in NS-Organisationen (Niedersächs. Landesarchiv, Nds. 171 Hild. Nr. 20039, Bl. 4).

57 Berufungserlass Eugen Mattiat vom 22.1.1938 (UA Göttingen, Kur PA Mattiat, Bl. 9).

58 Ebd.

59 Friedrich Neumann an Bernhard Rust vom 6.7.1939 (UA Göttingen, Rek PA Mattiat).

Reichserziehungsministerium verlassen musste.[60] Seine Berufung nach Göttingen kann demnach als Wohlwollen der NS-Behörden gegenüber einem seit Langem verdienten Parteigenossen interpretiert werden, der sich in eine ungünstige Lage gebracht hatte, weil er sich bei einem höheren NS-Funktionär unbeliebt gemacht hatte. Zusätzlich halfen ihm seine alten Beziehungen zu Göttinger NS-Kameraden, neben Neumann soll sich auch Emanuel Hirsch für Mattiats Versetzung eingesetzt haben.[61] Demnach war die Errichtung des Lehrstuhls für »Deutsche Volkskunde« in Göttingen letztlich eine Folge von Personalquerelen und polykratischen Machtverhältnissen im NS-Wissenschaftssystem.

Welches Wissenschaftsverständnis Mattiat als Volkskundeprofessor mitbrachte, wurde in seiner Antrittsrede deutlich, bei der er die politische Funktion der Volkskunde als »Dienerin des Staates« betonte und mit Pathos vom drohenden Untergang des deutschen Volkes sprach, gegen den sich auch die Volkskunde als Wissenschaft wehren müsse.[62] Die NS-Ideologie bildete für ihn die theoretische Grundlage der Volkskunde: Es müsse eine rassische Trennung von »arteigener« und »artfremder« Kultur verfolgt werden, während »blutlose«, »liberalistisch, marxistisch-jüdische Theorien« wie die des »gesunkenen Kulturguts« nach Hans Naumann angegriffen werden sollten. Auch das volkskundliche Forschen lag für Mattiat im »rassischen Denken, aus dem allein heraus der Weg zur deutschen Freiheit beschritten worden ist und weiter gegangen wird«. Seine NS-Zugehörigkeit wurde mit seiner SD-Uniform und einer Hakenkreuzfahne, die in der Aula aufgehängt war, symbolisch unterstrichen.[63] An der Universität Göttingen engagierte sich Mattiat als stellvertretender Leiter des NS-Dozentenbundes und in der lokalen Dozentenschaft. In »Dozentenlagern« mussten die Angehörigen des Lehrkörpers ihre nationalsozialistische Gesinnung unter Beweis stellen. 1939 avancierte Mattiat sogar zum »Dozentenbundführer« und repräsentierte in dieser Position das »Gewissen der Partei an der Universität«.[64]

Was Mattiats Lehrtätigkeit an der Universität Göttingen angeht, so gibt es nicht viel zu berichten: Zunächst ließ er sich beurlauben, um sich in das Fach einzuarbeiten, das er von nun an unterrichten sollte.[65] In den darauffolgenden zwei Semestern 1939 und 1940 hielt er jeweils eine Vorlesung und eine Übung, allerdings mit Unterbrechung, weil er im Sommer 1939 von der Wehrmacht eingezogen wurde.[66]

60 Gutachten Rudolf Mentzel vom 7.1.1949, Gutachten Hermann Muhs vom 10.4.1949 (Niedersächs. Landesarchiv, Nds. 171 Hild. 20039, Bl. 51, 55).

61 Interview mit Gudo Mattiat am 12.6.2010 in Hamburg-Harburg.

62 Göttinger Tageblatt vom 11.11.1938. Hier auch die folgenden Zitate.

63 Gutachten Karl Deichgräber vom 22.2.1957 (UA Göttingen, Kur PA Mattiat).

64 Göttinger Tageblatt vom 28.4.1939.

65 Reichserziehungsministerium an Kurator vom 1.3.1938 (UA Göttingen, Kur PA Mattiat, Bl. 18).

66 Wehrdienst (Niedersächs. Landesarchiv, Nds. 171 Hild. 20039, Bl. 2).

Anfang 1940 nahm er für zwei Monate seine Lehrtätigkeit wieder auf.[67] Hinzu kam, dass Mattiat aufgrund seiner fehlenden Qualifikation und Fachkenntnis unter den Wissenschaftlern einen schlechten Stand hatte. Insbesondere der nicht-nazifizierte Teil der Philosophischen Fakultät habe die Zugehörigkeit des »ihr aufgenötigten Herrn Mattiat«[68] »als eine Belastung ihres Ansehens« betrachtet.[69] Es zeigte sich schnell, dass Mattiat seiner Professur nicht gewachsen war. Er galt bald als »Goldfasan«, wie Profiteure des NS-Regimes bezeichnet wurden, die Positionen erlangten, für die sie nicht qualifiziert waren. Mattiats Karriere als Volkskundeprofessor währte aber nur kurz, da er bald darauf in den Krieg eingezogen wurde und fortan kaum noch etwas mit der Universität zu tun hatte. In seinem Verhältnis zur evangelischen Kirche und zu seinem früheren Pfarrberuf war es bereits im Oktober 1938 zum Bruch gekommen, als er aus der Kirche austrat und sich »gottgläubig« als Konfession eintragen ließ.[70] Als Begründung für seinen Kirchenaustritt sagte er im späteren Spruchgerichtsverfahren aus, ihm sei das »Theologengezänk« zwischen den DC und der BK »zu viel geworden«.[71]

## Kriegseinsatz 1939 bis 1945

Mattiats erste militärische Stationierung war als Gefreiter einer Panzerabwehrkompanie in der Eifel.[72] Nach kurzer Zeit kam er jedoch wegen Magenproblemen ins Reservelazarett in Göttingen. Es folgten verschiedene Einsätze bei der Panzerabwehr-, Panzerjäger- und der Zugwachkompanie, der Heeresbetreuung und der Führerreserve des Oberkommandos des Heeres (OKH). Meist nahm Mattiat dabei Posten ein, die als »Schonposten« bezeichnet werden können, weil sie ihn nicht in Lebensgefahr brachten, zum Beispiel in Reserveeinheiten oder der Betreuung und Ausbildung von Soldaten. Zudem verbrachte er einige Zeit in Lazaretten, weil seine Einsätze immer wieder von diversen Krankheiten sowie Erschöpfungszuständen unterbrochen wurden. Eugen Mattiats Sohn Gudo ergänzte, dass sein Vater an Medikamentenabhängigkeit und Migräne litt, worauf die Erschöpfungszustände während des Krieges zurückzuführen seien.[73]

67 Angaben zu Vorlesungen (ebd., Bl. 3).
68 Gutachten Karl Deichgräber vom 22.2.1957 (UA Göttingen, Kur PA Mattiat).
69 Gutachten Karl Deichgräber vom 7.3.1949 (Niedersächs. Landesarchiv, Nds. 171 Hild. 20039, Bl. 31).
70 Kirchenaustrittserklärung vom 29.10.1938 (UA Göttingen, Kur PA Mattiat, Bl. 39).
71 Spruchgerichtsurteil vom 16.3.1949 (Niedersächs. Landesarchiv, Nds. 171 Hild. 20039, Bl. 66 f.). Hier auch das folgende Zitat.
72 Wehrdienst (ebd., Bl. 29). Hier auch die folgenden Angaben.
73 Interview mit Gudo Mattiat am 12.6.2010 in Hamburg-Harburg.

In der Wehrmacht stieg er bis zum Oberleutnant der Reserve auf.[74] Als Einsatzorte sind verschiedene Städte in Frankreich und Deutschland, aber auch Brüssel, Vilnius und Warschau dokumentiert. Zum Kriegsende war Mattiat als Kompanieführer und Kraftfahrzeugsoffizier an der Elbe eingesetzt. Er kam in britische Kriegsgefangenschaft und wurde im ehemaligen Konzentrationslager Hamburg-Neuengamme interniert, welches nach Kriegsende von den britischen Alliierten als Kriegsgefangenenlager umgenutzt wurde.

## Entnazifizierung 1947 bis 1951

In Hamburg-Bergedorf wurde ein Spruchgerichtsverfahren gegen Mattiat eingeleitet, bei dem geklärt werden sollte, wie viel er von den NS-Verbrechen wusste und ob er in sie verwickelt war. Mattiat wurde zunächst freigesprochen, der Staatsanwalt verlangte aber eine Revision des Urteils, sodass sich das Entnazifizierungsverfahren über mehrere Jahre hinzog. 1949 stellte das Spruchgericht fest, dass Mattiat zwar von der Ausschaltung politisch und religiös Andersdenkender in den Konzentrationslagern gewusst habe, ihm weitere Kenntnisse über die Verbrechen der SS aber nicht nachzuweisen seien. Somit wurde er als »persönlich nicht belastet« eingestuft.[75] Wegen seiner SD-Mitgliedschaft und damit seiner Zugehörigkeit zur SS wurde er jedoch zu einer Geldstrafe von 1000 DM und einer Freiheitsstrafe verurteilt, die aber mit der Zeit seiner Internierung abgegolten war. Mattiats politische Beurteilung durch den Entnazifizierungshauptausschuss erfolgte am 6. Mai 1949. Er kam zu der Auffassung, dass Mattiat »den Nationalsozialismus wesentlich gefördert« habe, und stufte ihn deshalb in die Kategorie III der »Minderbelasteten« ein.[76] Mattiat war bereits 1945 durch Anordnung der Militärregierung unter Fortfall jeglicher Bezüge aus dem Staatsdienst entlassen worden. Das fehlende Einkommen und die sich verschlechternde wirtschaftliche und gesundheitliche Lage seiner Familie erhöhten den Druck auf ihn, sich wieder in das Berufsleben einzugliedern. In Ego-Dokumenten kommt Mattiats Selbstverständnis zum Ausdruck, Opfer der Entnazifizierung zu sein, die er als »Hassinstrument mit […] verzerrten Untersuchungsmethoden und entsprechenden Ergebnissen und […] total entstellten und verlogenen Urteilsbegründungen« bezeichnete.[77] Die gegen ihn »getroffenen

74 Wehrdienst (Niedersächs. Landesarchiv, Nds. 171 Hild. 20039, Bl. 29). Hier auch die folgenden Angaben.

75 Spruchgerichtsurteil vom 16.3.1949 (BArch , Z 42 IV 4731).

76 Entnazifizierungsurteil vom 6.5.1949 (UA Göttingen, Kur PA Mattiat, Bl. 94).

77 Mattiat an den niedersächsischen Kultusminister Richard Voigt vom 26.9.1952 (ebd., Bl. 115).

Maßnahmen«, die für die »wirtschaftliche Notlage« und das Leid seiner Familie verantwortlich seien, empfand er als unrechtmäßige Härte.[78] Außerdem hätte seine Amtsenthebung 1945 »jeder rechtlichen Grundlage entbehrt«, und es sei Unrecht, dass er ab diesem Zeitpunkt »keinen Pfennig« aus seiner früheren Beamtenanstellung erhalten habe.[79] Neben erfolglosen Versuchen, die Beamtenrechte wiederzuerlangen, bemühte er sich gleichzeitig in der Landeskirche Hannover um eine Wiederanstellung. Bereits während seiner Kriegsgefangenschaft hatte er versucht, die Weichen für einen beruflichen und glaubensmäßigen Neuanfang zu stellen. In einem langen Brief an Landesbischof Marahrens gab Mattiat zu, dass er sich infolge seines »Glaubens an die Idee der nat.-soz. Bewegung [...] von der Kirche mehr und mehr entfernte«.[80] Gleichzeitig wies er aber auf eine »rückläufige Entwicklung« hin, die ihn spätestens seit dem Krieg »immer mehr von der ›Partei‹ entfernte und in religiöser Hinsicht der früheren Haltung näher führte«. Diese Aussage kollidierte mit seinem Kirchenaustritt von 1938. Nun aber, nach dem Ende des Krieges, sei er »wieder tief hinein [...] in die Zeugnisse des christlichen Glaubens und des Wesens der Kirche eingeführt« worden, sodass er den Weg, den er »nicht verlassen habe, zurückgesucht und wieder zu gehen begonnen habe«. Marahrens lehnte Mattiats Ersuchen ab und riet ihm, »für seine weiteren Lebenspläne Hannover nicht in Betracht [zu] ziehen. Auch wenn man versuchen wolle, sei es angesichts der Vergangenheit unmöglich«, ihn wieder anzustellen.[81] Mattiat wurde schließlich von einem »Bundesbruder« aus der Studentenverbindung »Wingolfsbund« wieder in die protestantische Glaubensgemeinschaft aufgenommen.[82]

Bei der Analyse von Mattiats Entnazifizierungsakte fallen Gutachten auf, sogenannte Persilscheine, die ihm von seinen alten NS-Kameraden Hermann Muhs und Rudolf Mentzel mit dem Ziel ausgestellt worden waren, ihn vor dem Entnazifizierungsausschuss zu entlasten. Seine Tätigkeit im Reichserziehungsministerium und sein Verhältnis zu den theologischen Fakultäten wurde darin so verklärt, dass er in seiner Funktion als Ministerialbeamte als Kritiker des Regimes und Verteidiger kirchlicher Interessen erscheinen sollte: Mattiat habe sich gegen das Bestreben seines Vorgesetzten Otto Wacker, die theologischen

78 Mattiat an öffentlichen Kläger für die Entnazifizierung vom 9.2.1951 (Niedersächs. Landesarchiv, Nds. 171 Hild. 20039, Bl. 141).

79 Mattiat an den niedersächsischen Kultusminister Richard Voigt vom 26.9.1952 (UA Göttingen, Kur PA Mattiat, Bl. 115).

80 Mattiat an Landesbischof Marahrens vom 8.6.1945 (LKA Hannover, PA Mattiat, Bl. 1). Hier auch die folgenden Zitate.

81 Landesbischof Marahrens an Mattiat vom 30.6.1945 (ebd.).

82 Georg Faust, Probst von Lütjenburg, gehörte wie Mattiat dem »Wingolfsbund« an, dessen Beziehungsnetzwerk bei der Rehabilitierung alter Nationalsozialisten hilfreich sein konnte. Vgl. Bozsa, Mattiat, S. 137.

Fakultäten abzuschaffen, zur Wehr gesetzt und sich dabei selbst in Gefahr gebracht, die Fakultäten aber in ihrem weiteren Bestehen gerettet.[83] Diese Narrative deckten sich nicht mit den Ergebnissen der historischen Forschung, die das Fortbestehen der theologischen Fakultäten im Wesentlichen auf den einsetzenden Zweiten Weltkrieg zurückführt, der die Hochschulpolitik in den Hintergrund treten ließ.[84] Auch war mit Otto Wacker, der das Amt Wissenschaft im Reichserziehungsministerium leitete und im Februar 1940 unerwartet an Herzversagen verstarb, die treibende Kraft dieser Pläne nicht mehr vorhanden.[85] Belegbar sind zwar Spannungen zwischen Mattiat und Wacker, die Stilisierung Mattiats zum »Retter der theologischen Fakultäten«[86] erscheint aber als eine Strategie von Muhs, um Mattiat, ebenso wie sich selbst, vor dem Entnazifizierungsausschuss zu entlasten und als Kritiker der NSDAP oder sogar als Widerstandskämpfer erscheinen zu lassen. Die Zusammenarbeit mit dem NS-Regime und der daraus resultierende persönliche Profit wurden im Entnazifizierungsverfahren geleugnet oder heruntergespielt. Die gegenseitigen Entlastungsschreiben verdeutlichen zudem, dass die alten Seilschaften und Kameradennetzwerke aus der NS-Zeit in der Bundesrepublik Deutschland weiter funktionierten und die Solidarität untereinander sogar noch bestärken konnte. Dies zeigt ein persönlicher Brief Mentzels an Mattiat, in dem es heißt: »Wo die ganze Welt uns feindlich gesinnt ist, müssen wir alten Kameraden unbedingt zusammenhalten und vielleicht gelingt es auch, uns gegenseitig zu fördern und zu stützen.«[87]

## Rehabilitierung 1951 bis 1966

Entscheidend für die Revision von Mattiats politischer Beurteilung durch den Entnazifizierungsausschuss und seine Rehabilitierung in der Kirche waren nicht die zahlreichen Entlastungsschreiben. Das Sozialkapital aus der alten NS-Kameradschaft, welches einst seine Karriere beflügelt hatte, zeigte nur noch begrenzt Wirkung. Hilfreich für seinen weiteren Werdegang wurde hingegen eine alte Beziehung zu einem ehemaligen NS-Verfolgten: Bruno Benfey war unter dem NS-Regime als »nichtarischer« Pfarrer verfolgt worden, nach 1945 aber wieder nach Göttingen an seine alte Pfarrstelle in der St.-Marien-Gemeinde

83 Gutachten Rudolf Mentzel vom 7.1.1949, Gutachten Hermann Muhs vom 10.4.1949 (Niedersächs. Landesarchiv, Nds. 171 Hild. 20039, Bl. 51, 55).
84 Vgl. Meier, Theologische Fakultäten, S. 448.
85 Vgl. ebd., S. 446.
86 Gutachten Rudolf Mentzel vom 7.1.1949 (Niedersächs. Landesarchiv, Nds. 171 Hild. 20039, S. 51).
87 Mentzel an Mattiat vom 26.7.1949 (Nachlass Eugen Mattiat, Privatarchiv Gudo Mattiat, unpag.).

zurückgekehrt.[88] Zu Ostern 1950 suchte Mattiat Benfey auf und bat ihn um Vergebung für seine Mitschuld an dem, »was den Benfeys später angetan wurde«,[89] weil er »in seiner Zeit in Kerstlingerode politisch und kirchenpolitisch« aktiv gewesen und nicht tatkräftig für« ihn eingetreten sei.[90] Dieses Verhalten unterscheidet sich von den Aussagen im Entnazifizierungsverfahren, in dem Mattiat eine Mitschuld gegenüber den Verfolgten des NS-Regimes nicht eingeräumt hatte. Ob Mattiat zu dieser Zeit einen Gesinnungswandel durchlebte, wie ihm Benfey später bescheinigte, oder eher ökonomisch-pragmatische Motive ausschlaggebend waren, ist nicht zu klären. Jedenfalls war die wirtschaftliche Situation der Familie seit Kriegsende sehr angespannt, u.a. waren zwei seiner Töchter an Tuberkulose erkrankt.[91] Benfey honorierte Mattiats Einsichtigkeit, erkannte dessen prekäre Lage und bot ihm an, bei der Gemeindearbeit mitzuhelfen. Mattiat nahm das Angebot dankend an und unterstützte Benfey fortan unentgeltlich. Daraufhin folgte ein reger Briefverkehr zwischen Benfey und dem Landeskirchenamt in Hannover, in dem sich Benfey für eine Wiederanstellung Mattiats engagierte. Ebenso wandte sich Benfey an den Entnazifizierungsausschuss und bat um eine Wiederaufnahme des Verfahrens.

Benfey bescheinigte Mattiat eine »tiefgreifende Umwandlung seiner tiefsten Überzeugung«,[92] darüber hinaus habe sich Mattiat während seiner Aktivität für die Deutschen Christen in Göttingen ihm gegenüber »überaus kollegial verhalten« und ihn sogar »geschützt«. Quellen belegen, dass sich Mattiat tatsächlich als DC-Bezirksleiter für Benfey eingesetzt hatte und eine Bedrohung durch weitere DC-Anhänger, die Benfey aus Göttingen vertreiben wollten, abwenden konnte.[93] Dieses Verhalten Mattiats stellte zwar einen partiellen Widerspruch zu seiner sonst unbedingten Gefolgschaft des NS-Regimes und seiner rassenideologischen Linientreue dar, blieb aber ein Einzelfall. Benfey bewirkte schließlich, dass das Entnazifizierungsverfahren Mattiats wieder aufgenommen und neu verhandelt wurde. Das Landeskirchenamt blieb allerdings vorerst bei seiner ablehnenden

88 Vgl. Otte, Geschichte der Kirchen, S. 644. Zur genaueren Darstellung des Lebensweges Benfeys siehe Lindemann, Typisch jüdisch, S. 346–495; Rainer Hering, Eine widerständige Frau: die Theologin Sophie Benfey-Kunert. In: Manfred Gailus/Clemens Vollnhals (Hg.), Mit Herz und Verstand – Protestantische Frauen im Widerstand gegen die NS-Rassenpolitik, Göttingen 2013, S. 213–230.

89 Aktenvermerk vom 18.10.1950 (LKA Hannover, PA Mattiat, Bl. 29). Hier auch das folgende Zitat.

90 Benfey an Superintendent Wiesenfeldt vom 27.11.1951 (ebd., Bl. 34a). Hier auch die folgenden Zitate und Informationen.

91 Mattiat an den niedersächsischen Kultusminister Richard Voigt vom 11.10.1949 (UA Göttingen, Kur PA Mattiat, Bl. 92).

92 Benfey an Entnazifizierungshauptausschuss vom 1.10.1950 (Niedersächs. Landesarchiv, Nds. 171 Hild. 20039, Bl. 124).

93 Superintendent Peters an Landesbischof Marahrens vom 5.5.1933 (LKA Hannover, L2 Nr. 8b).

Haltung: So lange Mattiat der Gruppe III, der »Minderbelasteten«, angehöre, sei eine Wiederanstellung unmöglich.[94] Zudem würde seine Wiederbeschäftigung als Pfarrer »bestimmt in weiten Kreisen Aufsehen« erregen, »weil sein Name nicht unbekannt« sei. Benfey wertete Mattiats Wandlung hingegen als Vorteil im Hinblick auf die Bekehrung ehemaliger Nationalsozialisten: Infolge seiner Abwendung vom »Irrweg des Nazismus« und dem erneuten Erkennen der christlichen Wahrheit habe Mattiat besonderen seelsorgerischen Zugang zu den »Entfremdeten«.[95] Trotzdem brachte auch ein persönliches Vorsprechen Mattiats im Landeskirchenamt nicht das erhoffte Ergebnis, obwohl er dort den Eindruck hinterließ, dass er »wirklich ehrlich war in dem, was er sagte, und eine Wandlung bei ihm eingetreten war«.[96] Erst nachdem Benfey abermals Mattiats »aufopfernde« Arbeit in seiner Gemeinde lobte[97] und dessen äußerst schwierige wirtschaftliche Lage betonte, wurde Mattiat eine »Bewährungszeit« als Gemeindehelfer unter geringer Besoldung gewährt. Für die Entscheidung seiner Übernahme sei es aber noch zu früh. Parallel dazu wurde das Entnazifizierungsverfahren wieder aufgenommen. Dank Benfeys Hilfe sowie einer allgemeinen Lockerung der Verfahren wurde Mattiat am 17. Juli 1951 in die Kategorie V, der »Entlasteten«, überführt.[98] Als entlastet galt, wer lediglich formell der NSDAP angehört und darüber hinaus »aktiven Widerstand gegen die NS-Gewaltherrschaft geleistet« habe.[99]

Das Landeskirchenamt hielt Mattiats Bewährungszeit zum Ende des Jahres 1951 noch für zu kurz, um ihm wieder ein Pfarramt anzuvertrauen.[100] Erst zu Beginn des Jahres 1953 wurde Mattiat wieder in den geistlichen Stand aufgenommen und erhielt ein Pfarramt in der Salvatorkirche in Zellerfeld, einer Kleinstadt im Harz.[101] Seine Familie wäre lieber in Göttingen geblieben, aber dort hätte seine Rehabilitierung möglicherweise Aufsehen erregt, weil seine NS-Vergangenheit und seine Tätigkeit als DC-Funktionär öffentlich bekannt waren.[102] Der

94 Vgl. Landeskirchenamt an Benfey vom 14.4.1949 (LKA Hannover, PA Mattiat, Bl. 17). Hier auch die folgenden Zitate.

95 Benfey an Superintendent Wiesenfeldt vom 27.11.1951 (ebd., Bl. 34a).

96 Aktenvermerk vom 18.10.1950 (ebd., Bl. 29). Hier auch die folgenden Zitate.

97 Aktenvermerk vom 4.11.1950 (ebd., Bl. 23). Hier auch das folgende Zitat.

98 Mattiat an Rektor der Universität Göttingen vom 21.7.1951 (UA Göttingen, Rek PA Mattiat, Eugen).

99 Zit. nach Clemens Vollnhals (Hg.), Entnazifizierung. Politische Säuberung in den vier Besatzungszonen 1945–1949, München 1991, S. 19.

100 Auszug aus dem Sitzungsprotokoll vom 8.11.1951 (LKA Hannover, PA Mattiat, Bl. 33).

101 Personalbogen (ebd., Bl. 1).

102 Auffallend negativ fiel die Wahrnehmung des Harzes in dem Interview mit Gudo Mattiat aus: »Man muss sich vorstellen, das war der Oberharz, das war sozusagen das Sibirien, das war ein gottverlassener, armseliger Erdenwinkel [...] Bergbau, die Menschen waren arbeitslos, krank, Menschen hatten Staublunge, absolut ärmlich, desolat, klimatisch fürchterlich.« (Interview mit Gudo Mattiat am 12.6.2010 in Klecken, Landkreis Harburg).

Kirchenhistoriker Karl-Friedrich Oppermann bezeichnete die Anstellung als eine Art »Strafversetzung«.[103] Mattiat bemühte sich immer wieder um eine Pfarrstelle in der Nähe von Göttingen. Ende 1960 wurde ihm die Übernahme der Pfarrstelle von Dorste, südlich von Osterode und somit näher an Göttingen, gewährt. Dort hatte er bis zu seiner Pensionierung 1966 das Pastorat inne.[104] In der Öffentlichkeit Niedersachsens wurde kein Anstoß daran genommen, dass ein früherer Protagonist der Deutschen Christen und Ministerialbeamter des NS-Regimes nun wieder von der Kanzel predigte. Auch im Fach Volkskunde an der Göttinger Universität wurde die unrühmliche Entstehung des Lehrstuhls während der NS-Zeit verdrängt. Mattiat hielt seinen alten NS-Kameraden auch noch im Alter die Treue: 1962 beerdigte er anstelle des Dorfpastors seinen früheren Weggefährten Hermann Muhs in Barlissen.[105] Nach der Pensionierung 1966 zog das Ehepaar Mattiat wieder nach Göttingen, wo Eugen Mattiat am 4. Oktober 1976 verstarb.[106]

Hinsichtlich der unterschiedlichen Glaubensbekenntnisse Mattiats in den verschiedenen Phasen seines Lebens bleibt der Wandel von der glühenden NS-Gläubigkeit in Verbindung mit einem »Deutschchristentum« über den konfessionslosen (»gottgläubigen«) Vertreter des NS-Regimes bis hin zur Wiederfindung des christlichen Glaubens frappant. In Entlastungsschreiben für die Entnazifizierung bekam Mattiat von ehemaligen NS-Mitstreitern stets »ideale Motive« für sein Handeln bescheinigt.[107] Die Bezeichnung von NS-Anhängern als »Idealisten«, die ihrerseits vom Nationalsozialismus »verführt«, »betrogen« oder »verraten« worden seien, war ein gängiges Entschuldigungsmuster und eine Form der Opferkonstruktion im Diskurs von NS-Schuld in der Nachkriegszeit.[108] Gerade bei ehemaligen NS-Pastoren war dieses Deutungsmuster besonders häufig und sollte ihrer Befreiung von – auch moralischer – Schuld dienen.[109] Eine Interpretation Mattiats als »Idealist« würde ihm die politische Verantwortlichkeit absprechen, die ihm als Pfarrer und damit als Meinungsführer in der deutschen Bevölkerung zukam. Stattdessen war er infolge seines Aktivismus als Deutscher Christ und der Zusammenarbeit mit expo-

103 So im Gespräch mit der Verfasserin im April 2011.

104 Landkreis Osterode an Gemeinde Dorste vom 23.11.1960 (Stadtarchiv Osterode, GemA Dorste Nr. 648).

105 Göttinger Tageblatt vom 25.2.2011.

106 Meldekartei vom 7.9.1966 (Stadtarchiv Osterode, GemA Dorste Nr. 809).

107 Gutachten Emanuel Hirsch vom 10.8.1947 (BArch, Z 42 IV 4731), Gutachten Hermann Muhs vom 10.4.1949 (Niedersächs. Landesarchiv, Nds. 171 Hild. 20039, Bl. 54).

108 Vgl. Heiner Wember, Umerziehung im Lager. Internierung und Bestrafung von Nationalsozialisten in der britischen Besatzungszone Deutschlands, Münster 1992, S. 183.

109 Vgl. Vollnhals, Evangelische Kirche und Entnazifizierung, S. 278.

nierten Vertretern des NS-Regimes in der Kirche ein Wegbereiter des Nationalsozialismus im niedersächsischen Protestantismus. Sein Eintreten für die Rassenideologie – ebenso wie sein persönlicher Profit während seiner Karriere im Nationalsozialismus – machten ihn zum Komplizen des NS-Regimes.

Walter Hoff, Feldgottesdienst im Berliner Grunewald, Sommer 1933;
Quelle: Bildarchiv Preußischer Kulturbesitz/Carl Weinrother

Manfred Gailus

## Pfarrer Walter Hoff und das Berliner Drei-Religionen-Haus: Eine Vergangenheit, die nicht vergehen will?

Eigentlich war schon seit Langem Gras über die Sache gewachsen – über den »Fall Hoff« und die traditionsreiche St.-Petri-Gemeinde im Zentrum Berlins. Doch dann kam vor einigen Jahren eine Initiativgruppe um Pfarrer Gregor Hohberg auf die Idee, auf den Grundmauern der im Krieg beschädigten und 1964 endgültig abgerissenen St. Petrikirche ein sogenanntes Bet- und Lehrhaus Petriplatz zu errichten. Nach dem Willen der Initiatoren sollen in dem neuen Bauwerk »Juden, Muslime und Christen ihrer religiösen Praxis folgend beten, ihre Feste feiern« und den Dialog miteinander suchen. Dass ausgerechnet an dieser Gemeinde mit Propst Dr. Walter Hoff einer der radikalsten NS-Pfarrer wirkte, war den Projektmachern des »House of One«, wie das geplante Bauvorhaben inzwischen heißt, nicht bekannt. Schon aus diesem aktuellen Grund lohnt es sich, die Biografie von Pfarrer Hoff neu aufzurollen, nicht zuletzt auch mit der praktischen, erinnerungspolitischen Absicht, dass die in dieser Angelegenheit reichlich hilflos wirkenden Initiatoren des religiösen Dialog- und Versöhnungsprojekts sich aufgefordert sehen, die kontaminierte Vorgeschichte ihres Standorts zur Kenntnis zu nehmen und sich bei ihren Planungen mit den – fraglos unbequemen – historischen Tatsachen auseinanderzusetzen.[1]

1 Vgl. zum »Fall Hoff« Claus P. Wagener, Artikel »Luisenkirche«. In: Olaf Kühl-Freudenstein/Peter Noss/Claus P. Wagener (Hg.), Kirchenkampf in Berlin 1932–1945. 42 Stadtgeschichten, Berlin 1999, S. 306–321; Manfred Gailus, Protestantismus und Nationalsozialismus. Studien zur nationalsozialistischen Durchdringung des protestantischen Sozialmilieus in Berlin, Köln 2001, S. 427–438; Dagmar Pöpping, Zwischen Kriegsverbrechen und Pfarramt. Walter Hoff und die evangelische Kirche. In: ZfG, 61 (2013), S. 197–210. Zum aktuellen Projekt »House of One« s. die Selbstdarstellung der Initiatoren: Gregor Hohberg/Roland Stolte (Hg.), Das Haus der drei Religionen. Bet- und Lehrhaus Berlin. Entwürfe für einen Sakralbau von morgen, Berlin 2013.

## Aus der Provinz in die große Stadt

Wer also war Pfarrer Walter Hoff, und warum kann man mit guten Gründen von einem »Fall Hoff« sprechen? Geboren am 18. März 1890 als Sohn des »Königlichen Hegemeisters« Albrecht Hoff in Forsthaus Eulenberg (Kreis Birnbaum in der preußischen Provinz Posen), wuchs Hoff im östlichen Grenzgebiet des Königreichs Preußen auf. Im Alter von acht Jahren kam er zu seiner Großmutter nach Görlitz, wo er seit 1900 das humanistische Gymnasium besuchte. Das Abiturzeugnis des »Gymnasium zu Görlitz« von September 1909 weist ihn als schwachen Schüler aus: Das »Genügend« überwiegt in fast allen Fächern, lediglich im Hebräischen und in Religion wurden seine Leistungen mit »gut« bewertet. Seit 1909 studierte Hoff Theologie an den Universitäten Halle, Königsberg und Berlin. Nach der Ersten Theologischen Prüfung am 1. Oktober 1913 in Posen wirkte er als Vikar und Hilfsprediger in Neutomischel (Provinz Posen). Anfang August 1914 verließ er seinen Dienstort und trat als Kriegsfreiwilliger in das Heer ein. Als Kriegsteilnehmer erhielt er das Eiserne Kreuz II. Klasse sowie weitere Auszeichnungen und avancierte zum Leutnant der Reserve. Ein Schreiben Hoffs von Oktober 1917 an das Konsistorium Posen zeigt ihn indessen nicht so sehr als selbstlosen und hochpatriotischen Kriegshelden, wie sich das bei ihm nach dem Krieg des Öfteren anhörte. Der Kriegseinsatz habe ihn, so führte er aus, um mehr als drei Jahre in seiner Laufbahn zurückgeworfen. Er bat das Konsistorium um möglichst baldige Ordination zum Pfarramt, denn nur so könne er für eine Pfarrstelle reklamiert werden und vom weiteren Dienst an der Waffe freikommen. Durch die gegenwärtig andauernde Ungewissheit, so betonte der angehende Pfarrer weiter, würde sich sein Herz- und Nervenleiden weiter verschlimmern. Nach seiner Ordination im April 1918, also noch während des Krieges, trat Hoff erste Pfarrstellen in Schleswig-Holstein an.[2]

Folgt man seinen eigenen Angaben in einem Lebenslauf aus dem Jahr 1913, so entstammte Hoff einem schlichten, von überzeugter Religiosität geprägten Elternhaus. Theologisch habe er sich an der Hallenser Fakultät zu Hause gefühlt, wo er Vorlesungen der Professoren Wilhelm Lütgert und Paul Feine besonders geschätzt habe. Während des Sommersemesters 1911 in Königsberg sei er in tiefe Glaubenszweifel geraten und habe sich mit dem Gedanken getragen, das Studienfach zu wechseln. In Berlin habe ihn schließlich mehr die Praktische Theologie der Professoren Friedrich Mahling und Gustav Kawerau angesprochen. Zugleich

2 Umfangreichste Quelle für die Biografie Hoff sind seine Personalakten im Evangelischen Landeskirchenarchiv Berlin (ELAB): Personalakten Pfarrer Walter Hoff, Band 1: 1913–1955; Band 2: 1956 ff.; dazu Ergänzungsband 1934–1942; ferner: Disziplinarverfahren gegen Pfarrer Dr. Walter Hoff, 1945–1954.

sei er hier auch »mit der Philosophie in nähere Berührung« gekommen und habe neben Schleiermacher auch einiges von Fichte und Kant gelesen. Im Sommersemester 1912 habe er sich an der Sozialen Jugendpflege im proletarischen Berliner Nordosten beteiligt, die unter der Leitung von Friedrich Siegmund-Schultze stand. Weil er eine dahin gehende Neigung verspürte, habe er sich während seiner Berliner Zeit auch »auf dem Gebiet der Kunst und Musik bekannt gemacht«. In Halle schloss er sich einer studentischen Verbindung (»V. C. Turnerschaft Saxo-Thuringia«) an.[3] Superintendent Georg Reisel (Neutomischel), der Hoff während seiner Posener Vikariatszeit betreute, schilderte ihn im Februar 1915 als etwas schwierigen Kandidaten, der anfangs »noch sehr Student« gewesen sei und zunächst wenig den angehenden Geistlichen habe erkennen lassen. Nach »ernsten Vorhaltungen« habe er sich jedoch in seine Aufgaben hineingefunden. Sein theologischer Standort, soweit er aus seinen Predigten erkennbar war, sei ein »positiver, biblischer« gewesen.[4]

Über Hoffs gut ein Jahrzehnt währende Pfarrtätigkeiten im Holsteinischen ist wenig bekannt. Einzig sein Bericht für die holsteinische Pfarrergemeinschaft Nikodemus, der er seit 1922 angehörte, den er unmittelbar nach seinem Wechsel nach Berlin-Charlottenburg im April 1930 verfasste, lässt einige Rückschlüsse zu. Nach etwas prätentiösen Auslassungen über sein nicht sehr perfektes Latein, das ihn veranlasse, seinen Lebenslauf doch lieber in deutscher Sprache zu verfassen, führte er aus: »Also ich bin ein Förstersohn aus der Grenzmark Posen. Mein Geburtshaus ist nun polnisch, bis – wir's uns wiederholen.« Diese rabiate Formulierung von 1930 kann bereits als ein »typischer Hoff« gelten, eine für ihn charakteristische derb-zynische Tonart, die in etwa auch auf seine damalige politische Haltung und Gesinnung schließen lässt. Den Ersten Weltkrieg habe er in Frankreich und Russland mitgemacht, zuletzt als »Offizier«. Veranlasst durch seine aus Hamburg stammende Frau – der angehende Pfarrer hatte im April 1917 die aus Altona stammende (und wohl zufällig gleichnamige) Frieda Hoff geheiratet – habe er sich in die Schleswig-Holsteinische Landeskirche aufnehmen lassen. Über seine erste Pfarrstelle berichtet er: »Bald darauf wurde ich zum Pastor in Giekau (Ostholstein) gewählt, wo ich bei dem Umsturz [gemeint ist die Novemberrevolution 1918] und nachher wieder beim Kapp-Putsch allerlei nicht ganz ungefährliche Erlebnisse hatte und mich im Übrigen mit einer völlig unkirchlichen Güter-Gemeinde herumschlug.« Seit November 1922 amtierte er in Rellingen und sei dort durch seinen »lieben Amtsbruder« Wilhelm Kähler in den Nikodemus, jene »kleine, feine Arbeitsgemeinschaft« eingeführt worden.

3 Vgl. Lebenslauf Walter Hoff von 1913 anlässlich der Meldung zur Ersten Theologischen Prüfung (ELAB, PA Hoff, Band 1).

4 Superintendent Reisel an Konsistorium Posen vom 26.2.1915 (ebd.).

Im März 1930 wechselte er an die Luisen-Gemeinde in Berlin-Charlottenburg über, wo er nun, wie er schreibt, vor ganz neuen Arbeitsverhältnissen stehe. Er bereue indessen seinen Schritt nicht, denn von je her sei »die Großstadt meine stille Sehnsucht« gewesen. Zumal er in Rellingen auch »manch Bitterschweres« habe erleben müssen, worüber er sich aber nicht des Näheren auslässt.[5] Hierzu zählte vermutlich ein Gerichtsverfahren, das er im Jahr 1927 wegen übler Nachrede gegen drei Personen anstrengte: Sie hatten den Rellinger Pfarrer bezichtigt, Vater eines unehelichen Kindes zu sein. Da die Angeklagten keine Beweise beibringen konnten, wurden sie zu Geldstrafen verurteilt.[6] Das Schreiben eines Hamburger Geschäftsmanns, der 1929 anlässlich Hoffs Bewerbung nach Berlin um vertrauliche Auskunft gebeten worden war, schilderte ihn als »blendenden Redner«, der »konservativ orientiert« und politisch auffallend aktiv sei. Aus den etwas kryptischen Formulierungen des Informanten lässt sich bei aller Vagheit eine bereits aus Holstein mitgebrachte Positionierung Hoffs auf der politischen Rechten schließen. Hoff wurde in der Charlottenburger Gemeinde mit 61 Stimmen der kirchlichen Körperschaften gewählt. Das war ein bemerkenswert starkes Votum aus einer großen Kirchengemeinde der Reichshauptstadt für diesen um 1930 erkennbar politisch rechtsorientierten Pfarrer.[7]

## Politisches Coming-out in Berlin

In Berlin-Charlottenburg fand Pfarrer Hoff sofort Zugang zur SA und NSDAP und exponierte sich frühzeitig, sodass er schon binnen Jahresfrist als einer der radikalsten Nazi-Pfarrer der Reichshauptstadt auffiel. Er rühmte sich beispielsweise, am 22. November 1931 – es war der traditionell als »Totensonntag« begangene christliche Gedenk- und Trauertag – als erster evangelischer Geistlicher Berlins einen Gedächtnisgottesdienst für die »gefallenen Nationalsozialisten« in der Charlottenburger Luisenkirche abgehalten zu haben. Das von ihm für diese Zeremonie geschaffene »Hauptlied« stellte die ums Leben gekommenen NS-Straßenkämpfer direkt in die Nachfolge Christi und verklärte sie zu Helden, die den Opfertod für Deutschlands Freiheit auf sich genommen hätten. Zitiert sei aus dieser Hoff'schen Dichtung die dritte Strophe:[8]

5 Circulum vitae vom 24.4.1930, verfasst von Walter Hoff für die geistliche Vereinigung »Nikodemus« (Nordelbisches Kirchenarchiv – NEK in Kiel, Kirchenkreis Pinneberg [Propstei], Nr. 615).

6 Vgl. Pöpping, Zwischen Kriegsverbrechen und Pfarramt, S. 198 f.

7 Vgl. hierzu die Zitate in: Ulrich Wagner/Johannes Riedner, Geschichte der Luisengemeinde Charlottenburg, Teil 2: 1918–1945, Berlin 1993, S. 25.

8 Kirchenpolitische Vorgänge an der Luisen-Gemeinde 1934–1940; darin: »Hauptlied im Gedächtnisgottesdienst für die gefallenen Nationalsozialisten in der Luisenkirche in Charlottenburg am Totensonntag 1931« (ELAB, Bestand 7, Nr. 11659).

»Herr, die deutsche Lebenswende,
wir legen sie in Deine Hände
auch heute an dem Totentag.
Deutschland wollen wir befreien,
wirst Du die Kräfte uns verleihen,
es komme dann, was kommen mag!«

Dieser Gedenkgottesdienst brachte Hoff ein Anerkennungsschreiben des Berliner NSDAP-Gauleiters Joseph Goebbels ein, das er seit 1933 bei seinen kirchlichen Umtrieben wie eine Trophäe herumreichte. Mit diesem »würdigen Gottesdienst«, so schrieb Goebbels, habe sich Hoff in die Reihe jener noch wenigen Geistlichen gestellt, die von der Kanzel aus anerkennen würden, dass die SA-Männer nicht Mordbanditen seien, sondern todesmutige Vorkämpfer für ein besseres Deutschland. »Solche Gottesdienste«, so lobte Goebbels, »werden mehr als noch so wohlmeinende, den Kern der Dinge aber nicht berührende Versuche dazu beitragen, auch die Jugend und hier noch dazu die der werktätigen Bevölkerung wieder mit der Kirche auszusöhnen, weil die Jugend hier echtes Christentum der Tat verspürt, das meilenweit entfernt ist von dem allzu bequemen offiziellen Christentum, das leider oft nicht mehr als eine Phrase ist.«[9]

Bescheidenheit war Pfarrer Hoffs Sache nicht. Als er mit seiner Ehefrau und sechs Kindern im März 1930 nach Berlin-Charlottenburg zog, fand sich nicht so rasch eine angemessen große, standesgemäße Wohnung für ihn. Schließlich beanspruchte die kinderreiche Pfarrerfamilie in einem kircheneigenen Haus der Luisen-Gemeinde zwei Wohnungen und zwei weitere Zimmer, sodass sie insgesamt über zwölf Zimmer einer Dienstwohnung verfügte.[10] Anlässlich der Reichstagswahlkämpfe des Jahres 1932 ließ Pfarrer Hoff an seiner Pfarrwohnung eine sehr auffallende, übergroße Hakenkreuzfahne heraushängen. Zugleich trat er im Herbst 1932 im sogenannten Gatschke-Prozess – es ging hierin um einen im Straßenkampf versehentlich von eigenen Leuten erschossenen SA-Mann – als Belastungszeuge gegen Kommunisten auf, was ihn in der »Kommune« (so nannte man in Hoffs Kreisen die Kommunisten) sehr unbeliebt machte. Als ein »Vorkämpfer der Deutschen Christen« habe er zu dieser Zeit, so berichtet er später, bei seinen abendlichen Vorträgen Personenschutz durch den Charlottenburger SA-Sturm 33 erhalten. Es war schließlich Pfarrer Hoff, der dem am 30. Januar 1933 im Straßenkampf erschossenen Anführer des extrem gewalttätigen SA-Sturms 33, Hans-Eberhard Maikowski, am 5. Februar 1933 auf dem Invalidenfriedhof in Berlin-Mitte neben Goebbels die Grabrede hielt.[11]

9 Goebbels an Hoff vom 5.12.1931 (ebd.).
10 Vgl. Wagner/Riedner, Luisengemeinde, S. 26.
11 Hoff an Standartenführer Menthe vom 20.2.1934 (ELAB, Bestand 7, Nr. 11659).

Seit dem Sommer 1932 gehörte Hoff der »Glaubensbewegung Deutsche Christen« (GDC) an und verfügte frühzeitig über enge Beziehungen zum künftigen Reichsbischof Ludwig Müller. Das verhalf ihm zu mancherlei Karriereschritten – jedenfalls solange, wie Müller noch als Reichsbischof an der Spitze der DC-Bewegung stand. Seit der ersten Reichstagung der DC Anfang April 1933 in Berlin amtierte Pfarrer Hoff für wenige Monate als »Reichsführer« eines »Studentenkampfbundes Deutsche Christen«. Anlässlich dessen erster Reichstagung hielt »Reichsführer Pfarrer Hoff« am 7. August 1933 einen Festgottesdienst im Berliner Dom. Da der parteioffizielle Studentenbund der NSDAP diese kirchliche Konkurrenz nicht dulden wollte, verschwand der Hoff'sche Kampfbund nach wenigen Monaten wieder von der Bildfläche.[12] Für den Zeitraum vom 23. Oktober 1933 bis 31. Januar 1934 war Hoff zur kommissarischen Dienstleistung beim Reichsbischof Müller berufen worden. Beauftragt durch DC-Reichsleiter Joachim Hossenfelder und den Reichsbischof, bereitete Hoff seit Oktober 1933 in persönlichen Verhandlungen mit Baldur von Schirach die Eingliederung der Evangelischen Jugend in die Hitlerjugend vor. Nach Hoffs eigenen Worten habe es sich um »ein großes Werk« gehandelt, auf das er stolz sei und das kurz vor Weihnachten 1933 abgeschlossen werden konnte.[13]

In seiner Charlottenburger Hausgemeinde forcierte Hoff eine radikale Nazifizierung des kirchlichen Lebens. Mit annähernd 50 000 Seelen um 1933 gehörte die Charlottenburger Luisen-Gemeinde mit zu den größten Kirchengemeinden der Reichshauptstadt. Sie verfügte über sechs Pfarrstellen. Anfangs zogen fast sämtliche Pfarrerkollegen bei der durch Hoff angeführten politischen Braunfärbung der Gemeinde mit. Als »alter Kämpfer« – so sah sich der Pfarrer inzwischen – liebte Hoff das Ritual, den Aufmarsch, den Fahnenkult und obskure Weihehandlungen, die er in kreativer Weise mit christlichen Traditionsbeständen mixte. Zum Totensonntag 1933 inszenierte er in der Luisenkirche eine Gedenkfeier »zu Ehren der im Weltkriege und für das Dritte Reich gefallenen Helden«. Der wegen seiner politischen Mordtaten berüchtigte Charlottenburger SA-Sturm 33 nahm geschlossen an der Zeremonie teil. Das »Evangelium im Dritten Reich«, Sonntagsblatt der DC, berichtete wie folgt:[14]

12 Zur Episode des DC-Studentenbundes vgl. Cornelius Heinrich Meisiek, Evangelisches Theologiestudium im Dritten Reich, Frankfurt a. M. 1993, S. 189–195.

13 Vgl. Hoff an Standartenführer Menthe vom 20.2.1934 ((ELAB, Bestand 7, Nr. 11659). Vgl. generell zur Eingliederung der evangelischen Jugendverbände in die HJ Klaus Scholder, Die Kirchen und das Dritte Reich, Band 1: Vorgeschichte und Zeit der Illusionen 1918–1934, Frankfurt a. M. 1977, S. 731–737; Thomas Martin Schneider, Reichsbischof Ludwig Müller. Eine Untersuchung zu Leben, Werk und Persönlichkeit, Göttingen 1993, S. 170–180.

14 Evangelium im Dritten Reich, Nr. 49 vom 3.12.1933, Beilage für Groß-Berlin.

»Nach einleitendem Orgelspiel erfolgte der feierliche Einmarsch der Fahnen und des Sturmes, an der Spitze die alte zerfetzte Sturmfahne der Dreiunddreißiger, währenddessen die Orgel leise das Horst-Wessel-Lied spielte. Vor seiner Predigt verlas Pfarrer Hoff die Namen der in Berlin für das nationalsozialistische Deutschland gefallenen SA-Leute. Andächtig folgte die Gemeinde; Namen wie Wessel, Gatschke und Maikowski wurden laut und ließen erkennen, wie tief diese im deutschen Volksleben wurzeln. Sie alle aber, so predigte Pfarrer Hoff, leben nach wie vor unter uns, stehen wie immer in unseren Reihen und marschieren auch weiter mit. Es folgte die Enthüllung einer Gedenktafel, eines schlichten weißen Marmorsteines mit den Hoheitsabzeichen der NSDAP. In goldenen Buchstaben steht darauf geschrieben: ›Für die Aufrichtung des Dritten Reiches gaben ihr Leben hin: Vom Sturm 33: SA San. Herbert Gatschke, Sturmf. Hans-Eberhard Maikowski. Treue wirkt über den Tod hinaus.‹ Unter den Klängen der Orgel ›Volk ans Gewehr!‹ erfolgte der Fahnenausmarsch. Dann zog die Gemeinde mit erhobenem Arm an der Tafel vorbei und grüßte andächtig ihre treuen gefallenen Helden.«

Solche und ähnliche Zeremonien wiederholten sich unter Hoffs Führung in der Gemeinde. Zur Feier des ersten Jahrestags der Machtübernahme Hitlers hatte er eine »Ordnung des Gottesdienstes anlässlich des Jahrestages der deutschen Revolution und der Machtergreifung des Nationalsozialismus« entworfen. Erneut trat bei dieser Gelegenheit der Pfarrer als Dichter hervor, in diesem Fall als Kirchenliedschöpfer. Der Gottesdienst wurde mit einer von Hoff neu getexteten Version des bekannten Kirchenlieds von Joachim Neander eröffnet, gesungen von einer deutschchristlichen Gemeinde in der Charlottenburger Luisenkirche im Januar 1934:

»Lobet den Herren, ihr Deutschen, aus innerstem Herzen,
der euch befreit hat aus deutscher Zerrissenheit Schmerzen,
der euch geschenkt den, der das Volk heute lenkt,
den Führer mit tapferem Herzen.
Lobet den Herren, der alle die Erdengeschicke weise
Durchschaut und gestaltet mit liebendem Blicke.
Aus dunkler Nacht hat Er zum Licht uns gebracht,
baute zur Einheit die Brücke.
Lobet den Herren, der in das Herz
Hat gegeben tapferen Männern den Mut,
einzusetzen ihr Leben ums dritte Reich. –
Volksgenoss, ihnen sei gleich,
so Gott zu loben dein Streben!«

Nach diesem Eingangslied hielt Pfarrer Hoff eine Predigt über Lukas 7.16, eine Bibelstelle, die von der Erweckung des Jünglings zu Nain handelt. Es folgte ein »Sologesang« sowie das in der Liturgie übliche »Vaterunser« und der »Segen«. Der gemeinsame Gesang des bekannten Rinckart'schen Kirchenlieds »Nun danket alle Gott« beschloss diese kirchliche Zeremonie in der Luisenkirche.[15]

15 »Ordnung des Gottesdienstes…« (ELAB, Bestand 7, Nr. 11659).

Der Wirkungskreis des umtriebigen Pfarrers beschränkte sich indessen nicht auf seine Charlottenburger Hausgemeinde. Das Wochenblatt der DC weist ihn als einen der aktivsten DC-Propagandisten für die Jahre 1933/34 aus. Einige Beispiele: Ansprache Hoff auf der Heldengedächtnisfeier der DC-Gemeindegruppe Nathanael (12. März); Vortrag Hoff über »Politik in der Kirche?« bei der DC-Gruppe Gethsemane (23. März); Vortrag Hoff »Unsere Evangelische Kirche im Dritten Reich« auf der ersten Kundgebung der DC-Gruppe der Gustav-Adolf-Gemeinde (29. April); Gartenfest der DC-Gruppe Bartholomäus am 10. Juni, Pfarrer Hoff spricht zum Thema »Deutscher Christ sein heißt, Kämpfer und ein Christ der Tat sein«; DC-Gruppe Steglitz, Hauptrede Pfarrer Hoff über den Ausschluss von »Juden« aus der evangelischen Kirche (August 1933); Feldgottesdienst auf dem Sportplatz Friedrichshain, Predigt Pfarrer Hoff (September 1933); DC-Gruppe Luisen, Ausflug der Jugendgruppen, mit Waldandacht und Fahnenweihe im Grunewald durch Pfarrer Hoff (September 1933); Einweihung des neu erbauten Gemeindehauses Luisen in Charlottenburg am 15. Oktober: Festrede Pfarrer Hoff; DC-Gruppe Epiphanien, Werbeabend am 21. Februar 1934, Pfarrer Hoff spricht über »Dein Kampf um dein Volk«; DC-Gedenkstunde zum Hitlergeburtstag am 20. April 1934 in der Gustav-Adolf-Kirche, Ansprache Pfarrer Hoff; DC-Gruppe Erlöser (April 1934), Fahnenweihe durch Pfarrer und Konsistorialrat Hoff (er habe, so der Bericht, die Grüße der Kirchenbehörde überbracht und seine Freude darüber ausgedrückt, dass nun die Hakenkreuzfahne in der Kirche gezeigt werden könne).[16]

## Blitzkarriere und Ruhigstellung eines fanatischen Nazi-Pfarrers

Hoff strebte nach Höherem. Einfacher Gemeindepfarrer – das wäre auf Dauer wohl zu wenig gewesen für einen Geistlichen wie ihn, der sich für ungewöhnlich hoch befähigt hielt. Aber seine Kirchenkarriere kam nicht recht voran. Ende Februar 1934 sandte Hoff ein Gesuch an NS-Standartenführer Peter Menthe, Adjutant des preußischen Ministerpräsidenten Hermann Göring. Hoff berichtete von seinen vielfachen Verdiensten für die Partei und bat den Adjutanten Görings, zu seinen Gunsten auf die Reichskirchenführung einzuwirken. »Jedenfalls«, so schloss er sein anbiederndes Bittschreiben, »glaube ich im Hinblick auf meine bisher geleisteten Arbeiten und Kämpfe sehr wohl in der Lage zu sein, an führender Stelle der neuen deutschen evangelischen Kirche auch hier in Berlin meinen

16 Sämtliche Angaben nach Ankündigungen und Berichten in: Evangelium im Dritten Reich, Jg. 1933 und 1934.

Volksgenossen im Dritten Reich und für das Himmelreich dienen zu können. Heil Hitler! Pfarrer Hoff«.[17] Der Bittsteller hatte sein Schreiben mit elf Anlagen versehen, die seine Verdienste um die NS-Bewegung dokumentieren sollten. Sein vielfaches Antichambrieren während dieser Wochen half offenbar. Ende März 1934 wurde er durch August Jäger, den »Rechtswalter« der Deutschen Evangelischen Kirche (DEK) und berüchtigten Administrator der kirchlichen Gleichschaltung durch Reichsbischof Müller, zum Konsistorialrat in das Konsistorium der Mark Brandenburg berufen. Er erhielt das theologische Dezernat für die Neumark und Niederlausitz und wurde Mitglied des theologischen Prüfungsausschusses der Kirchenleitung. Für sein neues Amt ließ er sich in SA-Uniform vereidigen. Auch zum Dienst erschien er häufig in SA-Uniform und, so wird berichtet, pflegte in der kirchenleitenden Behörde mit der »roten Büchse der Parteisammlung« umherzugehen.[18] Für etwa zwei Jahre kostete Konsistorialrat Hoff in selbstherrlicher Weise seine Führungsposition aus. Bei der Besetzung von Pfarrstellen bevorzugte er DC-Pfarrer und Parteigenossen systematisch. In einem Schreiben an die Schriftleitung des SS-Organs »Das Schwarze Korps« übersandte Hoff im Juni 1936 Belastendes über einen schleswig-holsteinischen Bekenntnispfarrer und fügte hinzu: »Die beigefügte Abschrift stelle ich Ihnen gern zum Abdruck in Ihrem von mir geschätzten Blatte zur Verfügung. [...] Ich persönlich schäme mich dieses ›Amtsbruders‹, halte es aber als Nationalsozialist für notwendig, dass er einmal in der Öffentlichkeit dafür angefasst wird. Heil Hitler!«[19]

Aber schon bald nach dem Scheitern des rabiaten Kirchenregiments des Reichsbischofs im Herbst 1934 musste Hoff seinen Posten im Konsistorium räumen. Als eine Art Abfindung für einen »alten Kämpfer« erhielt er die relativ einflusslose Position eines »Propst von Kölln«, die mit einer Pfarrstelle an der St.-Petri-Gemeinde in Berlin-Mitte verbunden war. Faktisch bedeutete dies die Ruhigstellung eines kirchenpolitischen Extremisten, der seit Inauguration der Kirchenausschusspolitik durch Reichskirchenminister Hanns Kerrl (Herbst 1935) nicht mehr an exponierter Stelle zu halten war. Hoff verdankte die neue Stelle einem Übereinkommen zwischen Reichskirchenminister Kerrl und dem preußischen Landeskirchenausschuss. Er behielt den Konsistorialratstitel bei, war nun jedoch wieder »nur« Pfarrer, wenn auch mit einem besonderen Titel und auf einer gut dotierten Stelle, die ihm das Doppelte einer gewöhnlichen Pfarrstelle einbrachte.

17 Hoff an Standartenführer Menthe vom 20.2.1934 (ELAB, Bestand 7, Nr. 11659).
18 Vgl. ELAB, PA Hoff, Band 1; sowie der Band »Disziplinarverfahren«.
19 Hoff an Schriftleitung des »Schwarzen Korps« vom 20.6.1936 (Evangelisches Zentralarchiv Berlin – EZA, Bestand 50, Nr. 632).

Seit 1933 dominierten an der Petri-Gemeinde die Deutschen Christen. Schon im April luden die DC-Gemeindegruppen St. Petri und Luisenstadt zu einem Festgottesdienst aus Anlass des »Führergeburtstags« in die Kirche. Pfarrer Karl Themel von der benachbarten Luisenstadt-Gemeinde habe, so heißt es in einem Bericht, in begeisternden Worten über die tiefe Religiosität Hitlers gesprochen. An dem Bitt- und Dankgottesdienst hätten auch zwei SA-Stürme mit ihren Fahnen und die Jugendbünde der beiden Gemeinden teilgenommen. Vor dem Kirchenportal habe die versammelte Volksmenge den Ausmarsch der Fahnen mit dem Horst-Wessel-Lied gegrüßt. Am Pfingstsonntag 1934 veranstaltete die örtliche Gruppe der Deutschen Christen in der St. Petrikirche eine durch Pfarrer Gustav Pösche vollzogene Weihe der DC-Gruppenfahne, die das Christenkreuz mit dem Hakenkreuz vereinte.[20]

Zum 1. Juli 1936 trat Pfarrer Hoff seinen Dienst an St. Petri an. Über seine Tätigkeit als Propst und Pfarrer in dieser kleinen, stark geschrumpften City-Gemeinde ist wenig bekannt. Der Gemeindekirchenrat beklagte sich gegenüber dem Landeskirchenausschuss, dass die kleine Gemeinde künftig das hohe Gehalt für die Propststelle aufbringen müsse, obwohl der Propst einen Großteil seiner Arbeit nicht der Gemeinde widme. Für Hoff indessen gestaltete sich die neue Position offenbar recht beschaulich. Regelmäßig fuhr er alle Jahre zur Kur nach Bad Mergentheim, Bad Kissingen oder Karlsbad. Zugleich entdeckte er sein zweites Studienfach wieder, die Historie, und bereitete eine Dissertation zur Geschichte der Glashütten der Neumark in friderizianischer Zeit vor. Im Oktober 1940 erlangte er damit den Doktortitel (Dr. phil.) an der renommierten Friedrich-Wilhelms-Universität zu Berlin. Sehr angetan waren seine Gutachter, der nationalsozialistische Historiker Willy Hoppe und der Volkskundler Adolf Spamer, offenbar nicht von den Hoff'schen Forschungen und bewerteten die Arbeit wegen erheblicher Mängel nur mit »genügend«.[21]

Seit jeher hatte sich Pfarrer Hoff als eifriger Sammler von Titulaturen, von Amts- und Positionsbezeichnungen erwiesen und legte ausdrücklich höchsten Wert darauf, gefälligst mit seinen vollständigen Titeln bzw. Amts- und Positionsbezeichnungen angeschrieben zu werden. Im August 1942 – der im Kriegseinsatz stehende Theologe weilte anlässlich eines Fronturlaubs in Berlin – wies er Kon-

20 Vgl. hierzu Berichte in: Evangelium im Dritten Reich, Nr. 19 vom 7.5.1933, Beilage für Groß-Berlin; ferner die von mir im Rahmen meiner Habilitationsschrift angefertigte Berliner »Gemeindestatistik«, Blatt 81 (= St. Petri), dort weitere Belege.

21 Vgl. PA Hoff, Band 1; darin Urlaubsgesuche für die Jahre 1937, 1938 und 1939; Hoff an Konsistorium der Mark Brandenburg vom 20.10.1940 (Mitteilung über seine am 18.10. erfolgte Promotion). Zum Ganzen auch Pöpping, Zwischen Kriegsverbrechen und Pfarramt, S. 202; ferner: Walter Hoff, Die Glashütten der Neumark besonders in friderizianischer Zeit, Phil. Diss. Berlin 1940 (als Druck: Landsberg/Warthe 1940, 88 S.).

sistorialpräsident und Parteigenosse Johannes Heinrich durch ein Schreiben ausdrücklich darauf hin, bei künftigen Mitteilungen doch sämtliche ihm zustehende Titulaturen zu verwenden. Es musste nach Hoffs Anweisung künftig korrekt in den Anschreiben heißen: »Herrn Konsistorialrat Propst Dr. phil. Walter Hoff«.[22]

## Beteiligung am Judenmord

Hitlers Krieg von 1939 – es war der zweite große Krieg, in den Pfarrer Hoff mit Enthusiasmus hineinging. Im August 1914, als der jugendliche Freiwillige zu den Fahnen eilte, war er erst 24 Jahre alt, noch unverheiratet und stand als Vikar in der Ausbildung zum Pfarramt. Beim zweiten Krieg war er fast 50 Jahre alt, verheiratet und Vater von sechs Kindern, und er bekleidete nun eine gehobene Position in der Evangelischen Kirche der altpreußischen Union. Vermutlich hätte er unter diesen Umständen einen Kriegseinsatz durchaus vermeiden können. Aber schon 1930 hatte er an seine Pfarrerkollegen in Schleswig-Holstein geschrieben: Das Land seiner Jugendzeit in der Provinz Posen gehöre seit Versailles leider zu Polen – aber nur so lange, bis »wir's uns wiederholen«. Es kann gar kein Zweifel daran bestehen, dass dieser politische Fanatiker unbedingt bei Hitlers Eroberungskrieg mit dabei sein wollte. Mit einem Schreiben vom 16. Februar 1940 »meldete« Propst Hoff dem Konsistorialpräsidenten Heinrich – ein Parteigenosse, zu dem er ein kumpelhaftes Verhältnis pflegte –, dass er soeben zum Wehrdienst als Ordonnanz-Offizier »nach dem Westen« eingezogen worden sei.

Seit dem Überfall der Hitler-Armee auf die Sowjetunion (Juni 1941) kam er als Hauptmann und Ordonnanz-Offizier in Weißrussland zum Einsatz. Nach etwa drei Jahren des aktiven Kriegseinsatzes wurde Hoff aus gesundheitlichen Gründen zum militärischen »Heimatdienst« zurück nach Berlin beordert und nahm seit Januar 1943 wieder teilweise seine kirchlichen Amtsgeschäfte als Propst von Kölln und Pfarrer an St. Petri wahr.[23]

Auch während seines aktiven Kriegseinsatzes hatte Hoff seine Kontakte zu kirchlichen Stellen nicht abreißen lassen. War er auf Heimaturlaub in Berlin, so stattete er mit Vorliebe dem Konsistorium Besuche in Wehrmachtsuniform ab. Nach Berichten damaliger Mitarbeiter renommierte Hoff mit seinen Heldentaten an der Front in der Behörde. Er sprach dort öffentlich und wohl nicht ohne Stolz über seinen Einsatz gegen »russische Partisanen« und »Spione«. Auch sei die

22 Konsistorialpräsident Heinrich an Präsidenten des Evangelischen Oberkirchenrats Werner vom 13.8.1942 (ELAB, PA Hoff, Band 1).

23 Gemeinde-Kirchenrat St. Petri an Präsidenten des Konsistoriums Heinrich vom 16.2.1940 (ELAB, PA Hoff, Band »Disziplinarverfahren«; darin: Urteilsbegründung der Entscheidung der Disziplinarkammer beim Konsistorium Berlin Brandenburg [Sitzung vom 15.11.1949]).

Rede von »Hinrichtungen« gewesen, an denen er beteiligt war. Selbst unter Parteigenossen hätten seine Kriegserzählungen damals Entrüstung hervorgerufen.[24] Seit Juni 1942 war Hoff auch zum »kommissarischen Propst zu Berlin« berufen worden. In dieser Eigenschaft, als »Propst zu Berlin«, wandte sich Hoff aus Anlass des zehnten Jahrestags der »Machtergreifung« am 30. Januar 1943 in einem Aufruf an die Berliner Bevölkerung.[25]

»Zehn Jahre sind es, dass unsere christlichen Kirchen in Deutschland sich des Schutzes des nationalsozialistischen Staates erfreuen dürfen. Wer die in Selterwasserfabriken, Kornspeicher und Elektrizitätswerke umgewandelten christlichen Kirchen Russlands gesehen und den unheimlichen Einfluss des Judentums in Stadt und Land des weiten Ostens gespürt hat, der weiß zu würdigen, was die Machtergreifung des Nationalsozialismus für Deutschland, ja für ganz Europa bedeutet. So muss denn auch jeder deutschbewusste Mensch in den christlichen Kirchen dankbar der zehnjährigen Wiederkehr des Tages gedenken, da die jüdisch-versippten und -vercliquekten [sic!] Vertreter der marxistischen Epoche in der Führung Deutschlands durch die Vorkämpfer des ewigen Reiches abgelöst wurden. Wir danken dem Allmächtigen für diese Gnade und flehen um seinen Schutz und Segen für unseren geliebten Führer und für Deutschland auch fernerhin.«

Im September 1943 bekam Hoff, der formell noch immer im Dienst der Wehrmacht stand, einen Rundbrief des neuen geistlichen Leiters des Konsistoriums, Oberkonsistorialrat Horst Fichtner, zu Gesicht, der mit diesem Schreiben alle im Heeresdienst stehenden Pfarrer der Kirchenprovinz begrüßte. Der nach Hoffs Auffassung viel zu weichliche, unkriegerische Ton dieses Rundbriefs provozierte den Nazi-Pfarrer zu einem Antwortschreiben, das man wohl als document inhumain schlechthin bezeichnen kann. Er schrieb diesen Brief nicht als Privatschreiben, sondern amtlich in seiner Eigenschaft als »Der Propst zu Berlin kom. – Dr. Walter Hoff – Konsistorialrat« mit der offiziellen Absenderadresse »Propsteistrasse 7« – das war der Amtssitz des Berliner Propstes. »Was der Antritt Ihres neuen Amtes mit einem ›Gehorsam gegen Gott‹ und der ›Treue bis in den Tod‹ (nach Offenb. Joh. 10) zu tun hat, ist mir unerfindlich. Es sei denn, dass Sie in Ihrer Übersiedlung aus dem ruhigen Lübben nach dem bombengefährdeten Berlin eine Begründung für diese pathetische Einleitung sehen.« Der Inhalt seines Rundbriefs beweise, so fuhr er an Fichtner gewandt fort, dass dieser dem großen Geschehen unserer Tage leider verständnislos gegenüberstehe. Da sei zwar katholisierend vom »hochgelobten Herrn und Heiland Jesus Christus« die Rede, aber mit keinem ehrenden Wort werde »unseres Führers Adolf Hitler und der wunderbaren Meisterung seiner unsagbar schweren Aufgaben gedacht«. Ficht-

24 Befragungsprotokolle von OKR Fichtner, Amtmann i. R. Marten und Anneliese Scheffler (ebd.). Vgl. auch Pöpping, Zwischen Kriegsverbrechen und Pfarramt, S. 202 f.

25 Der Aufruf in: Steglitzer Anzeiger vom 30.1.1943. Zit. nach PA Hoff, Band »Disziplinarverfahren«; Urteilsschrift des Westlichen Senats des Disziplinarhofes der EKD vom 14.7.1952.

ners Rundschreiben sei im Ton der »Bekenner« (meint: der Bekennenden Kirche) verfasst und müsse jeden anders Gesinnten vor den Kopf stoßen. Fichtner, so urteilte Hoff, sei nicht der Zuwachs, den die Kirchenbehörde in dieser Zeit dringend benötigte. Der aus Sachsen stammende Theologe Fichtner hatte während der Anfangsjahre des »Dritten Reiches« in Dresden noch den DC angehört, zog sich jedoch später von dieser Bewegung zurück. Seit 1940 amtierte er als Superintendent in Lübben und wurde 1943 zum geistlichen Leiter des Berliner Konsistoriums berufen. Hoff fuhr dann fort gegenüber seinem Amtskollegen:

»Dass Sie unsere im Heeresdienst stehenden Theologen obendrein noch auffordern, unseren Kameraden Bibelstunden oder, kümmerlich getarnt, Bibelbesprechungen zu halten, beweist, dass Sie sich nicht einmal über die in der heutigen Wehrmacht geltenden Gesetze informiert haben. Der Theologe, der diesem Ihrem Rat folgen würde, macht sich nämlich strafbar! – Mit einem Phrasenschwall schreiben Sie von der göttlichen Unwirklichkeit des Wortes, das Gott in seinem grenzenlosen Erbarmen in die konkrete Wirklichkeit hineingebracht hat. Wie also? Soll uns, die wir uns heute mit dem Weltjudentum und seinen üblen Vertretern kämpferisch auseinandersetzen müssen, die Bibel mit ihren ›jüdischen Rachepsalmen‹ (vergl. Psalm 83 und 109) und Evgl. Joh. 4, 22, ›das Heil kommt von den Juden‹ als göttliche Unwirklichkeit und Offenbarung seines Erbarmens dienen? – Vielleicht gönnen Sie mir darin ein Wort der Aufklärung, wie ich es mit alldem vereinbaren kann, dass ich in Sowjetrussland eine erhebliche Anzahl von Juden, nämlich viele Hunderte, habe liquidieren helfen.«

Hoff verwies sodann auf die Kriegskameraden, die an »uns Theologen« derzeit die Frage richteten, wie denn die stürmisch und mit Recht geforderte Vergeltung der Terrorangriffe der »heuchlerischen Briten« mit unseren Predigten von der alles verzeihenden christlichen Liebe in Einklang gebracht werden könne? Und was denn die Theologen zu den Kundgebungen der »anglo-amerikanischen Bischöfe« für die Sowjets zu sagen hätten? Fichtner gehöre, meinte Hoff, einer vergangenen Epoche an. »Ihre Seele ist weder empfänglich noch jung geblieben. Sondern der gewaltige Umbruch zum neuen Deutschland und Europa ist Ihnen etwas Fremdes, Unbegreifbares, an dem man mit theologischen Allgemeinplätzen vorübergeht.« Er, Hoff, sei betrübt, dass viele Tausende deutscher Heldengräber im Norden, im Westen, im Süden und besonders im Osten sowie bombenzerstörte Kirchen in der Heimat nicht vermocht hätten, einen leitenden Geistlichen zu jener Sprache des Herzens zu bringen, um seine Amtsbrüder in der Wehrmacht mit wirklichen seelischen Aufbaukräften für das ewige Deutschland und das neue Europa auszurüsten. Hatte Hoff seinen Briefkopf mit seinen kirchlichen Ämtern gezeichnet, so unterschrieb er am Schluss in einem ganz anderen Ton: »Heil Hitler! – gez. Dr. Hoff – z. Zt. als Hauptmann bei der Wehrmacht.«[26]

26 Vollständige Abschrift des Briefes: Der Propst zu Berlin kom., Dr. Walter Hoff, Konsistorialrat vom 29.9.1943 an den geistlichen Dirigenten des Konsistoriums OKR Dr. Dr. Fichtner (ELAB, PA Hoff, Band »Disziplinarverfahren«). Hoffs fataler Brief ist dokumentiert in Dagmar Pöpping/Peter Beier (Bearb.), Die Protokolle des Rates der EKD, Band 7: 1953, Göttingen 2009, S. 81 f.

Der solcherart scharf angegangene Oberkonsistorialrat Fichtner ließ, nach vertraulicher Rücksprache mit Amtskollegen, Hoffs fatalen Brief zunächst stillschweigend in den Akten verschwinden. Nach allem, was bisher bekannt ist, verblieb Propst Hoff bis kurz vor Kriegsende in Berlin. Dann verließ er, wie so viele andere Nazi-Pfarrer in herausgehobener Stellung, mitsamt seiner Familie seine Dienststelle und floh vor den heranrückenden Sowjets. Irgendwo im Mecklenburgischen wurde er kurz vor Kriegsende am 2. Mai 1945 von US-Truppen aufgegriffen und kam bald darauf in britische Kriegsgefangenschaft.

## Rehabilitation eines »heimatvertriebenen Ostpfarrers«

Bei Kriegsende versank vieles zunächst unter Asche, Schutt und Trümmern. Von seiner alten Wirkungsstätte in Berlin aus betrachtet war Konsistorialrat Dr. Walter Hoff, Propst von Kölln und zuletzt auch kommissarisch von Berlin, spurlos verschwunden, er war sozusagen abgetaucht. Seine ersten überlieferten Wortmeldungen nach dem Krieg datieren von Juni 1946 aus britischen Lagern und Lazaretten. So bewarb er sich im Juni und wiederholt im Juli 1946 mit dem Absender »Gütersloh/Westfalen, Reservelazarett, Block 2« um eine Pfarrstelle in Hamburg. Als Anlage fügte er einen Lebenslauf (Juni 1946) und mehrere Gedichte bei, wohl in der Hoffnung, damit seine »innere Wandlung« anzuzeigen. Im Lebenslauf verschwieg Hoff seine NSDAP-Mitgliedschaft und DC-Führungsrolle nicht völlig, deutete sie aber nun in einem ganz anderen Licht. Er sei im August 1932 in die Partei eingetreten, schrieb er, weil er sich von ihr nicht nur eine »Rettung vor dem Bolschewismus«, sondern aufgrund des § 24 des NSDAP-Parteiprogramms eine »besondere Förderung der christlichen Belange« erhofft habe.[27] Von den Deutschen Christen, die den deutschen Protestantismus tatsächlich scharf wie nie zuvor spalteten, versprach er sich eine »Beendigung der kirchlichen Uneinigkeit«. Seine Dichtungen versah er mit der Titelzeile: »Glauben hinter Stacheldraht – Gedichtet in britischen Kriegsgefangenen-Lagern und Hospitälern Belgiens 1945/46 von Walter Hoff.«[28] Die Hamburgische Landeskirche war von den Auslassungen dieses dichtenden Geistlichen offenbar nicht sehr angetan. Sie verwies auf die bevorstehende Entnazifizierung und fügte hinzu, dass sie einen Parteigenossen mit Eintrittsjahr 1932 jetzt nicht aufnehmen könne. Noch

27 In Punkt 24 ihres Parteiprogramms von 1920 bekannte sich die NSDAP zum Standpunkt eines »positiven Christentums«. Vgl. hierzu zuletzt Samuel Koehne, Nazism and Religion: The Problem of »Positive Christianity«. In: Australian Journal of Politics and History, 60 (2014) 1, S. 28–42.

28 Vgl. Hoff an Landeskirchenamt Hamburg vom 14.6.1946; Hoff an Landeskirchenamt Hamburg vom 24.7.1946; sowie die Anlagen »Lebenslauf« und »Glauben hinter Stacheldraht« (LKA Kiel, Nr. 32.03.01, Nr. 331; und ebd., PA, Versorgungsakte).

im Sommer 1946 kam Hoff aus der Internierung frei. Die Briten hatten ihm, so sagte er selbst, noch den wohlmeinenden Rat mitgegeben, die Sowjetische Zone zu meiden, denn er stünde dort bei der russischen Besatzungsmacht auf einer »schwarzen Liste«. Hoff hatte also gute Gründe, sich nicht mehr in das Gebiet seiner Heimatkirche nach Berlin zu begeben.[29]

Inzwischen waren in Berlin Vorbereitungen für ein kirchliches Disziplinarverfahren gegen den abwesenden Theologen in Gang gekommen. Die Kirchenleitung befragte eine Reihe kirchlicher Mitarbeiter, die Hoff aus seiner Zeit im Konsistorium noch kannten. Die Aussagen dieser Zeitzeugen sahen sämtlich nicht günstig aus für den inzwischen stellungslosen Kirchenmann, der sich mit wechselnden Wohnsitzen im Raum Hamburg niederließ, der im fortgeschrittenen Lebensalter von rund 60 Jahren stand und für den es nun vor allem um die Sicherung seiner Ruhestandsbezüge ging. Auch war zwischenzeitlich der fatale Brief von September 1943 wieder aufgetaucht und zur Kenntnis der Kirchenleitung gelangt. Mit Urteil vom 15. November 1949 erkannte die Disziplinarkammer beim Evangelischen Konsistorium Berlin-Brandenburg hinsichtlich Hoffs Status auf »Entfernung aus dem Dienst«. Das für kirchliche Verhältnisse harte Urteil wurde entscheidend mit seinem kirchlichen Fehlverhalten begründet. Die Frage seiner Beteiligung am Judenmord blieb durch dieses Verfahren allerdings ungeklärt. Hoff widerrief jetzt seinen Schicksalsbrief und behauptete, er habe sich damals von der Gestapo beschattet gefühlt und gemeint, sich durch die Vortäuschung solcher Taten vor möglichen Verfolgungen der Machthaber schützen zu können. Es hat den Anschein, dass die kirchliche Disziplinarkammer ihm in dieser Hinsicht teilweise sogar Glauben schenkte.[30]

Natürlich fühlte Hoff sich ungerecht behandelt und legte Berufung ein. Er behauptete nun sogar, er habe bereits im Jahr 1942 die Judenliquidierungen verurteilt. Belege konnte er dafür nicht beibringen. Durch die Dienstentlassung sei er außerdem schwer in seinem öffentlichen Ansehen geschädigt worden. Seine Frau und er seien gezwungen, in größter materieller Not zu leben. Wie und wovon er und seine kinderreiche Familie während der frühen Nachkriegsjahre lebten, lässt sich nicht im Detail rekonstruieren. Ganz abgerissen waren seine Beziehungen zur Berliner Heimatkirche nicht: Gnadenweise war ihm ein Viertel seines gesetzlichen Ruhegehalts zuerkannt worden, eine monatliche Zuwendung, die im Jahr 1957 bei 200 DM lag. Über Hoffs Berufung hatte nun der Westliche Senat des Disziplinarhofes der Evangelischen Kirche in Deutschland (EKD) in Bielefeld zu entscheiden. Der Gesamteindruck, den Hoff im Jahr 1952 vor der obersten

29 Hamburgische Landeskirche an Hoff vom 25.6.1946; Hoff an Landeskirchenamt Hannover vom 18.3.1958 (ebd.).

30 Urteilsbegründung der Entscheidung der Disziplinarkammer beim Konsistorium Berlin-Brandenburg vom 15.11.1949 (ELAB, PA Hoff, Band »Disziplinarverfahren«).

kirchlichen Disziplinarinstanz machte, war nicht günstiger. Seine Behauptung, er habe bereits 1942 das Vorgehen gegen Juden verurteilt, erwies sich angesichts seines fanatisch nationalsozialistischen Aufrufs an die Berliner Bevölkerung von Januar 1943, der dem Gremium vorlag, als unglaubhaft. Zur weiterhin ungeklärten Frage hinsichtlich Hoffs Beteiligung am Judenmord im Osten nahm die höchste Disziplinarinstanz wie folgt Stellung:

»Mag nun die in dem Brief aufgestellte Behauptung, er sei an zahlreichen Judenliquidierungen selbst beteiligt gewesen, sachlich zutreffen oder mag sie nur aufgestellt sein, um den Beschuldigten den Leuten gegenüber, die seine Gesinnungstreue als Nationalsozialist in Zweifel ziehen möchten, als politisch einwandfrei und linientreu hinzustellen: In jedem Fall kommt darin eine Gesinnung zum Ausdruck, die es als unmöglich erscheinen lässt, dass der Beschuldigte im Dienste seiner Evangelischen Kirche verbleibt, und man kann durchaus die Frage aufwerfen, ob nicht der Beschuldigte die Beurteilung des Falles für sich dadurch beträchtlich verschlechtert hat, dass er erklärt, er habe sich unwahrerweise der Schandtat an den Juden beschuldigt, also um auf die Weise bei den Leuten, die doch solche Schandtaten selbst begingen, als politisch zuverlässig betrachtet zu werden.«

Es blieb also bei der Entfernung aus dem Dienst und Aberkennung der Rechte des geistlichen Standes.[31]

Aber der »Fall Hoff« ging nun auch den Weg so vieler Entnazifizierungsverfahren der 1950er-Jahre: Schritt um Schritt erlangte der »heimatvertriebene Ostpfarrer« – dieser Status war ihm in diesen Jahren von den Kirchenbehörden zugebilligt worden – seine Rehabilitation. Im Jahr 1953 zeigte er sich – ziemlich plötzlich – bußfertiger gegenüber dem Berliner Konsistorium und bekannte sich mehr oder minder zu seinen Taten. Er müsse damals, räumte er ein, von »satanischen Mächten« besessen gewesen sein. Er bat nun darum, einem »reuigen Sünder« zu verzeihen. Diese Haltung kam durchaus an in der Berliner Kirchenleitung. Eine Schlüsselrolle spielte bei seiner schrittweise erfolgenden Wiederanerkennung offenbar Bischof Otto Dibelius, seit 1949 auch Ratsvorsitzender der EKD. Eine Neufassung der Disziplinarordnung der EKD im Jahr 1956 sprach künftighin das Gnadenrecht ausschließlich den Landeskirchen zu. Damit war für Hoff die Bahn frei geworden. Im Zuge eines neuen Berufungsverfahrens erkannte das Berliner Konsistorium am 28. Februar 1957 Hoff erneut die Rechte des geistlichen Standes zu. Der Theologe, der zu dieser Zeit südlich von Hamburg (in Sprötze im Landkreis Harburg) wohnte, wurde in die Ostpfarrerversorgung der Hannoverschen Landeskirche aufgenommen. Von nun an bezog er 75 Prozent seines regulären Gehalts und übernahm Aufträge in der Krankenhausseelsorge. Seit April 1960 erhielt er auf Beschluss des Berliner Konsistoriums ein Ruhegehalt von monatlich 540 DM.[32]

31 Urteilsschrift des westlichen Senats des Disziplinarhofes der EKD vom 14.7.1952 (ebd.).

32 Hoff an Konsistorialpräsident von Arnim in Berlin vom 25.1.1956; sowie der weitere Briefwechsel Hoffs mit dieser Behörde bis 1960 (ELAB, PA Hoff, Band 2).

Aus Anlass seines 70. Geburtstags übersandte ihm Oberlandeskirchenrat Walter Ködderitz von der Hannoverschen Landeskirche am 17. März 1960 herzliche Segenswünsche: »Gottes Güte und Freundlichkeit hat Sie durch gute und schwere Jahre bis zum heutigen Tage treu geleitet. Dafür sind Sie IHM sicherlich von Herzen dankbar. Ihre Gedanken werden den langen Weg zurückwandern, den Gott der Herr Sie führte, seit Sie im Jahre 1890 in Eulenberg (Krs. Birnbaum) geboren wurden, und bei den Menschen weilen, die Ihnen lieb und teuer sind. Aus den Erfahrungen Seiner Wohltaten in Ihrem Leben werden Sie gewiss in die Worte des Psalmsängers einstimmen: ›Ich gedenke an die vorigen Zeiten; ich rede von allen deinen Taten und sage von den Werken deiner Hände.‹«[33]

Die Geschichte könnte hiermit zu Ende sein – war sie aber nicht. Man muss sich vor Augen halten, dass in den hier referierten Kirchenakten, die zunächst zugeklappt wurden, Hinweise über eine Person lagerten, die vermutlich an Kriegsverbrechen der Deutschen im Osten beteiligt gewesen war. Darunter befand sich in Form des Schicksalsbriefes von September 1943 die schriftliche Selbstbezichtigung eines mutmaßlichen Täters. Handelte es sich vielleicht sogar um eine Form von Strafvereitelung im Amt, als die Kirchenleitungen ihr Wissen nicht an die im Jahr 1958 in Ludwigsburg bei Stuttgart gegründete Zentrale Stelle der Landesjustizverwaltungen zur Aufklärung nationalsozialistischer Verbrechen weiterleiteten? Wie auch immer – Ende der 1960er-Jahre wurde, wie die Historikerin Dagmar Pöpping kürzlich dargelegt hat, der »Fall Hoff« auch in Ludwigsburg aktenkundig. Es fanden sich diverse Indizien, dass ein »Feldkommandant Dr. Gof (oder Hof)« mit den Massenerschießungen von Juden durch das Einsatzkommando 8 in der Gegend von Klimowitschi (Weißrussland) in den Jahren 1941/42 zu tun hatte. Aber die Unterlagen reichten für eine Anklageerhebung wohl nicht aus. Hätten der Zentralen Stelle Ludwigsburg die kirchlichen Unterlagen, insbesondere Hoffs Tateingeständnis von September 1943 sowie seine reumütigen Einlassungen seit 1953, vorgelegen, so hätte möglicherweise ein Strafverfahren eröffnet werden können. 1975 wurden die Unterlagen zum »Fall Hoff« an die Staatsanwaltschaft München übergeben. Nach Hoffs Ableben wurde das Ermittlungsverfahren gegen ihn eingestellt. Pfarrer a. D. Dr. Walter Hoff verstarb am 7. Oktober 1977 im Alter von 87 Jahren.[34]

---

33 Oberlandeskirchenrat Ködderitz (Hannover) an Pfarrer a. D. Dr. Walter Hoff in Sprötze (Landkreis Harburg) vom 17.3.1960 (LKA Kiel, Nr. 32.03.01, Nr. 331). Hervorhebung im Original.

34 Vgl. Pöpping, Zwischen Kriegsverbrechen und Pfarramt, S. 203 f.

## Noch immer: kirchliche Vergangenheitsangst

Die Geschichte könnte hiermit zu Ende sein – ist sie aber immer noch nicht. Seit etlichen Jahren arbeitet eine Berliner Initiativgruppe daran, auf den inzwischen durch Ausgrabungen freigelegten Grundmauern der St. Petrikirche – also Hoffs kirchlicher Wirkungsstätte von 1936 bis 1945 – das »Lehr- und Bethaus Petriplatz« zu errichten. Neuerdings firmiert dieses Projekt unter dem Label »House of One«. Ein evangelischer Pfarrer, ein Rabbiner und ein Imam, der gewiss nicht die muslimischen Verbände Berlins insgesamt repräsentiert, werben seither unter diesem Firmennamen auf ihrer Homepage weltweit um Spenden. Die katholische Kirche in Berlin beteiligt sich an diesem Vorhaben nicht. Auch die Jüdische Gemeinde zu Berlin als solche tritt nicht als Unterstützer in Erscheinung, lediglich das Abraham Geiger Kolleg in Potsdam. Ein hübscher Architektenentwurf ist inzwischen auch schon vorhanden.[35] Eigentlicher Inspirator dieses Vorhabens ist, so liest man in zahlreichen Werbeartikeln immer wieder, Pfarrer Gregor Hohberg von der Berliner City-Gemeinde St. Petri-Marien. Er und seine kirchlichen Mitstreiter genießen für ihr ambitioniertes Zukunftsprojekt auch nachhaltige Unterstützung seitens der Leitung der Evangelischen Kirche Berlin-Brandenburg-schlesische Oberlausitz. Faktisch trägt die Berliner Landeskirche das Projekt. Das Drei-Religionen-Haus soll, so legen die Entstehungsgründe unausgesprochen nahe, nicht zuletzt auch ein kirchliches Wiedergutmachungs- und Versöhnungsprojekt sein. In Anbetracht der über weite Strecken fatalen kirchlichen Performance im »Dritten Reich« erscheinen solche Bemühungen zweifellos weiterhin dringend geboten.[36] Dass nun ausgerechnet an diesem Standort St. Petri in Berlin-Mitte ein radikaler Nazi-Pfarrer und mutmaßlicher Mittäter des Holocaust wirkte, war den Initiatoren des Vorhabens bis Ende 2012 völlig unbekannt. Der inzwischen durch eine Reihe von Publikationen offen zu Tage gelangte historische Sachverhalt spricht nicht grundsätzlich gegen die Realisierung eines solchen Versöhnungsprojekts an dieser Stelle.[37] Aber er verlangt doch mehr als anhaltendes Schweigen, vielmehr die Einbeziehung dieser unbequemen

35 Vgl. Hohberg/Stolte (Hg.), Haus der drei Religionen.

36 Hierzu jetzt Manfred Gailus (Hg.), Täter und Komplizen in Theologie und Kirchen 1933–1945, Göttingen 2015.

37 Vgl. u. a. Manfred Gailus, Auf dunklem Grund. In Berlins alter Mitte ist ein gemeinsames Bethaus für Juden, Christen und Muslime geplant. In: Die Zeit vom 14.2.2013, S. 20; ders., Ist die Aufarbeitung der NS-Zeit beendet? Anmerkungen zur kirchlichen Erinnerungskultur seit der Wende von 1989/90. In: Kirchliche Zeitgeschichte, 27 (2014) 1, S. 56–68; Michael Scaturro, An Imam, a Rabbi, a Pastor, and the Legacy of a Nazi Church. In: The Atlantic, 10 (2013); Dagmar Pöpping, Kirche und Kriegsverbrechen. Der Sündenfall des Nazi-Pfarrers. In: einestages.spiegel.de vom 11.2.2013; Pöpping, Zwischen Kriegsverbrechen und Pfarramt.

Vorgeschichte in die Werbekampagne und ebenso in die zukünftige architektonische Ausgestaltung des neuen Hauses. Bislang tun sich die Initiatoren allerdings äußerst schwer, irgendetwas in dieser Hinsicht verlauten zu lassen. Seit inzwischen etwa drei Jahren wissen sie nun davon.[38] Eine öffentliche Veranstaltung zu dieser problematischen Verknüpfung ihres Projekts mit der kirchlichen NS-Vergangenheit haben sie seither nicht gewagt. Man kann das kaum anders als einen weiteren Beleg für die bedauerlicherweise noch immer verbreitete Vergangenheitsangst in der evangelischen Hauptstadtkirche des 21. Jahrhunderts werten.

38 In Reaktion auf einen Artikel in der »Zeit« schrieben die Initiatoren in einer Erklärung – »Statement der Ev. Kirchengemeinde St. Petri-St. Marien zum Artikel ›Auf dunklem Grund‹ (…)« – im Februar 2013: Bereits seit Jahren setze sich die Gemeinde St. Petri-St. Marien mit diesem Kapitel ihrer Geschichte auseinander. Über das Wirken Pfarrer Hoffs an der Petrikirche seit 1936 sei nach dem Kenntnisstand der Gemeinde jedoch fast nichts bekannt. Der Großteil der Akten der Petrigemeinde sei durch Kriegseinwirkung 1945 verbrannt. Der Vorstand des Vereins Bet- und Lehrhaus Petriplatz sei am 14.12.2012 über das Wirken Hoffs informiert worden. Man habe daraufhin beschlossen, auch dieses »beschämende Kapitel« im (zukünftigen) Ausstellungsbereich des Projekts zu thematisieren. – Diesen Worten von Februar 2013 sind bis auf den heutigen Tag leider keine Taten hinsichtlich der Aufarbeitung und der öffentlichen Auseinandersetzung mit dem »Fall Hoff« gefolgt.

# Anhang

# Abkürzungsverzeichnis

| | |
|---|---|
| a. D. | außer Dienst |
| ADW | Archiv des Diakonischen Werkes |
| BArch | Bundesarchiv Berlin |
| BBG | Gesetz zur Wiederherstellung des Berufsbeamtentums |
| BDC | Berlin Document Center |
| BK | Bekennende Kirche |
| Bl. | Blatt |
| BRSD | Bund der religiösen Sozialisten Deutschlands |
| BStU | Bundesbeauftragter für die Unterlagen des Staatssicherheitsdienstes der ehemaligen DDR |
| CdB | Christlich-deutsche Bewegung |
| CDU | Christlich-Demokratische Union |
| DAF | Deutsche Arbeitsfront |
| DC | Deutsche Christen |
| DDP | Deutsche Demokratische Partei |
| DDR | Deutsche Demokratische Republik |
| DEK | Deutsche Evangelische Kirche |
| DLA-Marbach | Deutsches Literaturarchiv Marbach |
| DNVP | Deutschnationale Volkspartei |
| DVP | Deutsche Volkspartei |
| EKD | Evangelische Kirche in Deutschland |
| ELAB | Evangelisches Landeskirchenarchiv Berlin |
| ev. | evangelisch |
| ev.-luth. | evangelisch-lutherisch |
| Evgl. | Evangelium |
| EZA | Evangelisches Zentralarchiv Berlin |
| G.W. | Gesammelte Werke |
| GDC | Glaubensbewegung Deutsche Christen |
| Gestapo | Geheime Staatspolizei |
| GzVeN | Gesetz zur Verhütung erbkranken Nachwuchses |
| HJ | Hitlerjugend |
| Joh. | Johannes |
| kath. | katholisch |
| KABl. | Kirchliches Amtsblatt |
| KDC | Kirchenbewegung Deutsche Christen |
| KPD | Kommunistische Partei Deutschlands |
| Krs. | Kreis |
| KZ | Konzentrationslager |
| LK | Landeskirche |
| LKA | Landeskirchliches Archiv/Landeskirchenamt |
| MLHA | Mecklenburgisches Landeshauptarchiv Schwerin |
| Nds. | Niedersächsisches Landesarchiv |

| | |
|---|---|
| NEK | Nordelbisches Kirchenarchiv |
| NL | Nachlass |
| NS | Nationalsozialismus, nationalsozialistisch |
| NSDAP | Nationalsozialistische Deutsche Arbeiterpartei |
| NSLB | Nationalsozialistischer Lehrerbund |
| Offenb. | Offenbarung |
| OKH | Oberkommando des Heeres |
| OKR | Oberkirchenrat |
| PA | Personalakte/Privatarchiv |
| REM (in FN) | Reichsministerium für Wissenschaft, Erziehung und Volksbildung |
| RKM | Reichsministerium für die kirchlichen Angelegenheiten |
| RSHA | Reichssicherheitshauptamt |
| SA | Sturmabteilung |
| San. | Sanitäter |
| SD | Sicherheitsdienst des Reichsführers-SS |
| SED | Sozialistische Einheitspartei Deutschlands |
| SPD | Sozialdemokratische Partei Deutschlands |
| SS | Schutzstaffel |
| StA | Stadtarchiv |
| Stasi | Staatssicherheit der DDR |
| Sturmf. | Sturmführer |
| UA | Universitätsarchiv |
| UAG | Universitätsarchiv Göttingen |
| uk. | unabkömmlich |
| unpag. | unpaginiert |
| V.C. | Vertreter-Convent (Verband der Turnerschaften an deutschen Hochschulen) |
| VdSt | Verein Deutscher Studenten |
| VfZ | Vierteljahrshefte für Zeitgeschichte |
| ZfG | Zeitschrift für Geschichtswissenschaft |
| ZNThG | Zeitschrift für Neuere Theologiegeschichte |
| ZSHG | Zeitschrift der Gesellschaft für Schleswig-Holsteinische Geschichte |

# Personenverzeichnis

## Autorinnen und Autoren

Oliver Arnhold, geb. 1967, Dr. phil., Studiendirektor am Christian-Dietrich-Grabbe-Gymnasium in Detmold, Fachleiter für Ev. Religionslehre am Zentrum für schulpraktische Lehrerausbildung in Detmold, Lehrbeauftragter für Religionspädagogik und kirchliche Zeitgeschichte an den Universitäten Bielefeld und Paderborn. Veröffentlichungen u. a.: »Entjudung« – Kirche im Abgrund. Band I: Die Thüringer Kirchenbewegung Deutsche Christen 1928–1939, Band II: Das »Institut zur Erforschung und Beseitigung des jüdischen Einflusses auf das deutsche kirchliche Leben« 1939–1945, Berlin 2010.

Heinrich Assel, geb. 1961, Dr. theol., Professor für Systematische Theologie an der Ernst-Moritz-Arndt-Universität Greifswald. Veröffentlichungen u. a.: Der andere Aufbruch. Die Lutherrenaissance – Ursprünge, Aporien und Wege: Karl Holl, Emanuel Hirsch, Rudolf Hermann (1910-1935), Göttingen 1994; Leidenschaft für Theologie, Leipzig 2012.

Isabella Bozsa, geb. 1985, M. A., Kulturanthropologin, Tibetologin und Religionswissenschaftlerin, Mitarbeiterin am Museum der Kulturen Basel. Veröffentlichungen u. a.: Eugen Mattiat (1901–1976): Vom »Deutschen Christen« zum Volkskundeprofessor und wieder zurück ins Pastorat. Fallstudie einer Karriere im Nationalsozialismus (Göttinger kulturwissenschaftliche Studien, Band 10), Göttingen 2014.

Hansjörg Buss, geb. 1971, Dr. phil., laufendes Forschungsprojekt zur Göttinger Theologischen Fakultät in der Zeit des Nationalsozialismus. Veröffentlichungen u. a.: Friedrich Andersen und der »Bund für Deutsche Kirche« in der schleswig-holsteinischen Landeskirche. In: Daniel Schmidt / Michael Sturm / Massimiliano Livi (Hg.): Wegbereiter des Nationalsozialismus. Personen, Organisationen und Netzwerke der extremen Rechten zwischen 1918 und 1933, Essen 2015, S. 179–194.

Stefan Dietzel, geb. 1960, Dr. theol., Kirchenhistoriker, Wissenschaftlicher Mitarbeiter an der Akademie der Wissenschaften zu Göttingen und der Georg-August-Universität Göttingen. Veröffentlichungen u. a.: Reinhold Seeberg als Ethiker des Sozialprotestantismus. Die »Christliche Ethik« im Kontext ihrer Zeit, Göttingen 2013.

Manfred Gailus, geb. 1949, Dr. phil., apl. Professor für Neuere Geschichte am Zentrum für Antisemitismusforschung der Technischen Universität Berlin. Veröffentlichungen u. a.: Mir aber zerriss es das Herz. Der stille Widerstand der Elisabeth Schmitz, Göttingen 2010; Hg., Täter und Komplizen in Theologie und Kirchen 1933 –1945, Göttingen 2015.

Rainer Hering, geb. 1961, Dr. phil., Dr. theol., Direktor des Landesarchivs Schleswig-Holstein und apl. Professor für Neuere Geschichte und Archivwissenschaft an der Universität Hamburg sowie Honorarprofessor an der Christian-Albrechts-Universität zu Kiel. Veröffentlichungen u. a.: Die Bischöfe Simon Schöffel und Franz Tügel, Hamburg 1995; Heinz Beckmann und die »Hamburgische Kirchenrevolution«, Hamburg 2009.

Tanja Hetzer, geb. 1966, Dr. phil., Historikerin, Co-Leiterin des Hanuman Instituts Berlin für Coaching und Supervision. Veröffentlichungen u. a.: »Deutsche Stunde« – Volksgemeinschaft und Antisemitismus in der politischen Theologie bei Paul Althaus, München 2009.

Stephan Linck, geb. 1964, Dr. phil., M. A., Historiker, Studienleiter der Evangelischen Akademie der Nordkirche. Veröffentlichungen u. a.: Neue Anfänge? Der Umgang der Evangelischen Kirche mit der NS-Vergangenheit und ihr Verhältnis zum Judentum. Die Landeskirchen in Nordelbien. Band I: 1945–1965, Kiel 2013, Band II: 1965–1985, Kiel 2016.

Gerhard Lindemann, geb. 1963, Dr. theol., apl. Professor für Historische Theologie an der Technischen Universität Dresden. Veröffentlichungen u. a.: »Typisch jüdisch«. Die Stellung der Ev.-luth. Landeskirche Hannovers zu Antijudaismus, Judenfeindschaft und Antisemitismus 1919–1949, Berlin 1998.

Ulrich Peter, geb. 1952, Dr. phil., M. A., Dipl.-Päd., Theologe und Historiker, Mitarbeiter im Berufsschuldienst der Ev. Kirche Berlin-Brandenburg-schlesische Oberlausitz, seit 2016 im Ruhestand, Veröffentlichungen u. a.: Aurel von Jüchen (1902–1991). Möhrenbach – Schwerin – Workuta – Berlin. Ein Pfarrerleben im Jahrhundert der Diktaturen, Schwerin 2006.

Dagmar Pöpping, geb. 1964, Dr. phil., M. A., Historikerin, wissenschaftliche Mitarbeiterin der Forschungsstelle für Kirchliche Zeitgeschichte in München. Veröffentlichungen u. a.: Kriegspfarrer an der Ostfront. Evangelische und katholische Wehrmachtseelsorge im Vernichtungskrieg 1941–1945, Göttingen 2016.

André Postert, geb. 1983, Dr. phil, M. A., Historiker, wissenschaftlicher Mitarbeiter am Hannah-Arendt-Institut für Totalitarismusforschung e. V. an der Technischen Universität Dresden. Veröffentlichungen u. a.: Von der Kritik der Parteien zur außerparlamentarischen Opposition. Die jungkonservative Klub-Bewegung in der Weimarer Republik und ihre Auflösung im Nationalsozialismus, Baden-Baden 2014.

Dirk Schuster, geb. 1984, M. A., Religionswissenschaftler, akademischer Mitarbeiter am Institut für Jüdische Studien und Religionswissenschaft der Universität Potsdam. Dissertationstitel: Die Lehre vom »arischen« Christentum. Das wissenschaftliche Selbstverständnis im Eisenacher »Entjudungsinstitut« (2015 eingereicht am Institut für Religionswissenschaft der FU Berlin).

Clemens Vollnhals, geb. 1956, Dr. phil., M. A., Historiker, stellvertretender Direktor des Hannah-Arendt-Instituts für Totalitarismusforschung e.V. an der Technischen Universität Dresden und Lehrbeauftragter für Zeitgeschichte. Veröffentlichungen u. a.: Hg. (mit Uwe Puschner), Die völkisch-religiöse Bewegung im Nationalsozialismus. Eine Beziehungs- und Konfliktgeschichte, Göttingen 2012; Hg. (mit Manfred Gailus), Mit Herz und Verstand – Protestantische Frauen im Widerstand gegen die NS-Rassenpolitik, Göttingen 2013.